HANS-HEINRICH HIMME

GEORGIA AUGUSTA · STICH-HALTIGE BEITRÄGE

HANS-HEINRICH HIMME

STICH-HALTIGE BEITRÄGE ZUR GESCHICHTE DER GEORGIA AUGUSTA IN GÖTTINGEN

220 Stiche aus den ersten 150 Jahren der Göttinger Universität
zusammengetragen und mit Texten versehen
anläßlich ihres 250-jährigen Jubiläums

CIP-Kurztitelaufnahme der Deutschen Bibliothek

Stich-haltige Beiträge zur Geschichte der Georgia Augusta in Göttingen : 220
Stiche aus d. ersten 150 Jahren d. Göttinger Univ. ; zusammengetragen u.
mit Texten vers. anläßl. ihres 250-jährigen Jubiläums / Hans-Heinrich
Himme. – Göttingen ; Zürich : Vandenhoeck und Ruprecht, 1987.
ISBN 3-525-85933-3

NE: Himme, Hans-Heinrich [Hrsg.]; Universität (Göttingen)

Layout: H.-H. Himme u. H. U. Bick, Göttingen
Layout-Beratung: Jürgen Schippers
Farblithos: Goltze-Druck, Göttingen
SW-Lithos: H. W. Bick, Göttingen
Satz: Druckerei Fr. Haensch OHG, Göttingen
Druck u. Einband: Hubert u. Co., Göttingen
April 1987
Im Kommissionsverlag Vandenhoeck & Ruprecht in Göttingen

CRESCIT.

ZUM GELEIT

Die von Hans-Heinrich Himme ausgewählte und betreute Sammlung von Kupfer- und Stahlstichen aus den ersten anderthalb Jahrhunderten der Georgia Augusta erlaubt einen Streifzug durch die Geschichte von Universität und Stadt, der für jeden, selbst für den kundigen Leser, noch Entdeckungen und Überraschungen bereithält.

Das für das Jubiläum zum 250jährigen Bestehen der Universität vorbereitete Buch ist die Ernte aus Jahren des Suchens und Sammelns, die mit viel Spürsinn, verdientem Finderglück und kritischem Urteil, aber auch mit Liebe zur Geschichte von Stadt und Universität unternommen wurden. Das Nebeneinander von Stichen und Texten aus dem gleichen Zeithorizont erlaubt eine diskrete Kommentierung der Bildfolge, die sich so als eine Universitätsgeschichte eigener Art dem Leser präsentieren kann.

Die Sammlung ist auch ein Zeugnis für die Verwandlung der Stadt durch die neue Universität. Göttingen wurde eine Stadt der Bücher und Leser, aber auch, wie wir hier erfahren, der Stiche und ihrer Freunde. Das in seiner zeitlichen Spanne an das Medium des Stichs gebundene Buch führt den Leser zu den großen und kleinen Ereignissen der Universität zwischen 1737 und 1887, von der Gründung bis zur dritten Jubiläumsfeier. Es dient mit seiner in Bildern sich verdichtenden Geschichte dem verständnisoffenen Brückenschlag zwischen Bürgern und Studenten, zwischen Universität und Stadt, zwischen der Georgia Augusta und ihren Freunden, der aus Anschauung und Wissen, wie sie sich hier präsentieren, nur gewinnen kann.

Für die Universität sage ich deshalb dem Sammler und keine Mühe scheuenden und Grenzen der Arbeitszeit nicht kennenden Initiator dieses Buches, Herrn Hans-Heinrich Himme, unseren und meinen besonderen Dank.

Karl

Norbert Kamp
Präsident der Georg-August-Universität Göttingen

Aus dem Inhalt

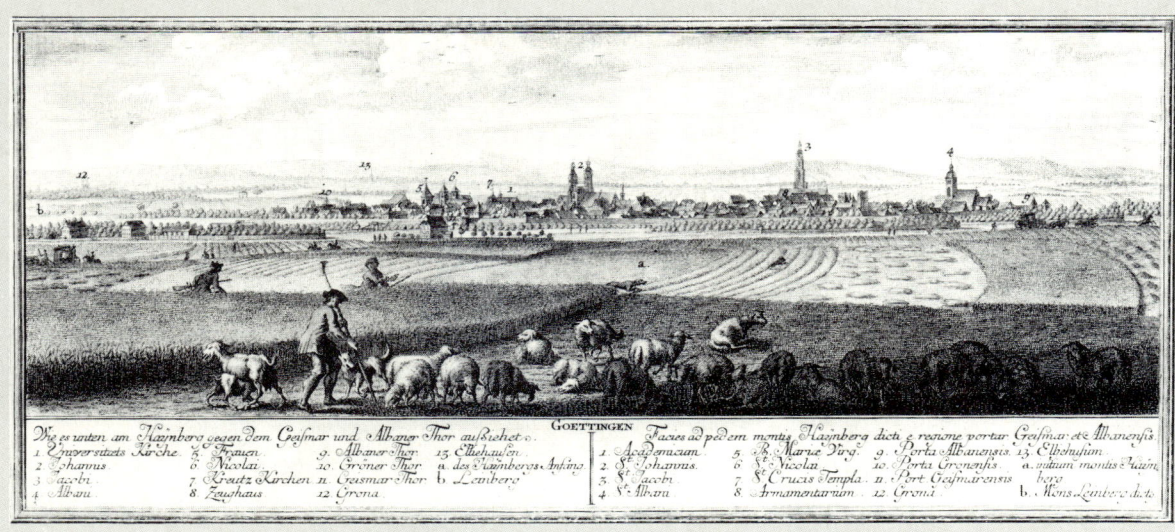

GOETTINGEN

Wie es unten am Hainberg gegen dem Geismar und Albaner Thor außsiehet.
1 Universitäts Kirche. 5 Frauen. 9 Albaner Thor. 13 Elliehausen.
2 Johannis. 6 Nicolai. 10 Gröner Thor. n. des Hainbergs Anfang.
3 Jacobi. 7 Creutz Kirchen. n. Geismar Thor. b Lemberg.
4 Albani. 8 Zeughaus. 12 Grona.

1 Academiam. 5 B. Mariæ Virg. 9 Porta Albanensis. 13 Elliehusium.
2 St. Johannis. 6 St. Nicolai. 10 Porta Gronensis. a. initium montis Hainbergi.
3 St. Jacobi. 7 St. Crucis Templa. n. Port Geismarensis.
4 St. Albani. 8 Armamentarium. 12 Grona. b. Mons Lemberg dicta.

Hauptmotiv für die Universitäts-Gründung war das Geltungsbedürfnis des jungen Kurstaates Hannover.

Der starke Macht- und Gebietszuwachs Hannovers in den letzten Jahrzehnten machte im Hinblick auf die Rivalen (Brandenburg-Preußen, Kursachsen, Hessen) eine Universität für Kurhannover erforderlich.

Der Hofrat Johann Daniel Gruber zu Hannover erhielt den Auftrag zu den ersten Vorarbeiten und legte schon am 30. August 1732 einen „unvorgreiflichen Vorschlag zur Anlegung und Aufrichtung einer neuen Universität in Sr. Königl. Maj. Teutschen Landen" vor.

Unter den Motiven zur Errichtung der Universität wird an erster Stelle genannt: da alle anderen Kurfürsten eigene Universitäten in ihren Ländern haben, muß auch Kur-Braunschweig-Hannover, um den übrigen Kuren sich in allem gleich hervorzutun und zu erhöhen, billig auf ein solches Kleinod denken.

Als Sitz der Universität werden erwogen Celle, Lüneburg, Hannover und Göttingen, doch „scheint Göttingen am bequemsten dazu zu sein. Der Ort liegt in einer gesunden und anmutigen Gegend und weil er von den übrigen Hauptstädten weit entfernt, so ist er zugleich der wohlfeilste Ort im ganzen Lande, auf welche Beschaffenheit die Hauptreflexion zu nehmen."

Es ist bereits ein Gymnasium dort, aus dem leicht eine Universität gemacht werden kann. Bis ein eigenes Kollegium erbaut, kann man sich mit der Schule behelfen, oder der Magistrat einen Teil des Rathauses dazu hergeben.

Bereits am 13. September 1732 heißt es dann: Göttingen ist erwählt.

So etwa mag der Boden vorbereitet gewesen sein, als Münchhausen die Idee aufgriff. ...

Gerlach Adolf Freiherr von Münchhausen geb. am 14. Oct. 1688 zu Berlin, † den 26. Nov. 1770 zu Hannover. ...

Er hat von 1707—1711 studirt, vorzugsweise in Jena. Hier hörte er B. G. Struve und Wildvogel und wurde durch sie in staatsrechtliche und historische Studien eingeführt. ...

Der Besuch von Halle, das im raschen Aufschwunge einen großen Ruf namentlich im jus publicum erworben hatte, war für einen jungen protestantischen Edelmann, der in Staatsdienste zu treten gedachte, unentbehrlich. Die Koryphäen der Universität, der er seit 1710 angehörte, Thomasius, Gundling, der Kanzler von Ludewig, Just. Henning Böhmer waren seine Lehrer. ...

Aufmerksam beobachtete er, wie spätere Aeußerungen bezeugen, die Verhältnisse der jungen Hochschule, die Lehrmethode ihrer Docenten, die wissenschaftlichen und socialen Zustände unter Professoren und Studenten und fand, gereist wie er war, mehr Gefallen an der Hallischen als an der Jenaischen Lebensweise.

Nachdem er 1711, der Sitte der Zeit folgend, auch noch eine holländische Universität, Utrecht, besucht hatte, kehrte er nach Jena zurück, um hier 1712 ohne Vorsitz „De vicariatu Italico" zu disputiren. Damit schloß seine Studienzeit.

Es folgte die herkömmliche Reise durch Holland und Frankreich, nach deren Beendigung er 1714 die Stelle eines extraordinären Appellationsrathes in Dresden erhielt.

Schon im nächsten Jahre trat er in den Dienst des Landes über, dem von nun an sein ganzes Wirken gelten sollte: König Georg I. übertrug ihm eine der drei Rathsstellen des 1711 gegründeten Oberappellationsgerichts zu Celle, deren Besetzung ihm zustand, während die übrigen sechs durch die Stände besetzt wurden. Am 6. Mai 1716 wurde Münchhausen in sein Amt eingeführt und beeidigt. ...

Neben den ihm durch seinen richterlichen Beruf auferlegten Arbeiten beschäftigten ihn geschichtliche und staatsrechtliche Studien, so daß er als die geeignete Persönlichkeit erschien, um in publicistischen Streitigkeiten, an denen die Zeit nie Mangel litt, verwendet zu werden. ...

Die Regierung übertrug ihm 1726 die Stelle des Comitialgesandten in Regensburg.

Als im Jahr darauf König Georg II. auf den Thron gelangte, berief er Münchhausen in den Geheimenrath und ernannte ihn 1732 zugleich zum Großvogt der cellischen Amtsvogteien.

Die „königl. Großbrittannischen zur churfürstlich Braunschweig-lüneburgischen Regierung verordneten geheimen Räthe" bildeten in Folge der Residenz des Landesherrn in England ein Collegium von so großer Selbständigkeit wie kein anderes in deutschen Landen.

In dieser Behörde war Münchhausen die bedeutendste, bald auch die einflußreichste Persönlichkeit. . . .

Wenn aus der Zeit seines Ministeriums berichtet wird, daß nicht leicht eine Acte über irgend eine wichtige Angelegenheit, in welches Specialdepartement sie auch gehöre, ohne sein eigenhändiges Votum existiren werde, so wird es auch wenig Zweige des öffentlichen Lebens geben, die nicht seinen Einfluß erfahren hätten. . . .

Was ihn auszeichnet und unsterblich macht, ist seine Thätigkeit für die Begründung der Universität Göttingen.

Man nennt ihn ihren Schöpfer.

Pütter, der Geschichtschreiber Göttingens, sagt: „ihm hat sie ihr Dasein und auf die ersten 36 Jahre ihre ganze Einrichtung und mehr als väterliche Fürsorge zu danken." . . .

Das Nächste war die Einholung des kaiserlichen Privilegiums, das zur Neugründung einer Universität erforderlich war.

Am 21. November 1732 erhielt von London aus der kurhannoversche Gesandte am kaiserlichen Hofe zu Wien, Johann Diede zum Fürstenstein, den Auftrag, dieses Privilegium zu erwirken.

Schon unter dem 13. Januar 1733 wurde es in langer lateinischer Urkunde erteilt, vermutlich gegen Erlegung sehr stattlicher Gebühren und sonstiger Spesen. . . .

Im Frühjahr 1733 war der Plan so weit gefördert, daß Münchhausen mit Gruber und dem Consistorialrath Tappe ein engeres, allwöchentlich zweimal zusammentretendes Comité bildete, um alle nöthigen Maßregeln für die Behandlung im geheimen Rathe so gut als möglich zu präpariren, und ein aus dem April stammendes Votum Münchhausen's sich vor-

zugsweise mit der Auswahl der zu berufenden Professoren beschäftigen konnte, denn — wie er selbst es einmal ausgedrückt hat — eine Akademie ist eine Anstalt, bei der die Lehrer eher als die Lernenden existiren müssen, wie in einer Fabrik, ehe Käufer erscheinen, Waaren gefertigt sein und ehe Waaren gefertigt werden können, Arbeiter da sein müssen. . . .

Im Mai 1733 kommt der Konsistorialrat Tappe von Hannover als Kommissar der Geheimräte, also der hannoverschen Regierung, nach Göttingen, um die Gebäudeverhältnisse und das Polizeiwesen im Hinblick auf die Bedürfnisse der Universität zu untersuchen.

Das Ergebnis dieses Besuches ist ein Reskript der Geheimen Räte vom 26. September 1733, worin zur Verbesserung der gefundenen Mängel dem Bürgermeister allerlei vorgeschrieben wird.

Die in übermäßiger Anzahl vorhandenen Fleischerhunde sollen abgeschafft werden, besseres Weißbrot gebacken werden, die Feuerstellen visitirt, ein weiterer Wochenmarkttag angelegt werden; die Müller in der Stadt sollen feine Leipziger Beuteltücher anschaffen, in den Brauhäusern soll nur eine (statt zwei) Stellbütte gebraucht werden; für Wegschaffung des Gassenkotes und für Setzung von Gassenlaternen ist zu sorgen — alles dieses und noch vieles andere hat der Konsistorialrat Tappe bei seinem Besuch in Göttingen verbesserungsbedürftig gefunden. . . .

Verhältnißmäßig rasch kam man in dem Vorbereitungsstadium über das Moment hinweg, welches bei den damaligen Verfassungs- und Finanzeinrichtungen des Landes als das schwierigste erscheinen mußte: die Beschaffung der Universitätsdotation.

Neben dem Könige, der aus den Mitteln der Klosterkammer bewilligte, mußten die Stände von sechs verschiedenen Landschaften um ihre proportionirlich abgestuften Beiträge zu den laufenden Unterhaltungskosten der Universität wie zu den durch die erste Einrichtung veranlaßten angegangen werden.

Schon von Ostern 1734 ab wurden die bewilligten Geldmittel gezahlt und im Herbst des Jahres mit einzelnen Vorlesungen begonnen.

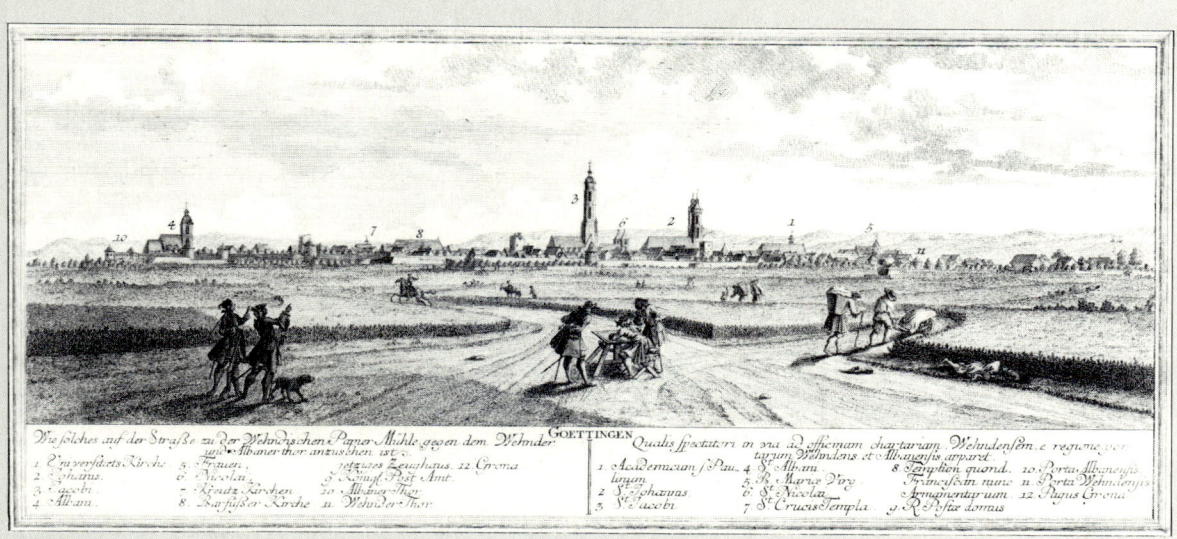

Am 20. April 1734 wird dann das Gymnasium in einer Exaugurationsfeier geschlossen.

Das Paulinerkloster, das bisherige Schulhaus, wird geräumt, ebenso die Lehrerwohnungen. Es stellt sich aber heraus, daß die Gebäude des Paulinerklosters für die Universität nicht brauchbar sind. Sie werden abgerissen, nur die Fundamente bleiben, ...

Im Juni 1734 beginnt der Neubau, ...im Dezember 1735 wird der Bau bezogen.

Nur in wenigen Fächern traute sich Münchhausen ein eigenes Urtheil über Personen und Leistungen zu, so wichtig auch gerade diese Fächer, Jurisprudenz, insbesondere öffentliches Recht und Geschichte, für die junge Universität wurden. Aber er wußte überall sich geschickten Beiraths zu bedienen. Er besaß die Gabe, die rechten Rathgeber herauszufinden, sich ihre Belehrung in schneller und richtiger Erfassung anzueignen. Durch den ausgebreiteten Briefwechsel, in den er sich mit Gelehrten und Geschäftsmännern, mit Göttingern wie Auswärtigen setzte, erwarb er sich eine umfassende Kenntniß dessen, was an der neuen Universität geschah, was man draußen von ihr erwartete, über sie urtheilte. Mit hervorragenden Persönlichkeiten des Landes und der Nachbarschaft oder eines Wissenszweiges trat er in Verkehr, um sie zu Aeußerungen über die Universitätsbedürfnisse zu veranlassen. ...

Jede in dem Lehrkörper eintretende Vacanz nöthigte Münchhausen, sich mit sachkundigen Männern zu berathen. ...

Die Gutachten der Hallenser waren ihm besonders werthvoll, denn das Vorbild dieser neuen protestantischen Universität, die sich in kurzer Zeit den größten Namen erworben, schwebte ihm überall bei den Arbeiten für Göttingen vor. Er suchte nach den Gründen ihres raschen Aufschwunges und fand sie namentlich in dem großen Fleiß der Professoren, die sich ungemein angegriffen, um die Universität hochzubringen.

Er empfahl deshalb in Göttingen wie dort die Ferien einzuschränken, jede Vorlesung in einem halben Jahre zu Ende zu bringen, keinen Wochentag auszusetzen. ...

Es ist eine oft wiederholte Behauptung, es sei bei der Gründung Göttingens überwiegend auf eine tapfere Juristenfacultät oder auf eine Pflanzschule für die höhere Staatsdienerschaft abgesehen gewesen.

Es ist das ein Irrthum, und schon die Fürsorge für die theologische Facultät widerlegt ihn. Durch die Stiftung von Freitischen seitens des Königs und der Landschaften wurde von vornherein auf ärmere Studirende Bedacht genommen....

Für die Pflege der Rechts= und Staatswissenschaften, die Münchhausen aus eigner Kenntniß am vollständigsten zu beurtheilen vermochte, interessirte er sich naturgemäß ganz besonders. ...

Er will, daß die Universitätslehrer fleißig schreiben, nicht auf Grund fremder Compendien lesen, sondern selbst solche verfassen; denn durch den Debit der Universitätsschriften geht eine ungeheure Summe Geldes ins Land.

Es dient zur Zierde einer Akademie, wenn von allen Gegenden und Orten her Gutachten eingeholt und vor überschriebenes Papier Geld in Menge ins Land gebracht wird.

Er bekennt ein= für allemal, daß er bei Besorgung seiner Curatel nicht blos darauf ausgehe, daß nur Landeskinder auf der Universität zum Dienste des Staates erzogen werden, sondern daß auch so viel als möglich reiche Ausländer, von welcher Religion sie seien, angelockt werden.

„Warum sollte ich dem Lande des Fremden Vermögen, den Universitätsbürgern den Umlauf des beträchtlichen Geldquantums mißgönnen?

Hunderttausend ihnen alle Jahr zufließende Louisd'or thun ihnen wohl, und die Landesregierung wird überzeugt, daß sie Samen ausstreut, der bei Landeskindern moralische, bei Fremden goldene Früchte trägt".

Er gesteht, daß ihm gerade auch deshalb der Flor der juristischen Facultät besonders am Herzen liegt.

Aber wie wenig gelang es, den Theil des Planes, auf den Münchhausen besonderen Werth legte, zu verwirklichen, die Anstalt sofort mit einer stattlichen Zahl berühmtester Namen zu eröffnen! Ein kleines Häuflein, kaum Namen ersten Ranges darunter, hatte sich eingefunden.

Von den berühmten Hallensern, auf die Münchhausen besonders gerechnet hatte, war niemand gekommen, hatte niemand kommen können, denn König Friedrich Wilhelm I. hatte bei schwerer Ahndung unter dem 22. April 1733 die Annahme fremder Vocationes untersagt und die ganze Universität für die Befolgung des Verbots haftbar gemacht. ...

Georg D. Strube an Freiherr G. v. Münchhausen

Hildesheim. 1735. April 16.

... Halle haben empor gebracht
1) einige grofze Leute die schon in der grofzen reputation standen wie sie hinkamen, ...
2) verschiedene Subjecte so auf dieser Academie erst berühmt worden. ...
Auf die zweite Gattung ist oft fürnemlich zu sehen und zu hoffen, das so viel frische junge Leute sich noch rechtschaffen angreiffen und hervorthun werden.

Was Münchhausen zu um so größerer Thätigkeit anspornt, das macht den König unmuthig und verdrießlich.

Die fortwährenden Berichte und Anfragen ermüden, die Geldforderungen erschrecken ihn; er dringt auf Sparsamkeit, findet die bewilligten Gehalte zu hoch, während Münchhausen ausführt, daß Männer von großer Reputation ihre bisherigen Stellungen nicht ohne erhebliche Vortheile zu erlangen aufgeben.

Lorenz Heister an Freiherr G. v. Münchhausen

Helmstedt. 1734. April. 27.

... Man wird woll an meine Stelle einen andern Professorem bekommen können, aber ich will doch pariren, dafz es mir nicht leicht einer ... gleich, viel weniger vor thun werde.
Also dabey tausend Thaler in Göttingen gar kein Vortheil ersehe, und dennoch so viele schwere Arbeit daselbst mehr vor mir sehe als hier, mufz mir nothwendig noch ein notabler Nutzen und douceur zugestanden werden, wenn ich mit raison mutiren, und hingehen soll, sonderlich da man auch wegen schlechterer Wohnungen und anderen Dingen noch vieles Ungemach wird vertragen müfzen, defzen man hier entübriget ist.
Dann das Gute verläfzet ein Vernünfftiger nicht, er habe es dann gewifz befzer, oder doch wenigstens eben so gut, damit es einen hernach nicht gereue, und einem gehe, wie dem cani Aesopico.

---

und läßt es an seiner Unterstützung fehlen, wo Münchhausen sie anruft, um Professoren, die nach Göttingen zu kommen bereit sind, gegen ihre Landesherrschaft zu vertreten, da doch die Dienerpflicht keine Leibeigenschaft involvire und dem Herrn kein Recht gebe, einen Diener wider seinen Willen aufzuhalten und als einen Wildfang zu tractiren. ...

Die Richtung auf das praktisch Brauchbare, die unmittelbare Verwerthung der Wissenschaft für das Leben, insbesondere auch für die Besserung der vorhandenen Zustände, war was man suchte, und nicht wie später im Bürgerthume, sondern gerade in den Kreisen des Adels, der Fürsten, der höheren Beamten fanden diese Tendenzen ihre wärmsten Vertreter.

Damit war auch dem Professorenthum sein Weg vorgezeichnet.

Die Studirenden zu tüchtigen und gewandten Geschäftsmännern heranzubilden, war das Ziel, das die hervorragendsten Lehrer verfolgten.

Von den Lehrern des bisherigen Gymnasiums oder Pädagogiums wurde der Leiter, der 53jährige Inspektor Christoph August Heumann (aus Allstedt in Thüringen), als ordentlicher Professor der Literaturgeschichte in die philosophische Fakultät übernommen, daneben als außerordentlicher Professor in die theologische Fakultät. Als Ordinarius war er in der theologischen Fakultät nicht genehm, weil seine Rechtgläubigkeit bei gewissen Dogmen nicht einwandfrei erschien. ...

CHRISTOPHORUS AUGUSTUS HEUMANNUS,
S. Theol. Doctor et Prof. Publ. extraord. Hist.
Liter. Ord. in Acad. Georgio Augusta.
Natus d. III. August. MDCLXXXI.

Als erster der von auswärts berufenen Profesſoren kam am 30. September 1734 Samuel Chriſtian Hollmann in Göttingen an.

Er bezog ... das Dransfeldſche Haus in der Johannisſtraße Nr. 26.

Hollmann war 37 Jahre alt, gebürtig aus Stettin, und ſchon acht Jahre Profeſſor der Philoſophie und Phyſik in Wittenberg geweſen. Von ihm ſtammt die höchſt lebendige und anſchauliche Schilderung der Zuſtände an unſerer Georgia Auguſta in ihren erſten Semeſtern. Seine Darſtellung, die er im Alter von 90 Jahren niederſchrieb, iſt bekannt und oft benutzt. ...

Am 14. Oktober hielt Hollmann dann, vor 70—80 Hörern, die erſte akademiſche Vorleſung in Göttingen auf dem ehemaligen Fruchtboden des Hauſes Johannisſtraße 26.

Voran ſchickte er eine lateiniſche Anſprache, worin er die Gnade des hohen Stifters dieſer Univerſität und den von ihr zu erhoffenden Nutzen nach Gebühr erhob.

Man mag hierbei fragen, warum nicht der in Göttingen anſäſſige Profeſſor Heumann der erſte geweſen iſt, der durch eine Vorleſung die akademiſche Lehrtätigkeit eröffnete.

Hollmann erzählt, Heumann habe ſolches zwar verſucht, aber keine Vorleſung zuſtande gebracht, weil die ſchon in Göttingen anweſenden Studenten in ihm noch den bloßen Lehrer des ehemaligen Pädagogiums ſahen; als Univerſitätslehrer wollten ſie ihn nicht reſpektieren und ſo erſchienen in der von ihm angekündigten Anfangsvorleſung keine Hörer.

SAMVEL CHRISTIA———NVS HOLLMANVS.
Philoſophiæ rationalis et primæ, itemque Theolog. natur. P.P.O. in Acad. quæ Gottingæ eſt. Georg. Aug. Societ. Londin. memb.
nat. d. 3. Decemb. MDCXCVI.
denat. 1787. Sept. 4.

Der ſchlimmſte Stand der Dinge muß 1736 und Anfang 1737 erreicht ſein: Mosheim, der mit Münchhauſen fortwährend in Verbindung blieb, meinte damals, das ganze Unternehmen laufe auf eine Flickerei hinaus, höchſtens auf eine Anſtalt von Landeskindern, deren man 4—500 vi et precario am Ende zuſammenbringen werde: er beklagt den großen Mann, der ſeinen unermüdlichen Eifer den Wiſſenſchaften aufzuhelfen an einen ſo ungünſtigen Boden verwende.

Und hatte Münchhauſen ſchon früher wahrzunehmen geglaubt, den König gereue des Inſtituti, ſo hielt er es jetzt für nöthig zu bemerken, die Univerſitätsſache gehöre gewiß nicht zu der geringſten Claſſe der Landesaffairen, zumal ſie auch dem Lande eine erhebliche Einnahme verſchaffe.

Er hätte aber auch darauf hinweiſen dürfen, daß denn doch alles Mißgeſchicks und aller Hinderniſſe ungeachtet in dieſem Vorbereitungsſtadium der Jahre 1734—37 nicht zu unterſchätzende Erfolge erreicht waren.

Mochte die Zahl der Studenten unter 400 bleiben und der Wunſch Münchhauſen's, in jeder Facultät mindeſtens zwei in großer Reputation ſtehende Männer zu beſitzen, nicht erfüllt ſein, die Univerſität konnte doch eine Reihe angeſehener Lehrer aufweiſen, und zwei Männer von grundlegender Bedeutung, Geßner für das philologiſche, Haller für das mediciniſch-naturwiſſenſchaftliche Studium, beide in der verheißungsvollſten Thätigkeit für die Zukunft der Univerſität begriffen.

Schon war das philologiſche Seminar und die Bibliothek begründet, und es war gelungen, für letztere den reichen Bücherſchatz, den der Geheimerath Joachim Heinrich von Bülow in Hannover hinterlaſſen hatte, zu gewinnen und damit nach Münchhauſen's Ausdruck der neuen Univerſität ein deſto größeres Lüſtre zu verſchaffen, als in Teutſchland keine Univerſität war, welche ſich rühmen konnte, mit einer ſo nombreuſen und ſelecten Bibliothek in omni ſcibili verſehen zu ſein.

So konnte man gutes Muthes zur Inauguration der neuen Univerſität am 17. September 1737 ſchreiten, zu deren feierlicher Begehung der König eine erhebliche Summe ausgeſetzt hatte, und Münchhauſen als königlicher Hauptgeſandter, begleitet von ſeinem Bruder und dem Conſiſtorialdirector Tappe, dem zweiten Hauptgeſandten, in Göttingen erſchien.

Wollte man die Bedeutung der Universität an
der Zahl ihrer Studirenden messen, so blieb sie
allerdings weit hinter der Frequenz zurück, welche
Halle und Jena in ihren glänzenden Tagen und Göttingen selbst gegen Ende des Jahrhunderts aufzuwei-
sen hatten.

Aber Münchhausen wie die Göttinger trösteten sich
damit, daß es nicht sowohl auf die Menge, als
die Tüchtigkeit und den Fleiß der Studirenden an-
komme; und mit berechtigtem Selbstgefühl setzte
man den „Purschenuniversitäten" die gute Haltung
und Wohlerzogenheit der Göttinger Studenten gegenüber. . . .

Mitunter hat ihm trotz aller Vorsicht bei den
Berufungen auch der Friede unter den Professoren zu thun gemacht.

Mag er auch geäußert haben, Epigramme seien
ihm lieber als die unthätige Harmonie, der sati-
rische Geist Kästner's ist ihm doch zuweilen recht
unbequem geworden und hat auch wohl bewirkt, daß
„dieser so geschickte Mann" den Einfluß verlor,
den er eine Zeitlang beim Curator besessen. Ueber
die Art des Verkehrs mit dem Curator äußerte
Kästner selbst: Münchhausen hatte es gern, daß
man ihm frei schrieb; deswegen that er doch, was
er wollte.

Das wird auch für die anderen Vertrauens-
männer zutreffen, die Münchhausen nach und nebeneinander in Göttingen hatte: Haller, Geßner,
Michaelis, Ayrer, Heyne, Pütter, wie für die,
welche er in Hannover zu Rathe zog, ...

Die Briefwechsel mit den meisten von diesen
und mit manchen anderen sind erhalten, und man
müßte sie ausschreiben wollte man ein vollständiges
Bild der Thätigkeit und der Persönlichkeit Münchhausen's entwerfen. . . .

Als er in seinen letzten Lebensjahren einige
Geschäftszweige abzugeben durch das Alter genöthigt
ward, behielt er sich die Universitätsangelegenheiten vor und bearbeitete sie unter Assistenz des
Geheimenrats Burch. Christ. von Behr, seines einsti-
gen Nachfolgers, und des Secretärs Georg Brandes
bis an sein Lebensende. . . .

Am 28. December wurde in der Göttinger Uni-
versitätskirche (j. Bibliothek) eine akademische Trauer-
feierlichkeit veranstaltet, bei der Heyne die Gedächt-
nißrede hielt und eine von Kästner gedichtete Cantate
gesungen wurde.

Unter den Zeitgenossen fehlte es nicht an Stimmen, die mit dem edeln Freiherrn auch den Ruhm
und die Blüthe Göttingens begraben glaubten. .

Aber gerade darin zeigte sich seine Größe, daß
die Einrichtungen, die er geschaffen, auch ohne
seine persönliche Theilnahme fortwirkten, und die
Lehrkräfte, die er mit sicherem Blick erkannt, sich
zu ihrer vollen Bedeutung entwickelten. Gerade die
20 Jahre nach 1770 zeigen die höchste Blüthe
Göttingens und die Richtung, die Münchhausen ihm
gegeben, ist noch lange hin für Lehrer wie für
Lernende bestimmend geblieben.

Freiherr Gerlach Adolph von Münchhausen

CAROLUS VI.
Romanorum Imperator, Semper Augustus, Rex
Germanice, Hispaniae, Siciliae utriusque, Hungarice
Bohemice, etc. Arelii Dux Austriae, Dux Burgundiae.
etc. etc. etc.

PRIVILEGIVM CAESAREVM.

CAROLVS VI.

DIVINA FAVENTE

clementia Electus Romanorum Imperator semper Augustus, ac Rex Germaniae, Castellae, Aragoniae, Legionis, vtriusque Siciliae, Hierusalem, Hungariae, Bohemiae, Dalmatiae, Croatiae, Sclauoniae, Nauarrae, Granatae, Toleti, Valentiae, Gallitiae, Maioricarum, Seuiliae, Sardiniae, Cordubae, Corsicae, Murciae, Giennis, Algarbiae, Algezirae, Gibraltaris, Insularum Canariae, & Indiarum ac terrae firmae, Maris Oceani, Archidux Austriae, Dux Burgundiae, Brabantiae, Mediolani, Styriae, Carinthiae, Carniolae, Limburgiae, Lucemburgiae, Geldriae, Wirtembergae, superioris & inferioris Silesiae, Calabriae, Athenarum & Neopatriae, Princeps Sueuiae, Cataloniae & Asturiae, Marchio Sacri Romani Imperii Burgouiae, Morauiae, superioris & inferioris Lusatiae, Comes Habspurgi, Flandriae, Tyrolis, Ferretis, Kyburgi, Goritiae & Arthesiae, Landgrauius Alsatiae, Marchio Oristhani, Comes Goziani, Namurci, Rossilionis & Ceritaniae, Dominus Marchiae Sclauonicae, Portus Naonis, Biscaiae, Molinae, Salinarum, Tripolis & Mechliniae &c.

AD PERPETVAM REI MEMORIAM

agnoscimus, & notum facimus tenore praesentium Vniuersis:

...exemplo Diuinae Maiestatis, quae infinitos suae immensae Liberalitatis thesauros in Vniuersum Hominum Genus largissime ac continuo diffundere noscitur, ... Nos ... id curae, vltro, & ex praecipuo in Literas amore suscepimus, vt diuersa Scientiarum studia per Vniuersas sacri Romani Imperii Prouincias in fundatis, dotatisque hunc in finem Vniuersitatibus, Academiis, Gymnasiis & Collegiis iugiter foueantur, promoueantur, & condignis honoribus ac praemiis excitentur, Nostroque auspicio felicia Incrementa eo consequantur, quo praeclara ibidem studiosae Iuuentutis ingenia solicite excolantur, & in viros euadant, qui pro Choro & Foro apti, doctiusque suis consiliis, ac rerum gerundarum scientiis vtrique Reipublicae vtiliter adesse, imo & praeesse valeant.

Cum igitur Nobis Serenissimus ac Potentissimus Princeps, Dominus GEORGIVS Secundus Magnae Britanniae, Franciae & Hyberniae Rex, qua Elector Brunsuico-Luneburgensis, eo quo decet modo, mentem suam aperuerit, ... in Ciuitate sua Göttinga, sic dictum illustre Gymnasium, quod ab annis iam florere noscitur, in publicam Vniuersitatem erigere valeat, ... cum iisdem priuilegiis, quibus ex Imperiali concessione de Anno millesimo sexcentesimo nonagesimo tertio Vniuersitas Halensis in Saxonia potitur, & gaudet, clementer impertiri dignaremur; Nos pro singulari & benigna Nostra, quam erga Regem Magnae Britanniae continuo gerimus, affectione, memoratis precibus, in hunc qui sequitur, modum, benigne annuendum duxerimus; prout vigore huius Nostri Caesarei Diplomatis annuimus:

Ac proinde ex certa Nostra scientia, animo bene deliberato & maturo accedente Consilio, deque Caesareae Nostrae potestatis & authoritatis plenitudine praefato Serenissimo & Potentissimo Magnae Britanniae Regi, qua Electori Brunsuico-Luneburgensi facultatem & potestatem erigendi in praetacta Ciuitate Electorali Brunsuico-Luneburgensi Göttinga Nobis & Sacro Romano Imperio subiecta, sublimius Gymnasium, siue Academiam & Studium Vniuersale omnium Artium Liberalium, ac Scientiarum, ... concessimus, ... & quandocunque erecta fuerit, cum omnibus in ea comprehensis Professoribus, Doctoribus, Scholaribus, adeoque Vniuersa Iuuentute Literis ibidem operam nauante, aliisque ad eam pertinentibus personis aequo iure censeatur, pari dignitate aestimetur, omnibusque immunitatibus, priuilegiis, libertatibus, honoribus, franchisiis, sicut aliae per Germaniam Vniuersitates, earumque membra, vtatur, fruatur, potiatur, & gaudeat: Volentes, & eadem authoritate Nostra Caesarea Decernentes, quod Professores, & Personae idoneae, per saepe memoratum Regem Magnae Britanniae, Eiusdemue ad hoc Delegatos, deputandi, possint, & valeant in praedicta Vniuersitate seu Studio Vniuersali, profiteri, & Lectiones, Disputationes, atque repetitiones publicas facere, Conclusiones palam discutiendas proponere, interpretari, glossare, & dilucidare, omnesque actus Scholasticos exercere, eo modo, ritu & ordine, qui in caeteris Vniuersitatibus obseruari solet, ...

Praeterea recipimus eandem Vniuersitatem a Serenissimo Magnae Britanniae Rege, qua Principe Electore Brunsuico-Luneburgensi in Ciuitate Göttinga, vt supra, erigendam, in Nostram & Successorum Nostrorum Romanorum Imperatorum, & Regum singularem protectionem, saluam Guardiam, atque patrocinium, volumusque, & decernimus per praesentes, quod Scholastici dignitatem seu gradum aliquem in dicta Vniuersitate assumpturi gaudeant, & potiantur, vti, frui, gaudere, & potiri possint, & debeant omnibus, & quibuscunque gratiis, honoribus, dignitatibus, praeeminentiis, immunitatibus, priuilegiis, franchisiis, concessionibus, fauoribus, & indultis, ac aliis quibuslibet, quibus Vniuersitas, Heidelbergensis, Tubingensis, Coloniensis, Ingolstadiensis, Friburgensis, Rostochiensis, Iulia-Helmstadiensis, Argentoratensis & Halensis Saxonum, ac alia Studia priuilegiata, & Doctores, Licentiati, Magistri, Baccalaurei, & Scholastici in supra dictarum Facultatum vna vel altera isthic promoti aut aliqua dignitate, seu gradu insigniti, gaudent, vtuntur, fruuntur, & potiuntur, quomodolibet consuetudine vel de iure, non obstantibus aliquibus priuilegiis, indultis, praerogatiuis, gratiis, statutis, ordinationibus, exemptionibus, aut aliis quibuscunque in contrarium facientibus, quibus omnibus & singulis ex certa Nostra scientia, animo deliberato & motu proprio, per hoc Diploma Nostrum derogamus & derogatum esse volumus, ...

Concedimus insuper & elargimur, benignam facultatem ac potestatem, vt Doctores & Scholares in erigenda Vniuersitate existentes ad exemplum reliquarum Vniuersitatum, praeuio tamen Consensu mentionati Regis, qua Principis Electoris Brunsuico-Luneburgensis Eiusque Successorum, Statuta condere, Ordinationes facere, nec non Pro-Rectorem ac Pro-Cancellarium ... nec non alios Officiales pro Lubitu & exigentia creare & facere possint & valeant. motu, scientia, & authoritate, quibus supra, Pro-Rectori ad eum, quo diximus, modum, constituendo, vel eligendo, siue Rectoratus munere, deinceps in eadem Vniuersitate quoquo tempore functuro, Comitiuan Sacri Lateranensis Palatii, Aulaeque Nostrae Caesareae & Imperialis Consistorii contulimus, ...

Harum testimonio Literarum, manu Nostra subscriptarum & Sigilli Nostri Caesarei appensione munitarum, quae dabantur in Ciuitate Nostra Vienna, die decima tertia Mensis Ianuarii, Anno Domini millesimo septingentesimo trigesimo tertio, Regnorum Nostrorum Romani vigesimo secundo, Hispanicorum trigesimo, Hungarici & Bohemici vero pariter vigesimo secundo.

CAROLVS.

Vt. Ioan. Ad. Comes de Metsch.

 **Ad** Mandatum Sac.^{ae} Caes^{ae} Maiestatis proprium.

Ioan. Ios. a Schnappauff.

Collat. & registrat. F. G. a Pranghe.

KAISERLICHES PRIVILEG

KARL VI.

VON GOTTES GNADEN

Erwählter Römischer Kaiser, Mehrer des Reichs, und König von Deutschland, Kastilien, Aragonien, Leon, beider Sizilien, Jerusalem, Ungarn, Böhmen, Dalmatien, Kroatien, Slavonien, Navarra, Granada, Toledo, Valencia, Galizien, der Inseln Mallorca, Sevilla, Sardinien, Cordoba, Korsika, Murcia, Jean, Algarve, Algeciras, Gibraltar, der Kanarischen, der Indischen Inseln und der Festländer des Atlantischen Ozeans, Erzherzog von Österreich, Herzog von Burgund, Brabant, Mailand, Steiermark, Kärnten, Krain, Limburg, Luxemburg, Geldern, Württemberg, Ober- und Niederschlesien, Kalabrien, Athen und Neopatrien, Fürst von Schwaben, Katalonien und Österreich, des Heiligen Römischen Reichs Markgraf von Burgenland, Mähren, Ober- und Niederlausitz, Graf von Habsburg, Flandern, Tirol, Pfirt, Kyburg, Görz und Artois, Landgraf im Elsaß, Markgraf von Oristano, Graf von Gozo, Namur, Le Rosillon und Cardagne, Herr der Slavonischen Mark, von Pordenone, Kantabrien, Moulins, Salins, Tripolis und Mecheln etc.

ZUM EWIGEN GEDÄCHTNIS DER SACHE

erkennen und machen Wir mit dem Gegenwärtigen bekannt
für Alle:

Nach dem Beispiel der Göttlichen Majestät, die, wie man weiß, den unendlichen Schatz ihrer grenzenlosen Güte auf das gesamte Menschengeschlecht weitest und ständig ergießt, ... haben ... Wir ... es Uns – dazu aus besonderer Liebe zu den Wissenschaften – angelegen sein lassen, daß die verschiedenen Studien der Wissenschaften in allen Provinzen des Heiligen Römischen Reiches durch Gründung und zu diesem Zweck gegebener Ausstattung von Universitäten, Akademien, Gymnasien und Kollegien ständig gehegt, gefördert und durch angemessene Ehren und Auszeichnungen ermuntert werden, daß unter Unserer Leitung ein glückliches Wachstum in der Richtung folge, in welche die glänzensten Geister der dort studierenden Jugend sorgfältig gebildet werden sollen, damit sie sich zu Männern entwickeln, die, für Kanzel und Gericht tauglich, durch ihren gelehrten Rat sowie die Kenntnis der zu führenden Angelegenheiten für jedes Gemeinwesen nützlich sein oder ihm auch vorstehen können.

Als daher der Erhabene und Mächtige Fürst, Herr GEORG der Andere, König von Groß-Britannien, Frankreich und Irland, in seiner Eigenschaft als Kurfürst von Braunschweig-Lüneburg, Uns in geziemender Weise seine Absicht eröffnete, ... in seiner Stadt GOETTINGEN das sogen. Gymnasium illustre, das schon seit vielen Jahren anerkanntermaßen in Blüte steht, zu einer öffentlichen Universität zu erheben ... [und] mit denselben Privilegien, deren nach Kaiserlicher Verleihung vom Jahre eintausend sechshundert dreiundneunzig die Universität Halle in Sachsen teilhaftig ist und sich erfreut, auszustatte[n] haben Wir aus Unserer besonderen und liebevollen Zuneigung, die Wir stets gegenüber dem König von Groß-Britannien gehegt haben, seinen erwähnten Bitten in der Weise wie folgt gnädigst willfahren zu sollen geglaubt, wie Wir kraft dieses Unseres Kaiserlichen Diploms bewilligen:

Daher haben wir, auf Grund Unserer gründlichen Wissenschaft, wohl überlegten Gemüts und hinzukommender reifer Überlegung, und aus der Fülle Unserer Kaiserlichen Macht und Autorität dem vorgenannten Erhabenen und Mächtigen König von Groß-Britannien in seiner Eigenschaft als Kurfürst von Braunschweig-Lüneburg die Befugnis und Macht gnädigst verliehen, in der vorberührten Kurfürstlich Braunschweig-Lüneburgischen, Uns und dem Heiligen Römischen Reich unterworfenen Stadt Göttingen ein höheres Gymnasium oder eine Akademie sowie ein Universitätsstudium aller freien Künste und Wissenschaften ... zu errichten ... und, sobald er errichtet ist, mit allen in ihr zusammengeschlossenen Professoren, Doktoren, Scholaren, dazu der gesamten, dort emsig den Wissenschaften obliegenden Jugend und anderen dazugehörigen Personen für gleichberechtigt gehalten und von gleicher Würde geachtet werde, sowie aller Immunitäten, Privilegien, Freiheiten, Ehren und Befreiungen gebrauche, genieße, teilhaftig sei und sich erfreue, wie andere Universitäten in Deutschland und deren Angehörige: Indem Wir wollen und aus dieser Unserer Kaiserlichen Autorität verfügen, daß die Professoren und geeignete, vom ofterwähnten König von Groß-Britannien und von dessen hierzu Bevollmächtigten dafür bestimmte Personen an der vorgenannten Universität bzw. Universalstudium lehren, öffentliche Vorlesungen, Disputationen und Repetitionen veranstalten, Thesen zur öffentlichen Diskussion anschlagen, auslegen, glossieren und erklären sowie alle Scholastikertätigkeiten ausüben können und dürfen, in der Art und Weise und Ordnung, die an den übrigen Universitäten beobachtet zu werden pflegt ...

Weiter nehmen Wir diese vom erlauchten Könige von Groß-Britannien in seiner Eigenschaft als Kurfürst von Braunschweig-Lüneburg in der Stadt GOETTINGEN, wie vorbemerkt, zu errichtende Universität in Unsern und Unserer Nachfolger, der Römischen Kaiser und Könige besonderen Schutz, Obhut und Fürsorge, und wollen und verfügen durch Gegenwärtiges, daß die Scholastiker, die an besagte Universität eine Würde oder einen Grad erwerben, sich aller und jeder Gnaden, Ehren, Würden, Vorrechte, Immunitäten, Privilegien, Freiheitsrechte, Zugeständnisse, Vergünstigungen und Nachsicht usw. erfreuen, ihrer teilhaftig sind, sie gebrauchen, sich ihres Genusses und Vorteils erfreuen können und sollen, deren sich die Universitäten Heidelberg, Tübingen, Köln, Ingolstadt, Freiburg, Rostock, Helmstedt, Straßburg und Halle in Sachsen, sowie andere privilegierte Studienorte, und auch die Doktoren, Lizentiaten, Magister, Bakkalauren und Scholastiker, die an einer oder der anderen der obenerwähnten Fakultäten bisher promoviert oder mit einer Würde oder einem Grad ausgezeichnet sind, erfreuen, teilhaftig sind, sie gebrauchen und genießen, nach allem Herkommen und Recht, ohne daß irgendwelche Privilegien, Vorbehalte, Vorrechte, Gnaden, Statuten, Ordnungen, Ausnahmen oder sonst etwas Gegenteiliges entgegenstehen, was alles allgemein und im Einzelnen Wir aus Unserer gründlichen Wissenschaft, wohlüberlegten Gemüts und aus eigenem Antriebe durch dieses Unser Diplom außer Kraft setzen und gesetzt wissen wollen, ...

Wir verleihen und räumen darüber hinaus die Befugnis und Macht ein, daß die Doktoren und Scholaren, die an der zu errichtenden Universität sind, nach dem Vorbild der anderen Universitäten – eingedenk jedoch der vorherigen Zustimmung des Königs, in seiner Eigenschaft als Kurfürst von Braunschweig-Lüneburg, und seiner Nachfolger – Statuten aufstellen, Ordnungen machen, dazu einen Prorektor und Prokanzler und andere Amtsinhaber nach Belieben und Bedarf wählen und machen können und dürfen ... [ferner,] haben Wir, aus Anlaß, Kenntnis und Autorität wie oben, dem Prorektor, der auf die besagte Art bestellt oder erwählt wird oder das Amt des Rektors danach an dieser Universität irgendwann ausübt, die Grafengewalt des Heiligen Lateran-Palastes, Unseres Kaiserlichen Hofs und der Reichsregierung verliehen, ... Zum Zeugnis dieser, mit Unserer Hand unterschriebenen und durch Beifügung Unseres Kaiserlichen Siegels befestigten Urkunde, die gegeben wurde in Unserer Stadt Wien am 13. des Monats Januar im Jahre des Herrn Eintausend Siebenhundert Dreiunddreißig, Unserer Römischen Regierung im zweiundzwanzigsten, der Spanischen im dreißigsten, der Ungarischen und Böhmischen gleichermaßen im zweiundzwanzigsten.

CAROLUS
Gegengezeichnet Joh. Ad. Graf von Metsch

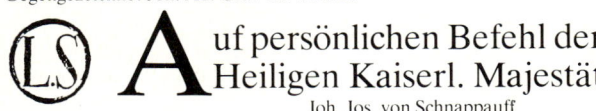

Auf persönlichen Befehl der Heiligen Kaiserl. Majestät
Joh. Jos. von Schnappauff
Verglichen und registriert: F. G. von Pranghe

Kaiserliches Privileg zur Eröffnung der Georgia Augusta vom 13. Januar 1733

Königliches Privileg

20

Georg II., König von Großbritannien und Kurfürst von Hannover

Einweihung
der
Georg=August=Universität
in Göttingen

GEorg der Andere, von GOttes
Gnaden König von Groß=Britannien, Franckreich und Irr=
land, Beschützer des Glaubens, Hertzog zu Braunschweig
und Lüneburg, des Heiligen Römischen Reichs Ertz=Schatzmeister und
Churfürst, rc. Unsern geneigt= und gnädigsten Willen zuvor, Würdige,
Ehrenveste, auch Ehrbahre, Hoch= und Wohlgelahrte, Liebe, Andäch=
tige, Räthe und Getreue. Wir haben, wie euch nicht unbekannt ist,
mit unermüdeter Sorgfalt Uns bisher bestrebet, und nichts gespahret,
Unsere aldort angerichtete Georg-August Universität in den Stand zu se=
tzen, daß sie denen besten Universitæten in Teutschland gleich seyn mög=
te : Wir haben auch nunmehro, zu Unserem sonderbahren Vergnügen,
solchen Zweck in so weit erreichet, daß jetztermeldete Universitæt, in allen
vier Facultæten, mit Lehrern von kundbahrer Distinction und Meriten,
ingleichen mit geschickten Exercitien- und Sprachmeistern, sich ausgerü=
stet findet. Es ist also nichts mehr übrig, als daß dieses in eine so gute
Consistenz gebrachte gemein-nützige Institutum und Corpus, damit auch
an dessen äuserlichem Decoro nichts abgehe, nach löblichen Herkommen
und Gebrauch, öffentlich inauguriret und eingeweyhet werde.

Wir haben zu solchem Inaugurations-Actu den Siebenzehenden des
nächstkünftigen Monaths Septembris dieses 1737ten Jahres, Neuen
Styls, bestimmet, und werden alsdann zu demselben einen von Unsern
Ministris als Unsern Principal-Gevollmächtigten und Repraesentanten ab=
schicken, welcher, der Ihm zuertheilenden Instruction gemäß, dabey alles
dasjenige thun und verrichten soll, was Wir, wann Wir selbst gegen=
wärtig wären, etwan thun und verrichten würden.

Worin die Solennia dieser Inaugurations-Festivitæt bestehen werden,
und was eures Amts und Thuns dabey seyn werde, das ist euch meh=
rentheils schon bekannt, und ihr werdet dessen noch weiter von Unserm
Geheimbten Raths-Collegio, an welches Wir desfalls euch verweisen,
zulänglich belehret werden. Wir halten Uns zu euch in Gnaden versi=
chert, es bedürffe bey euch keiner Aufmunterung, euer äuserstes anwen=
den und vorkehren zu helffen, daß alles, was dazu gehöret, so viel es
bey euch stehet und euch zukömmt, mit genugsamer Dignitæt und Wohl=
anständigkeit zu Wercke gerichtet werden und von statten gehen möge,
und daß ihr desto hurtiger und freudiger euch dazu anschicken werdet, je
glorieuser vor euch jetzo und bey der spähten Nachwelt seyn wird, an ei=
ner Solennitæt von der Wichtigkeit, wie diese ist, so vornehmlichen An=
theil gehabt, und dabey pro dignitate concurriret zu haben. Inzwischen
ist Unser Wille, und Wir gesinnen hiermit an euch allergnädigst, daß
ihr obverstandenen Tag der Universitæts-Inauguration deren Mit-Glie=
dern und Angehörigen mittelst eines convenablen Lateinischen Program=
matis in Zeiten vorher kund machen und sie dazu einladen möget, und
seyn euch mit geneigt= und gnädigsten Willen beygethan. St. James den

$\frac{25 \text{ten Januarii}}{5 \text{ten Februarii}}$ 1737.

George R.

An Commissarium und übrige Professores der
Georg-August-Vniversitæt zu Göttingen.

Hattorff.

Posten zu Göttingen.

1) Die fahrende Sächsische, wöchentlich 2 mal über Nordheim, Scharzfels und Nordhausen à 10. Meile, rc. nach und aus Leipzig, insgesammt 24. Meile.

2) Die fahrende Hannöversche, wöchentlich 2 mal über Nordheim und Einbeck, hin und zurück.

3) Die fahrende Casselsche über Münden, wöchentlich einmal hin und zurück.

4) Die reitende Hannöversche und Braunschweigsche über Nordheim und Seesen, wöchentlich 2 mal hin und zurück.

5) Die reitende Casselsche über Münden, wöchentlich 2 mal hin und zurück.

6) Die reitende Duderstädtische, wöchentlich 2 mal hin und zurück.

7) Die fahrende Braunschweigische über Nordheim und Seesen, wöchentlich einmal hin und zurück, seit 1. Julii 1745.

Not. Von Nordhausen wöchentlich 2 mal über Sondershausen nach Langensalz; und von Langensalz über Erfurt, Weimar nach Jena, auch ins Voigtland; desgleichen von Langensalz über Gotha, Schmalkalden, Hildburghausen, Coburg, Bamberg, Erlangen nach und von Nürnberg; auch von Langensalz nach Mühlhausen und Wanfried; imgleichen Eisenach und Hirschfeld.

Zur Nachricht dienet, daß 1 mgr. acht Pfennige ausmachet, folglich 3 mgr. so viel sind, als 2 ggr.

1739 bis 1854 „Königliches Posthaus" (heute städtisches Museum)

Wir wollen nun zwar zuförderst hoffen, daß diejenige, welche mit guter Erziehung auf besagte Universität kommen, und von ihrer Kindheit an, sittlich und schicklich zu leben gelernet, oder von Natur dazu geneigt sind, sich vor allem demjenigen, woraus Streit und Händel entstehen können, sorgfältig hüten, niemand neben sich verachten, grob tractiren, oder sonst beleydigen, auch alles unartigen familiarisirens, und satyrischen Scherzens von selbsten sich enthalten werden.

Zum Zwang und Zähmung derer aber, die übel erzogen und geartet seyn, keine Vorstellungen, Vermahnungen, und Anführungen zum Guten, achten, sondern auf verkehrten Wegen wandeln, und ein wüstes und wildes Leben führen und lieben, wollen Wir nach aller Strenge... verfahren wissen; Declariren auch hiemit daß Wir...genaue Erkundigung, ob sie eines auf Univer-täten geführten unsträflichen Wandels beglaubten Beweis aufzuzeigen haben, einziehen lassen

Wir Pro-Rector und Professores der hiesigen Königl. und Churfürstlichen Georg-August Universität geben hiedurch zu vernehmen, und wird ohnedem einem jeden noch unentfallen seyn;

Was maßen wir durch die bey einigen wenigen von unsern Civibus Academicis, sit kurtzer Zeit, eingerissenen wüsten und rohen Lebens-Art, bewogen worden, mittelst eines unterm 13. abgewichenen Monaths Septembris. a. c. verfügten Affixi, unser iarüber geschöpffetes äusserstes Mißvergnügen, öffentlich zu erkennen zu geben, und zugleich daß gegen die künfftig excedirende mit der schärffesten Ahndung verfahren werden solle zu declariren.

Wann nun aber nachero, von Sr. Königl. Majestät, unserm allergnädigsten Herren, nachfolgendes Rescript an uns eingelauffen ist:

Wir Georg der Andere, von Gottes Gnaden

König von Groß-Britannien, Franckreich und Irrland, Beschützer des Glaubens, Hertzog zu Braunschweig und Lüneburg, des heiligen Römischen Reichs Ertz-Schatzmeister und Churfürst.

Unsern geneigt und gnädigsten Willen zuvor, Würdige, Ehrenveste, ath Ehrbare, Hoch- und Wohlgelahrte, Liebe Andächtige Räthe und Getreue. Wir mögen euch nicht vorenthalten, was gestalt Wir mißfällig vernommen, daß auf unserer dortigen Universität, das heimliche duelliren und sogenannte Rencontres, seit einiger Zeit mercklich einzureissen beginne, und Unserm unterm 18. Jul. 1735. heraußgelassenem Duell-Edict strafbahrer Weise entgegen gehandelt werde. Wenn Wir aber dergleichen Unfug und offenbahrer Uebertretung Unserer Landesherrlichen Verordnung, insonderheit wegen der zu besorgenden traurigen Folgen keines Weges nachzusehen gemeinet seyn, vielmehr wollen daß berührtes unser Duell Edict in allen Stücken beobachtet werden solle; So finden Wir nöthig daß selbiges durch öffentlichen Anschlag, oder wie ihr sonsten diensahm findet, erneuert 2c. 2c. werde. Gegen die Uebertreter aber, habt ihr ohne einige Nachsicht oder Ansehn der Person nach Inhalts mehrberührtes Edicts zu verfahren. Wir sind euch mit geneigt und gnädigsten Willen beygethan.   Hannover den 6. October 1740.

Ad Mandatum Regis & Electoris.

An Pro Rectorem und
übrige Professores
zu Göttingen.

v. Steinberg.

So haben wir, dem darinnen uns ertheiltem allerhöchsten Befehle zur gebührenden Folge, solches hiedurch öffentlich kund machen und zu jedermännigliches Wissenschafft bringen wollen, nicht zweiffelende, es werde so wohl, bey denjenigen, welche bishero eine vernünfftige und gute Aufführunge unveränderlich zu Tage geleget, als bey den wenigen welche hiervon abgegangen, und durch allerhand von ihnen ausgeübete Vergehungen sich bekant und verhaßt gemacht, nicht ohne Eindruck bleiben, mithin nicht nur die ersteren zu einem fernerem tugendhafften, und lobenswürdigem Wandel aufmuntern, sondern auch die letztere bewegen von ihrer bißherigen Unart abzustehen, und das einige Zeit her angenommene wüste Wesen völlig abzustellen.

Wir haben dieselbe hierzu schon vorhin auf das getreueste und recht Väterlich ermahnet, und da wir solches hiedurch auf das nachdrücklichste wiederholen, so fassen wir das Vertrauen, es werde ein jeder, bey welchem noch einige vernünfftige Vorstellungen Platz greiffen, und der noch der geringsten Uberlegung fähig ist, dieses beherzigen und von selbsten erkennen, daß durch ein wüstes, rohes und lasterhaftes Leben, er sich nicht nur den Göttlichen Unsegen ohnfehlbar zuziehe, Geld und Zeit vergeblich verschwende, und sich bey allen ehrliebenden Gemüthern verhaßt mache, sondern auch Sr. Königl. Majestät, unser allergnädigsten Herrens höchstes Mißfallen und gewisse Ungnade erwerben, folglich sein zeitliches Glücke verscherzen, und den Weg zu aller Beförderung sich gänzlich verschliessen werde.

Und wie also unsere Pflicht und Schuldigkeit erfordert, solchem ohnleidentlichen Unwesen zu steuren und dasselbe gäntzlich auszurotten, so werden wir auch mit äusserster Sorgfalt uns dieses angelegen seyn lassen, mithin gegen diejenige, bey welchen, wieder Vermuthen, unsere Väterliche Ermahnungen keinen Platz finden solten, sondern die in ihrer angenommenen Unart beharren und von selbiger nicht ablassen werden, nach aller Schärffe des Duell-Edicts nicht nur verfahren, sondern auch von eines jeden übeler Aufführunge, wenn sie Landes-Kinder seyn, dem deßfals erhaltenem specialen Befehl gemäß, an Königl. Geheimbtes hohes Ministerium, mit ihrer Benennung Pflichtmäßig berichten.

Warnach sich dann also ein jeder, der eine scharffe und schwere Straffe vermeiden will, und dem sein zeitliches Wohlergehen und Beförderunge angelegen ist, zu richten haben wird. Signatum Göttingen den 25. October 1740.

L.S.   Tobias Jacob Reinharth D.

Wir der Königliche und Churfürstliche

Commissarius und übrige Professores der Königlichen Georg August Universität alhier fügen hiemit zu wissen, und ist sämtlichen Studiosis vorhin bekandt, was gestalt es bey dem Termino, welchen Se. Königliche Majestät und Churfürstliche Durchlaucht, Unser Allergnädigster Herr, zur Inauguration Dero hiesigen Universität bestimmet, sein unverändertes verbleiben habe, und dieselbe am 17ten dieses Monaths Septembris a. c. durch die hohe Königliche Gesandschafft werde vollzogen werden.

Ob Wir nun zwar keines weges zweiffeln, daß so wohl die auf der hiesigen Königlichen Universität befindliche Studiosi, ihrer bishero zu Unserm besonderm Vergnügen bezeigten Art und Gewohnheit nach, diesen von Se. Königlichen Majestät Dero Georg August Universität Allergnädigst bestimten Ehren- und Freuden-Tag, woran sie selbst so fürnehmlichen Theil mit nehmen, in anständiger Freude und modester Celebrirung zubringen, und keinen Tumult, Schlägerey und unanständiges wildes Zanck-Geschrey anstifften, noch sich dazu gesellen werden; Als auch daß die von andern Universitæten anhero kommende Studiosi, so durch ihre Gegenwart uns ein Zeichen ihrer Freundschafft geben, welche wir dahero auch als hochwerthe liebe Freunde und Gäste willig und gerne auf und annehmen, die Dignität dieser wichtigen Handlung werden mit befördern helffen, und dazu cooperiren, daß die Freude und das allgemeine Vergnügen an diesem Tage durch keine tumultuarische und unanständige Bezeugungen möge unterbrochen werden: So haben Wir doch der Nothwendigkeit zu seyn erachtet, wann dem Corpori Studiosorum sich ein und ander einmischen solte, so der Trunckenheit und daher rührenden Schlägereyen und dergleichen Händeln sich ergebe, einen solchen treulich zu warnen, daß er wenigstens an vorgedachtem Einweihungs-Feste um so mehr vor allen Unziemlichkeiten und wilder Aufführung sich zu hüten habe, als solches die allerunterthänigste Devotion gegen Se. Königl. Majestät und Churfürstliche Durchlaucht Unsern Allergnädigsten Herrn, dessen Werck unsere bevorstehende Handlung ist, imgleichen der schuldige Respect und die Attention, so alle Anwesende, zuförderst des Höchstansehnlichen Herrn Repræsentanten Excellenz, demnächst aber denen übrigen vornehmen Standes und anderen Personen, so diese Einweyhung feyerlich begehen werden, schuldig sind, erfordert; Einem solchen auch zu bedencken zu geben, daß da das gantze Vaterland durch beliebte Abschickungen sich anhero versamlet, um denen, so an diesem, denen Studiis gewidmeten Orth, Studirens halber sich aufhalten, gleichsam die Hand zu geben, und ein öffentliches Zeichen ihrer Liebe und Æstime darzulegen: also diejenige, welche sich von der schuldigen Erkäntlichkeit, Ehrerbietung und Modestie solten ableiten lassen, zu ihrem empfindlichen Schaden, sehr genau werden bemercket, überall aber viel schärffer bestrafet werden, als wenn solche Ungebührlichkeiten zu anderen Zeiten begangen seyn würden.

Wir vertrauen inzwischen denen sämtlichen Studiosis, daß sie sich an diesem Ehren-Tage so bezeigen werden, daß zuförderst des höchst ansehnlichen Herrn Repræsentanten Excellenz eine gnädige Zufriedenheit haben, demnächst aber alle Anwesende einen Nachruhm davon mit nach Hause nehmen, und daselbst unter die ihrige ausbreiten können. Gegeben Göttingen den 2. Sept. 1737.

Commissarius und übrige Professores der Königl. Georg August Universität allhier.

Festlichkeiten zur Einweihung
der
Georg-August-Universität
in Göttingen

Das merkwürdigste, welches in den Hannoverischen Landen in diesem Jahr vorgefallen,
ist die Einweihung der neuerrichteten Universität Göttingen.

Die Weißheit hat ihr Haus nun in dir aufgeführet,
Du bist dadurch, geliebtes Lein-Athen,
Vor deinen Schwestern schön gezieret:
Der HErr hat dich zur Hütten ausersehn,
Die Söhne kommen dir von fernen,
Die Weißheit sammt der Tugend zu erlernen.

Gottingia mit Mauerkrone und Stadtsignet im Schild, Fluß-göttin (Najade) mit einer überaus fischreichen Leine, Putti mit ebenfalls überreichen landwirtschaftlichen Produkten (Weintrauben!) und Jagdbeute, wahrscheinlich pauschal auf die Fruchtbarkeit der Göttinger Gegend verweisend.

Dazwischen Sinnbilder für Bürgertugenden: Hahn = Wachsamkeit und Frühaufstehen, Fasces-Bündel = Einigkeit, die stark macht. Das wohlverschnürte Paket mit verknoteten Ecken könnte auf Handel deuten, vielleicht Göttinger Tuchversand? Ferner ein Bienenkorb, Sinnbild für Fleiß und Sparsamkeit.

Die Auszierung dieser Ehren-Pforte perspectivisch entworffen Die eine Seite zielet auf Artem, die andere auf Martem. Auf der ersten Seite ist unter der Pallade zwischen den Würffeln ein Museum, das über dieselbe im Emblemate befindliche Pferd, so aus dem Braunschweigischen Wapen genommen, deutet auf den Pegasum, darüber an der Attica ist der Parnassus, wobey unsers grossen Königs Person als Rector Magnificentissimus die Englische Harffe haltend den Apollinem vorstellet. Auf der andern Seite ist unter dem Marte ein Kriegs-Feld, und über ihm im Emblemate der aus dem Braunschweigischen Wapen genommene Löwe, welcher die vortreffliche Eigenschafften unsers preißwürdigsten Königes vorstellet, darüber in der Attica ist das damahls von der Englischen Flotte bedeckte Lissabon, welches durch dieser Flotte blossen Gegenwart vor dem feindlichen Angriff sicher gestellet wurde. An dem Auffsatz der Attica ist das gantze Königliche Wapen, darüber befinden sich auf den Wolcken nach den Welt-Gegenden gewandte Famæ, so unsers Königs unsterblichen Ruhm in aller Welt ausbreiten. Was die übrige Auszierung anbelanget, erklären sich selbe, von selbsten.

Zur feierlichen Einweihung der Georgia Augusta hatte man 1737 eine prächtige Ehrenpforte errichtet...
Man hatte damit als selbstverständlich aufgegriffen, was – in unmittelbarer Anknüpfung an die römische Antike – seit der Renaissance üblich geworden und auch während des Mittelalters nicht völlig untergegangen war: Festliche Ereignisse, insbesondere den Einzug eines Fürsten in eine Stadt, mit Hilfe solcher Ehrenpforten zu einem Triumph zu stilisieren und durch ein reiches ikonographisches Programm auf der Dekorationsarchitektur rhetorisch – etwa mit den geläufigen Formeln des Herrscherlobes – zu überhöhen.
Gewiß waren diese Festkulissen nicht Denkmäler im vollen Sinn des Wortes. So rasch sie aufgeschlagen wurden – aus Brettern oder aus bemalter Leinwand über Holzgerüsten – so rasch verschwanden sie wieder. Die Dauer, die man für die „eigentlichen" Monumente so ausdrücklich zu beschwören pflegte, fehlte hier. Dennoch aber wäre es falsch zu sagen, die Ehrenpforten seien keine Denkmäler gewesen.

Am 16. Sept. Nachmittags langte die Königl. Gros=Brittannische Gesandschaft vor der Reit=Bahn daselbst an , wo sie von den Studierenden bewillkommet wurde.

...die Studiosi ... welche sich in und vor dem schönen Reithause, so vor dem Wehner-Thor lieget, versammlet, ... haben ... den Königl. zum Inaugurations-Actu denominirten Haupt-Gesandten, den Staats-Minister und Gross-Voigt Freyherrn von Münchhausen eingehohlet.

Der Einzug in Göttingen geschah nach 3 Uhren durch das Wehner-Thor und Gasse solches Nahmens, welche von beyden Seiten mit einer grofsen Menge Zuschauer besetzet, wovon auch die Fenster angefüllet waren. ...

Die Zahl der gesandten Studenten, so den Herrn Gesandten eingehohlet, hat sich auf 109 (110) Persohnen belaufen, ... Ein gross Theil von der Cortege waren wohl beritten, weil die Officiers, umliegende von Adel, Beamte und Förster ihre Pferde dazu hergeliehen. Der Haupt-Gesandte ... safz in einer gar propren und vergüldeten Gutschen, welche mit sechs schwartzen Pferden bespannt, ... Hinten auf der Gutschen des Herrn Gesandten stunden 4 Laquaien,

Feierliches Vivat vor dem Commandantenhause des Brigadier Druchleben auf der Wehner-Strassen,

Am 16. Sept. Nachmittags langte die Königl. Gros=Brittannische Gesandschaft vor dem Commandten=Haus daselbst an , wo sie in des ersten Gesandten Behausung von der Universität bewillkommet wurde

...der Commissarius Academiae Schmauss, so die Stelle des Vice-Rectoris verwaltet, ... soll ... eine kurtze Rede an den Herrn Abgesandten gehalten haben. Dieser Redner soll unter andern dem Herrn Gesandten für die gantz aufzerordentliche Vorsorge und Bemühung, dafs die Sache bis dahin gediehen,

gedancket und die Bitte hinzugefüget haben, dafs der Gesandte auch künftighin als ihr allgemeiner huldreicher lieber Vater, dem sie nach Gott und Königliche Majestet all ihr Glück, Heyl und Wohlfahrt zu dancken hätten, für sie zu sorgen fortfahren möchten.

Inauguration

Des folgenden Tags versammleten sich gegen 7. Uhr
die gesammten Marschälle, die Lehrer aller Facultäten,
und die Universitäts-Bediente, der Gerichts-Schultheiß,
Burgermeister und Rath, ingleichen der Superintendent,
und das Geistliche Stadt-Ministerium.

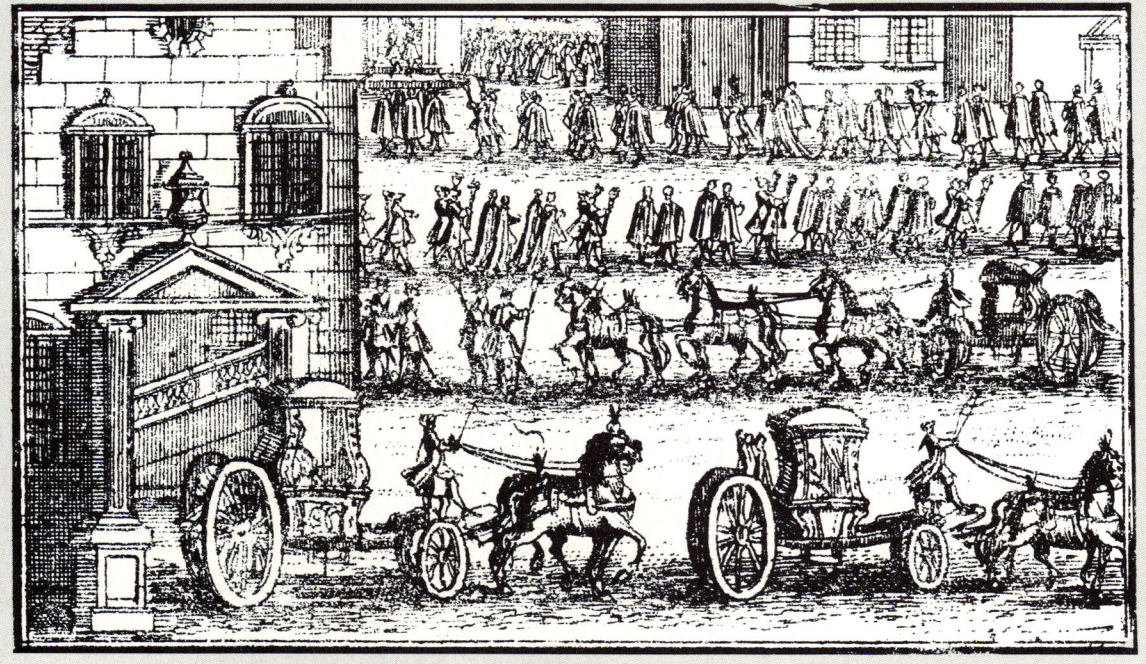

Die Profeſſores erſchienen in ihren Cerimonien-
Kleidern, die Raths-Perſonen ſchwarz, die Prediger in
ihrer ordentlichen Tracht, und die Candidaten der Facultäten in kurzen ſchwarz-ſeidenen Mänteln.

Die Proceßion gieng aus dem Auditorio in folgender
Ordnung heraus:

1) 2. Marſchälle mit den Sprach- und Exercitien-
Meiſtern, paar weiſe,

2) 2. Marſchälle mit den ſämtlichen Studioſis,
je 4. und 4.

3) 2. Marſchälle mit dem Stadt-Miniſterio,
paar weiſe, wovon das lezte Paar den Superin-
tendenten in der Mitte hatte.

4) 2. Marſchälle mit dem Stadt-Rath.

5) 2. Marſchälle mit denen Candidaten aller
Facultäten.

6) 2. Marſchälle mit denen Magiſtern, und
Adjunctis Philoſophiä.

7) 2. Marſchälle mit denen Licentiaten und Doctoribus aller Facultäten, ingleichen denen, ſo vorhin
ſchon auf dieſer Univerſität promoviret, wie auch
dem Secretario der Academie

8) 2. Marſchälle mit denen ordentlichen öffentlichen
Lehrern.

Sobald die Proceßion vor dem Communität-Hauß,
wo die Geſandſchaft ſich befande, ankommen, hielte man
ein wenig ſtill, bis von Seiten der Geſandſchaft angezeiget
war, mit der Proceßion fortzufahren.

Bey des Hochanſehnlichen Vornehmſten Herrn Geſandten Pallaſt ſchloßen ſich die daſelbſt verſammlete an,
nemlich zuerſt die von 2. Marſchällen geführte Deputirte
der Univerſität Helmſtädt, hernach die Inſignien-Träger,
dann die Marſchälle der Geſandſchaft und hinter ihnen der
erſte Hochanſehnliche Königl. Herr Geſandte in einer 6ſpän-
nigen Kutſchen, worauf un mittelbar der andere in einer
2ſpännigen folgte, endlich 2. Marſchälle mit den Deputirten der Land-Stände, die in ihren Wagen fuhren.

„In dem Gemache lagen auf einem Tische die Insignien, Privilegien, Statuten-Bücher ...

Es fanden sich daselbst die Statuta der Academie in genere, und die Statuta einer jeden Facultät in specie, sauber auf Pergament geschrieben und in roht Sammet eingebunden.

Die Statuta Academiae in genere lagen auf einem rohten purpur Sammten Küssen, so mit goldenen Quaesten gezieret war, unter den Statutis aber lag der Vice-Rectorat-Mantel so von rohten Sammet ...

Die Statuten einer jeden Facultät lagen auf den Decanat-Mantel dieser aber auf einen rohten Sammeten Küssen,

Die beyden Scepter, so von Silber und stark vergüldet, hatten oben das Königliche Wapen, und lagen auf einen auf vorgedachte Art beschaffenen rohten Sammten Küssen.

Der zweyte Gesandte, wie er bey uns an den Insignien-Tische stund, sagte uns, daß sie 300 ℳ gekostet.

"Die Kayserlichen und Königlichen Privilegia, so gleichfalls auf berührten Tische auf rohten Sammeten Küssen lagen, waren mit ziemlich großen güldenen oder obergüldeten Bullen ... versehen."...

Nachdem nun die Procefzion bey des Herrn Gesandten Hause vorbeygegangen, haben wir uns ... auf die Dehle begeben, und sind, nachdem der Commissarius Academiae nebst den künfftigen Pro rectore, Doctor und Professor Theologiae Feuerlein, auf deren Seiten die beyden Pedellen, so mit langen licht-rohten Röcken bekleidet gingen, vorbey waren, eingetreten.

Nach uns sind gekommen die 7 Grafen mit den Insignien, ...

Ein jeder der Grafen, welche die Insignien getragen, hatte einen Assistenten, welche ihnen die Insignien zuweilen abnehmen musten. ...

Auf beyden Seiten der Strafzen, wodurch die Procefzion nach der Collegien-Kirche gieng, stunden commandirte Soldaten, welche das greuliche Zudrengen der Zuschauer von der Procefzion abhalten solten.

Wie sich die Procefzion der Collegien-Kirchen, worinn der Actus Inaugurationis geschehen solte, nahete, absonderlich, da sich des Herrn Gesandten Excellenz vor der Kirchen einfand, liefzen sich Paucken und Trompeten starck hören.

Die Trompetter und Paucker stunden auf einen vor der Kirchen sich befindlichen Balcon.

Zuvor war auf den Johannis und Jacobi Thurm musiciret worden.

Die Kirche war mit einer überaus grofzen Menge Menschen, so sich auf 4 bis 5000 belaufen haben soll, angefüllet, so dafz die daselbst befindliche Wache genug zu thun hatte, dafz sie denen, so auf das Chor oder erhabene Bühne, welche von Brettern zusammengefüget, wolten, Platz machen konte.

Damit nun alle und jede die Inaugurations-Solennitäten sehen könten, waren hinten in der Kirche Bäncke, deren eine immer höher, als die andere war, worauf die Zuschauer treten konten, gemacht, und konten also die hintersten über die fodersten hersehen. ...

Das Chor, ... war mit dunkelrohten Tuch überleget, oben am Ende defzelben stand in der Mitten ein kleiner Catheder, ...

Auf dieses rechten Seiten safzen der Haupt-Gesandte in einem mit Armen versehenen Lehnstuhl, so mit rohten Sammet bekleidet und in der Mitte der Rücklehne einen weifzen Atlafzen Strich hatte.

Auf der andern Seiten safz der zweyte Gesandte auf einen dergleichen Sefzel, doch ohne Arm-Lehnen.

Beyde Stühle nebst den Catheder waren zwey Stufen erhöhet. ...

Vor diesem Stuhle war eine Banck gezogen, worauf sich die Grafen, nachdem sie die Insignien auf den gegenüberstehenden Tisch geleget, niedergelafzen.

Auf der andern Seiten safzen in eben einen solchen Stuhle die Professores, und hinter selbigen, wie auch hinter den Deputirten auf einer langen Banck der Göttingische Magistrat, dasiges Ministerium, die Candidaten, so den Tag darauf zu Doctoribus und Magistris denunciret werden sollten. ...

In der Kirche wurde eine herliche Music, sowohl mit Instrumenten als mit Stimmen gemacht, und die auf die Inauguration gerichtete Cantata

𝕿ag voller Anmuth, voller Pracht,
Tag, den der HErr uns frölich macht,
Tag, dem nicht viele Tage gleichen:
Wie nehmen wir dich würdig an?
O sollte wohl ein Lied erreichen,
Was unser Hertz kaum fassen kan?
Wo sind die stärckeſten Freuden-Zeichen?

abgesungen, . . .

Hierauf intonirte man den Glauben, und wie solches geschehen, trat der erste Hannoversche Hofprediger Consistorial-Raht und General-Superintendente des Fürstenthums Calenberg, Mentzer, auf die Cantzel und that die Inaugurations-Predigt.

Der blühende Wohlstand
einer dem HERRN geweyheten Stadt
und Hauses Gottes,

Nach gehaltener Predigt wurde von ihm ein langes Gebeth für das Grünen und Blühen der neu angelegten Universität abgesprochen.

Als nun dieses geschehen und besagten Hofprediger von der Cantzel stieg, wurde gesungen · · ·

Nachdem dieser Gesang zu Ende bracht, wurde wieder musiciret, und trat darauf der zweyte Gesandte auf vorbesagten Catheder und that die Inaugurations-Rede, wovon man aber nicht viel verstehen konte, weil er eine gar schwache Stimme hatte.

Inzwischen haben wir doch observiret, daſz . . . man vor langen Zeiten gewillet gewesen, zu Göttingen eine Universität aufzurichten, welches denn Georg der erste König von Groſz-Britannien wieder in den Sinn genommen, und solches Vorhaben von Georg den zweyten vollzogen worden.

Nach gehaltenem Gottesdienst, wobey die Kirche zugleich zu dem Academischen Gottesdienst eingeweihet war, gieng der Inaugurations-Actus vor sich:

Nach absolvirter ... solcher Oration wurde wieder musiciret und gieng darauf die Investitur des Vicerectoris und Decanorum, welches der zweyte Gesandte in Persohn verrichtete, an.

Erstlich wurde hergerufen der künfftige Prorector, der Doctor Feuerlein, welcher, da er sich zu der rechten Hand des Legati secundi gestellet, von selben mit dem Mantel uud beyden Sceptern investiret wurde,

„ wobey er ihm
Sigilla, Schlüssel, Privilegia und Statuta Academiae generalia ...
übergab und bey jedem Stück eine
kurtze Explication anhieng "

Die Grafen, so die Stücke bey der Procefzion getragen, trugen dieselbigen auch einer nach den andern mit einer profonden Reverence zum Catheder.

Die Insignien aber, womit ... der Doctor Feuerlein ... als erster Vicerector investiret, wurden von den Pedellen in Verwahrung genommen. ...

Die Scepter behielten dieselben aufrecht in den Händen, und stellten sich zu des Catheders beyden Seiten.

Nachdem nun der Doctor Feuerlein ... der Hofrath Gebauer ... der Hofraht Richter ... und ... der Hofraht Treuer, vom Legato secundo durch Umlegung der Decanats-Manteln zu Decanis ihrer Facultäten gemacht, ... wurden ... den Decanis ... auch die Sigilla ihrer Facultäten nebst denen libris Statutorum übergeben, und bey jeden eine Application hinzugefüget.

Der Eyd wurde Vice-Rectori und Decanis von dem Secretario Balcken vorgelesen.

Nachdem nun alles dieses zu Ende gebracht, setzte sich der zweyte Gesandte wieder an seinen Ort, da denn der neue Vicerector in solcher Qualität eine Rede hielte, und wurde darauf wieder musiciret und abgesungen, was von der Cantata noch übrig war.

Der Beschlufz aber wurde mit: Herr Gott dich loben wir etc. gemacht.

... daſelbſt empfieng von dem Herren 2ten Geſandten Tappe

der Profeſſor der Gottesgelahrtheit J. W. **Feuerlein**

als Decan der theologiſchen Facultät

den Sammet=Mantel in ſchwarzer Farbe

Jacob Wilhelm **Feuerlein,** geb. 1689. Mart. 13. zu
Nürnberg, ſtudierte ſeit 1706. zu Altorf, ſeit 1710.
zu Jena, wo er ſchon anfieng philoſophiſche Vorleſ=
ſungen anzuſtellen, die er 1712. zu Leipzig fortſetzte. Im
Jahr 1713. ward er zu Altorf Inſpector alumnorum et
oeconomiae; ſodann 1715. eben daſelbſt Prof. ord. logicae
et metaphyſ., und 1730. Doctor und Prof. ord. theol.
Von Altorf kam er 1737. nach Göttingen, als profeſſor
theologiae primarius und General=Superintendent; wozu
er 1746. noch die Würde eines Conſiſtorial=Raths er=
hielt.

† 1766. May 10. ;

Er war alſo zu Göttingen 29. Jahre 1737–1766.

alt 48–77.

IACOB. WILHELM.
FEVERLINVS,
S. Th. D. et Prof. primar. in Acad. Georgia Aug.
Reg. Magn. Britann. et Elect. Bruns. Luneb.
Consil. Consistor. Ecclesiar. Duc. Goetting. Super-
intendens Generalis.
nat. Norimb. d. 13. Mart. A. 1689.

... daselbst empfieng von dem Herren 2ten Gesandten Tappe

der Professor der Rechte G. Chr. Gebauer

als Decan der juristischen Facultät

den Sammet-Mantel in carmoisinroter Farbe

Georg Christian **Gebauer**, geb. 1690. Oct. 26. zu Breslau; studierte seit 1710. zu Leipzig, seit Ostern 1713. zu Altorf, seit Mich. 1714. zu Halle, und seit dem May 1715. wieder zu Leipzig. Hier ward er 1717. Magister, und bald darauf ein Mitglied des collegii anthologici, sodann 1721. Beysitzer der philosophischen Facultät: und, nachdem er 1723. zu Erfurt den Doctor-Hut erhalten, ferner 1727. prof. iur. ord., und 1730. Beysitzer des Oberhofgerichts zu Leipzig.

Endlich kam er im Oct. 1734. als Hofrath und prof. iur. primarius nach Göttingen, und ward daselbst ferner 1747. geheimer Justiz-Rath, und 1755. Ordinarius der Juristen-Facultät.

† 1773. Jan. 28.

Er war also zu Göttingen $38\frac{1}{4}$. Jahre 1734 — 1773.

alt 44 — $82\frac{1}{4}$.

Dec. IV.

GEORGIVS CHRISTIANVS GEBAVERVS
IC.*tus* Magnæ Britanniæ Regis, Elect. Brunsvigo-Luneb.
Consiliarius Aul. Antecessor in Georgia Augusta Primariy
et Ord. Iurid. Senior.
Natus XXVI. Octobr. MDC XC.

C. N. Eberlein pinx.   I. Iac. Haid excud. Aug. Vind.

... daſelbſt empfieng von dem Herren 2ten Geſandten Tappe
der Profeſſor der Arzney=Wiſſenſchaft G. G. Richter
als Decan der mediciniſchen Facultät
den Sammet=Mantel in lichtroter Farbe

Georg Gottlob Richter, geb. 1694. Febr. 4. ſt. vet.
zu Schneeberg in Meiſſen, ſtudierte ſeit 1712. zu Leipzig,
ward 1714. daſelbſt Magiſter, und fieng,...öffentliche Vor=
leſungen an; ſtudierte aber ferner Medicin, gieng 1716. ...
nach Wittenberg, und that 1717. eine gelehrte Reiſe...nach
Kiel, allwo er,...Aſſeſſor der philoſophiſchen Facultät wurde.
Von da begab er ſich 1718. nach Leiden, unter andern den be=
rühmten Boerhave zu hören, und zu Ende des Jahrs 1719.
zurück nach Kiel, wo er 1720. die Doctorwürde und das
Aſſeſſorat der mediciniſchen Facultät überkam, auch da=
ſelbſt Vorleſungen in medicis, philoſophicis und litteris
humanioribus hielt, bis er 1728. als Leibmedicus, Hof=
und Juſtitz=Rath in die Dienſte Ihro jetzigen Königlich
Schwediſchen Majeſtät, damaligen Biſchofs von Lü=
beck zu Eutin trat, woſelbſt er acht Jahre blieb,...1729.
eine Reiſe über ... Hannover, wo eben damals der
König Georg der II. anweſend war, deſſen Gnade ihn nach=
mals zur neuerrichteten Univerſität nach Göttingen, zwey
Jahre vor deren Einweihung 1735. berief, woſelbſt er
Oſtern folgenden Jahrs 1736. als Königl. Hofrath, Leib=
medicus und profeſſor medicinae primarius ſeine Function
antrat.

† 1773. May 28.

Er war alſo zu Göttingen 38. Jahre 1737–1766.

alt 41–79.

GEORGIVS GOTTLOB RICHTER

Phil. ac Medic. D. Potent. Britanniæ Regis ac Elect. Bruns-
vicens. Consiliarius aulicus et Archiater, Prof. Medic.
primarius in Vniversitate Georgia Augusta,
Acad. imper. Nat. curios. et Societat. Teut.
Lipsiensis et Goetting. Collega.

G. D. Heumann ad viv. del.   *Dec. IX.*   I. I. Haid exc. A.V.

... daselbst empfieng von dem Herren 2ten Gesandten Tappe
der Professor der Weltweisheit G. S. **Treuer**
als Decan der philosophischen Facultät
den Sammet-Mantel in violetter Farbe

Gottlieb Samuel **Treuer**, geb. 1683. Dec. 24.
zu Jacobsdorf bey Frankfurt an der Oder, studierte seit
1700. zu Leipzig, und ward daselbst 1702. Magister und
1707. Beysitzer der philosophischen Facultät. In eben
dem Jahre 1707. ward er Professor an der Ritter-Acade-
mie zu Wolfenbüttel, that aber noch 1713. eine Reise nach
Holland und Frankreich, und ward darauf zu Helmstädt
1714. Professor der Moral und Politik, und 1729.
professor historiarum. Von da ward er 1734. als
Hofrath und prof. iuris publici nach Göttingen berufen,
hielt daselbst die erste Disputation, und lehrte und schrieb
mit vielem Beyfall bis an sein Ende.

† 1743. Febr. 25.

Er war also zu Göttingen 8½ Jahre 1734-1743.

alt 51—60.

GOTTLIEB SA   MVEL TREVER.
Iacobsdorffio-Franco   furtanus ad Viadrum
Moralium et   Politices Professor
Publicus in Aca   demia Iulia.
Nat. A. 1683. d. 4 Dec.
Ex collectione Friderici   Roth- Scholtzii Norimb.
Knor sc.

Georgia Augusta, den britischen Wappenschild mit dem Bildnis des königlichen Gründers – des Rector Magnificus – haltend, ist umgeben von einer Fülle wissenschaftlicher Gegenstände: Globus mit der Ansicht Englands und der nordamerikanischen Kolonien, Bücher, Aesculap-Stab, Winkelmaß, Zirkel, Theodolith, Pergamentrolle, dahinter ein Meßtisch mit Meßkette; für die Musen liegt ganz unten eine Leier – die Artes liberales also auch hier. Was die rasselähnlichen Gegenstände in der Hand der Dame bedeuten ist schwer zu sagen. Vielleicht sind es Früchte und bezeichnen dann die Fruchtbarkeit der Wissenschaften.

Der Georgia Augusta naht sich ein Putto, um die Insignien der akademischen Souveränität zu überreichen: Die Krone ist ihr schon verliehen, das (die) Szepter folgen nun, darunter vielleicht die Statuten der Universität und der Richterhut (?), Zeichen der akademischen Gerichtsbarkeit.

Die Auswahl der auf die Universität bezogenen Symbola macht jedenfalls deutlich, daß der Forschungsschwerpunkt der Georgia Augusta in den naturwissenschaftlichen und den historisch-philologischen Fächern lag.

Zur Erinnerung an die Einweihung
der
Georg-August-Universität

Diese undatierte Landkarte des Kurfürstentums Hannover wurde bei Matthäus Seutter (1678-1757) als Kupferstich in Augsburg verlegt. Das Blatt besitzt das Format 49 × 57 cm und ist mit einem partiellen Flächenkolorit versehen.

Der Stecher dieser Karte ist der Schwiegersohn Seutters, Conrad Tobias Lotter (1717-1777), dessen Signatur sich am rechten unteren Rande findet.

Der Verlauf einiger Grenzen des dargestellten Territoriums läßt den Kenner hannoverscher Geschichte zahlreiche „Ungenauigkeiten" entdecken, jedoch ist zu bemerken, was aus heutiger Sicht als Fehler oder Nachlässigkeit erscheint, entsprach dem damaligen Stand der Kartographie und/oder hatte eine bestimmte Funktion (Kartographie, wie auch Genealogie im Dienste der dynastischen Geschichtsschreibung).

Diese Karte ist aus Anlaß der Gründung der Georg-August-Universität erschienen, was die Gestaltung der Kartusche ganz eindeutig belegt.

ELECTORA-
TUS
HANOVERANI
cum ditionibus
et præfecturis suis
nova et accurata delin.
curata
a
Matth. Seuttero
Geogr. Cæs.
Aug. Vind.

CLAVDIAN. DE LAVDIB. STILIC.
Hinc amor, hinc veris & non fallacibus omnes
Pro TE folliciti votis: hinc nomen vbique
Plaufibus, auratis celebrant hinc ora figuris.

HERR !

da der Allmacht Aug' auf deine Handlung wacht
Und was Du unternimmst beglückt und gültig macht,
Da Deine Hände jetzt die süssen Früchte lesen
Von dem, was Deines Haupts Bemühung ist gewesen:
Erschallt ein Jubel-Ruff, erfüllet Luft und Land,
Bricht durch zum Oby-Strohm, dringt bis zum Tagus-Strand,
Ja was in Ost und West den Held der Britten ehret,
Hat schon von diesem Tag' und Deinem Ruhm gehöret.
Den Ruhm den Dein Verdienst aus eignem Recht begehrt
Und das das Alterthum so manchem hat gewehrt,
Der ob er gegen DIR gleich von geringerm Orden,
Dennoch durch Schmeicheley, zum Halbgott ist geworden,
    Was Cadmus, Hercules und Theseus gethan,
Das alles trifft man HERR ! in deinen Thaten an!
Ein Hertz das weder Furcht, noch Wiederstand erschrecket,
Das ruhig bey Gefahr, beym Wohlstand aufgewecket,
Stets andrer Menschen Heyl mit Langmuth hat gesucht,
Die Barbarey verjagt, den Eigennutz verflucht,
Die Tugend unterstützt, das Laster ausgestossen,
Gesiegt, getriumphirt, und nur kein Blut vergossen.
Dies ists, was man an DIR bewundert, preist und lobt,
Warum der Neid erblaft, die Mißgunst schäumt und tobt,

Die Wahrheit sich entlarvt, die Künste sich erfreuen.
Die Redner Götter-Brod, die Dichter Palmen streuen.
    Da alles sich bewegt, wie möglich, das hiebey
Nur Göttingen allein muß unempfindlich sey,
Das seines Königs Arm, durch deinen Rath bewogen,
Hat wieder an das Licht und andern vorgezogen?
Zwar schaut' es allerdings sich mit Erstaunung an,
Weil es sich fast verkennt und nicht begreifen kan,
Wie sich sein alter Glantz so schleunig wieder zeige
Und weit der heutige den alten übersteige.
Da seine Gassen gleich, die Häuser neu und rein,
Die Kaufmannschafft vermehrt, die Künstler zahlreich seyn,
Da Zufuhr, Sicherheit und Ordnung eingeführet

Und man nichts mehr vom Grauß des Deutschen Krieges
                                                spühret.
Da es in seiner Schooß ein neues Volck erblickt,
Ein Volck das Deutschland ihm aus allen Ecken schickt,
Das, was zur Gottesfurcht, das, was zum Recht gehöret,
Hier, samt der Heilungs-Kunst und Weißheit, lernt und lehret.
    Geh nun, und prahle Rom, vom Anwachs deiner Stadt.
Was ist, das deinen Kreiß zuerst erweitert hat?
Das deinen Unfug bis zum Esquilin geschlagen?
Was ists? als Hirten, Knecht', und was ich nicht mag sagen:
Hier ist ein edles Volck, ein Volck aus Fürsten-Blut,
Ein Volck vom Helden-Stamm, ein Volck von tapfrer Bruth,
Das sich bey Sittsamkeit und Tugend glücklich achtet:
Nicht seines Lasters Schutz allhier zu finden trachtet.
Dies, dies hebt unsre Stadt aus ihrer Nacht heraus,
Dies breitet ihren Schein nach beyden Achsen aus.
Den Schmuck womit die Saal und Elb' und Pleisse pranget,
Den hat ihr Leine-Fluß mit gleicher Zierd' erlanget,
    Das schafft der, der das Hertz des Königs rührt und lenckt,
Daß nebst Europens Ruh Er auch auf uns gedenckt,
Und unser Wohl besorgt, durch weise Staats-Minister.
Gelehrte! traget dies in euer Zeit-Register,
Ein heut'ger Phidias hau' es in Ertz und Stein:
Wir aber graben es in unsre Seelen ein
Die Zeit wird nimmermehr das Angedencken mindern,
Sie trägt und pflanzt es fort von Kind zu Kindes Kindern.
    HErr ! die Bescheidenheit und Ehrfurcht leidet nicht,
Daß unser ganzes Hertz, daß unsre ganze Pflicht,
In deiner Gegenwart wir hier ans offne legen.
Wir wünschen Dir nur Glück und Heil und fernern Segen.
Es wachse mehr und mehr dein Eden, deine Luft
Und unser Heiligthum, Georgia Auguft.
Wir liefern Rath und Stadt zu deiner Gnad' und Sorgen,
Und Du empfiele sie dem Mächtigstem GEORGEN.

Die Stadt Göttingen.

Die Darstellung gliedert sich in drei Teile:
Im zentralen unteren Bildteil ist der Hinweis auf die Universitätsgründung am klarsten zu erkennen. Die einzelnen Figuren lassen folgende Deutung zu:
Die in der Mitte sitzende Männergestalt mit der Lyra zeigt Apollon als „Musagetes", umgeben von den vier Fakultäten. Diese nun von rechts nach links:
Theologie, an der Brust ein Kreuz, die rechte pastoral beschwörend erhoben, unter dem linken Arm ein Buch, Symbol der Bibel.
Medizin, diese ohne bezeichnende Merkmale.
Rechtswissenschaft, einen Stab (Gerichts-Richter-Stab) in den Händen, der ein altes Rechtssymbol darstellt.
Philosophie, in der Rechten eine Pergament- oder Schriftrolle, in der Linken ein Dreieck, dessen Winkelmaß die schönen Künste symbolisiert.
Vor dieser Gruppe kniet die für jeglichen Erklärungsversuch der Kartusche entscheidende Figur, eine Frau, deren Mauerkrone die Versinnbildlichung der Stadt erkennen läßt. Sie überreicht Apollon und den Fakultäten eine Urkunde mit herunterhängendem Siegel, auf deren Oberseite deutlich folgende Buchstaben zu lesen sind: „Pr. Ac. Goet."
Die Abkürzungen „Ac. Goet." weisen auf die Academia Goettingensis und die Kniende auf Göttingen, Gottinga, selbst hin. Für die Buchstaben „Pr." kommen zwei Herleitungen infrage. Einmal „pro" = für. Dann hieße es einfach: „Für die Göttinger Akademie". Ein anderer Vorschlag setzt „Pr." als eine Abkürzung für „privilegia" voraus und bezieht sich auf die Universitätsprivilegien, die Göttingen verliehen worden waren.
Links unten sieht man Hephaistos als Schmied in Tätigkeit. Oberhalb der Fakultätengruppe schreitet Artemis mit den ihr stets beigegebenen Attributen, Pfeil und Bogen, durch den Bergwald. Der erstere könnte auf die gewerbliche Arbeit als städtischen Beitrag zum Gedeihen des Landes, die letztere auf den Segen des heimischen Bergbaus und der Forsten hinweisen.
Das Medaillon in der Mitte enthält die genaue Bezeichnung des Stiches in lateinischer Sprache, zum Teil abgekürzt. Die Übersetzung lautet: „Kurfürstentum Hannover mit seinen Gerichtsbarkeiten und Verwaltungsbezirken, neu und genau gezeichnet; unter Aufsicht von Matthias Seutter, Kaiserlicher Geograph, Augsburg."

Die Gruppe oben links stellt die Verherrlichung des Landesvaters als Gründer und Schirmherrn der neuen Universität dar. Im einzelnen: Oberhalb des Medaillons steht eine Büste König Georgs II. von England, der in Personalunion gleichzeitig Kurfürst von Hannover war. Ihm schweben zwei Putten entgegen. Die eine hält ein mit Lorbeer umwundenes Schwert, die andere einen Kranz in den Händen. Damit soll angedeutet werden, daß der König nicht aufgrund seiner kriegerischen Verdienste, sondern als Förderer des Friedens zu ehren ist. Die ihm zustehende großbritannische Wappenkrone hält unterhalb der Putten „Britannia" in der Rechten. Sie selbst, mit Königskrone und Hermelin geschmückt, stützt ihre Linke auf den großbritannisch-hannover'schen Schild. Dieser zeigt die seit 1714 übliche Vierteilung:
links oben England/Schottland, links unten Irland, rechts oben das damals noch übliche sog. Prätentionswappen für Frankreich – es wurde seit 1801 nicht mehr geführt –, rechts unten Kurhannover.

Weiter unten kniet eine kleine weibliche Figur, ebenfalls mit Hermelin bekleidet. Sie trägt einen Kurhut auf dem Haupt und soll mit Sicherheit Hannover darstellen. Ihr mit ausgebreiteten Händen und zu ihrem Kurfürsten emporgerichtetem Blick auf dem Altar dargebrachtes Brandopfer soll die Dankbarkeit des Landes für die Gewährung einer eigenen Universität versinnbildlichen.

Die in der Kartusche zusammengestellten Motive lassen nur eine Deutung zu, die auf die Gründung der Landesuniversität Göttingen hinweist. Darauf wollte der Künstler das Interesse des Betrachters lenken. Gleichzeitig dürfte damit auch die Frage nach dem Erscheinungsjahr der Hannoverkarte ziemlich genau beantwortet sein.

Abschließend soll auf die damals übliche Signatur für eine Universität, den Hermesstab, hingewiesen werden, der hier erstmals kartographisch der Stadt Göttingen beigegeben worden ist.
Auf den älteren Homannstichen ist der Hermesstab noch bei Helmstedt und Rinteln als Universitätsstädten zu sehen. Daß auf der Seutterkarte nur Göttingen damit gekennzeichnet ist, läßt die Absicht erkennen, nur noch die neugegründete Universität als welfische Landesuniversität gelten zu lassen.

Erläuterungen zum Widmungsgedicht

Das Gedicht ist, zusammen mit anderen Lob- und Glückwunschgedichten und -reden, abgedruckt im Anhang zu Johann Matthias Gesners Bericht über die Feierlichkeiten anläßlich der Inauguration der Georg-August-Universität Göttingen am 17. September 1737. Ein Teil dieser Gratulationen ist nachweislich an einem der vier Festtage öffentlich vorgetragen worden, dieses Gedicht aber allem Anschein nach nicht. Sein Verfasser ist unbekannt; denkbar ist, daß Gesner selbst es zur Vervollständigung seiner Festbeschreibung verfaßt hat.

Das Gedicht steht inhaltlich und formal in der Tradition des Lob- und Huldigungsgedichts, die von der Antike bis weit ins 18. Jahrhundert hinein, und in Ausläufern darüber hinaus, lebendig gewesen ist; dabei signalisiert das Motto – drei Verszeilen aus Claudius Claudianus' Lobgedicht auf Stilicho ('daher die Liebe, daher [sind] alle mit wahren und nicht mit heuchlerischen Wünschen für Dich in Unruhe/Aufregung, daher feiert aller Mund den Namen [von Dir] überall mit Beifallklatschen [und] mit vergoldeten Figuren') –, daß es im besonderen die spätantike Tradition mit ihrer Episierung und Mythologisierung des römischen Nationalgedankens ist, der sich das Gedicht zuordnet. Es gibt mit sprachlichen Mitteln genau den Akt wieder, den die Kartusche bildlich-graphisch darstellt. Zentrum des Geschehens ist die Huldigung der personifizierten Stadt Göttingen vor ihrem 'Herrn', dem Hannoverschen Geheimen Rat Gerlach Adolph Freiherr von Münchhausen – "verissimus noster Maecenas", nennt ihn Gesner –, der durch seinen "Rath" des "Königs Arm" bewogen habe (V.28), der Stadt mit der Universitätsgründung zu neuem Ruhm und Ehren zu verhelfen. Bildmotive der Kartusche, wie die vier Fakultäten oder die wirtschaftlichen Ressourcen der Stadt, werden im Gedicht angedeutet oder breiter ausgeführt, besonders betont wird außerdem der Gedanke des Wettstreits zwischen den nahegelegenen Universitäten (die Flüsse "Saal, Elb' und Pleisse", V.52, stehen für die Orte Halle und Jena sowie Wittenberg und Leipzig) – ein Gesichtspunkt, der im Zeitalter des Territorialabsolutismus eine wichtige Rolle gespielt hat.

Worterklärungen:

V. 7 'Oby = Strohm' – Fluß in Rußland;
     'Tagus = Strand' – Fluß in Spanien

V.14 'Cadmus, Hercules und Theseus'
     – sagenhafte Gestalten der griechischen Antike

V.44 'Esquilin' – einer der sieben Hügel Roms

V.58 'Phidias' – berühmter griechischer Bildhauer

Auf diese solenne Einweihung der Universität in Göttingen sind folgende drey in Gold und Silber verfertigte Medaillen gepräget worden.

Jede zeiget auf dem Avers das Brust-Bild des Königs in Engelland mit der Titulatur vor:

Die erste zeiget auf der andern Seite die bloße Schrifft zu lesen: Vniversitas Georgia Augusta, quod felix faustumque sit, inaugurata Göttingae d. XVII. Sept. MDCCXXXVII.

Zum Andenken der höchst beglückten Einweihung der **Georg Augusts Universität zu Göttingen den 17. Sept. 1737.**

Die andere präsentiret auf dem Revers die Minerva, welche einer Frauens-Person, so in einer Hand ein Schwerd, im Arm aber das Horn des Uberflusses hält, die Hand bietet, dazwischen ein Altar, auf welchem ein aufgeschlagenes Buch lieget.   Die Umschrift war:
MVSARVM IVNGIT AMORES.
d. i. Er verbindet auch die Liebe zur Gelehrsamkeit.

Die dritte stellet auf dem Revers einen mit Früchten begabten Baum vor, mit der Umschrift:
Vt capiant fructus.
d. i. Daß sie Früchte sammlen.
Im Abschnitt steht der Tag und das Jahr wie bey dem vorigen.

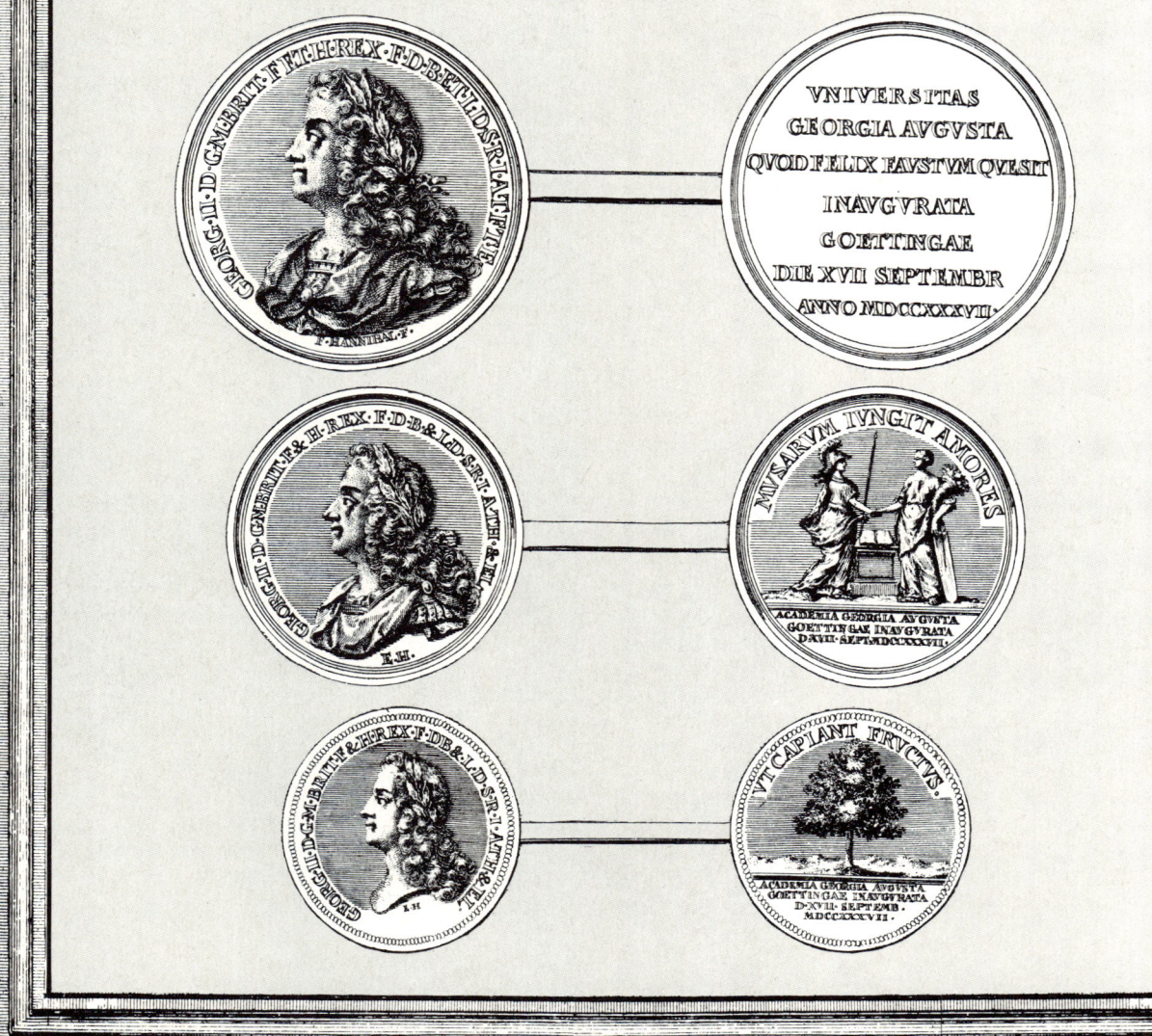

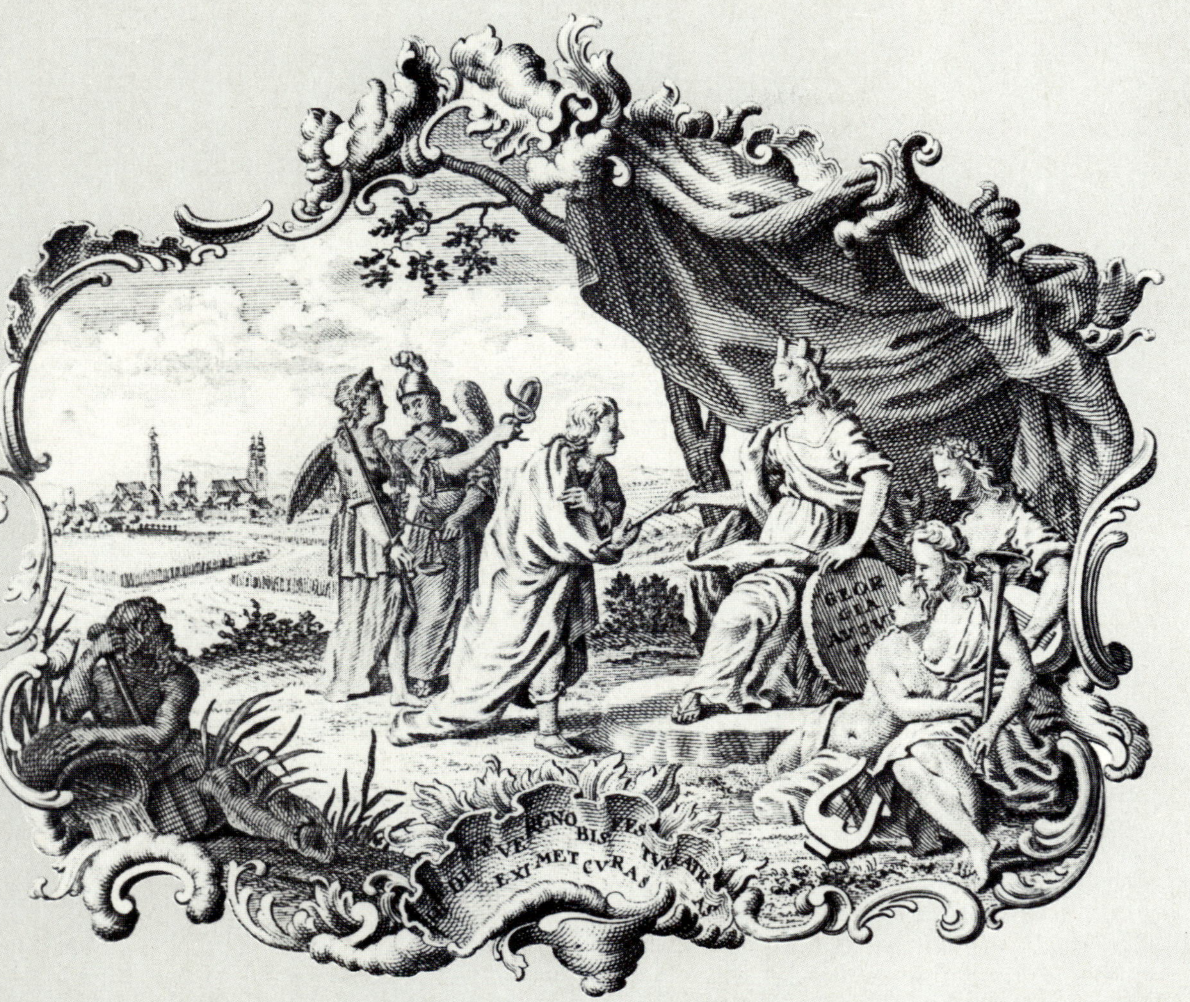

Dieser festliche Tag enthebt uns wahrhaft aller finsteren Sorgen

Vor der Skyline Göttingens sitzt im Vordergrund der Flußgott mit Ruder und Wasserkrug (Sinnbilder für den Umstand, daß Flüsse damals einer der wichtigsten Verkehrswege und Brauchwasserlieferanten waren) – die Leine natürlich.

Im Zentrum unter dem Baldachin (befestigt an einem grünenden Baum, der – ähnlich wie die prächtigen Kornfelder vor der Stadtsilhouette – Sinnbild des Lebens, der Fruchtbarkeit sein könnte) Gottingia, geziert mit der Mauerkrone, gestützt auf das Schild der Universität. Sie reicht einem Gelehrten – gemäß Toga und Sandalen wohl ein Philosoph – ein Szepter, vielleicht eine Allegorie für die Übergabe des Rektorates. Der Philosoph wird geleitet von Justitia (mit Waage) und Minerva (mit einer Miniversion des Gorgo-Schildes, der zugleich Züge des Aesculap-Stabes aufweist).

Korrespondierend zu diesen drei Personifikationen der akademischen Wissenschaften sind wohl die drei musikalischen Damen im Vordergrund rechts anzusehen, so daß also die „Artes liberales" relativ komplett sind. Die Ausstattung der Damen ist allerdings atypisch; ihre Dreizahl könnte von den Grazien entlehnt sein, die aber eigentlich notorische Tänzerinnen sind. Das Motiv ‚Künste und Wissenschaften' ist jedenfalls deutlich formuliert, ‚Leine-Athen' eben.

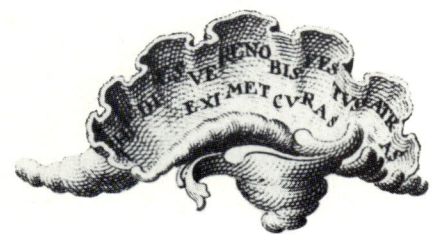

Die Allerhöchste Anwesenheit

Des

Allerdurchlauchtigsten, Großmächtigsten Fürsten und Herren,

George des Andern

auf Deroselben

Georg Augustus hohen Schule

in der Stadt Göttingen

Im Jahr 1748. am ersten Tage des Augustmonates

...Kaum hatten Ihre Königliche Majestät Ihre deutschen Länder zur unsäglichen Freude Ihrer getreuesten Unterthanen betreten, so erkläreten Sie sich freywillig, daß Sie gesonnen wären, Ihre hohe Schule zum Zeichen Ihrer Gnade gegen dieselbe eines Besuches zu würdigen; und sowohl die bey derselben verfügte Anstalten in hohen Augenschein zu nehmen, als die bey derselben stehende Lehrer persönlich kennen zu lernen.

Das erste Gerüchte von diesem allergnädigsten Entschlusse schiene den meisten mehr der Wunsch einiger Gönner der Universität, als eine beglaubte und zuverläßige Zeitung zu seyn.

Was war natürlicher, als dieses?

War es glaublich, daß ein so grosser Monarch, der zu dem Ende vornemlich nach Deutschland gekommen war, daß er unserm Weltthheile die verlohrne Ruhe und Glückseligkeit durch einen dauerhaften Frieden wieder schencken mögte,...dem so viele Fürsten und Völcker ihre entweder gegründeten, oder vermeinten Rechte, als dem billigsten und gerechtesten Schieds Richter, anvertraueten:

war es zu hoffen und zu vermuthen, daß ein so grosser und beschwerter Monarch ein Theil seiner kostbaren Zeit anwenden würde, eine gelehrte Gesellschaft durch einen besondern Besuch zu ehren und zu erhöhen? ...

Der vernünftige Zweifel der Academie ward nach einer kurtzen Zeit getilget.

Man erfuhr zuverläßig, daß Ihre Königl. Majestät würcklich aus einem Triebe Ihrer Grosmuht und Gnade gegen die Wissenschaften sich entschlossen hätten, die Academie Ihrer Königlichen Hulde gegenwärtig zu versichern, und die Früchte, die Ihre Milde und Sorgfalt getragen hätten, zu besichtigen.

Die Freude, die diese Nachricht bey allen erweckete, war unbeschreiblich.

Laßt freudige Trompeten schallen,
Jauchzt Völker, jauchzt, Georg ist hier,
Er läßt sich unser Fest gefallen,
Und liebt der Musen niedre Zier.
Nimm Herr von uns, Augustens Söhnen,
Das Opfer der gerührten Brust,
Und Luft und Erde soll ertönen,
Von deinem Ruhm und unsrer Lust.

· · ·

Beseele die Freude der Jugend!
Augusta! beleb' unsern Ruff!
Erhebe die würckfame Tugend,
Die deine Glückseligkeit schuff;
Befiehl Deinen Held den Geschichten,
Daß Sein Nachruhm die Enckel noch rührt;
Sing zu der Homerschen Trompete,
Sing zu der Pindarischen Flöte,
Wol dem Land, wo GEORGE regiert.

Cantate die bey dem... Daseyn Sr. Königlichen Majestät... von einer Anzahl Göttingischer Studenten... aufgeführet worden

GEORGIO SECVNDO PIO IVSTO FELICI
MAGNANIMO DEFENSORI FIDEI POST
RES MAXIMAS TERRA MARIQVE GESTAS
RESTITVTAM LIBERTATEM GERMANIAE
ADSERTA IVRA FOEDERVM PACEM
REPARATAM FVNDATORI SVO PATRIOQVE
ACADEMIA GEORGIA AVGVSTA P.

*Der Universitaets Ehrenpforte östliche Seite
gegen den Einzug S. Kön Majestaet.*

*Der Universitaets Ehrenpforte Westliche Seite
gegen die Zurükfahrt S. Kön Maj.*

Einige Tage vor der Ankunft des Königes ward
man mit dem Bau und der Auszierung der Ehrenpforten . . . fertig.

Die Universität hatte ihren Triumphbogen in der so
genannten Collegienstrasse, nicht weit von der Lon-
donschencke, an dem Orte, wo sich die Gebäude der
Academie von den Stadthäusern scheiden, aufgerichtet.

Er füllete die Breite der Gasse und fiel von beyden Seiten sehr weit in die Augen, . . .

Dieses Denckmahl der Ehrfurcht und Liebe der
Academie gegen ihren allerdurchlauchtigsten Stifter
. . . hat . . . der berühmte Herr Rath und Professor,
I. Fr. Penther, . . . gebauet.

Die Bauart der Ehrenpforte ist Römisch.

Sie entfernet sich in der Hauptgestalt ein wenig
von derjenigen, die man an den meisten Triumphbogen der alten Römischen Kayser, die noch nicht un-
tergangen sind, warnimmt: das heisset: Sie stellet
kein viereckigtes Gebäude vor, sondern läuft oben
nach der Art einer Feuerseule etwas enge zusammen. . .

Die Farbe des Gebäudes stellet durch und durch
rothen Marmor mit bläulichten und gelblichten
Adern vor.

Die Kapitäler der Seulen und die Ueberschriften
der Sinnbilder sind starck vergüldet.

Das Grosbritannische Wapen, das sich an der
einen Seite oben in der Attika zeiget, ist mit den gehörigen Farben ausgemahlet. . . .

Die . . . Zierathen und Sinnbilder . . . stammen
von dem reichen, lebhaften und vernünftigen Witze
des Herren Hofrathes Hallers her.

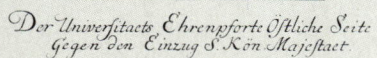

Der König trat um neun Uhr die kleine Reise von
Wehnde nach der Stadt an. . . .

Sobald man die Herannäherung des Königlichen Wa-
gens spürete, liessen sich die Paucker und Trompeter auf der
Bühne über der Kirchenpforte hören, und fuhren fort bis
Ihre Majestät aus dem Wagen getreten waren.

Der König stieg aus demselben . . . und warf auf die
zahlreiche Versammlung, die sich ihm in der ehrerbietigsten
Stellung zeigete, einige Blicke, die nichts, als Gnade, Leut-
seligkeit und Zufriedenheit ankündigten. . . .

Der Herr Prorector eröffnete das Hertze der Academie,
in deren Namen er redete, mit den . . . Worten:

Die ausserordentliche Gnade, welche Ew. Königliche Majestät durch Deroallerhöchste Gegenwart Dero
getreuesten Georgangustus Universität angedeihen lassen, hat in unser aller Gemüthern die stärckesten Re-
gungen und die besten Leidenschaften aufgebracht. Diese sind grösser, als daß wir dieselben auch mit den bün-
digsten Worten auszudrücken vermögend sind. Es
bleibet uns dieses nur übrig, daß wir mehr mit einem
Ehrfurchtsvollen Stillschweigen, als mit einer langen
Rede solche an den Tag legen. Dieses einzige, allergnädigster König und Herr, bitten wir nur, daß Ew.
Königliche Majestät die hiesigen Anstalten mit gnädigen Augen anzusehen, allerhöchst geruhen wollen.

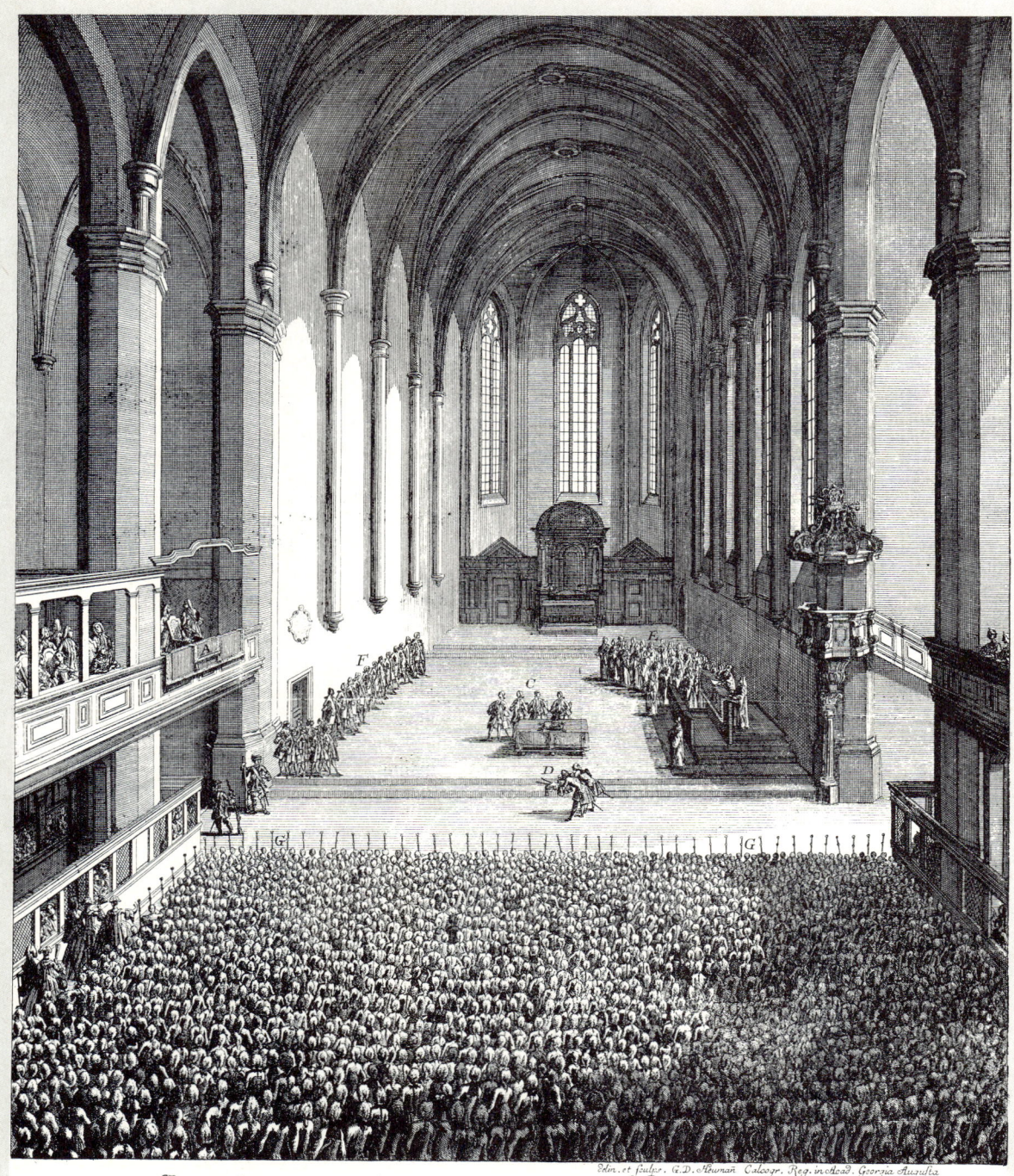

*Inwendiges aussehen der Universitaets Kirche
in währenden Feyerlichkeiten*

A. J. Königl. Maj. GEORG der II
B. Die beyden Prorectores bey der Uebergabe der Insignien
C. Vier Herren Grafen bey dem Tische worauf die Insignien liegen
D. Zwey Herren Grafen die die Zepter J. Kön. Majestaet darbieten
E. Die Sämtlichen Professores
F. Die Candidaten   G. Die Marschälle

Die Haupthandlung sollte in der Academischen Kirche vorgehen, in der die neuen Prorectores ihre Würde zu übernehmen, und die ernenneten Doctores und Magistri ausgerufen zu werden pflegen. Ihre Königl. Maj. hatten aller Pracht und allen Ausschmückungen entsaget. Und die hohe, geräumige und helle Kirche gab selber gleichsam alle nöthige Gemächlichkeit an die Hand.

RITTERSPIEL *das*
in Sr. Königlichen Maiestät von Großbritannien GEORG II.
Gegenwart
auf der Göttingischen Universität den 1 August 1748. gehalten worden ist.

1. das Königliche Zelt.
2. die Reitbahne.
3. das Reithaus.
4. das Hn. Stallmeisters Wohnung.
5. der Wall.

LVDVS EQVESTRIS
in præsentia
Augustissimi Regis Magnae Britanniae GEORGII II.
in Academia Goettingensi actus d.1. Augusti 1748.

1. Tentorium Regis.
2. Stadium.
3. Hippodromus.
4. Aedes magister Stabuli.
5. Vallum.

Vor dem Reithause erschien der Stallmeister der Academie, Herr Oehlmann, in einem mit Gold besetzten ledernen Reitkleide und steiffen Reitstiefeln, und genoß der Gnade, J. Majestät mit einem Rockkusse aller unterthänigst zu bewillkommen.

Er führte Dieselbe durch das grosse und prächtige Reithauß auf die ofne Reitbahn und in das Gezelt, das am Ende derselben aufgeschlagen war.

Auf der Reitbahn hielten die jungen Herren, die sich im Reiten üben, auf schönen, wohlberittenen Pferden mit der Lantze in der Hand.

Sie hatten sich in zwo Banden, oder Quadrillen getheilet. Die eine trug lederne Reitröcke mit Golde besetzt, und rohte mit Golde eingefaßete und geschmückete Pferdedecken: die andre erschien in Reitröcken, die mit Silber besetzet waren, und führte blaue mit Silber bekleidete Pferdedecken.

Georg der Andere von Gottes Gnaden König von Großbritannien, Frankreich und Irrland, Beschützer des Glaubens, Herzog zu Braunschweig und Lüneburg, des H. Römischen Reiches Ertzschatzmeister und Churfürst, Unsern geneigten und gnädigen Willen zuvor!
Würdige, Ehrenveste, Ehrbahre, Hoch- und Wohlgelahrte, Liebe, Andächtige Rähte und Getreue!

Unsre neuliche Anwesenheit alldort hat Uns Vergnügen gemachet, weil wir bey solcher nicht nur Unsere dortige Universität in allen Stücken, zu unserer völligen gnädigsten Zufriedenheit eingerichtet und im Wohlstande gefunden, sondern Uns auch vornemlich in der Ueberzeugung befestiget haben, daß selbige mit geschickten wohlverdienten Lehrern versehen sey.

Wie Uns nun lieb ist, daß die Merckmale, welche wir von solcher Unserer Zufriedenheit euch gegenwärtig gegeben, denjenigen Eindruck bey euch gemachet haben, welchen ihr durch eure unterthänigste Zuschrift vom siebenten dieses darzulegen gesuchet habet: Also könnet ihr auch versichert seyn, daß bey Uns die von eurem persönlichen bekommene Kundschaft zur Unterhaltung derjenigen Gnade dienen werde, womit wir euch zu geneigten und gnädigsten Willen wohl beygethan verbleiben.

Herrenhausen d. 11. August 1748.

Georg R.

Von der
Königlichen Societät der Wissenschaften
zu Göttingen.

FECUNDAT ET ORNAT.

Anno 1750. kam der Herr Oberappellations=Rath zu Celle, und nunmehriger Reichs=Cammergerichts=Assessor, Günther von Bünau, ... zuerst auf den Gedanken, es wäre für die hohe Schule in Göttingen sehr zuträglich, wann unter Königlichem Schutze eine Gesellschaft von dasigen Gelehrten zusammen träten, ihre Bemühungen zur Aufnahm der Wissenschaften zu vereinigen, damit auf diese Art eine neue Akademie in der Akademie entstünde, die ihre Kräften einzig und allein im Erfinden üben würde. Dieser Project machte sich bald in Hannover bekannt, und er fand bey dem nunmehrigen Herrn Cammer=Präsidenten und Staats=Minister von Münchhausen, als Curatoren der Universität Göttingen, den Eingang, den man von seinem erlauchteten Verstande, und den großmüthigen Bemühungen für die beständige Wohlfahrt der dasigen hohen Schule, vermuthen konnte. Derselbe ließ den Bunauischen Entwurf von Stiftung einer Gesellschaft von mehreren geschickten Männern prüfen und ausbessern.

Da der Hauptzweck einer Universität nicht sowohl auf neue Erfindungen, als auf einen vollständigen und gründlichen Unterricht in allen Theilen der Gelehrsamkeit gerichtet ist; so sind es die in neuern Zeiten hauptsächlich an königlichen Höfen errichtete sogenannte Societäten der Wissenschaften, die hinwiederum nicht den Unterricht, sondern die Bereicherung der Wissenschaften mit neu entdeckten Wahrheiten zum Gegenstande haben.

Insonderheit die Erweiterung der Kenntnisse, welche ausser der Religion und Rechtsgelehrsamkeit in Ansehung des ganzen menschlichen Geschlechts von allgemeinem Nutzen sind, werden zur Beschäfftigung gewehlet. Wenn eine Universität mit einer solchen Anzahl Lehrer besetzt ist, daß ein jeder sich nur auf einzelne Theile der Gelehrsamkeit einschränken darf, und daß er ... noch Zeit ersparen kann, ... seine eigene Einsichten zu erweitern; so können mit einer solchen Universität gar füglich mehrere gelehrte Gesellschaften verbunden werden.

In solcher Betrachtung ist gestiftet worden:

GEORG II
M. BRITANIÆ
ET HYBERNIÆ.
REX.
DUX BRUNSW.
ET LUNEB.
ELECTOR.

Endlich wurde der Herr Haller ersucht, einen ganz neuen Entwurf zu machen, der auch derjenige ist, der nachgehends zur Würklichkeit gekommen;

von weyl. König Georg dem II.
unterm 23. Febr. 1751. die
Königliche Societät der Wissenschaften
zu Göttingen

Seine Königliche Majestät gaben alle erforderlichen Privilegien, bestimmten die nöthigen Fonds der Gesellschaft, und ernennten den Herrn Haller, zum beständigen Präsidenten, es wurde ihm ferner aufgetragen, diejenigen Gelehrten selbst zu wählen und zu bestimmen, die er für geschickt hielt, als Mitglieder in die Societät zu treten.

Mitglieder der
Königliche Societät der Wissenschaften.

Die königliche Societät der Wissenschaften ist in drey Classen eingetheilt:

1) die physicalische, welche ausser der eigentlichen Physik die Anatomie, Chemie, Botanik, und die ganze Naturgeschichte begreift;

2) die mathematische, wohin alle Grössen, die Gesetze der Bewegung, und die Astronomie gehören;

3) die historische und philologische, wohin man die alte Philologie, die alte und mittlere Geschichte, und die Kenntniß entlegener und nicht gnug bekannter Länder rechnet.

Ausser den Ehren-Mitgliedern, ... sind die übrigen ... nach solchen Classen unterschieden.

Dieselben sind

ausser dem Präsidenten

1.) Ehrenmitglieder, die Gelehrte von hohem Range sind.

2.) Ordentliche Mitglieder die auf eine bestimmte Zeit der Societät ihre Abhandlungen vorlesen sollen, und Besoldung haben.

3.) Ausserordentliche Mitglieder, die auch in Göttingen wohnen, und ähnliche Pflichten haben.

4.) Auswärtige Mitglieder, aus den Hannöverischen Landen.

5.) Auswärtige Mitglieder, aus fremden Ländern.

Hierzu sind nach der Zeit noch gekommen:

6.) Correspondenten, nemlich auswärtige Gelehrte, die der Königlichen Gesellschaft Proben ihres Fleisses und Geschicklichkeit überreichet haben, die sie deswegen näher mit sich verbinden will, ohne die Zahl der Mitglieder, die in den Gesetzen auf ordentliche Fälle bestimmet sind, zu vermehren.

7.) Beständige Zuhörer.
Diese sind der Ausschuß der in Göttingen studirenden jungen Gelehrten denen durch den Zugang in die Versammlungen Gelegenheit verschaffet wird, so wohl durch den freundschaftlichen Umgang mit den Lehreren, als durch eigene Ausarbeitungen, ihre Gaben zu zeigen und anzuwenden.

Die ganze Gesellschaft hat einen beständigen Präsidenten, und in dessen Abwesenheit einen Director;

I. D. MICHAELIS.

... sodann einen Secretär, der gemeiniglich zugleich die Vorzüge eines ordentlichen Mitgliedes zu geniessen hat.

Sowohl dieser als die übrigen Mitglieder werden von der königlichen Regierung ernannt, wozu jedoch die Vorschläge von der Societät geschehen können.

COMMENTARII
SOCIETATIS REGIAE
SCIENTIARUM
GOTTINGENSIS
TOMUS I.
AD ANNUM MDCCLI.

FECUNDAT ET ORNAT

Kaltenhofer fec.

GOTTINGAE.
APUD VIDUAM ABRAMI VANDENHOECKII
MDCCLII.

Der erste Band der Abhandlungen der K. Societät kam unter der Aufschrift: Commentarii Societatis Regiæ Scientiarum Gottingensis T. I ad annum 1751. auf Ostern 1752. heraus.

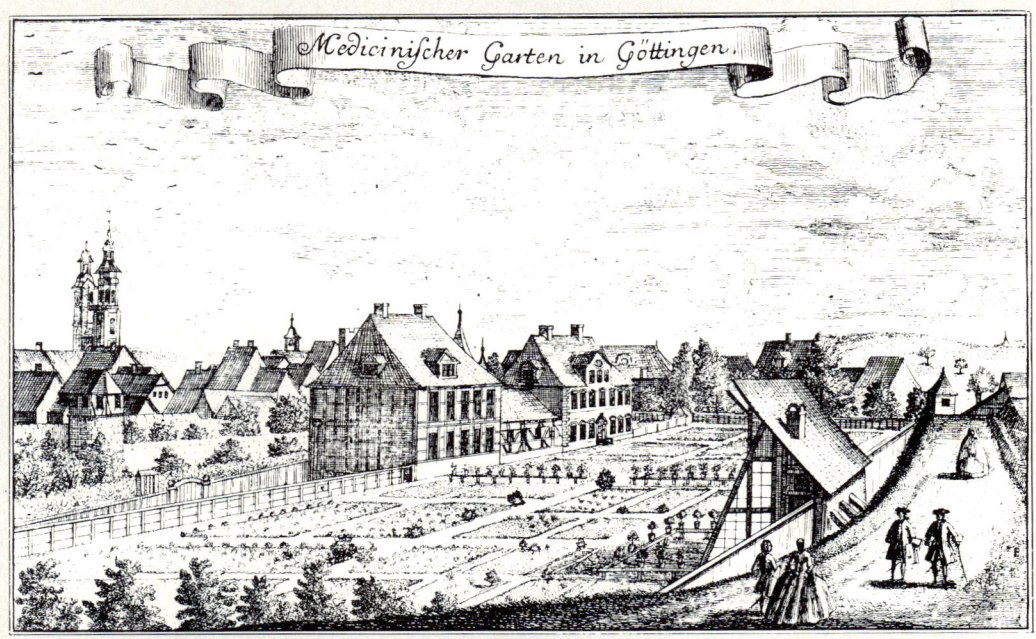

Medicinischer Garten in Göttingen.

Zum Dienst der Kräuterkunde ist seit 1739. zwischen dem Weender und Albaner Thore unmittelbar unter dem Walle ein botanischer Garten angelegt, den seiner Grösse nach wenige in Teutschland übertreffen dürsten.

An dem botanischen Garten ist in einer Linie mit dem Gebäude, worinn das anatomische Theater ist, zugleich auf königliche Unkosten ein Haus zur freyen Wohnung des Lehrers der Botanik gebauet worden;

Den 23. Aprill 1751. hielt die Königliche Gesellschaft ihre erste ordentliche Versammlung in dem Hause des Herrn Präsidenten. Diese Versammlungen hatten nachgehends, acht Mal, alle Monate ihren Fortgang, bis die erste öffentliche Sitzung stattfand und man brachte in denselben die Zeit theils mit gelehrten Unterredungen zu, theils mit Ablesung einer oder mehrerer Abhandlungen.

Den 23sten April
ward eine Abhandlung des Hrn. Präsidenten vorgelesen; von den Zwittern, welche alle Beschreibungen der Zwitter sammlete, von einigen eigenen Beobachtungen Nachricht gab, und aus diesen Beyspielen und Beobachtungen so wohl, als aus der innern Bildung des männlichen und weiblichen Leibes es sehr unwahrscheinlich machte, daß es eigentliche Zwitter unter Menschen gebe.

Den 1. May
las der H. Pr. Segner eine Schrift ab:
de extendendo campo micrometri

den 5. Junii
der Prof. Hollmann die seinige,
von dem geringen Nutzen, der sich noch bisher von den Wetter-Betrachtungen gezeiget habe.
Diese Schrift bemühet sich unter andern zu erweisen, daß es nicht bewiesen seye, daß die Flüsse ihren Ursprung blos von Regen, Schnee, Nebel und andern Feuchtigkeiten der Luft haben.
Bey dieser Zusammenkunft wurden auch die am Hartz gefundenen versteinerten Elephanten-Knochen gezeiget. Auch wurden vom Hrn. Pr. Kästner, unsern auswärtigen Mitgliede zwey algebraische Abhandlungen der Gesellschaft vorgelegt.

Den 3. Jul.
ward des Hrn. Pr. Geßners

sehr gelehrte Abhandlung abgelesen, von den Saamen-Thierchen des Hippocrates die der Philosophie einiger Alten ein sehr großes Licht giebt.
Der Hr. Pr. Michaelis las gleichfalls eine Abhandlung von den Cherubinen vor, die er für Aegyptischen Ursprunges, und für die Donner-Pferde der morgenländischen Dichter erkläret, und zugleich den den Juden aufgebürdeten Esels-Dienst auf eine neue Art erläutert.

Am 7ten Augusti
beschenckte der Herr Präsident
das Kräuter-Reich mit einigen bißher unbekannten oder nicht beschriebenen Arten der Pflantzen, die er genau und kenntlich aus eigener Erfahrung beschrieb, und zugleich etwas gegen einige neue Kräuterkenner und ihre allzu willkührlichen Gesetze erinnerte.

Am 4ten Sept.
las der Hr. Pr. Segner
eine ausführliche Abhandlung von der Gestalt der Wassertropfen ab.

Den 2ten October
handelte der Hr. Pr. Hollmann
von dem stärckeren Anhängen des Quecksilbers an einige Gläser, von dem es herrühre, daß in zwey Glas-Röhren bey einerley Beschaffenheit der Luft das Quecksilber nicht in einerley Höhe stehe, daraus viele Unrichtigkeiten in den Luft- und Wetter- Beobachtungen entstünden: er redete auch ... von einigen, sonderlich den weißen Glaskugeln, die sehr oft zu electrischen Versuchen untüchtig sind.

Am 6ten November
las der Hr. Pr. Geßner
eine Abhandlung ab, die neue Zusätze zu seiner ehemahligen Schrift:
de laude Dei per septem vocales apud Aegyptios enthielt.
Der Hr. Pr. Michaelis las gleichfalls eine Abhandlung von ähnlichem Inhalt ab ...

äußere Hof des Universitæts Collegii in Götting.

Unmittelbar an der Univerſitäts-Kirche, an deren mitternächtlichen Seite, ſtößt das eigentlich ſo genannte Collegien-Gebäude, ſo ein Viereck ausmacht, das aus vier anſehnlichen Gebäuden alſo zuſammengeſetzt iſt, daß ſolche in der Mitte einen viereckten gleichzeitigen Hof ... einſchlieſſen. In dieſem Gebäude ſind in dem unteren Theile gleich an der Erde drey öffentliche Hörſäle, worunter der juriſtiſche der größte iſt, ſo auch zu anderen allgemeinen academiſchen Reden gebrauchet wird.

1751.
Jahr

DIEU ET MON DROIT

113.
Stück.

Göttingiſche

Zeitungen

von

Gelehrten Sachen

Den 18. November.

Göttingen.

An dem 10ten dieſes Monaths, als an dem höchſterfreulichen Geburtstage unſers allergnädigſten Königs, hielt die neuerrichtete Königliche Societät der Wiſſenſchaften ihre erſte öffentliche Zuſammenkunft in dem großen juriſtiſchen Hörſaal, bey einer ſehr zahlreichen Verſammlung beynahe aller öffentlicher Lehrer, und des größeſten Theils der hier ſtudirenden Jugend. Der Hr. Pr. Michaelis, als Secretär der Geſellſchaft, beſtieg das Catheder, und laß

zuerſt eine lateiniſche Rede des Hrn. Hofraths von Haller, als beſtändigen Präſidentens der Geſellſchaft ab. Sie handelte von dem Nutzen der gelehrten Geſellſchaften, welcher durch die Univerſitäten allein nicht hinlänglich erhalten werden könne; nachdem vorher die wahren Vorzüge der hieſigen Univerſität berühret waren.

... Es hat ſich ... in der neuern Zeit die Geſtalt der Univerſitäten mercklich geändert ... Indeßen führet doch das Amt eines Profeſſors ihn nicht darauf, daß er die Wiſſenſchaften mit neuen Wahrheiten bereichern ſoll. Er muß gleichſam einerley Weg Jahr aus Jahr ein von neuem gehen, und einen kurzen Auszug ſeiner Wiſſenſchaft deutlich und ordentlich vortragen, den er nach und nach mit den neuen Erfindungen anderer Gelehrten zu bereichern hat: nie aber kann er ſich in ſeinen Vorleſungen in eine ausführliche Betrachtung einzeler Stücke einlaßen, ohne andere nöthige Theile ſeiner Wiſſenſchaft zu verſäumen. ...

Hingegen iſt der Endzweck gelehrter Geſellſchaften, daß ein jedes Mitglied einzele und kleine Felder der Gelehrſamkeit genau unterſuchet, und etwas an das Licht bringet, das ſeinen übrigens gleichfalls gelehrten Mitgliedern unbekannt geweſen war. Kleine Ausarbeitungen, die etwas neues enthalten, werden in ihren Schriften geſammlet, und für die Nachwelt bewahret: zweifelhafte Erfahrungen durch ihr vereinigtes Zeugniß und angeſtellte Verſuche mit Gewißheit beſtätiget oder verworfen: ſchwere Aufgaben, die ſie allen Gelehrten vorlegen, von ſo vielen Gelehrten zugleich erwogen, und oft glücklich gelöſet, und dadurch die Anzahl der Wahrheiten vermindert, die das menſchliche Geſchlecht noch ſuchet, ohne ſie gefunden zu haben. Selbſt der gelehrte und freundſchaftliche Umgang ſolcher Geſellſchaften mäßiget die Arbeit der Univerſitäten durch ein reines Vergnügen.

Preise der
Königliche Societät der Wissenschaften.

Für fremde Ausarbeitungen ist jährlich

1) eine Schaumünze von 25. Ducaten auf eine von der Societät nach Ordnung der Classen jedesmal bestimmte, gemeiniglich zwey Jahre voraus bekannt gemachte Aufgabe zum Preise gesetzt,

2) noch ein Preis von 50. Rthlrn. ist jährlich zur Belohnung einer vorzüglich wohl ausgearbeiteten Abhandlung ausgesetzt, welche von einem hiesigen jungen Gelehrten oder Studierenden überreicht wird.

Ueberdies sind jährlich noch zwey Preise, jeder von einer

Schaumünze von 12. Ducaten,

so das Intelligenz Comtoir zu Hannover auszahlt, auf die beste Beantwortung

zwey oeconomischer Fragen

gesetzt, deren Bestimmung und Beurtheilung ebenfalls der hiesigen Societät der Wissenschaften anvertrauet ist.

Preisfragen der oeconomischen Classe

1754.
Wie ist der Mauerkalk am besten zuzubereiten, daß er im Winde und Wetter daure?

1758.
Kann man nicht gesundes und auf etliche Wochen haltbares Brod aus Cartoffeln backen? Kann man ein haltbares Mehl daraus bereiten?

1759.
Hat man nicht ein leichtes Mittel, Seile und Tauen aus der gewöhnlichen Materie stärker und dauerhafter zu machen, als nach der gemeinen Art der Seiler?

1764.
Bewährte Vorschläge zur Anlegung recht guter Wittwencassen.

1765.
Wie kann man die Bienenstöcke vor den schädlichen Raupen bewahren?

1766.
Die wirksamsten Mittel, die Einwohner eines Landes zum Fleisse . . . zu bewegen;

1767.
Worin bestehen vornehmlich die Ursachen, welche verhindern, daß kein Staat in Europa die Soldaten, so wie die Römer in Friedenszeiten, zu öffentlichen und gemeinnützigen Arbeiten gebrauchet? War die Römische, oder die gegenwärtige Einrichtung dem allgemeinen Besten und der Politik gemäßer?

Wenn das erste; würde dieser Gebrauch den gegenwärtigen Militäreinrichtungen nachtheilig seyn? Und wie wäre dieses allenfalls zu vermeiden?

1769.
Eine Demonstration nach den Regeln der Mechanik, wie das Untergestell an einer Kutsche und dergleichen Wagen eingerichtet werden müsse; und in welchem Verhältnisse dessen Theile neben einander zu ordnen sind, damit ein Wagen zierlich, bequem, geschickt zum Reisen, und dauerhaft sey;

1771.
Welches sind die Vortheile der einen oder der andern Art das Feld zu bestellen, mit Ochsen oder mit Pferden? und unter welchen Umständen und Bedingungen ist das eine vortheilhafter, als das andere?

1772.
In wiefern, und unter welchen Umständen ist die Anlegung beträchtlicher öffentlicher Kornmagazine dem Kornhandel und dem Lande überhaupt nachtheilig, oder nützlich, oder gleichgültig? Wie sind die Magazine mit den wenigsten Kosten anzulegen und zu erhalten, auch dergestalt zu verwalten, daß dem Lande daraus der meiste Nutzen zuwächse? Welche Folgen sind aus den öffentlichen Kornmagazinen in den Ländern, wo dergleichen befindlich sind, entstanden? welche Folgen hat deren Mangel veranlasset?

1774.
Wie vielerley Arten von Insecten gibt es, die den Urkunden und Büchern in Archiven und Bibliotheken schädlich sind? Welchem Stücke der Materialien, als Kleister, Leder, Pappe u. s. w. geht jede Gattung besonders nach? Und welches sind die thunlichsten und durch die Erfahrung bewährtesten Mittel, diese Insecten von großen Urkunden= und Bücher=Sammlungen theils abzuhalten, theils zu vertilgen?

1781.
Welches sind die schicklichsten und zugleich einträglichsten Arbeiten für Zucht= und Werkhäuser in Niedersachsen?

1787.
Wie sind die Heerstraßen in Sandgegenden, wo Steine fehlen, am besten und wohlfeilsten anzulegen und zu unterhalten?

1788.
Ist es rathsam, bey einem hohen Preise des Getraides das Branntweinbrennen in einem Lande zu verbieten?

1794.
Wie können billige Preise der Apotheker=Waaren, vornemlich der zubereiteten Arzneyen, erhalten und gesichert werden?

1797.
Die besten Vorschläge, der Stadt Göttingen die nöthige Feurung zu allen Jahrszeiten für die niedrigsten Preise zu verschaffen, welche nach Beschaffenheit der Umstände möglich sein können?

1805.
Welchen Einfluß oder welche Wirkung haben die verschiedenen Arten von Steuern auf die Moralität, den Fleiß und die Industrie des Volks?

1807.
Welche Wirkungen haben die verschiedenen Arten des Düngers bei einerlei Land auf die Eigenschaften der darauf gezogenen Pflanzen?

1810.
Wie kann das Medicinalwesen für Flecken und Dörfer oder für das platte Land, am besten eingerichtet werden?

1811.
Wie können die Brauereien in Niedersachsen dergestallt verbessert werden, daß die Biere den englischen gleicher werden?

Von Kaltenhofer ist das Signet der . . . Göttinger Societät der Wissenschaften.
Es findet sich als Titel=Vignette in den Veröffentlichungen dieses Instituts, den Commentarii, seit 1752, und, etwas verkleinert, in den seit 1753 erscheinenden Göttingischen Anzeigen von gelehrten Sachen.
Man sieht auf ihm Embleme, die für die überwiegend mathematisch=naturwissenschaftliche Richtung in der frühen Societät kennzeichnend sind:
Erdglobus, Himmelsglobus, Fernrohr, Mikroskop, Meßketten, mathematische Risse, ein Konvolut Bücher;
dies alles gruppiert um eine flache Gartenlandschaft im strengsten französischen Stil mit Springbrunnen.
Oben ein Topfgewächs und darunter das Spruchband:

fecundat et ornat. [Er befruchtet und schmückt]

Von der Königlichen Teutschen Gesellschaft zu Göttingen.

Nach Art derer . . . schon auf anderen Univer=
sitäten, . . . bekannt gewordenen Teutschen Ge=
sellschaften hat sich auch hier schon im Jahre
1739. auf Veranlassung und unter dem Vorsitz
des seel. Hofrath Gesners eine solche

Gesellschaft zur Cultur der Teutschen Sprache
vereiniget, und unterm 27. Jan. 1740. von könig
licher Regierung die Bestätigung ihrer Gesetze,
nebst allen Freyheiten und Rechten, die eine solche
Gesellschaft zu Erhaltung ihres Endzwecks nöthig
hat, erlanget. Worauf sie den 13. Febr. 1740.
allhier feyerlich eingeweyhet worden, und seitdem
nicht nur beständig im Gange geblieben, sondern
auch seit 1762. den Umfang ihrer Bemühungen
noch etwas weiter ausgedehnt hat indem sie den=
selben überhaupt in der Teutschen Litteratur setzt,
und darunter nicht nur die Sprache, Beredt=
samkeit und Dichtkunst, sondern auch die Länder=
kunde, Geschichte, Alterthümer und Rechte unsers
Vaterlandes begreift.

Die Gesellschaft hält wöchentlich Sonnabends
Nachmittags ihre Zusammenkunft, worinn von
ihren Mitgliedern solche Aufsätze, die dem Zwecke
der Gesellschaft gemäß sind, vorgelesen, und beur=
theilet werden.

Von Zeit zu Zeit hält sie feyerliche öffentliche
Versammlungen . . . . vorzüglich bey ausserordent=
lichen Veranlassungen . . . wie

1781. bey Anwesenheit des Herzogs
von Würtenberg geschah, und
1787. Sept. 18. bey der fünfzigjährigen
academischen Jubelfeier,

da Hofr. Kästner Bemerkungen über den Vor=
trag gelehrter Kenntnisse in Teutscher Sprache
vorlas.

Die Gesellschaft hat ihre eigne Bibliothek,
die schon aus einem beträchtlichen Vorrath von
solchen Werken bestehet, die zur Teutschen Lit=
teratur gehören.

Wenn man von den Schriften dieser Gesell=
schaft hätte eine Auswahl machen und zum Druck
befördern wollen; könnten schon ansehnliche Werke
von ihr gedruckt seyn.

Bisher aber sind nur einzelne Ausarbeitun=
gen ihrer Mitglieder zum Druck gekommen. Wo=
hin unter andern die Gesnerischen Einladungs=
schriften und Reden zu rechnen sind, die den größten
Theil der 1756. zusammengedruckten Gesneri=
schen kleinen Teutschen Schriften ausmachen,
und noch verschiedenes von der Geschichte dieser
Gesellschaft an die Hand geben können.

IOANNES MATTHIAS GESNERVS
Professor eloquentiae et poëseos publicus in academia
Goettingensi,
bibliothecae et seminario regio praefectus,
Scholarum superiorum in electoratu Hanoverano ephorus,
Societatis Scientiarum Berolinensis Sodalis.
natus d. 9. Apr. An. S. R. MDCXCI.

Johann Matthias Gesner, geb. 1691. Apr. 9.
zu Roth im Anspachischen, studierte seit 1710. zu Jena, wo
ihm der berühmte Joh. Franz Buddäus einen nähern Zutritt
verstattete. Nachdem er daselbst den Anfang gemacht hatte,
sich in etlichen Schriften zu zeigen; ward er 1715.
Conrector, wie auch fürstlicher Bibliothecarius zu Wei=
mar, hernach 1728. Rector zu Anspach, und 1730. Re=
ctor an der Thomas=Schule zu Leipzig.

Von da kam er 1734. als professor eloquentiae nach
Göttingen, wo ihm ferner zugleich die Aufsicht über das
Schulwesen in hiesigen Landen nebst dem von ihm errich=
teten Seminario philologico, ingleichen das Bibliothecariat,
und der Vorsitz in der Teutschen Gesellschaft anvertrauet
worden.

Bey der im Jahr 1751. allhier errichteten Königlichen
Societät der Wissenschaften ward er das erste ordentliche
Mitglied der historischen Classe, und seit 1753. halbjährig
abwechselnder, endlich 1761. beständiger Director der So=
cietät.

Auch ward er 1756. Hofrath.

†1761. Aug. 3.

Er war also zu Göttingen 27. Jahre 1734-1761.

alt 43-70.

CRESCIT.

G. D. Heuman Grav. de la Cour de S. M. Brit: & de l'Univ. de Göttingen

Das Siegel der Deutschen Gesellschaft in Göttingen.
enthält einen in der Luft schwebenden Genius,
der ein Senkbley herabläßt,

mit der Ueberschrift: Ungezwungen und richtig,

Das Siegel der Universität mit dem Bildnis des Rector Magnificus, also des Kurfürsten von Hannover und Königs von Großbritannien, Georg August II., wird gerahmt von Pallas Athene, der Göttin der Weisheit (mit dem Gorgoschild) und von Phoebus Apollo, dem Sonnengott (Strahlenkranz) und Musenführer (Leier).

Zu deren Füßen liegen Symbola der Wissenschaften und Künste, für welche diese Gottheiten und die Fakultäten der Göttinger Universität zuständig sind:

Aesculapstab und Totenkopf, geometrische und mathematische Instrumente, die Biblia Sacra

– also Medizin, Philosophie und Theologie –;

für die Jurisprudens fehlt ein sinnbildlicher Beleg.

Das Universitätssiegel überragt ein Palmbaum, auf den das Motto „Crescit" (Er wächst) sich bezieht. Der Palmbaum galt seit alters als Inbegriff des zugleich Nützlichen und Schönen („prodesse et delectare", Athene und Apollo), da er durch Rinde, Holz, Blätter und Früchte den Menschen dienlich, in seiner immergrünen, Schattenkühle spendenden Anmut zugleich erfreulich ist. Deshalb wurde er häufig – und zwar in genau dieser struppigen Darstellungsform – als Symbolum für wissenschaftlich-poetische Gesellschaften des Barock verwendet, für die hochberühmte „Fruchtbringende Gesellschaft" des 17. Jahrhunderts beispielsweise wie für die bürgerlich-gelehrte „Deutsche Gesellschaft" Göttingens im 18. Jahrhundert.

Der Kupferstich bietet insgesamt also eine geschickte Zusammenstellung ikonographischer Klischees. Seine Botschaft, bis heute – hoffentlich – gültig, lautet: Möge die Pflege der Wissenschaften und Künste in der Obhut der Georgia Augusta den Menschen ständig zunehmend Nutzen und Freude erbringen.

Vom Reuth-Hause

Wo anſehnlicher Herren Höfe, ingleichen wo Academien ſind, wird auch Anſtalt gemacht, daß ſo wohl Kutſch- als Reuth-Pferde, größtentheils jedoch die letztere, zugeritten, oder zum Gebrauch recht geſchickt gemacht, und der Reuther ebenfalls, das Pferd gut zu beſteigen, zu dirigiren, feſt und wohl zu ſitzen angewieſen und fähig gemacht werde.

Die Plätze zu dieſer Übung ſind entweder unter freyem Himmel, oder ſie ſind bedeckt und mit Wänden umſchloſſen.

Erſtere werden Reuthbahnen, und letztere Reuth-Häuſer genennet. . . .

Das vornehmſte bey Reuth-Häuſern iſt, daß ſie ſo geräumlich, als möglich, ſeyn, und gehörige Länge, Breite und Höhe haben.

Eine anſtändige Breite derſelben iſt 50. Fuß . . . Ihre Länge muß aufs wenigſte auch 50. Fuß ſeyn, beſſer aber iſt es, wenn ſie 2. 3. auch wohl 4. mahl ſo lang als breit ſind. . . .

Noch wird bey anſehnlichen Reuth-Häuſern erfordert, daß in der Höhe eine Bühne verhanden. Man nennet dergleichen Bühnen Judicir-Bühnen, worauf bey Ringrennen und Carouſſels die Judicirer ſich befinden, welche beurtheilen, wer und was gewonnen.

Münchhauſen's volkswirthſchaftlichen Anſchauungen ſtanden ganz unter dem Einfluß der Schule, die, . . . das heimiſche Geld zu behalten und fremdes hereinzuziehen, ſich zum Ziel ſetzt.

Münchhauſen bekennt ein- für allemal, daß er bei Beſorgung ſeiner Curatel nicht blos darauf ausgehe, daß nur Landeskinder auf der Univerſität zum Dienſte des Staates erzogen werden, ſondern daß auch ſo viel als möglich reiche Ausländer, . . . angelockt werden.

„Warum ſollte ich dem Lande des Fremden Vermögen, den Univerſitätsbürgern den Umlauf des beträchtlichen Geldquantums mißgönnen?

Hunderttauſend ihnen alle Jahr zufließende Louisd'or thun ihnen wohl, und die Landesregierung wird überzeugt, daß ſie Samen ausſtreut, der bei Landeskindern moraliſche, bei Fremden goldene Früchte trägt".

Die damalige Verbindung Hannovers mit England ließ ihn hoffen, die Herren Engländer nach Göttingen zu gewöhnen, woſelbſt ſie gewiß eben ſo gut als in Holland ihr Geld verzehren könnten.

Mehr als dieſe Hoffnung iſt die andere in Erfüllung gegangen, Göttingen zu einem Anziehungspunkt für die Nobleſſe zu machen. Es erregte Münchhauſen's hohe Freude, als er ſchon 1735 nach London melden konnte, daß der confluxus [Zuſtrom] von Studenten und zumalen von Standesperſonen und Adelichen ziemlich groß ſei, und bereits ſechs Grafen in Göttingen ſtudirten, deſſen ſich wol keine andere Univerſität zu rühmen habe. . . .

Um dieſes Theils der Studentenſchaft willen verlangte der König auch von vornherein, daß für die Exercitia in Göttingen beſſer als ſonſt auf Univerſitäten üblich, geſorgt werde, und es iſt bezeichnend, daß das erſte in der Stadt eigens für die Zwecke der Univerſität errichtete Gebäude das Reithaus war. . . .

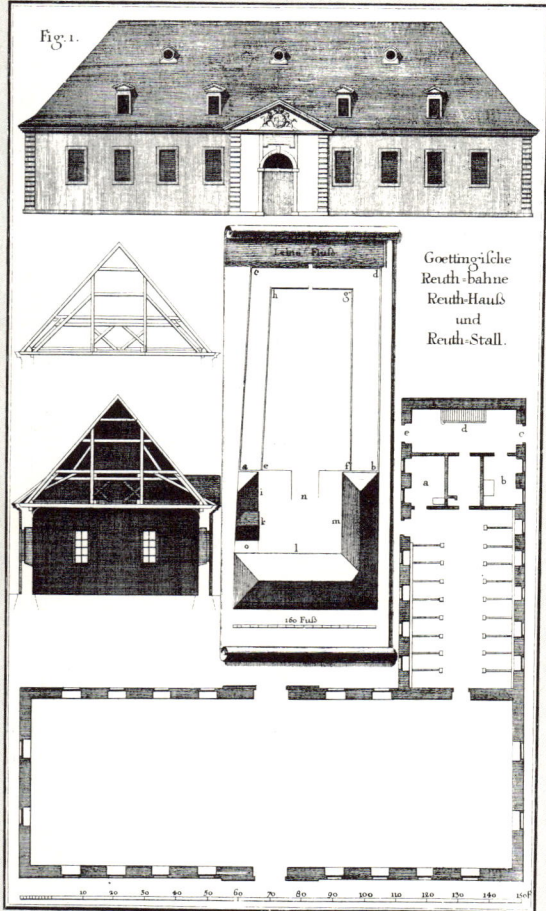

. . . Ich . . . kan nicht umhin, des hieſigen Academiſchen Reuth-Hauſes, Reuthſtalls und der Reuthbahn etwas zu gedencken.

Die 1. Fig. ſtellet den Aufriß vor, der in der Mitte einen Riſalit und darüber einen Fronton hat, in deſſen Tympano das Engliſche Wapen zu ſehen, darunter iſt folgende Inſcription:

PROVIDENTIA
GEORGII. II.
M. BRIT. REGIS. ET ELECT. BR. LVN.
CONDITAM. A. SE. ACADEMIAM
HOC. HIPPODROMO
EXORNAVIT
CIƆ IƆ CCXXXV.

Die Reitbahn in Goettingen

Zur Reitkunst ist ... am Weender Thore, ein weitläuftiger Bezirk bestimmt, wo theils für den Sommer eine sehr geräumliche offene Reitbahne ihren Plaß hat, theils ein besonders massives Gebäude zur verschlossenen Reitbahne aufgeführet, und an dieser unmittelbar die nöthige Stallung, sodann ein bequemes Wohnhaus für den Stallmeister angebauet ist. ...

Für den Unterricht...den...es...alle Tage in der Woche, nur den Freytag ausgenommen, Vor: und Nachmittags im Reiten Unterricht gibt. ...werden...auch wohl...bezahlt;

fürs Voltigiren ein für allemal 5. Rthlr.;

fürs Reiten monathlich 6. Rthlr., nebst einem Trinkgelde für die Stallbedienten, und 1. Ducaten beym Antritt.

Feyerlichkeiten, *in der Univ. Reitbahn zu Göttingen*

bey der Anwesenheit Seiner Königl. Majestät GEORG IV
30. Octbr. 1821.

Der bisherige kl. Pavillon am Ende der offenen Reitbahn, das s. g. *Judicirhaus*, schien zum Empfange des Königs nicht mehr passend zu seyn, und deshalb mußte hier eine des Monarchen würdigere Anlage gemacht werden.

Es wurde daher ... eine prachtvolle *Säulenhalle* im reinsten griechischen Stil errichtet, welche ein dauerndes Denkmahl der Anwesenheit des Landesvaters seyn und bleiben wird. ...

Zehn dorische Säulen (von denen 4 durch die vordern, hier nur sichtbaren 6 gedeckt werden), tragen die Decke der Halle, deren Plafond mit Cassetten verziert ist. Sieben steinerne Treppen führen in die Halle; deren Hintergrund, carmoisinroth drappirt, mit dem Brittisch-Hannoverschen Wappen geschmückt ist.

Ueber dem Eingangsbogen schweben zwey Victorien in Basrelief gearbeitet, und *neben* denselben stehen Trophäen und diesen zur Seite an den Ecken alt-teutsche Waffengruppen.

An der *Attika* las man endlich folgende Inschrift:

„GEORGIO QUARTO
PACIS ARMORUMQUE SUMMO PER EUROPAM,
QUAM LONGE PATET, ARBITRO *).“

*) Uebersetzt: „*Georg dem Vierten, dem höchsten Schiedsrichter des Friedens und des Krieges in ganz Europa.*“

So langte der König, unter fortwährendem Jubelrufe der Menge, vor dem großen Thore der Reitbahn an....

Nachdem Se. Majestät mit Ihrer Begleitung,... die Tribüne der Säulenhalle eingenommen, hatte der Stallmeister Ayrer zuerst die Ehre Seiner Majestät ein complet dressirtes *Schulpferd* vorzureiten, wobey besonders Se. Majestät über die so äußerst schwer auszuführenden *Piruetten* im Galopp Ihren hohen Beyfall zu erkennen gaben.

Hierauf geruhten Se. Majestät dem Stallmeister *Ayrer* gnädigst zu erlauben, daß eine Anzahl seiner Schüler in den Ritterübungen eine Probe von demjenigen in Ihrer hohen Gegenwart ablegen durften, was sie unter seiner Leitung erlernt hatten.

Diese Uebungen bestanden in einem pomphaften und wohlgeordneten *Caroussel* und *Ballet*, welches beydes aus den schwersten Touren, die in der Reitkunst auszuführen sind, zusammengesetzt war. ...

Nachdem die sämmtlichen Ritter vom Stallmeister *Ayrer*, unter Begleitung einer vollständigen Musik, vor die Königl. Schaubühne zu Pferde geführt worden, und Sr. Majest. die gebührende Rittersalutation mit den Lanzen gebracht war, fiengen die Caroussel-Uebungen an; und nachdem diese beendigt waren, wurde das Ballet von beyden Quadrillen zugleich geritten, welche Ritterübung nebst dem Caroussel so richtig ausgeführt wurde, daß Allerhöchstihro Majestät... Ihre hohe Zufriedenheit darüber mehrmals gegen Ihre nächsten Umgebungen mit den Worten äusserten: *„Daß Sie nie in Ihrem Leben etwas Schöneres dieser Art gesehen hätten,"* ...

Die sämmtlichen Caroussel-Ritter waren im *spanischen* Costüme gekleidet, welches bestand aus einem Baret von Carmesin-Sammet mit Hermelin staffirt und mit Straußfedern geziert, einem weißen gekräuselten Halskragen, einem weißen Unterkleide mit Carmesin-Sammet gepufften Aermeln, einem Carmesin-Sammet-Mantel mit Hermelin garnirt, einer roth- und weißseidenen Scharpe, weißen Beinkleidern und blaßgelben Stiefeln, welche, nach Spanischer Sitte, mit einem großen Korbe versehen waren ...

Die zum Caroussel erforderlichen... schönen *Pferde* waren dem ganzen Costüme anpassend... equipirt, wobey besonders noch zu bemerken, daß die Anführer zwey *weißgeborne Hengste*, das *Hannoversche Wappenpferd* vorstellend, ritten...

Abbildung eines Göttinger Studiosen im Span. Costüme zum Caroußelreiten den 30ten Oct. 1841 gekleidet. Nach der Angabe des Universitäts Stallmeisters H. Ayrer.

Zum Schluße dieser Feyerlichkeit hatte der Stallmeister *Ayrer* noch die Ehre, Sr. Majestät ein *Schulpferd ohne Reiter* an langen Zügeln vorführen zu dürfen, welches sowohl die schwersten Schulen, wie auch alle Changements im piaffirenden Tempo mit einer solchen Präcision vollstreckte, daß Allerhöchstihro Majestät höchst Selbst dem Stallmeister *Ayrer* die hohe Gnade zu sagen hatten: *„Nie ein vollkommneres Schulpferd gesehen zu haben."* —

Hierauf verließen Se. Maj. unter einem ununterbrochenen Hurrah-Rufen, von den Caroussel-Rittern und der Ehrengarde begleitet, in einem *offenen* mit *sechs* schönen *Isabell-Pferden* bespannten Staats-Wagen die Reitbahn...

der äußere Hof des Universitæts Collegii.

Von der öffentlichen Bibliothek.

Die erste Grundlage der hiesigen Bibliothek ... rühret von dem ehemaligen königlichen Geheimen Rathe und Großvogte, Herrn
Joachim Henrich Freyherrn von Bülow her,
welcher einen auserlesenen Büchervorrath von
8912. Bänden gesammlet hatte, ...

Diese Bülowische Bibliothek ist bald anfangs
mit dem Büchervorrathe des vormaligen hiesigen gymnasii von 708. Bänden, und mit einem
Königlichen Geschenke von 2154. Büchern, so
sich in der Bibliothek zu Hannover doppelt
gefunden; ansehnlich vermehret worden.

Worneben seit dem Anfange der Universität
aus einem Theile der Inscriptions-Gelder, aus
einigem Beytrage von dem Ertrage der hiesigen Bücher-Auctionen, aus dem hiesigen Verlage und Drucke u. s. w. einige beständige Zu-
flüsse für die Bibliothek bestimmt, auch zum

Theil schon sehr ansehnliche Geschenke von hohen und freygebigen Händen hinzugekom-
men sind.

Jedoch das wichtigste hat bisher in einer
anhaltenden ausserordentlichen Vermehrung
bestanden, da aus Königlicher Gnade und
durch die mehr als väterliche unermüdete Vorsorge des bisherigen Curators der Universität,
des Herrn Cammerpräsidenten Freyherrn von
Münchhausen Excellenz, von Jahren zu Jahren diese Bibliothek dergestalt angewachsen,
daß nunmehro, nach Abzug einer grossen Zahl
Dubletten, (von denen man vor einigen Jahren eine besondere Auction gehalten,) die Zahl
der würklich vorhandenen Bände sich vorjetzo
(1765.) auf 60. tausend belauft, und die
Zahl der Tractaten, deren oft mehrere in einem
Bande sind, leicht 90. bis 100. tausend betragen mag.

Universitäts Bibliothec.

Unter den einzelnen Funktionen, die Heyne ... zu besorgen hatte, stand ... das Bibliothekariat oben an. ... Es bedarf ... keines Beweises, daß das, was die Bibliothek unter ihm geworden ist, sie entweder unmittelbar durch ihn, oder doch unter seiner Leitung ward.

Welch' ein weites, ein nützliches und zugleich ruhmvolles, Feld sich hier seiner Thätigkeit eröffne, entging Heyne'n nicht; und sein früheres Leben hatte ihm glücklicherweise schon Bekanntschaft mit Bibliotheken und Bibliothekseinrichtungen verschafft.

Durch die edle Liberalität der Männer, denen die Regierung des Staats, in dem er lebte, übertragen war, sah er sich im Besitz der Mittel, ein sowohl ihrer als der Universität würdiges Institut zu errichten; und die Idee, welche er von Anfang an faßte, und der er unverrückt treu geblieben ist, auszuführen.

Diese Idee war keine andere, als eine Büchersammlung zu errichten, die in allen Fächern der Wissenschaften, und bei der Litteratur aller gebildeten Völker möglichst gleich, alle diejenigen Werke und Bücher enthalten sollte, welche einen wissenschaftlichen Werth haben.

Eine solche Sammlung an einem Orte errichtet, wo eine Menge von Lehrern und Lernenden aus allen Fächern der Wissenschaften sich finden, mußte einen Nutzen versprechen, den selbst die Bibliotheken in großen Hauptstädten kaum versprechen können.

Sie konnte aber auch nicht das Werk weniger Jahre seyn. Sie erforderte eine regelmäßig fortgesetzte Thätigkeit eines Menschenlebens.

Sie erforderte aber auch außerdem einen Ueberblick über alle Fächer der Wissenschaften, der im Stande war, das Nützlich, das Nothwendige in jedem Fache zu unterscheiden; einen Geist der Ordnung, der diese nicht nur einführte, sondern auch erhielt; und, was gerade damit am schwersten zu vereinigen ist, einen Geist der Liberalität, der, weit entfernt ihren Gebrauch zu erschweren, ihn vielmehr erleichterte, so weit es die Natur des Instituts erlaubte.

Dieß Alles war in dem Mann vereinigt, der der eigentliche Schöpfer eines der ruhmvollsten Institute werden sollte, das die neuere Zeit hervorgebracht hat.

Als Heyne nach Göttingen kam, gab es freilich [1763] schon eine Bibliothek daselbst; sie galt auch im Verhältniß gegen andere Universitätsbibliotheken schon für beträchtlich. Sie ward damals auf etwa 50 bis 60,000 Bände geschätzt.

Als Heyne seine Augen schloß [1812], war sie, nach dem mäßigsten Anschlage, wenigstens 250,000 Bände stark. Aber diese vermehrte Bändezahl ist ihr geringerer Vorzug.

Beim Anfange jenes Zeitraums waren ganze Fächer der Wissenschaften noch fast unbesetzt; beim Schlusse ist sie wahrscheinlich darin die erste Bibliothek, daß alle Fächer verhältnißmäßig gleich besetzt sind. Daß sie in andern Rücksichten, Zahl der Bände, Handschriften, Seltenheiten, von andern sehr weit übertroffen wird, ist allgemein bekannt.

Tausende haben die Göttingische Bibliothek nicht bloß gesehen, sondern auch benutzt ..., und Heyne's Geist ist es, der sich in ihr ausspricht; ...

Aber nicht nur von dem innern Reichthum dieser Sammlung, in dem eben angeführten Sinne, darf hier weiter die Rede seyn; sondern auch von ihrer Organisation, von der Mannigfaltigkeit und dem Gange der Geschäfte. ...

Die sämmtlichen Geschäfte der Bibliothek lassen sich in die beiden Classen theilen: die, welche außerhalb derselben, und die, welche auf der Bibliothek geschehen. Die ersten sämmtlich wurden persönlich von Heyne besorgt, jedoch mit Unterstützung des zweiten Bibliothekars, seines Freundes Hofrath Reuß; den er auf diese Weise selbst zu seinem Nachfolger bildete.

Doch ist gewiß, daß auch die Einrichtung und Ordnung einen der wesentlichsten und seltensten Vorzüge dieser Bibliothek ausmacht.

Ueberhaupt stehen die Bücher nach den Materien, und nach einer gewissen Ordnung der verschiedenen Disciplinen und Wissenschaften, deren jede wiederum nach einer systematischen Ordnung eingetheilt ist, und doch so, daß die Unterabtheilungen gleichwohl die Folge der Formate nicht vermengen.

Ein Real Catalogus von einer grossen Zahl Bände enthält eigentlich die Hauptgrundlage von der Ordnung, wie die Bücher aufgestellt sind.

Nebst demselben wird noch ein alphabetischer Catalogus der Namen der Verfasser und Bücher, und ein Accessions-Catalogus oder Repertorium, in welchem sie nach der Ordnung und Masse, als sie anlangen, eingetragen werden, fortgeführet, und alle diese catalogi sind und werden so eingerichtet, daß sie eine gegenseitige Beziehung auf einander haben.

Der größte Vortheil von dieser Bibliothek bestehet in dem freyen und unbeschwerten Gebrauch, welchen jedem Mitgliede der Universität von den darauf vorhandenen Büchern zu machen vergönnt ist; ein Vorzug, den ihr schwerlich irgend einige Bibliothek in Teutschland, noch auch vielleicht in anderen Gegenden streitig machen dürfte;
...Jedes Mitglied der Academie kann also in Ansehung des freyen Gebrauchs die Bibliothek beynahe als die Seinige ansehen, ...

[handwritten letter in old German script]

Universitæts Bibliothec.

Edler, liebenswüdiger junger Mann!

... In Göttingen werden, ausser den Arzneygelehrten, Lichtenberg und Heyne Ihnen herrliche Erweiterungen der Kenntnisse verschaffen, an beyde bitte mich gelegentlich bestens zu empfehlen, imgleichen an Hrn. H. R. Kästner. Freylich sind die Hülfsmittel des Studiums an diesem Ort so groß, als kaum irgend sonstwo in Europa und das Jahr Aufenthalt daselbst werden Sie in Ihrem Leben nie vermissen. ...

Leben Sie wohl, vortreflicher Mann, und denken Sie dann und wann an ihren alten Lehrer, der jederzeit mit wahrem freundschaftlichen Antheil und vorzüglicher Hochachtung seyn wird

Ew.: Wohlgeb;

Koenigsberg
d 15ten Juny
1788

gantz ergebenster u. treuer
I. Kant

Ein vorzüglich schätzbares Modell von einem Englischen Kriegsschiffe hat seit mehreren Jahren, als ein Geschenk von des hochseeligen Prinzen von Wallis Königlicher Hoheit, auf der Bibliothek einen Platz, so noch besonders verdient mit Kästnerischer Feder hier beschrieben zu werden.

Es ist ein Schiff vom ersten Range, hat drey Verdecke, und führt hundert Canonen. Alles was an einem würklichen Schiffe dieser Art zu sehen ist, Mast, Seegel, Tauwerk, Anker u. s. w. findet sich hier im Kleinen, in den gehörigen Verhältnissen, sehr richtig und sauber vorgestellt, selbst die Bildhauerey, mit welcher das äussere des Schiffes gezieret ist. Die kleinen Canonen sind von Metall, liegen auf ihren Schifflavetten, und die in den obern Lagen sind wie gehörig von etwas kleinerem Caliber als die untern, welches ich nur als eine sogleich in die Augen fallende Probe der genau beobachteten Verhältnisse anführe. Unter den verschiedenen Flaggen, zeigt sich auf dem Fokkemast die Englische Admirals-Flagge, im rothen Felde ein goldner Anker schregrechts gelegt, mit einem goldnen Taue, das durch den Ankerring angeschlagen ist, umschlungen. Auf dem obersten Verdecke liegt eine Chaloupe. Man kann die beyden obern Verdecke zusammen abheben, und so verschiedenes im innern des Schiffes, was theils zum Gebäude, theils zur Regierung desselben gehört, die Stange des Steuerruders, die stehende Winde, die Pumpen u. s. w. sehen. . . . Es wird also zulänglich seyn, einige Abmessungen beyzufügen . . .

Ich habe mich dabey des Englischen Maasses bedient . . . Länge des Schiffs vom Vordersteven zum Hinstersteven 3 Fuß 9 Zoll

Breite auf dem obern Verdeck im dritten Theile der Länge von vornen nach hinten zu - 9 -

Tiefe vom Oberverdecke bis zu unterst in den Raum - 9 -

Tiefe des Raumes allein - - - - 5 -

Länge des Kiels - - - - 3 - 2 -

Wenn irgendwo an diesem Modelle angezeiget wäre, was man dabey für ein verjüngtes Maaß statt des wahren genommen hat, so liessen daraus die Grössen an einem würklichen Schiffe bestimmen; mir ist keine solche Anzeige vorgekommen, ausser den Zahlen am Vordertheil und am Hintertheil, welche die jedesmalige Tiefe des Schiffes im Wasser nach Fussen angeben. Nach dieser Bemerkung urtheile ich, daß 6. Zoll am Modelle etwa 22. Fuß würkliches Maaß bedeuten möchten, welches für die wahre Länge des hier vorgestellten Schiffs ohngefähr 146. Fuß geben würde. Wenn bey dieser Nachricht etwas zu erinnern seyn sollte, wird man es ihrem Verfasser zu gute halten, da er nie Gelegenheit gehabt, Schiffe anders, als aus Büchern; oder sonst obenhin beobachteten Modellen kennen zu lernen.

ABRAHAM GOTTHELF KAESTNER
Kön. Großbr. Hofrath und Prof. der Mathem.
und der Phys. zu Göttingen
geb. zu Leipzig d. 27 Sept 1719.

ge. von I.H.Tischbein. inus 1771.

An Königliches Universitäts Curatorium

Eure Excellenzen

haben geruht . . .

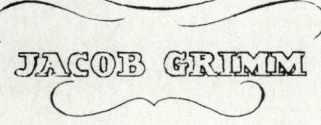

An Königliches Universitäts Curatorium

Eure Excellenzen

haben geruht . . .

Abgesehen davon, daß unsere Bibliothek den Zwecken einer Universitätsbibliothek in hohem Grade entspricht, ist sie aber zugleich noch mehr geworden und hat in gewissem Betracht sich über die Universität erhoben. Ich weiß nicht, ob der Gedanke, in voller Deutlichkeit, schon bei ihrer Stiftung waltete oder ob er nach und nach erst hervorgetreten ist. Genug, Göttingen hat das Muster einer möglichst vollständigen Büchersammlung, wie sie vorher nirgends in der Welt bestand, aufgestellt, es hat dargethan, daß mit verhältnissweise geringerem Aufwand selbst die prächtigsten Bibliotheken Europas durch einen verständig aufgefaßten, unverrückt im Auge behaltenen und verfolgten Plan verdunkelt und überboten werden konnten. Noch jetzt steht diese Bibliothek, obgleich an glänzenden Seltenheiten keinen Vergleich aushaltend mit denen der ersten Hauptstädte, in ihrer umfassenden Planmäßigkeit unübertroffen da. Sie v e r e i n i g t nicht nur in sich die wichtigsten Werke, die man in andern Bibliotheken z e r s t r e u t antrifft, sondern sie hat auch, indem sie alle Fächer und alle Literaturen begünstigt, das Ansehen einer universaleuropäischen Anstalt, deren Ruf sich weit erstreckt und ihr Geschenke und Beiträge aus den fernsten Ländern zuwege bringt. Ihr Reichthum dient nicht allein den hiesigen Professoren, vielmehr allen Gelehrten Europas und namentlich Deutschlands, welche sie heimsuchen oder um unversagte Mittheilungen anhalten. Aus einem anfänglichen Institut der Universität ist sie ein Palladium und Wahrzeichen der Universität geworden. Diesen wohlbegründeten Ruhm hat die Weisheit der Regierung frühe schon erkannt; sie wird ihn nicht sinken lassen und auch noch später zu behaupten und zu unterstützen wissen.
. . .

Ich beharre mit Ehrerbietung
Eurer Excellenzen

Göttingen   unterthäniger Diener
15 Jan. 1833   Jacob Grimm

JACOB GRIMM

Goethe und die Bibliothek in Göttingen

GOETHE.

J. D. REUSS.

Mein eigentlicher Zweck bei einem längeren Aufenthalt daselbst war, die Lücken des historischen Teils der Farbenlehre, deren sich noch manche fühlbar machten, abschließlich auszufüllen.

Ich hatte ein Verzeichnis aller Bücher und Schriften mitgebracht, deren ich bisher nicht habhaft werden können; ich übergab solches dem Herrn Professor Reuß und erfuhr von ihm sowie von allen übrigen Angestellten die entschiedenste Beihilfe.

Nicht allein ward mir, was ich aufgezeichnet hatte, vorgelegt, sondern auch gar manches, das mir unbekannt geblieben war, nachgewiesen.

Einen großen Teil des Tags vergönnte man mir auf der Bibliothek zuzubringen, viele Werke wurden mir nach Hause gegeben, und so verbracht'

ich meine Zeit mit dem größten Nutzen. . . .

So verbracht' ich denn die Zeit so angenehm als nützlich und mußte noch zuletzt gewahr werden, wie gefährlich es sei, sich einer so großen Masse von Gelehrsamkeit zu nähern:

denn indem ich um einzelner in mein Geschäft einschlagender Dissertationen willen ganze Bände dergleichen akademischer Schriften vor mich legte, so fand ich nebenher allseitig so viel Anlockendes, daß ich, bei meiner ohnehin leicht zu erregenden Bestimmbarkeit und Vorkenntnis in vielen Fächern, hier- und dahin gezogen ward und meine Kollektaneen eine bunte Gestalt anzunehmen drohten.

Ich faßte mich jedoch bald wieder ins Enge und mußte zur rechten Zeit einen Abschluß zu finden.

Von da zu der allerruhigsten und unsichtbarsten Tätigkeit überzugehen, war in oberflächlicher Beschauung der Bibliothek gegönnt: man fühlt sich wie in der Gegenwart eines großen Kapitals, das geräuschlos unberechenbare Zinsen spendet.

Herr Albrecht Haller stiftet eine Reformierte Kirche

Durch den westfälischen Frieden war dem 30 jährigen Kämpfen auf den Feldern Deutschlands und dem Streit der Konfessionen um die Herrschaft über die einzelnen Länder ein Ende gemacht worden. Jeder Konfession war ihr bestimmt umgrenztes Gebiet angewiesen worden, in dem sie allein berechtigt war. Angehörige einer anderen Konfession konnten wohl darin geduldet werden, wenn der Landesherr es zuließ; aber sie hatten nicht das Recht, sich als besondere religiöse Gemeinde zusammenzuschließen, nur die Hausandacht war ihnen erlaubt. In Niederhessen war die reformierte Konfession allein berechtigt, im Kurfürstentum Hannover war die lutherische die Landesreligion.

Eine neue Geschichtsperiode beginnt für unsere Stadt mit der Stiftung der Universität. Unter den neu zuziehenden Lehrern und Studiosen fanden sich bald auch Reformierte; unter ihnen ... Anton Rougemont, 1735 als Professor und Lehrer der französischen Sprache nach Göttingen berufen.

Im Sommer 1736 berichtete er an die Regierung, daß einige reformierte Studiosi, worunter drei Grafen ... und einige französische Handwerker und Einwohner, „so zum Teil kein Teutsch verstehen", in Göttingen seien und sehnlichst wünschten, daß ihnen ein sonntäglicher Gottesdienst in französischer Sprache in einem Privathaus gestattet würde, Prof. Rougemont ... könnte eine Predigt lesen.

Da die französische Sprache gewählt war, und also eine Verbreitung der reformierten Religion unter den Bürgern nicht zu besorgen war, die Einrichtung auch der Universität nützen konnte, so wurde diesem Ansuchen sogleich stattgegeben.

Statt in einem Privathause, hielt der Prof. Rougemont von Ostern 1737 ab Predigten im Auditorium der philosophischen Fakultät, ... er versprach, sich von aller Polemik fern zu halten und ... zu predigen, zu welcher Zeit der Gottesdienst in den andern Kirchen schon zu Ende sei; seine Predigten würden „simplement de morale" sein.

Die Regierung ... gewährte ihm dafür eine Vergütung.

Deutsche Familien waren 23 hier, ... Ihnen nützte der französische Gottesdienst nichts. Man ist bald entweder von der französischen zur deutschen Sprache übergegangen, oder die Gottesdienste wurden überhaupt eingestellt. Zum hl. Abendmahl gingen die Reformierten nach Bovenden, sowie die Kasseler Lutheraner nach dem nächsten hannöverschen Dorf Landwehrhagen. Aber es war doch ein notdürftiger Behelf.

Ein Mann aber war noch unter den Reformierten, der nicht nur in der Stadt und Universität, sondern in der ganzen damaligen gebildeten Welt hoch angesehen war, nicht nur als Dichter und Gelehrter von ausgezeichneten Gaben und Verdiensten, sondern auch ein warmer Verteidiger des christlichen Glaubens und treuer Anhänger seiner Kirche:

ALBERTUS HALLER.

Albrecht von Haller, geb. 1708. Oct. 16. zu Bern, studierte seit 1723. zu Tübingen, hernach zu Leiden, wo er nach einer Reise in Nieder=Teutschland 1726. Doctor ward. Hernach hielt er sich eine Zeitlang zu London, zu Paris, und 1728. bey Bernoulli zu Basel auf, wo er eines Lehrers Stelle in der Anatomie vertrat. nach botanischen Reisen in der Schweiz ward ihm 1734. zu Bern ein neu errichtetes anatomisches Theater, wie auch die Aufsicht über die dortige öffentliche Bibliothek anvertrauet.

Er folgte im Sept. 1736. dem Rufe als zweyter prof. med. ord. nach Göttingen wo er das anatomische Theater zu besorgen hatte, auch 1739. den botanischen Garten anlegte, 1738. Königlicher Leibmedicus, 1743. Hofrath, 1749. im Adelstand erhoben wurde. Darneben ward er von den Königlich Großbritannischen, Französischen, Schwedischen, Preußischen, Bononischen und Upsalischen Academien der Wissenschaften, ingleichen von der Parisischen Academie der Wundarzney, und von der Botanischen Gesellschaft zu Florenz als ein Mitglied aufgenommen; und im Jahr 1751. ward er von der nach seinen Vorschlägen von weyland König Georg dem II. errichteten Societät der Wissenschaften zu Göttingen zum beständigen Präsidenten ernennet.

Nachdem er 1745. eine Stelle im grossen Rathe zu Bern erlanget hatte, ließ er sich bewegen, die Ammanns=Stelle auf 4. Jahre zu übernehmen, nach deren Verlauf er Director der Salinen und Landvogt zu Roches geworden. blieb jedoch in Göttingen bis 1753.

Er war also zu Göttingen 16½ Jahre 1736-1753.
alt 28 - 44½.

Albrecht von Haller.

Sein Name wird noch immer mit Auszeichnung genannt in der Geschichte der Wissenschaften und der Dichtkunst.

[D]ie Georg=August=Universität verehrt in ihm eines ihrer bedeutendsten Glieder.

[E]r hat unermüdlich und mit dem größten Erfolge für die Begründung, Einrichtung und Hebung der jungen Universität seine Kräfte eingesetzt.

[U]nd er ist es auch, den unsere Gemeinde mit steter Dankbarkeit als ihren Gründer nennen wird.

Haller stellte dem Kurfürstlichen Regierungspräsidenten, dem Großvogt von Münchhausen am 1. Januar 1748 vor, daß die Anzahl der reformierten Familien ohne die Offiziere etlich und dreißig betrage, ...

Unter den Studenten sei die Anzahl auch beträchtlich, ... „Allen diesen Reformierten Glaubensverwandten gereicht es zu nicht geringer Last, daß sie zumahl in Winterszeit eine Stunde weit in ein fremdes Territorium gehen, Wann schlimm Wetter einfällt, da bleiben, auch sonst, wenn sie keine Fuhrwerke haben, in Wirtshäusern zu mittag essen, schlechte Gesellschaft da antreffen und die vorgehabte Frucht des Abendmahls also verlieren müssen."

Auf Anregung Hallers stellte man nun seine eigentliche Absicht auf die Begründung einer Gemeinde, die Anstellung eines Predigers und die Beschaffung eines gottesdienstlichen Raums.

Der Professor Haller wurde zum königlichen Kommissarius für die neu zu errichtende Gemeinde ernannt und führte alle Geschäfte im Namen der Regierung.

[A]lle Glieder wollten nach Kräften beitragen und 100 Thaler aufbringen, und von der Regierung erbat man, sie möge dem Prediger, der zugleich als Professor Vorlesungen halten und so noch reformierte Studenten heranziehen könnte, ein Gehalt aussetzen.

Als es galt, einen Pastor zu berufen, war man sich der Wichtigkeit der ersten Wahl wohl bewußt, ... Die Regierung überließ die Wahl ganz dem Kommissarius, Herrn von Haller. ...

Unter den vier Bewerbern. kam von Anfang an besonders Gerhard von Hemessen in Betracht. ...

Haller nahm keinen Anstoß daran, daß von Hemessen nicht schön und lahm war, ... (Weisheit und Schönheit sind selten zusammen — was übrigens ein Blick auf unsere alten Professorenbilder bestätigt). ... „er ist sonst ein professormäßiges subjectum, worauf wir in ecclesia nascente sehr zu sehen haben". ...

Seine wissenschaftliche Tüchtigkeit hatte er nachgewiesen, seine Tätigkeit in seiner bisherigen, einer neuen, Gemeinde sprach gleichfalls für ihn.

So wählte man. ihn am 26. April 1751 — die Wahl wurde für diesmal von Haller und den Presbytern vollzogen.

Haller erbat für ihn nun die außerordentliche Professur in der philosophischen Fakultät und die Erlaubnis, die antiquitates sacras zu lesen. Die Berufung der Regierung zum Professor erging sogleich.

Als Kirche ersah Haller zuerst die Walkenrieder Kapelle; doch [als dieser Plan scheiterte, faßte er verschiedene andere Bauplätze ins Auge. Schließlich konzentrierte sich das Interesse auf ein Grundstück, nahe Hallers Wohnung]... der Reichhelmsche Garten, der sich auf der rechten Seite der Unteren Karspüle hinaufzog.

Doch auch hier erhoben sich große Schwierigkeiten, ... und es war sehr mißlich, daß kein Raum für den Gottesdienst da war; ein Saal war nicht zu finden, Hallers Auditorium faßte nicht den fünften Teil der mutmaßlichen Zuhörer, in einem Privathause den Gottesdienst zu halten, schien, wegen der dadurch entstehenden Belästigung, nicht möglich. ...

Haller kam in der Not wieder auf seinen früheren Vorschlag zurück, die Kirche in seinen Garten zu bauen (wo jetzt der Hörsaal sich befindet). Aber der Platz erwies sich doch als zu klein, und die Kirche würde das Wohnhaus ganz verdunkelt haben.

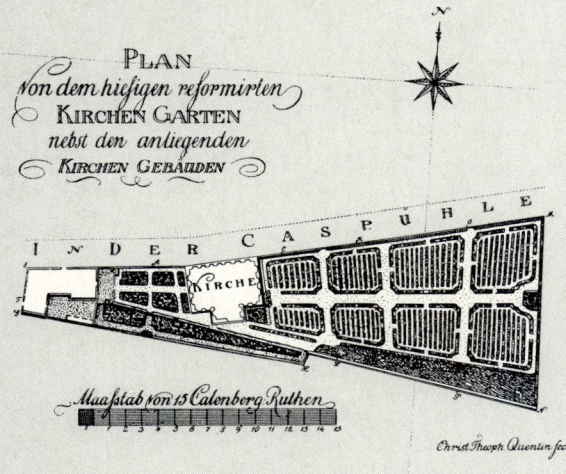

Christ. Theoph. Quentin sec.

Endlich folgten die jungen Reichhelm einer Einladung Hallers und gestanden ihm die Hälfte ihres... Gartens zu, ... aber es waren auch dort noch einige Schwierigkeiten zu überwinden, [Schließlich] aber kam 1752 auch diese [Einigung] ...

[D]ie reformierte Gemeinde ... konnte ... auf Gleichberechtigung mit der lutherischen Landeskirche weder Anspruch noch Hoffnung haben. Sie war geduldet. Der Pastor durfte predigen, aber keineswegs taufen, trauen und beerdigen.

[Erst] eine königliche Verordnung vom 8. Oktober 1753 gab forthin dem reformierten Prediger das Recht, Kinder reformierter Eltern zu taufen und reformierte Brautleute zu trauen. Doch mußten die Stolgebühren an die zuständigen lutherischen Pfarrgeistlichen bezahlt werden.

Damit war die reformierte Kirche ebenso gestellt, wie die im Jahre 1747 erlaubte römisch-katholische, die auch nur einen Privatgottesdienst halten durfte. ...

Der Regierung lag ... die Universität besonders am Herzen; ... von Münchhausen, ging daher freudig auf Alles ein, was irgendwie zu ihrer Beförderung dienen konnte.

Professoren wurden berufen ohne Rücksicht auf ihre Konfession, man hatte nur ihre wissenschaftliche Tüchtigkeit im Auge; man freute sich über jede Mehrung der Studentenzahl und suchte ihre Hebung auf alle Weise zu betreiben.

So mußte man denn auch, wie man allen anderen Wünschen der Dozenten und Studenten entgegenkam, damals auch in religiöser Beziehung die hervorgetretenen Wünsche achten, zumal wenn sie von einem so angesehenen Mitglied der Universität wie Haller, der bedeutendsten Anziehungskraft der jungen Universität ... kamen.

Es war daher auch ein besonderer Vorzug, daß der Pastor, der Lehrer und das Presbyterium als solches unter die Universitäts-Gerichtsbarkeit gestellt wurden; es wurden ihnen dadurch die besonderen Vergünstigungen zu Teil, deren sich die Universitäts-Angehörigen erfreuten.

Allerdings ging zuerst ihre Absicht nicht ... auf die Anlegung einer ordentlichen Kirche als dahin, daß die Kapelle die Gestalt eines Privatgebäudes behalten möge, „als wodurch auch an denen Kosten ein Merkliches wird erspart werden können", setzt sie begütigend hinzu.

Doch später gibt sie dem Baumeister Anweisung zum Bau einer „Kirche".

Große Ziele für die geringe Herde!

Es war eine schwere Aufgabe, um das Jahr 1750 eine reformierte Gemeinde im nördlichen Deutschland ohne Zusammenhang mit einem größeren Kirchenkörper lebens- und existenzfähig zu machen. Die Zeit der religiösen Bewegung war vorüber, der Widerspruch gegen die Religion regte sich schon sehr merkbar, das konfessionelle Bewußtsein hatte an seiner Schärfe verloren. Durch die Hugenotten war die Mildtätigkeit der reformierten Gemeinden schon stark in Anspruch genommen worden, und der siebenjährige Krieg brachte vielen Gebieten große Lasten. Ohne irgend eine Grundlage, wie sie alte Gemeinden aus ihrer Vergangenheit mitbrachten, mußte die reformierte Gemeinde zu Göttingen aufgebaut werden;

Die Regierung schickte an Haller ein Gutachten des französischen Pastors Clement in Hannover, der dazu riet, durch eine Lotterie (!) oder Kollektanten erst das nötige Geld zusammen zu bringen. ... Ueberall müsse sich der Kollektant um Empfehlungsbriefe, besonders von Kaufleuten bemühen; die Protektion eines guten Kaufmanns nütze mehr als die Empfehlung von vier Pfarrern.

Aber Haller lehnte die Belehrung des Pfarrers Clement ab, ... die Regierung versicherte ihm: „Unser Vertrauen in dero prudentz ist unumschränkt, daß man Ihnen keine Maße setzen will".

Edle gestrenge
Hochgeachte Furnehme Fürsichtige
Weise gnädige Herren

Ich Ewerer Gnaden anerbohrener Bürger
nehme mir die Freyheit eine unter-
thänige Bitte vor dieselben zu tragen.
Es hat Ihrer Königlichen Majestät von Großbritannien und Churfürstlichen Durchlaucht von Braunschweig Lüneburg in Gnaden gefallen,
nicht nur überhaupt der hiesigen Reformierten Gemeinde die Erlaubniß zu
geben eine Kirche zu ihrem Gottesdienst
anzulegen, sondern auch zur Ausführung dieses gottge-
fälligen Werkes uns seine Königliche
Commission zu ertheilen.
Es ist diese Erlaubniß uns nun desto
schätzbarer, da im ganzen Churfürstenthum
die Reformierten Kirchen sehr selten, und
wir ins besondere genöhtigt gewesen, den
Gottesdienst in dem hessischen Gebiete mit unsrer großen Beschwerde
zu besuchen und daselbst uns die Sacra-
mente ausspenden zu
lassen.
Da aber die hiesige Gemeinde zwar
zahlreich aber größten Theils unvermögend
ist, und da sie überdem mit des Predigers Besoldung und Erhaltung sich be-
schwert findet, so haben wir keinen
Umgang nehmen können, bey unseren Glaubensbrüdern um Hülfe
uns umzusehen

Es hat auch die Süd- und Nordholländische
Kirche ein jährliches beträchtliches
Geld uns zugestanden,
aber dem gegenwärtigen Mangel dadurch nicht abgeholfen, der uns hindert
die Königliche Gnade uns zu Nutz zu
machen, und den Bau selbst zu vollziehen.
Ich bin also von der Gemeinde gebeten
und befehligt, unsre Dürftigkeit Ewerer
Gnaden mit geziemender Ehrerbietung
vorzustellen, und dieselben als hohe und
milde Beförderer alles dessen, was
zur Ehre Gottes gereicht, inständigst
anzusuchen, zu dem hiesigen Göttingischen Kirchenbau nach dero welt-
bekannten und weltberühmten Freyge-
bigkeit und Güte beyzutragen.
Für welche Gott angenehme Gabe
Er selbst der hohe Vergelter sein, und
dero Regierung biß zu den spätesten
Zeiten mit Segen und Frieden be-
treuen wird. Wir aber werden niemals die empfangene Wohltat
vergessen, sondern mit dankbarer Erinnerung
lebenslang Gott für dero Gnaden Wohlfahrt
anflehen, welches uns besonders die
beharrliche Pflicht desjenigen ist,
der sich mit der tiefsten Ehrfurcht
nennt

Hochgeachte der wie oben
Ewerer Gnaden
Unterthänigst gehorsamster Diener u. Bürger
Albrecht Haller

Hallers Brief (Entwurf) an die Regierung von Bern

Von Freunden und Glaubensgenossen hat
[die] Gemeinde trotz der mancherlei ... Hinde-
rungsgründe reiche Liebe und großen Beistand
empfangen.

Der erste Beitrag wurde aus freien Stücken
im Hause des Professors Ayrer, der an seinem
Tisch etliche reiche Reformierte hatte, für die
neue Gemeinde am 29. Juni 1750 zusammenge-
legt, er betrug 80 Thlr.

Die Hoffnung Hallers und der Regierung
ging aber besonders auf die reformierten
Städte und Länder, ...

Haller richtete zuerst Briefe an die Glaubensgenossen, die von Zeugnissen und Empfeh-
lungen der Regierung begleitet waren; ...

Die Schreiben ... hatten einigen Erfolg. ...
Aus dem Heimatland Hallers, Bern, Zürich und
Basel kamen 1751 und 1752 198 Thlr. 5 ggr.,
Aber mehr brachten die Kollektenreisen
der Prediger ein. [Sie] kollektierten persönlich. ...
in Schlesien, im Brandenburgischen, Bremen,
Ostfriesland, Holland, Rheinland, Braunschweig ...
hannoverschen Städten, Frankfurt a. M., Rheinland, Danzig, zuletzt in London;

Von der S c h w e i z erwartete Haller 500 Thlr.
... von den Reformierten in F r a n k-
f u r t a. M. [kamen] 1000 Gulden, die große
Freude in der Gemeinde, bei Haller und auch
bei der Regierung hervorriefen und Mut machten.

ALBERTUS HALLER

Med. et Phil. D. Regis Magn. Brit. et Elect. Brunsvic.
Luneburg. Consiliarius aulicus, et Archiater. Medicinæ,
Anatomes. Chirurgiæ et Botanices P.P.O. Soc. Reg. An-
glic. et Suec. Sod.
Nat. 16. Octob. MDCCVIII.

Dec IV.

C. N. Roberton pinx.   Joh. Jacob Haid excud. Aug. Vind.

Die Reformirte Kirche zu Göttingen.

Haller ... dachte die Kirche „ohne Turm wie eine saubere Orangerie zu erbauen" und wollte dazu von einem hierzu sehr geschickten Freund in Paris einen Plan machen lassen.

Doch kam es zu letzterem nicht.

Der Universitäts Baumeister Müller verfertigte zwei Risse, von denen Haller einen wählte.

Der Klosterbaumeister Schädler war allerdings der Meinung, daß das Gestühl der Kirche nicht aufsteigen solle, „Anderen gefiel aber die Erhöhung der Stühle als etwas nicht gemeines (gewöhnliches), auch um deswegen, weil die Hintersten den Altar sonst nicht leicht würden sehen können." ...
... im Ganzen ... muß damals das Gebäude Beifall gefunden haben, da mehrere andere Kirchen der Umgegend, z. B. in Geismar, Besenhausen, Oberrieden, denselben Charakter haben.

Bemerkenswert ist, daß die Regierung diesem Versammlungshaus ... den Namen „Kirche" gab und ihm eine Glocke zu haben erlaubte: Vorzüge, deren sich die reformierten Versammlungshäuser in Hannover, Celle, Münden, Frankfurt und anderen lutherischen Städten nicht erfreuten, wie auch andererseits die lutherische Kirche in dem reformierten Kassel keine Glocken haben durfte.

Nachdem nun alle Schwierigkeiten beseitigt waren, ... [konnten] Hofrat von Haller und die Aeltesten ... am 10. Mai 1752 den Grundstein legen.

Der Bau ging glücklich von Statten, und am 2. November 1752 konnte schon der Kranz auf dem Gebälk stehen, am 25. Mai 1753 wurde ... der Knopf aufgesetzt.

Ueber die Kosten hatte sich Prof. von Haller anfänglich getäuscht, er hatte auf 1500 Thlr. gerechnet; der Kostenanschlag belief sich aber auf 5580 Thlr. ... die Kirche im Ganzen kostete 6443 Thlr.

Am 11. November 1753 fand die Einweihung der Kirche statt: ein großer Freudentag für die Gemeinde.

„Theurester von Haller", sprach der Prediger bei der Einweihung unserer Kirche,

„Dein Gedächtnis ist noch bey uns und soll auch bey uns bleiben. Deine Liebe, womit Du Dich der Stiftung unserer Gemeinde und der gänzlichen Einrichtung unseres Kirchenwesens angenommen hast, ist uns so verehrenswürdig als Dein Nahme, der durch so viele Wissenschaften ausgebreitet ist". ...

Abendeßen beim HE[rrn] G[eheimen] J[ustiz] R[at] Hugo.

ein Justitzrath   ein Hauptmann   ein Engländer

ConsistorialRath. Both   Bene[c]ke
    ein Pfaff

He[e]ren   ist von   Hugo
                           Landau

                    sagt Hugo,
    HE[rr] P[rofessor] He[e]ren da will ich Ihnen auch eins erzählen, ich weis
    aber nur noch das Ende. Was brauchen wir Buklichte und Zwerge
                wir haben ja in der Nähe Lichtenberge. ha. ha. ha.

Zimmermann an Lavater, 7. 1. 1775

Ich gäbe alles dafür daß dieser scharfsinnige, Genievolle, allenthalben umhersehende, äuſBerst angesehene Mann dein Freünd wäre.

Ein Wort von Lichtenbergs Physionomie. – Ein sehr kleines Männchen, mit einem großen Buckel und einer sehr hohen Brust. Sein Gesicht schön, blond, lieblich, naiv, äuſBerst lebhaft, äußerst heiter, zufrieden, glücklich allenthalben, und allenthalben launicht. Daß er einer der größten Astronomen in Deutschland ist, wirst du wissen;

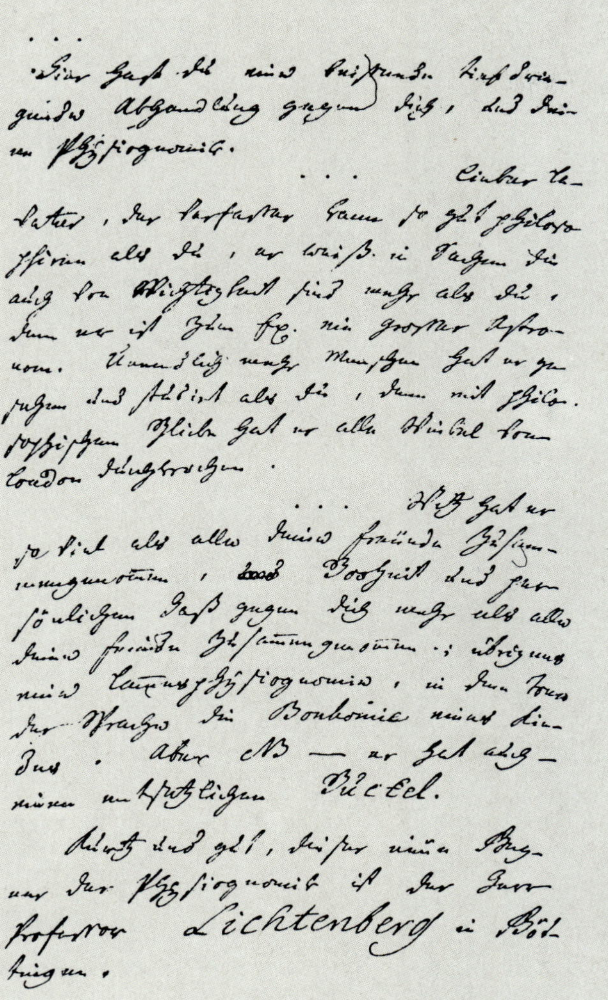

. . .

[Handwritten letter in old German script]

Zimmermann an Lavater, 15. 9. 1777

Hier hast du eine beissende tiefdrin-
gende Abhandlung gegen dich, und deine Physiognomik.

... Lieber La-
vater, der Verfasser kann so gut philoso-
phiren als du, er weiß in Sachen die
auch von Wichtigkeit sind mehr als du,
denn er ist zum Ex[empel] ein grosser Astro-
nom. Unendlich mehr Menschen hat er gesehen und studirt als du, denn mit philoso-
phischem Blicke hat er alle Winkel von
London durchkrochen.

... Witz hat er
so viel als alle deine Freünde zusammengenommen, Bosheit und persönlichen Haß gegen dich mehr als alle
deine Feinde zusammengenommen; übrigens
eine Lammesphysiognomie, in dem Tone
der Sprache die Bonhommie eines Kindes. Aber NB – er hat auch –
einen entsetzlichen Buckel.

Kurz und gut, dieser neue Gegner der Physiognomik ist der Herr
Professor Lichtenberg in Göttingen.

Johann Georg von Zimmermann (1728 – 1795),
Kgl. Leibarzt in Hannover,
Schüler Hallers, Freund und Mitarbeiter Lavaters.

Johann Kaspar Lavater (1741 – 1801),
Prediger in Zürich, Verfasser der
„Physiognomischen Fragmente" (4 Bde. 1775 – 1778).

Ein Kriminalstück im Jahre 1783

Lichtenberg an Hollenberg

[Göttingen, 3.? April 1777]

Mein lieber Herr Hollenberg, . . .

Sie wissen doch daß der König dem hiesigen Cabinet die gantze Hannoversche Mineralien Sammlung geschenckt hat, und darunter auch das grose Stück gediegenes Silber, das man aus Schertz beym Vorzeigen demjenigen umsonst anbot, der es wegtragen könte. Dieses eintzige Stück soll 1600 Thaler gekostet haben.

Empfehlen Sie mich allen Freunden. G. C. Lichtenberg.

Lichtenberg an Schernhagen

Göttingen den 16[ten *Jenner* 1783]

P. P.

Eben da ich dieses schreibe, erhalte ich eine Nachricht und zwar von solcher Hand, daß mir kein Zweifel übrig bleibt, die mich sehr erschreckt hat, nemlich daß in voriger Nacht die grose Silberstufe aus dem Museum gestohlen worden ist. Ist das nicht eine gantz abscheuliche That. Es ist schon zu spät nähere Nachricht einzuziehen. Einige Leute sagen es sey durch Aushebung einer Fensterscheibe geschehen, andre sagen man mercke gar nichts. Ich habe die Nachricht von dem jungen Willig, dem Bruder des Actuarius, und auch HE. Dieterich hat es mir sagen lassen. Ich solte dencken das müste herauszubringen seyn. Ich muß jezt ein Collegium lesen und will meinen Brief noch bis um 5 behalten ob ich vielleicht noch etwas erfahre. – Nun die That ist gewiß, man hat es ausgerufen. Es soll eine Scheibe ausgenommen und wieder eingesezt seyn.

Ew. Wohlgebohr*en* und allen Freunden empfehle ich mich gehorsamst GCLichtenberg

Es ist zwischen dem 14. und 16ten dieses Monats (also am vorigen Dienstag, Mittwoch oder Donnerstag) durch gewaltsamen Einbruch in das academische Museum die grosse gediegene Silberstufe, die darinn verwahrt ward, entwendet worden; sie enthält einen Centner am Gewicht, sieht unförmlich aus, ist zackicht, an vielen Stellen wie ausgefressen, oder durchlöchert; schwarz angelaufen und mit etwas Kalchspat oder Rothgülden besezt. Derjenige, der sie entwendet hat, kann unmöglich verborgen bleiben; hierzu sind alle Anstalten bereits getroffen; und auch durch gegenwärtiges wird demjenigen, welcher die gewisse sichere Nachricht zu geben weiß, so, daß das Stück wieder zur Stelle gebracht werden kann, **Einhundert Reichsthaler** in zwanzig Pistolen, mit Verschweigung seines Nahmens, versprochen. Auch jeder andere, welcher dienliche Nachrichten zu geben weiß, soll eine verhältnißmäffige Belohnung erhalten. Göttingen, den 16. Januar 1783.

Academisches Museum.

Brandes an Heyne

H[annover] 20t Jan. [17]83

Der Vorfall mit der grossen Silberstufe ist äufferst unangenehm. Ich beziehe mich desfals auf das Ihnen zukommende Reskript, und würde es für ein besonders Glück halten, wenn man noch auf die Spur kommen könte. Nach der Beschaffenheit des Objekts solte man es hoffen, wenn Sie nicht mit so böser Nachbarschaft umgeben wären. Ohn einheimischen Vorschub und Mithülfe kan ich mir den Diebstal nicht möglich vorstellen, und also muß die schärffte und vernünftigste Untersuchung geschehen. Den Betrieb hiervon überläfset man schlechterdings Ihrem Eifer, und das Reskript kan Ihnen darunter gegen iederman zur Autorität dienen. . . .

Aufzeichnungen Blumenbachs über die Ereignisse, 16.1.1783

„**Donnerstags den 16t Jan.** *gegen 11 U. kommt Lorenz zu mir, fragt ob er einigen Fremden die ihn darum ersucht, das Museum zeigen dürfe? conuditur.*
Halb 12 kommt er ganz ausser sich mit der Nachricht zurück, die grosse Silberstufe sey aus dem Kasten entwendet, wie er soeben da er sie jenen Fremden zeigen Wollen, gewahr worden.
Vorgestern (♂ den 14ten) habe er sie noch dem Syndikus von Osterode und dessen Gesellschaft gezeigt. Ich schicke ihn sogleich fort es dem Hrn. Hofr. [Heyne] zu melden. Gehe auch gleich nachher selbst zu diesem, und mit ihm rüber, die Art der Entwendung etc. in Augenschein zu nehmen, da wir folgendes fanden:
An demjenigen Fenster wo die Stufe lag, war aus dem rechten untern Flügel (– vom Hofe an zu sehen –) die mittlere Scheibe der untersten Reihe aus dem Bley los gemacht, war aber doch beim ausheben oben quer durch zerbrochen, so daß das obere kleinere Stück im Bley sitzen geblieben, das untere größere aber ausgenommen war und in der Fensterbank lag.
Durch diese Öffnung war hineingegriffen, der Fensterwirbel aufgedreht, eingestiegen etc. und hinterdrein alles, auch der Kasten, wieder zugemacht. Selbst die brasilischen Waffen die vor dem selben Fenster gelehnt waren und vermutlich beym rausheben der Stufe gehindert hätten, folglich wol so lange weggelegt worden, waren an der alten Stelle. Auch an der an jene Scheibe linkerhand anstoßenden Eck-Scheibe war das Bley rechterhand losgebogen, die Scheibe selbst aber fest gelassen.“

– **Schernhagen,** Johann Andreas (1722 – 1785), Geh. Kanzleisekretär, engster Mitarbeiter von G. F. Brandes in allen Universitätsangelegenheiten.

– **Brandes,** Georg Friedrich (1719 – 1791), Geh. Kanzleisekretär, leitete nach dem Tode Münchhausens das Universitätsdepartement.

– **Heyne,** Christian Gottlob (1729 – 1812), Altphilologe, Sekretär der Kgl. Sozietät der Wissenschaften, zusammen mit J. Fr. Blumenbach, Aufseher des Akademischen Museums.

Lichtenberg an Schernhagen

P.P.
Göttingen den 20ten Jenner 1783

Trotz aller angewandten Mühe und einer unbeschreiblichen Sorgfalt, hat man wegen der Silberstufe noch gar keine Spur, oder nur solche die so gut als nichts sind. Mich hat die Sache äusserst afficirt, und ich habe halbe Nächte gewacht, gantz wider meinen Willen, weil ich mich der Sache nicht entschlagen konte, um alles durchzudencken, was dafür einschlägt. Ich habe auch meine Gedancken dem HE. Prof. Blumenbach wissen lassen, der selbst 2mal stundenlang mit mir deliberirt hat.

Es ist entweder gantz leicht, mit dem Schlüssel, zugegangen oder ein sehr durchgedachter Diebstahl. Im lezten Fall gebe ich alle Hofnung auf.

In dem gedruckten Anschlag ist, dünckt mich, versehen worden, daß dem ersten von den Mitschuldigen, der die Sache angiebt, nicht allein völlige Freyheit, sondern auch die Belohnung versprochen worden ist, durch solche Versprechungen wird das Gesindel mißtrauisch gegen sich untereinander selbst, denn jeder muß fürchten, daß der andere es eher anzeigt, und andern Mitteln die Sache herauszubringen ist ja dennoch der Weg offen. In England kommen auf diese Weise offt die verwickeltesten Spitzbübereyen an den Tag. Ich habe diesen Gedancken sogleich HE. Blumenbach und HE. HofR. Heyne bekannt gemacht, sie glaubten aber, sie könten so etwas nicht ohne Consens thun. Ich wolte also sehr bitten, wenn von Hannover aus in der Sache etwa durch die Zeitungen etwas geschehen soll, daß dieser wichtige Umstand nicht vernachlässigt wird. Denn ich bin überzeugt, daß manchem Mitschuldigen das Hertz pochen mag, wegen der grosen Anstalten und des gantz allgemeinen Alarms wegen. Ohne dieses ist nichts zu hoffen, als etwa von einem Zufall. Wir haben hier Spitzbuben von der feinsten Art, zumal unter den Bedienten aus den grosen Städten von Deutschland, . . .

Aber nun (gantz unter uns) die Stufe ist wahrlich nicht gehörig verwahrt worden gewesen. Jederman sagt das in der Stadt und jederman ist unwillig darüber, und in sofern sage ich es nur, denn es wird doch bekannt werden. Hiervon einmal künftig sehr viel mehr, wenn einmal alles ausgemacht ist. Ich bedaure HE. HofR. Heyne und Herrn Prof. Bl. recht hertzlich. Es ist ein unangenehmer, toller Streich für Leute, die jederman für so ehrlich hielten, als sich selbst. Die Stufe soll, wie mir vorhin HE. Prof. Bl. sagte durch das grose Auditorium durchgeschleift worden seyn.

(Marginalie links: sub rosa)

Ew. Wohlgebohren und allen Freunden empfehle ich mich gehorsamst
GCLichtenberg.

Als zwischen dem 14ten und 16ten dieses Monats das academische Museum zu Göttingen, mittelst gewaltsamen Einbruchs, einer grossen, einen Centner am Gewicht haltenden, gediegenen Silberstufe beraubt worden, deren weitere äusserliche Beschaffenheit, in dem über sothanen Vorfall erlassenen Avertissement schon beschrieben ist; und dann bey desfalls angefangener gerichtlichen Untersuchung soviel zu Tage liegt, daß sothaner Diebstal von mehrern Personen ausgeübt seyn müsse, diese Untersuchung aber bereits dahin gediehen ist, daß man die Thäter und Mitschuldigen zuverlässig zu entdecken und zur Ueberführung zu bringen hoffen kann: so wird indessen, zu desto geschwinderer Entdeckung und Herbeyschaffung der gestolnen Silberstufe, und weil vielleicht einer oder der andere die That anjetzt zu bereuen geneigt seyn dürfte, hiemit bekannt gemacht und Nahmens Sr. Königl. Majestät versichert, daß nicht nur die für den Angeber mit Verschweigung seines Nahmens bereits versprochne Belohnung von Einhundert Thalern auch dem Mitschuldigen, falls er von selbst und zuerst die Anzeige zur Wiederherbeyschaffung jenes gestolnen Stücks thun wird, angedeyhen, sondern auch derselbe dasmal mit der verwirkten Strafe übersehen werden soll; So wie hingegen, falls die Sache sich auf eine andre Weise entwickeln mögte, die angefangene Inquisition aufs strengste fortgesetzt, und jeder, ohne Ausnahme, der die geringste oder entfernteste Mitwissenschaft darum gehabt, oder die mindeste dienliche Nachricht verschwiegen, als Heler und Mitschuldiger geachtet, einfolglich den Rechten nach desfalls angesehen werden soll. Hannover den 23 Januar, 1783.

Königl. Groß-Britt. ꝛc. Geheimte Räthe.

Lichtenberg an Schernhagen

P.P.
Göttingen den 23 Jenner 1783.

Von der Silberstufe ist noch nichts wieder da. Falsche Muthmassungen in Menge, und überhaupt zu viele um zu wissen, welche man verfolgen soll. Es ist noch gar nicht einmal ausgemacht wie sie ist geholt worden. Vermuthlich ist sie durch ein Fenster in den Hof gekommen. Da aber da doppelt und doppelt verschlossen ist, oder seyn könte , so weiß man nicht wie die Leute sie dort heraus gebracht haben. Man kan zwar durch lauter Fenster, heraus aber es finden sich keine Spuren. Die Meinung daß sie in einem Sack über die grose Freytreppe geschleift worden ist gewiß ungeändert, und die Spuren, woraus man so etwas schliessen will befinden sich an beyden Flügeln der doppelten Treppe. Ich dencke indessen immer, sie liegt noch in der Nähe.

Ew. Wohlgebohren und allen Freunden empfehle ich mich gehorsamst.
GCLichtenberg

Geheime Räte an Georg III.

den 24^t Jan. 1783   PM.
An
Se. Königl. Mayt.
Das Göttingsche Museum ist dieser Tagen, durch einen gewaltsamen Einbruch, der, unter andern gnädigsten Wohlthaten, von Ew. Königl. Mayt. dahin geschenckten, kostbaren grossen gediegnen Silberstufe beraubt worden. Gleichwie nun, bei diesem unangenehmen Vorfalle, sofort alles nur ersinnliche zur Entdeckung der Thäter und Wiedererlangung des Stücks geschehen, auch desfals noch einige Hoffnung ist; so hat man uns zu dessen Beförderung den Vorschlag gethan, daß man für das mal auch dem Mitschuldigen, der sich von selbst und mit Effekt zu jener Absicht angeben würde, die Befreiung von der Strafe versichern möge. Wir haben daher, da die gehofte Wirkung nicht ohn Anschein ist, die nöthige Beschleunigung aber die vorgängige Einholung Ew. Königl. Mayt. Allerhöchsten Befehle nicht gestatten wollen, uns bewogen gefunden, darüber die unterthänigst beigefügte Deklaration auszulassen. Wir vertrauen devotest, daß solche Ew. Königl. Mayt. allergnädigsten Beifall finden werde, und ersterben p.
Hannover den 24^t Jan. 1783
A W[enkstern]   v[on] d[em] B[ussche]   K[ielmansegge]

Brandes an Heyne

Hann[over] 24^t Jan. [17]83

Ich beklage den Verlust der dortigen Stufe nicht so sehr, als die viele Unruhe und Mühe, die Sie davon haben. Auf den leztern umständlichen Bericht erhalten Sie ein Reskript, worauf mich beziehe. Da die dem mitschuldigen Angeber bewilligte Impunität [*Straffreiheit*] in der That zum iure aggratiandi [*Begnadigungsrecht*] gehört, so hat man dem Könige von der Deklaration und folglich von der Sache selbst, eine Anzeige thun müssen. Die Sache fand sonst keinen Zweifel, da die Hauptabsicht ist, den Raub wieder zu erhalten, und nicht den Dieb zu henken. Indessen hoffet man, daß durch Ihre fernere Anregung das akademische Gericht auch zu dem erforderlichen Betriebe und Ernste gegen alle irgend Verdächtige werde gebracht werden. Dann können Sie nichts weiter, und ich bitte, Sich desfals nicht zu sehr zu beunruhigen.

Lichtenberg an Schernhagen

P.P.
Göttingen den 27ten Jenner 1783

Das Hannöversche Avertissement klingt freylich gantz anders als das hiesige. Man hat vorgestern 4 Leute hier arretiert, aber 2 wieder losgelassen. Es sind also 4 liederliche Leute, und ich fürchte nur man hat sie blos in dieser Rücksicht, und weil sie immer des Nachts aus sind, eingezogen. Der eine ist ein Baumstarcker, groser Fleischer, der 2te ein Glaser, der dritte ein Sporer , der vierte ein Gärtner. Also der eine zum wegtragen der 2te zum Fensteröffnen, der 3te zum zerschneiden und einschmeltzen und der 4te allenfalls zum vergraben. Hier fehlt nur der Hencker zum aufknüpfen. Indessen sind der 3te und 4te wie ich höre, die, die man losgelassen hat. Auch soll jemandem in denselben Tagen eine Schubkarre gestohlen worden seyn; und nach einigen andern, was ich von dem Glaser, einem gottlosen Kerl, und dem Fleiser murmeln höre, so hat man doch jezt etwas im Gesicht, was wie Land aussieht; ob es eine Wolcke ist, wird sich bald zeigen müssen man frisch darauf zusegelt: Wenn doch der Himmel die Schandthat an den Tag brächte, es wird viel fruchten. Intra muros & extra. Man wird einer Seits besser verwahren und auf der andern nicht mehr so viel wagen

Ew. Wohlgebohren und allen Freunden empfehle ich mich gehorsamst
GCLichtenberg.

Blumenbach an Heyne

Göttingen den 30ten Jan. 1783

*Gestern war für uns ein trauriger Tag, da Mittags Prof. Koppens
Bedienter einen Bauren zu mir brachte, der den Morgen im
Geismarschen Holze gearbeitet und da einige zerschlagne
Stücke Erzt gefunden hatte, die ich eh ich sie noch in die Hand
nahm augenblicklich für Bruchstücken unserer großen Stufe
erkannte. . . .*

*Es war ein trauriger Anblick da wir drey verschidne Stellen
im Holz (die etwa 20 Schritt eine von der andern entfernt waren
und alle 3 nur einen Büchsenschuß weit vom Rande des Holzes
ablagen) mit gebröckeltem Spat und Rothgülden und zarten
Zäckgen gedignen Silber bestreut fanden. . . .*

*An der 3ten Stelle lag außer kleinen Brocken Erzt ein großer
grober vom abgefärbten Rothgulden ganz rother Lumpen wie
ein zerrißner Sack. Der so wie die eingesammleten Brocken von
der Stufe, die doch zusammen ein paar Teller voll betragen
mögen, mit nach Hause und ins Gericht genommen worden.*

*Das unerhörteste ist, daß der Holzknecht am Montag vorher
an der gleichen Stelle gewesen und nichts noch von alle dem
gewahr worden, auch noch am Dienstag die Schweine daselbst
gehütet worden, die den Sack wenn er schon da gelegen vermuthlich ganz in Stücken zerwült haben würden, so daß also
diese schreckliche That gar erst gestern Nacht verübt zu seyn
scheint!*

*Da die Stelle nahe an des Wegscheide ist die nach Lütgen-
lengen [Klein Lengden], Makenrode etc. führt so sind gleich
gestern Abend zwey verschlagne Kerle als Kundschafter zu
Pferde in die Gegend zu streifen ausgeschickt und mit Voll-
macht versehen worden. . . .*

*Es dünkt mich jetzt mehr als je periculum in mora [Gefahr im
Verzug] zu seyn alle ersinnliche Spuren mit doppelten Eifer aus
allen Kräfften zu verfolgen, da die Entdeckung durch diese ver-
ruchte That nun erleichtert werden muß und hingegen andrer-
seits zu fürchten steht, daß wenn das Stück in kleinere Stücke
zerschlagen wird diese leichter einzuschmelzen und zu vertu-
schen sind.*

*Und den innern Werth, auch selbst der Bruchstücke, abge-
rechnet, der sich doch immer in die 1000 belaufen muß, so liegt
uns ja äußerst viel daran alle mögliche Stücke, und wärs auch,
da Gott vor sey, nur Pfundweise wieder zu erhalten, da selbst
in der reichen Stelznerschen Sammlung, der Pfundschwehren
gediegnen Stücke gar wenige sind.*

*Zu desto eifriger Untersuchung gebe der Himmel rechte
Betriebsamkeit besonders auch von Seiten der Stadtgerichte!*

*Der Allergrößte Verdacht fällt nun vom neuen auf des in-
hafftirten Glasers Poschbergers Compliecen, von denen doch
die Gerichte unbegreiflich gutgesinnet scheinen.*

J. Fr. Blumenbach

Brandes an Heyne

H[annover] 31t Jan. 1783

*... Indeſſen hat es mir Freude verurſacht, daß Sie wegen des dortigen
Diebſtals nun auf der Spur ſind, und man ernſtliche Mittel ergriffen hat.
Der Himmel geben davon den gewünſchten Erfolg! Nur muß ich geſtehen,
daß ich zum Bekentniß der Inquiſiten [Untersuchungshäftlinge] wenig
Hofnung habe, ſondern ſolche hauptſächlich darauf ſetze, daß die ver-
ſprochne Impunität [Straffreiheit] einen Mitſchuldigen zur Verrätherei
verleiten ſolle. ...*

82

Lichtenberg an Schernhagen

P.P.   Göttingen den 30 Jenner 83.

Stellen sich Ew. Wohlgebohren vor die Silberstufe ist zerstückt, man hat im Geismer Wald verschiedene Stücke gefunden, darunter eines von der Gröse eines Eyes seyn soll. Es lag ein Sack dabey. Ich kan wohl sagen, diese Nachricht hat mich recht erschreckt. Ich weiß nicht ich bin jezt dem Teufelsgeschmeiß noch einmal so gram, ob ich gleich wohl wissen konte, daß sie das Stück gestohlen haben um es gantz zu lassen und anzuschauen. Es scheint fast, als wenn sie bey der Theilung wären verstöhrt worden, Es solte nur noch ein Nahmen in den Sack gemacht seyn. Wenn man auch nur alles zusammen bekäme, so wolte ich doch rathen alles einzuschmeltzen und zu verkaufen um etwas nützlicheres anzuschaffen, und sich die häßlich Erinnerung zu ersparen.

Ew. Wohlgebohren und allen Freunden empfehle ich mich gehorsamst.
                                         GCLichtenberg

Brandes an Heyne

                                 H[annover] 3t Febr. [17]83

Das ist freilich eine betrübte Nachricht, die Sie uns in Ihrem letztern wegen der Stufe gegeben haben. Könte man hoffen, daß durch die Fortsetzung der Spur nur noch beträchtliche Stücke davon wieder erhascht würden, so wäre es immer noch einiger Trost. Ich habe aber nun alles Vertrauen verloren. Hat man denn nicht auch im Holtze, wo die Anzeigen der Zerstörung gefunden, nachgesucht, ob das Stück nicht dort vielleicht versteckt oder eingescharrt seyn möchte? Es wäre doch kaum zu glauben ist, daß eine Zerschlagung des Metalls selbst auf die versuchte Weise thunlich gewesen, b) weil man beim weitern Wegbringen doch den zurück gelassenen Sack wol nöthig gehabt haben würde, und c) weil es seyn kan, daß die Bösewichter die Bröckelchen der Stufe nur darum ausgestreuet oder liegen lassen, um eben in der Gegend die Forschung nach dem gantzen als überflüssig scheinend zu machen. Nun wird es allemal auch hiemit wol zu spät seyn, und es bleibt leider! wahr, daß in allem das rechte Moment versäumet ist. Hätte man doch nur gleich im Anfange die Sache dem akademischen Gerichte auf den Händen genommen, und dem Gerichtschultzen per specialem commissionem [durch besondere Beauftragung] übergeben. Ich bin gewiß, dieser würde doch etwas mehr gethan haben. ...

Lichtenberg an Schernhagen

P.P.   Göttingen den 3ten Febr. 83

Nun habe ich ein Stückchen von der Silber Stufe gesehen, ein kleines etwa 1½ Unzen wiegendes Aestgen, wie ein Stückgen Blumen Kohl gestaltet, was den Spitzbuben unendliche Mühe gekostet haben muß abzubringen, es war auf ⅔ seiner Basis vermuthlich abgemeiselt, das übrige gebrochen. Wenn die armen Teufel die Sache nicht besser verstehen so habe ich noch meine Hoffnung, daß man den Hauptstamm gantz wieder bekommt. Ich habe eine seltsame Muthmasung, die durch einige Umstände bestärckt wird. Ich glaube, das Ding ist den Spitzbuben selbst wieder gestohlen worden und ist in den Händen der Bauern von Geißmar die 1 : 3 Spitzbüben sind. Die 1 meint die ehrlichen Leute. Klindworth , der an der Stelle war glaubt auch daß die Geißmarer die Sache wüßten. Es war auf dem Hainberge verscharrt und die Bauern haben es gefunden.

                                         GCLichtenberg

. . .

Brandes an Heyne

                                 H[annover] 7t Febr. 1783

... Die böse Stufengeschichte komt freilich auch hiebei ungelegen. Es sind aber die daraus erwachsende Sicherheitsausgaben transitorisch [vorübergehend] und muß dadurch in unserm Hauptplane [Haushaltsplan] nichts verrückt werden. Nur permanente Ausgaben sind es, die wir zu verhüten und einzuschrenken haben. ... [B]ei mir bleibt nichts als der Wunsch übrig, daß ein glückliches Schicksal uns den Rest unsers verlohrnen Schatzes wieder anweisen möge. Daß er noch nicht weit entfernt sei, glaube ich allerdings mit Ihnen, und bisweilen ist mir wol eingefallen, ob nicht sogar ein liederlicher Student darunter stecken solle. Unter tausend könte auch wol ein solches Ungeheuer sich finden. ...

Brandes an Heyne

                                 H[annover] 10t Febr. [17]83

Da, nach Ihrer fernern Anzeige, bei der Deputation [Universitätsgericht] noch immer schläferig verfahren wird, so finde ich doch nothwendig, daß auf den letztern summarischen Bericht etwas weiters ergehe, und gewisse auffallende Umstände relevirt [hervorgehoben] und vorgehalten werden. Die neue Spur von den nach Holland gegangnen Leuten hätte allerdings verfolgt werden müssen. Ich bin gewiß, daß, weil doch die Einschmeltzung so vielen Schwierigkeiten unterworfen ist, und privati nicht leicht dazu die Anstalt haben, man die Stufe, wenn schon nicht im ganzen, doch in ansehnlichen Stücken zu verkaufen suchen werde. Hier in Deutschland ist die Sache nunmehr zu bekant, mithin immer gefährlich, auch überhaupt der Preis von solchen Sachen, wegen der Nähe der Bergwerke, für Privatsamler nicht so beträchtlich. In Holland, da ohnehin mehr Mineralien Kabinette sich finden, sind es aber eben die Mineralien, die am angenhmsten sind, und im höchsten Wehrte stehen. Es soll also noch dem Residenten [Gesandten] Bütemeister im Haag aufgegeben werden, die Sache bekant zu machen, und alle mögliche Nachforschung anzustellen: und von beiden Rescripten sollen Sie Abschriften haben. ...

Brandes an Heyne

                                 Hann[over] d 14t Febr. [17]83

Nach Ihrer weitern Anzeige von dem dortigen Verfahren in der Stufensache habe ich es mit dem an die Deputation ergangnen Reskripte wol gantz recht gemacht. Ich beziehe mich darauf, und muß gestehen, daß ich gegen alles akademische Verfahren, so bald es auf Handlungen aus dem gemeinen Leben ankomt, immer mistrauischer werde.

Georg III. an die Geheimen Räte

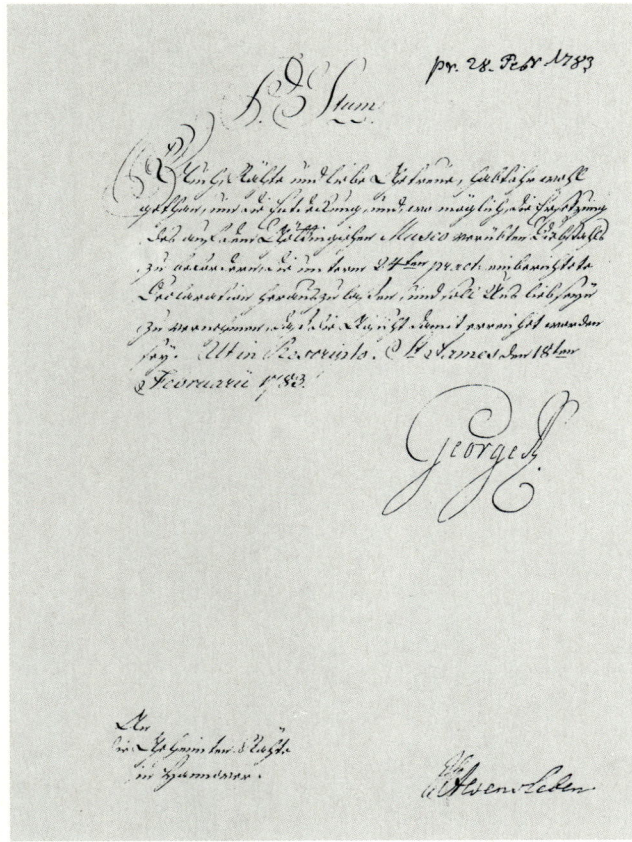

                             pr. 28. Febr. 1783

P. Stum
Auch, Räthe und liebe Getreue, habt ihr wohl gethan, und die Entdeckung, und, wo möglich, die Ersetzung des auf dem Göttingischen Museo Verübten Diebstahls zu befordern, die unterm 24ten praet: einberichtete Declaration herauszulassen, und soll uns lieb sein zu vernehmen, daß die Absicht damit erreichet worden sey.
Ut in Rescripto.   *St. James den 18ten Februarii 1783.*
                                 George R.
An
die Geheimten Rähte
in Hannover   *J[ohann] F[riedrich] C[arl] von Alvensleben*

Bilder aus Göttingen.
Alte göttinger Geselligkeit.

Seit dreyßig Jahren waren es vorzüglich unverheirathete Professoren, und Doctoren, oder Hofmeister, und gesetzte an tägliche Abend-Gesellschaften gewöhnte Studierende, welche von Zeit zu Zeit die laute Klage erhoben, daß in Göttingen die verschiedenen Stände zu sehr von einander getrennt: daß Professoren und Studierende nicht genau genug verknüpft, und selbst die Professoren nicht kollegialisch genug verbunden seyen. Man unterstützte diese Klagen durch die bessern Beyspiele anderer Universitäten, und rührte, oder beschämte dadurch manche Andere, welche selbst solche Klagen ursprünglich nicht führten. Es entstanden kleinere Cränzchen, und größere Clubs, deren Mitglieder bald Männer und Jünglinge allein, bald Herren und Damen waren. Unter solchen stehenden Gesellschaften hielten sich die kleineren Cränzchen am längsten, in welchen wenige Familien, oder eine mäßige Zahl von Mitgliedern, die sich einander genau kannten, und mit einander harmonirten, vereinigt waren.

Concerte, und Bälle, Diners, und Soupers waren häufiger, als zuvor, und die verheiratheten so wohl, als unverheiratheten Frauenzimmer gewöhnten sich an einen ungezwungenern Umgang, und ungenirtere Unterhaltung mit Bekannten und Unbekannten, als wozu die Mütter und Großmütter Gelegenheit gehabt hatten. Von dieser Zeit an, schränkte man den Unterricht der Töchter nicht bloß auf Lesen und Schreiben, auf Religion, und Haushaltung ein. Man nahm auch auf ihre Manieren, und eine sorgfältigere Bildung des Geistes Rücksicht, damit die Mädchen im Stande seyen, sich mit einem Jeden, den der Zufall ihnen in guter Gesellschaft als Nachbaren oder Mittänzer zuführe, gehörig unterhalten zu können.

An hübschen Mädchen muß Göttingen im vorigen Jahr sehr zugenommen haben, denn ich sehe hier jetzt wirklich sehr viel hübsche Gesichter, während ich früher fast gar keins sah. — Die Mädchen sind hier wirklich übel daran. Je nachdem sie viel oder wenig Umgang haben, laufen sie Gefahr, die Unschuld ihres Herzens zu verlieren oder wenig Bildung zu erlangen.

Prof. A. L. Schlözer mit Frau und seinen fünf Kindern, Tochter Dorothea mit Globus

Therese Heyne gehört zu den Göttinger Professorentöchtern, die den Anspruch auf einen Platz in der deutschen Literaturgeschichte erworben haben. Außer ihr müssen hier Philippine Gatterer (geb. 1756), Caroline Michaelis (1763) und Dorothea Schlözer (1770) genannt werden.

... Jene Therese Heyne, die erst Forster's und dann Huber's Frau war, hat sich als Schriftstellerin einen Namen erworben und war eine der gebildetsten Frauen ihrer Zeit: ihre Briefe dürften zu den besten Frauenbriefen zählen, die unsere Litteratur aufweis't.

Und anziehender noch sind die ihrer gleichaltrigen, vielleicht mehr Rivalin als Freundin, der Tochter des Orientalisten Michaelis, Caroline, die zuerst mit dem clausthaler Bergarzt Wilh.

Böhmer, dann mit A.W. Schlegel, zuletzt mit Schelling verheirathet war, und in Jena die romantische Dichterschule darf man vielleicht sagen beherrscht hat.

Beide göttinger Professorentöchter, beide 1784 verheirathet, geben den Eindruck, daß die Gesellschaft, aus der solche Frauen hervorgingen, eine an Geist und Bildung reichausgestattete war: sie sind nicht bloß ausgezeichnet, sondern bedeutend, in jedem der bunten Kreise, in denen sie sich später bewegt haben, den Ersten ebenbürtig.

Schließen wir von ihnen auf Das, was die göttinger Gesellschaft in den siebenziger und achtziger Jahren des Jahrhunderts an Feinheit und Geist enthielt, so gewinnen wir ein glänzendes Ergebniß. ...

Therese Forster an Caroline.

[Neuchâtel] den 25 Febr. 1794.

... Du lebst und Dein Kind. Gott sey Dank. Anfangs schokirte mich Deine Gegenwart in Gotha, die mir Marianne schrieb, eh Dein Brief vom Dez. kam, ich war unzufrieden; Deine Gründe befriedigen mich völlig, überhaupt Dein ganzer Brief; daß mein unendlich zerfleischtes Herz Dich hart findet und Dir jezt nur mit einer kindlichen Weichheit antworten kann, wirst Du verstehen. Ich wünsche Dir Frieden, wo Du auch seist, und verlange nach Dir, obschon ich mich vor dem, was in Dir anders ist, mich fürchte.

... Höre eine Bitte, die Dich nicht beleidigen muß, sie ist treu. Ich weis nicht, ob Du jezt nicht liebst, oder was Dir jezt Liebe ersezt, aber kommst Du mit Männern in Verhältniße, so hüte Dich, daß Du nicht gemißbraucht wirst und Dich hintansezest.

Gieb Dich aus Liebe, aber nicht aus Ueberdruß, Spannung, Verzweiflung. — Kannst Du aber die Männer entbehren, so ist es gut für Dich, bis Du wieder eine Bahn gefunden hast.

... Schreibe mir, wenn Du etwas vornimmst, oder Hubern, denn Du thust Dir vielleicht nicht wohl, wenn Du mir schreibst, und das will ich nicht. ...

Caroline Böhmer an Meyer.

Göttingen d. 6 Dec. [17]91.

... Vielleicht werd ich Theresen nüzlich, und das wird mir viel Freude machen, denn ich weiß sehr gewiß, daß ich ihr nur edle Dienste leisten werde, und die Unabhängigkeit, welche ein Bedürfniß für mich geworden ist — nicht als Meubel des Lurus, sondern des Gebrauchs — nicht dabey leiden kann. Ihre Gesundheit leidet, das ist nur zu wahr — Forster ist unerträglich — das ists nicht minder. Sie haben ihr jüngstes Kind an den inokulirten Blattern verlohren. — F. sorgt indeß für Ersaz, und das ist zehnfach ärger — und wenn Sie das nicht für ein Leiden halten, wenn Sie F. billigen können, der doch wißen muß, daß er seines Weibes Herz nicht besizt, — nun so sind Sie ungerecht — wie die Männer alle. ...

Auf ihre Freundschaft hab ich nie gerechnet — es giebt keine unter Weibern — ich zweifle selbst daran, daß sie mir recht aufrichtig gut ist — doch muß sie mich achten, und das thut das nehmliche — ich bin eine Art von Nebenbuhlerin, ohne meine Rechte geltend zu machen — das ist heilsam — und ich liebe sie, weil sie mir merkwürdig ist, und es bleiben wird, wenn sie mir auch nicht mehr neu ist. ...

86

... Es ist ein gutes Mädchen, nicht schön, doch auch nicht häßlich, nicht ohne, doch auch nicht von außerordentlichem Verstand.

Was allenfalls nicht nach jedermanns Geschmack seyn möchte, das ist etwas Männliches, sowohl in ihrer Stimme als in ihrem Betragen; doch ist ihr Charakter auf allen Seiten unanstößig. ...

Ist dieses Frauenzimmer so glücklich, noch zu rechter Zeit aus der väterlichen Gewalt zu kommen, so ist kein Zweifel; daß sie alle ihre Compendien und Hefte zum Teufel werfen wird. ...

Dorothea Schlözer, neben Caroline Michaelis eine der berühmtesten Göttinger „Professoren-Mamsellen", war hier am 10. August 1770 geboren: sie starb 55jährig am 12. Juli 1825 — fern von der Heimat — in Avignon, wohin sie eine ihrer Töchter, ebenfalls Dorothea mit Namen, aus Gesundheitsrücksichten begleitet hatte. ...

Der Höhepunkt in ihrem Leben war ihre Doktorpromotion in der philosophischen Fakultät der Universität Göttingen, gelegentlich des 50jährigen Jubiläums der Universität.

Am gleichen Tage gab man dem Dichter der Leonore, G. A. Bürger, den Magistertitel „unentgeltlich und ohne vorhergehendes Examen". Dorothea aber wurde in schwierigen Dingen geprüft, z. B. über Metallurgie. ...

Die Nachricht von dem gut bestandenen Examen der 17jährigen „Professormamsell" drang bald nach Jena, so daß Schiller an Freund Körner schrieb: „Ich bin diese Woche von vielen Göttingern heimgesucht worden. Sie erzählten mir von Schlözers farce mit seiner Tochter, die doch ganz erbärmlich ist." ...

Ein ... Zeitgenosse, Viter Poel, ist der Ansicht, daß die ihren Nerven angetane Gewalt nicht ohne nachteilige Folgen für Dorothea geblieben sei, denn sie habe davon „eine Reizbarkeit" zurückbehalten.

Aber wie sehr Dorothea auch die Wissenschaften liebte, schreibt Luise Seidler, eine häusliche Stellung zog sie doch vor, und so heiratete sie den reichen Bankier von Rodde in Lübeck, wo sie auf sehr glänzendem Fuße lebte. ...

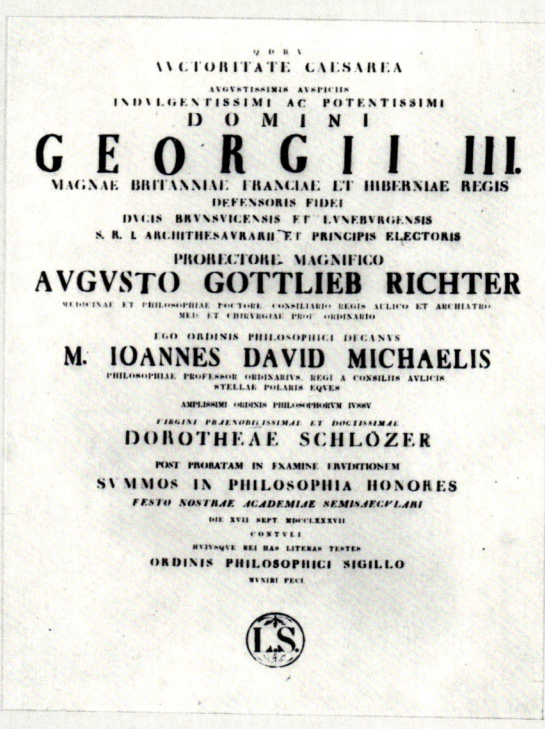

Promotionsurkunde für Dorothea Schlözer vom 17. 9. 1787

Boie berichtet am 12. August 1775 seiner Schwester „Unter den Mädchen hier geh ich am meisten mit Gatterers Töchtern um. Die zweyte, die ich am meisten schätze, ist nichts weniger als hübsch, aber so ein gutes Mädchen als ich eines kenne und mehr Verstand und Geist dabey, als Mädchen gewöhnlich haben.“ ...

Am 11. Oktober 1777 meldet Bürger ... an Boie: „Mit Philippine Gatterer bin ich jetzt in fleißigem Briefwechsel. Ich habe eine ganze Sammlung ihrer Gedichte in meinem Pult. Sie hat großes poetisches Talent, aber an Beurtheilungskraft fehlts ihr und sie bedarf den Hobel noch gar sehr. ...

Trotzdem gab Philippine 1778 das erste Bändchen ihrer Gedichte — mit Chodowieckischen Kupfern geschmückt — heraus.

Große und kleine Gedanken über meine Nase.

von Philippine Gatterer

Als ich ganz klein noch war, und blieb
Bey Pupp- und Küchenspiele;
Hört' ich 'mal, daß man Eins beschrieb:
Mit griechischem Profile.
Da fühlt' ich forschend ins Gesicht,
Und dachte: Hab' ich keines nicht?

Und wie ich nicht mehr war so klein,
Und stricken konnt', und nähen;
Da mußt' ich, erst aus Spötterey'n,
Und dann im Ernst ersehen:
Mein Näschen sey, nicht Griechenland,
Ach! gar Aethjopien verwandt!

Nun hatt' ich oft mein heimlich Leid —
Wie manche alte Base
Beym Putz der Nichte — sah mit Neid
Auf jede seine Nase;
Dann traurig mich im Spiegel an,
Und war schon bang um einen Mann.

Die kleine Narrheit war am Ziel,
So bald ich war erwachsen.
Der Nasen, sah' ich, gab es viel
In Franken und in Sachsen;
Und mancher lächelte mich an:
Hm! dacht' ich, kriegst doch wohl 'en Mann!

Seit kurzem freu' ich mich nun gar,
Daß ich die Naf' empfangen. —
Die Schmeicheley ist wohl nicht wahr,
Daß sie zu Mund und Wangen
Sich ganz passabel noch verhält,
Und nicht im mindsten mich verstellt. —

Allein ich weiß viel Leute jetzt,
Die solche Nasen hatten;
Und wurden doch gar sehr geschätzt.
Das kommt mir wohl zu statten!
Vor's erste nenn' ich dreye her.
Gefällt es Euch, in Zukunft mehr.

Aesop — der sich die Ewigkeit
Durch Lehren konnt' erwerben.
(Die schönsten Nasen seiner Zeit
Vergaß man nach dem Sterben)
Und in der Nase glaub' ich wohl,
Daß ich dem Weisen gleichen soll.

Und Herkules, der Starke! trug
Auch eine solche Nase;
Der manches Ungeheu'r erschlug,
Wie einen Frosch im Grase.
Wie bin ich meiner Nase gut!
Durch sie gleich ich dem Mann voll Muth.

Ihr denkt, beym schöneren Geschlecht
Sey sie nie hübsch gewesen?
Ihr guten Leute seyd wohl recht
Im Magazin belesen!
Das gibt ein stumpfes Näschen ja
Der reizenden Kleopatra. = = = =

Nun, Jungfer Nase, weil ich oft
In Prosa dich gescholten;
So hab' ich's jetzt, ganz unverhofft,
In Versen dir vergolten.
Erreicht mein Lied Unsterblichkeit,
So kennt man dich zu aller Zeit.

Heute empfing die Frau Professorin. Ein nicht
sehr großes Zimmer nahm funfzehn Personen auf,
darunter sechs Herren und neun Damen; man trank
Thee und aß Kuchen und Butterbrot dazu. Man
scherzte und lachte, klatschte und skandalisirte über
Abwesende. Die Damen waren jung, die Herren
nur Studiosen, zum Tanzen war kein Platz. Elise
schlug ein Pfänderspiel vor.

Die Strafen dictirte Amor, sie bestanden regelmäßig in Küssen, bei denen nur die Zahl, die
Art und Weise, ob die ganze Gesellschaft durchge-
küßt wurde oder ob einzelne Personen sich küssen
mußten, ob dies öffentlich oder in dem dunkeln
Nebenzimmer geschah, wechselte. Eine scheinbare
Sprödigkeit, die zu entfliehen suchte, sich aber
doch haschen oder fangen ließ, erhöhte den Reiz
des Spiels.

Nach dem Pfänderspiel kam Blindekuh an die
Reihe. Man tanzte im Kreise um die Blindekuh,
die dann plötzlich zwischen die Tanzenden sprang,
um eine Person zu haschen und zu benennen.

Der Kreis zerstob dann; der oder die Gefaßte
suchte zu entfliehen; es entspann sich oft ein
Kampf, bei dem der Blinde sich erlauben durfte,
was dem Sehenden unerlaubt gewesen wäre. Man
riß und zerrte sich, fiel zu Boden, wälzte sich
auf demselben herum, wie die Kinder es zu thun
pflegen. Die Toiletten der Damen kamen in Unordnung, die gepuderten Seitenlocken der Jünglinge
zeigten sich widerspenstig, die Zöpfe wurden auch
wol zum Schabernack aufgebunden, kurz es war
ein Leben und Treiben, von dem wir heutzutage
einen Begriff gar nicht haben.

In die Stelle des seltener gewordenen Pickenicks ist der so genannte Thé oder Caffé dansant
getreten. Man versammelt sich an den Tanz-
Thee's, oder Tanz-Caffee's zwischen 4 und 5 Uhr,
und tanzt bis 8 oder halb 9 Uhr. Für die Theilnahme an den letzteren Lustbarkeiten zahlt man
nur 12 — 18 Mgr., weil nichts, als Thee gereicht wird; da hingegen die Theilnahme an
Pickenicken 1 Thlr. 18 — 24 Mgr. kostet. Die
größere Wohlfeilheit ist allerdings eine wichtige
Empfehlung für die zuerst genannten Vergnügungen.

Die glücklichen Zeiten, um welche man unsere
Frauenzimmer oft beneidet hat, sind vorüber:
Die Zeiten, wo der geschickten Tänzer immer
viel Mehrere, als der tanzfähigen Frauenzimmer
waren, und wo daher alle tanzlustige Damen sicher darauf rechnen konnten, daß sie würden aufgefordert werden.

Jetzt sieht man nicht selten bey zahlreichen
Gesellschaften junge Männer müßig umhergehen,
und auch hübsche und junge Tänzerinnen vergebens auf einen Tänzer warten.

Außer dieser traurigen Revolution hat sich
seit vierzehn, oder funfzehn Jahren noch eine
andere in unseren Tanz-Gesellschaften ereignet.
In dem ersten Decennio des Pickenicks erwies
man den verheiratheten Frauen die, wie man
glaubte, gebührende Ehre, und gab ihnen vor
den Mädchen beständig den Vorrang.

Unter den Frauen selbst ließ man das Alter,
und den Rang des Mannes über die ersten Plätze
entscheiden, und die ältesten und vornehmsten
Tänzerinnen führten gemeiniglich die Reihen an.
Diese natürliche Ordnung (dafür hielt man sie
wenigstens in Göttingen) wurde auf einmahl
durch die Einführung einer ausländischen Sitte
unterbrochen, nach welcher die Vortänzer, und
diesem Beyspiele zu Folge, auch die übrigen Tänzer unter allen Damen wählten, welche sie wollten.

Eine Folge hiervon war, daß die jüngsten
und schönsten Tänzerinnen immer vortanzten:
daß diejenigen, welche bisher die letzten gewesen
waren, die ersten wurden, und umgekehrt. Die
älteren Damen verließen bald den Tanzplatz
gänzlich, und ihnen folgten nur zu viele junge
Frauen.

dem Bedinten wird der Reerücken sauer

						(mir unbekanter
[Prof.] Heeren	[Prof.] Planck	Frau Hofraetin Heeren	HE[rr] Assessor Conradi hat mit Hassenpflug studirt	der junge Hugo	Fräulein Planck	ein junge)schöner Herr mit rothen Baken hat aber den ganzen Abend das Maul nicht auf- gethan, auser beim Essen

Frau Professorin Müller

Der HE[rr] Grimm aus Cassel   G[eheimer] J[ustiz] R[at] Hugo   Frau C[onsistorial] R[ätin] Planck   HE[rr] Professor Müller

Sehen Sie einmal HE[rr] Grimm wie die Wirthin die Gesellschaft so
schön gesetzt hat, ein jeder HE[rr] hat auch eine Dame zur Seite.

Dr. Gottlieb Jacob Planck.
Ein biographischer Versuch.
Von
Dr. Friedrich Lücke,
Consistorialroth und ordentlichem Professor der Theologie
zu Göttingen.

" ... Sein Hauswesen war frugal und einfach, aber anständig, wohlhabig und gastfrey. Kein falscher Aufwand, aber auch keine kleinliche Sorge und Kümmerlichkeit. ..."

Bei einer solchen Eintheilung, und Ausfüllung des Tages, als unsere Arbeiten nothwendig machen, finden größere Mittags-Mahlzeiten außer den Ferien in der Woche nur selten Statt, weil man fürchten muß, daß die meisten Gäste schon um zwey, oder halb drey Uhr aufstehen werden, um ihre Berufs-Arbeiten abzuwarten.

Vor den größeren Abend-Mahlzeiten, zu welchen nicht bloß einige Freunde auf einen Braten, und auf diesen allein eingeladen sind, geht gewöhnlich ein Thee her. Zu einem solchen Thee kommen meistens nur die Frauen und Töchter der Professoren, und die letzteren folgen um acht, oder acht ein halb Uhr nach.

Man sollte in Göttingen streng darauf halten, daß an den fünf Arbeitstagen ... kein Abendessen später als 8½ oder 8¾ Uhr angefangen würde, weil es, wenn man sich später zu Tische setzt, unvermeidlich ist, daß einem oder dem andern Gaste die Arbeitszeit des folgenden Tages abgekürzt, oder seine Arbeitsfähigkeit vermindert wird.

Große Schmausereyen ... sind theils unseren Einkünften nicht angemessen, theils gewähren sie bey weitem nicht so viele reine Freuden, als kleine Soupers mit geprüften Freunden und Freundinnen, wo man sich seiner frohen Laune, und seinem offenen Herzen ungehindert überlassen kann.

Wie unaussprechlich süß sind die wenigen Erhohlungsstunden, die dem arbeitsamen Gelehrten übrig bleiben, im Schooße seiner Familie! wie belehrend und erweckend die freundschaftlichen Unterhaltungen, ... und die frohen Abendmahle im Kreise geistvoller und tugendhafter Freunde, und Freundinnen! häusliche, und andere stille gesellige Freuden werd'en nirgends inniger, als hier genossen, und diese stillen Freuden sind es auch, welche die Familien-Väter und Familien-Mütter gegen öffentliche Lustbarkeiten im Durchschnitt so gleichgültig machen.

Ansicht der Plesse gegen Süden.

Auf den Trümmern der Plesse trift man, besonders an heitern Sonn= und Festtagen, viele Gesellschaft an. Oft läßt man auch Musikanten heraufkommen, und tanzt auf einem grünen Platze. Auf den Boden gelagert verzehrt man seinen mitgebrachten Mundvorrath, kocht sich auch wohl selbst Kaffee, wozu man aus dem untenliegenden hessischen Dorfe Eddiehausen Wasser u. d. gl. sich heraufbringen läßt, und schaut denn in die weite Ferne herab.

Im Sommer, wo die gewöhnlichen Pickenicke, die Concerte und Assembleen aufhören, stellen einzelne Familien, oder kleinere und größere Gesellschaften häufiger, als in älteren Zeiten, Spaziergänge, und Spazierfahrten auf das Land an; und dieser neue Geschmack ist ein sicherer Beweis, daß man für die wahren Freuden der Natur, und der Geselligkeit mehr Sinn hat, als unsere Vorfahren hatten.

Unter unseren Land=Partien verdient Eine als Muster der Nachahmung besonders erwähnt zu werden. Herr Leib=Medicus Stromeyer, welchen die meisten angesehenen Familien der Stadt nicht nur als den Retter eines oder mehrerer ihrer Mitglieder, sondern auch als einen treuen Freund verehren, brachte schon vor mehreren Jahren in jedem Sommer ein ländliches Pickenick zu Stande, zu welchem er anfangs bloß solche Häuser und Personen einladete, deren Arzt er war.

Hr. Leib=Medicus Stromeyer bestimmt den Platz, wo man sich versammeln soll: sorgt für Chocolade, Caffee, Thee, und eine warme Suppe zu Mittage: bestellt Musikanten: läßt einen bequemen Tanzplatz einrichten, und macht endlich solche Veranstaltungen, daß die Gesellschaft im Fall von Regenschauern, und Gewittern einen sichern Schutzort findet.

Die Jugend beyderley Geschlechts fängt gleich an, zu tanzen. Die Uebrigen, welche nicht tanzen, ergötzen sich an der Freude der blühenden Jugend, oder gehen spazieren, oder empfangen, und begrüßen ihre Freunde und Bekannte. Hier begegnen und nähern sich in Fröhlichkeit und Liebe manche Personen, die sich Jahre lang von einander entfernt hatten.

DAS GELEHRTE GÖTTINGEN

1. Langenbeck
2. Conradi
3. Berthold

7 Fuchs.

4 Blumenbach
5 Wöhler
6 v. Siebold

L. E. Grimm fec. ad vivum Cässel 1823

J. F. Blumenbach

Blumenbach-Portrait mit dem Schädel von "Robert Bruce, King of Scotland"

Johann Friedrich Blumenbach, geb. zu Gotha 11. Mai 1752, studirte zu Jena und Göttingen, erhielt 18. Sept. 1775 die medicinische Doctorwürde, wurde 24. Februar 1776 zum außerordentlichen, 13. Nov. 1778 zum ordentlichen Professor der Medicin, 1788 zum Hofrath, und 1816 zum Ober MedicinalRath mit Geh. JustizrathsRange ernannt, seit welchem Jahre er auch professor primarius der medicinischen Facultät ... ist.

† 22. Januar 1840

Er war also zu Göttingen als Professor 63 Jahr, 1776—1840 alt 24—87 J.

Ehrenbezeugungen:

Er erhielt 1821 das Commandeurkreuz des GuelphenOrdens, 1829 das Ritterkreuz des baierschen CivilverdienstOrdens, 1837 das Ritterkreuz der Königl. französ. EhrenLegion. Er ist seit 1776 ordentl. Mitgl. u. seit 1812 beständiger Secretär der Königl. Soc. der Wiss. zu Göttingen. Außerdem ist er Mitglie von 75 Academien und Societäten der Wissenschaften, unter Andern:

des Institut de France, der Royal Society zu London, der Kaiserl. Acad. der Wiss. zu St. Petersburg, der Acad. naturae curiosorum, der Königl. zu Berlin, zu München, zu Copenhagen, zu Stockholm, der holländischen zu Haarlem u. Rotterdam, der zu Batavia, Boston Philadelphia, ꝛc.

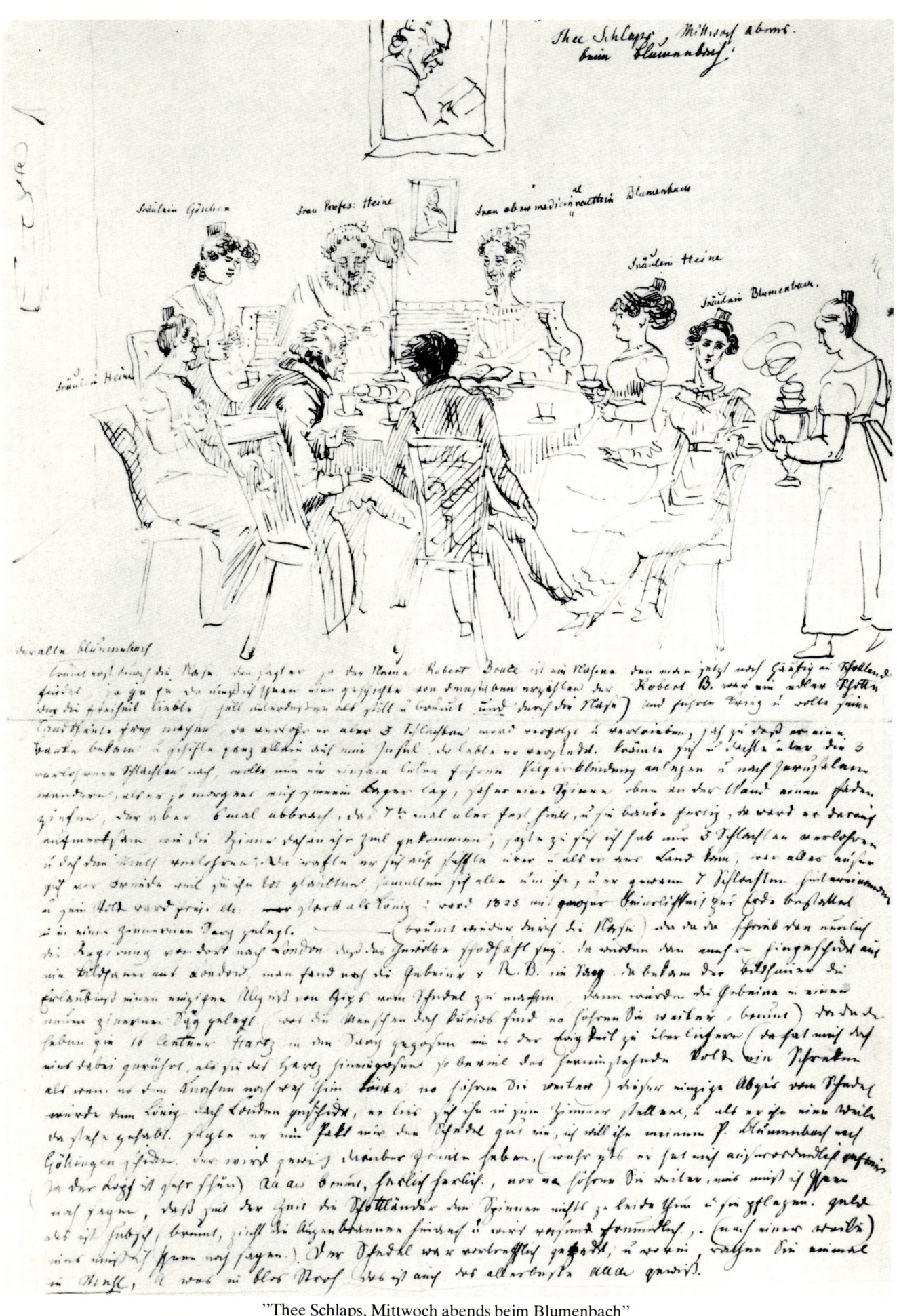

"Thee Schlaps, Mittwoch abends beim Blumenbach"
Einladung zum Tee bei Professor Blumenbach, Federzeichnung und Text vom Maler L. E. Grimm, der sich selbst neben
Blumenbach sitzend, in Rückenansicht darstellt. (Text auf der Nebenseite transskribiert)

Sir
I am ordered by his Majesty the King to send You a Cast of the Skull of my noble Countryman „Robert the Bruce King of Scotland": made from his Skeliton at Dumfermline 5th day of November 1819
I have the Honour to be
Sir
Your most obedient Ser[vant]

47 Foley Street
Cavendish Square
London
3 Feb 1821

William Scoular
Sculptor

W. Scoular an Blumenbach

Hochgebohrner Herr Graf
Gnädigster Herr

Vorgestern erhielt ich eine mit dem Königlichen Siegel versehene Kiste mit einem Briefe des Bildhauers H. Scoular des Inhalts, daß er mir auf Befehl S[eine]r Majestät des Königs den Abguß des Schädels von K[önig] Robert the Bruce übersende, so wie er im Nov[ember] 1819 bey Eröffnung der Grufft zu Dunfermline abgeformt worden.

Da ich von dem Gefühl dieses mir so wichtigen höchstlichst aufmunternden Ereignißes durchdrungen, zugleich aber überzeugt bin, daß dieser mir unschätzbare Beweis der Gnädigsten Aufmerksamkeit S[eine]r Majestät durch Ew Excellenz veranlaßt worden, so erlauben Sie daß ich Ihnen meinen ehrerbietigsten Dank dafür abstatte.

Ich habe es gewagt auch S[eine]r Majestät im anliegenden Schreiben meine Devotion zu bezeigen. Da ich aber nicht weis ob das überhaupt gestattet ist, so bin ich so frey eine Abschrifft mit der ehrerbietigen Bitte beyzufügen, daß Ew Excellenz die Gnade haben mögen, wenn es anders thunlich, das Schreiben | S[eine]r Majestät zu überreichen, widrigenfalls aber nur den Inhalt davon HöchstDemselben mündlich vorzutragen.

Unser trefflicher H[of]R[ath] Gauss ... mit innigen Danke empfangen; so wie ich Ihnen den meinigen ... ehrerbietigst abstatte; und mit unbeschränkter Devotion beharre

Ew Excellenz

Göttingen
d[en] 26ten Febr. 1821.

unterthäniger Diener
J. Fr. Blumenbach

Blumenbach an den Grafen Münster, Schloß Derneburg

AllerDurchlauchtigster Großmächtigster König
AllerGnädigster König und Herr

Ew Königliche Maj[estät] haben allergnädigst geruht dem Bildhauer Scoular zu befehligen daß er mir einen Gypsabguß von dem Schädel eines Ihrer Hochberühmten Vorfahren, des K[önigs] Robert des 1ten von Schotland zusenden solle.

Ich habe diese mir für meine Studien überaus instructive Seltenheit vorgestern unversehrt erhalten, und würde dieselbe schon an sich eine der bedeutendsten Zierden meiner Sammlung seyn, welche einige Berümtheit hat, so daß man sie zu den Sehenswürdigkeiten von Göttingen rechnet;

wie unendlich theurer wird mir aber dieses vorzügliche Stück als ein für mich unschätzbares Zeichen daß Ew. Majestät nicht allein unsre Universität überhaupt, die das Glück hat in Ihnen ⟨ihren⟩ Rector magnificentissimus zu verehren, sondern auch die Arbeiten einzelner ⟨Lehrer an⟩ derselben Ihrer allerhöchsten Aufmerksamkeit zu würdigen geruhen; wofür ich HöchstDenenselben meine ehrerbietigsten Danksagungen zu Füßen lege als Ew Königlichen Maj[estät] meines AllerGn[ädigste]n K[önig]s und Herrn

G. den 26 Febr.

allerunterthänigster
treu devotester

Blumenbach an König Georg IV., London (Abschrift)

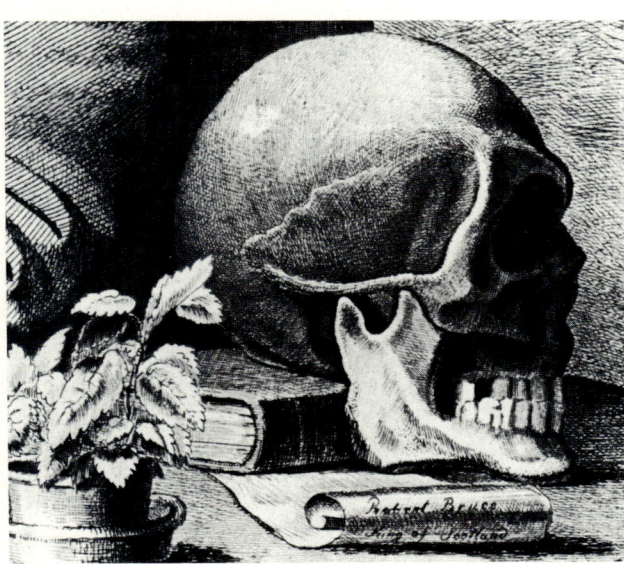

Der alte Blumenbach
brumt erst durch die Nase dan sagt er ja der Name Robert Bruce ist ein Nahme den man jetzt noch häufig in Schottland findet, ja ja ja da muß ich ihnen eine Geschichte von demselben erzählen der Robert B. war ein edler Schotte der die Freiheit liebte (hält unterdeßen als still u. brummt „und" durch die Nase) und führte Krieg u. wolte seine Landsleute frey machen, da verlohr er aber 3 Schlachten ward verfolgt u. vertrieben, sah zu daß er eine Barke bekam u. schifte ganz allein auf eine Insel, da lebte er versteckt, krämte sich u. dachte über die 3 verlohrnen Schlachten nach, wolte nun ein einsam leben führen Pilgerkleidung anlegen u. nach Jerusalem wandern, als er so morgens auf seinem Lager lag, sah er eine Spinne oben an der Wand einen Faden ziehen, der aber 6mal abbrach, das 7te mal aber fest hielt, u. sie baute fertig, da ward er darauf aufmerksam wie die Spinne doch an ihr Ziel gekommen, sagte zu sich ich hab nur 3 Schlachten verlohren u. doch den Mut verlohren. Da rafte er sich auf schiffte über u. als er ans Land kam, war alles auser sich vor Freude weil sie ihn tot glauben, samelten sich alle um ihn, u. er gewann 7 Schlachten hintereinander u. sein Volk ward frei etc. [gestrichen: war] starb als König u. ward 1325 mit groser Feierlichkeit zur Erde bestattet u. in einen zinnernen Sarg gelegt. – (brumt wieder durch die Nase) da da da schrieb den neulich die Regirung von dort nach London daß das Gewölbe schadhaft sey. da wurden dan mehre hingeschickt auch ein Bildhauer aus London, man fand noch Gebeine v. R.B. im Sarg. Da bekam der Bildhauer die Erlaubniß einen einzigen Abguß von Gips vom Schedel zu machen, dann wurden die Gebeine in einen neuen zinernen Sarg gelegt (was die Menschen doch kurios sind no höhren Sie weiter, brumt) da da da haben sie 16 Centner Hartz in den Sarg gegoßen um es der Ewigkeit zu überliefern (da mich doch eins dabei gerührt, als sie das Hartz hineingosen so beviel das herumstehnde Volk ein Schreken als wen es den Knochen noch weh thun könte no höhren Sie weiter) dieser einzige Abgus vom Schedel wurde dem König nach Londen [!] geschickt, er lies sich ihn in sein Zimmer stellen, u. als er ihn eine Weile da stehn gehabt, sagte er nun Pakt mir den Schedel gut ein, ich will ihn meinem P[rofessor] Blumenbach nach Göttingen schicken, der wird gewiß darüber Freude haben. (wahr ists er hat mich außerordentlich gefreut (Ja der Kopf ist sehr schön) Aa aa brumt, herlich herlich, noo na höhren Sie auch zu Ihnen noch sagen, daß seit der Zeit die Schottländer den Spinnen nichts zu leide thun u. sie pflegen. geld das ist hübsch (brumt, zieht die Augenbrauen hinauf u. wird rasend freundlich. (nach einer weile) eins muß ich Ihnen noch sagen.) Der Schedel war vortrefflich gepackt, u. worin, rathen Sie einmal [Ludwig:] „in Mehl", A was in blos Stroh, das ist auch das allerbeste auch gewiß.

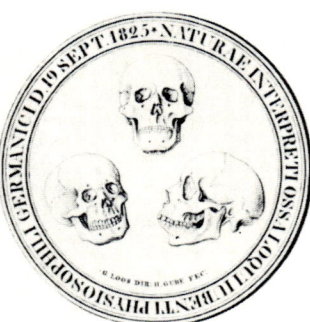

St. Petersburg den $\frac{18}{29}$ May 1793.

Wohlgebohrner Herr,
   Verehrtester Herr Hofrath,

Mit jetziger Gelegenheit habe ich endlich das Vergnügen einen Georgianischen weiblichen Schädel, und einen männlichen aus der Kurskischen Statthalterschafft zu übersenden. . . .
   Inständigst empfehle ich mich Ihrer mir so schätzbaren Wohlgewogenheit, und verbleibe mit einer allen Ausdruck übertreffenden Hochachtung und Ergebenheit

         Ew. Wohlgebohren

              gehorsamster Diener
                Asch

   Die angekündigte schöne Clytia, für welche ich im voraus dancke, ist noch nicht angelangt. Dagegen sende ich die Exuvien*) eines der schönsten Menschen, in jedem Sinne, die gelebt haben u[nd] freue mich etwas geben zu können das Ihrer wichtigen Sammlung nicht unwerth sey. Ich empfehle mich zu geneigtem Andencken
Weimar den 19 Nov. 1793.

         Ew Wohlgeb[ohren]

                ergebenster

                Goethe

*) Gypsabguß von dem vermeyntlichen Schedel Raphaels. [Von Georg Heinrich Wilhelm Blumenbach ergänzt]

                Soho Square
                Feb ⟨7⟩ 1794
Sir
   My Friend Mr Best promises me that the <u>Otaheite</u>[a] Scull shall set out in a very few days to that I hope soon to hear of its safe arrival[.] it is the only one I have been able to Procure with an under Jaw the custom of the natives being against Sculls being found compleat[.] . . .

            beleive me Sir as I am with unfeignd
        regard & esteem Your Obedient & Faithfull
                H[um]ble Servant
                Jos: Banks

        Wohlgebohrner
        Hochgeehrtester Herr Hofrath!
Ich würde schon längst meine Schuldigkeit, Ihnen zu schreiben, beobachtet haben hette ich nicht stets befürchtet daß der Inhalt meines Briefs Ihren Einsichten und meinem Wunsche nicht würde entsprochen haben – auch heute fühle ich dieses lebhaft genug Daher bitte ich diese wenigen Zeilen nur als einen geringen Beweiß meiner unumgränzten Hochachtung einzusehen.
. . . zweckte mein Brief nicht eigentlich dahin ab, um Ihnen anzuzeigen, daß ich mit den HE. <u>Cardinal Borgia</u> einem sehr gelehrten Mann Bekanntschaft gemacht hatte, welcher mir einen Kopf eines *<u>alten romischen Soldaten</u> für Ihr Cabinet versprochen hat; \. . . Haben Sie schon einen Kopf eines Kretinen? und im Fall Sie keinen hetten würde ich mir Mühe geben indem ich in die Gegend kome –
. . . Ich habe die Ehre mit der vollkomensten Hochachtung zu seyn

Roma d[en] 8 ten   *Ew Wohlgebohren*
April 95

recapito in casa del Sig[nor]e   gehorsamer Diener
Giacomo Savorelli Roma   Aug. Ayrer

        Hochwolgebohrner
        Hochgelehrter Herr Professor!
Da die königliche Grönländische Handlung in Kopenhagen, mir den überaus angenehmen Auftrag gegeben, einige Schädel von hiesigen Eingebohrnen zu verschaffen, um in Dero überall berühmten Sammlung von Schädeln zu dienen: so habe ich mir viel Mühe gegeben, diesen Auftrag nach Wunsch auszuführen, bin aber nun erst, so glücklich geweßen, einen Manns Schädel zu erhalten, welcher ganz meinen Wünsche gemäß zu sein schiene. . . . wo ich zeigen werde wie sehr ich bin

        Ew Hochwolgebohren

Godhavn den 4ten Septbr 1797.

            ganz ergebener und gehorsamer
                Diener
                Theod: Christ: Eulner.

An
Des Herrn Professor Blumenbachs
Hochwolgebohren

   Dieses ist der Kopf eines am Wege gefundenen schwarzen Jungens der nach äußern Ansehen 20 Jahr alt war. er hatte eine Stichwunde auf der rechten Seide des processus ensiformis, konte aber wegen weitgeförderter Faulniß nicht geöfnet werden, warum wir uns nur des Kopfs bemächtigten.

                A:L:Jassoy. Dr

Batavia den 12 February <u>1804</u>.

        Wohlgeborener Herr
      Insonders hochgeehrtester Herr Hofrath.

   In Rückerinnerung an die von Ew Wohlgebohren mir früher gegebenen Beweise der Zuneigung, bin ich so frey mein Andenken zu erneuern indem ich ein, wie ich hoffen darf nicht uninteressantes Stück in Dero berühmte Schädelsammlung liefere, welches in einem besonderen Kästchen unter Ew. Wohlgebohren Addresse den 18ten dieses mit der fahrenden Post abgegangen ist.
   Indem ich mich Ew Wohlgebohren und Dero werthester Familie bestens empfehle verbleibe mit der ausgezeichnetsten Hochachtung

          Ew. Wohlgebohren
Weimar den 20sten Febr.   ergebener Diener
1815   A W von Goethe.c

México ce 5 Novembre 1823.
    Monsieur,

   Je proffite de la bienveillance de Mr. Petterson pour m'acquiter d'une promesse que je vous ai faite lors de mon séjour à Göttingen il y [a] sept ans, de vous envoyer une tete d'indien Mexicain sans aucun melange Espagnol ou Africain. En voici une qui pourra servir à completer votre magnifique collection.

           Monsieur
      votre devoué et tres humble Serviteur
             L. Alaman

The Professor
Blumenbach
Göttingen –
Dear Sir,
   When I had last the Honour of seeing you at Göttingen in March you expressed a wish to possess for your valuable Collection, one of the small Peruvian Skulls, and if you recollect so humble a Person as me, I promised to send you one. I yesterday procured one from Peru and beg to add that I have sent it by an English Transport,
   With the liveliest Recollection of your Civilities when I passe{d} through your City
         I am,
            Sir
     Your most ob[edien]t Servant,
           Alex. Caldcleugh,
   Chief Commissioner of the Anglo-Chilian Mining Association
Valparaiso de Chile
30th August 1825.

Eine kleine Auswahl von Briefen; Zeugnisse, wie Blumenbach beim Aufbau seiner Schädelsammlung weltweit bewundert und unterstützt wurde.

Beyträge
zur
Naturgeſchichte
Ueber die Veränderlichkeit in der Schöpfung.

J. F. Blumenbach

Ja ſo geht's in der Welt, ſagt VOL-TAIRE, da haben wir nun keinen Purpur mehr, denn der *Murex* iſt längſt ausgerottet. Das arme kleine Schneckchen wird von andern gröſſern Thieren aufgefreſſen worden ſeyn. —

Gott bewahre, antworten die *Phyſicotheologen*, unmöglich kan die Vorſehung eine Thiergattung ausſterben laſſen.

Denn, ſagt der ehrliche *Savoyiſche Land-geiſtliche* im Emil, es iſt kein Weſen im Univerſum, das man nicht gleichſam als den gemeinſchaftlichen Mittelpunkt für alle übrige anſehen könnte.

Und, ſetzt ein andrer vollends hinzu, keines, was nicht ſo zu ſagen, *das* für die ganze übrige Schöpfung wäre, was PHIDIAS Bild am Schild ſeiner künſtlichen Minerva war, das man nicht ausheben durfte wenn nicht das ganze groſse Werk zuſammen-fallen ſollte!

Eher, ſagt LINNÉ, läſst die Natur neue Arten entſtehn. — Sö hat ſie z. B. da nicht weit von Upſala auf Södra-Gäſkiaeret ein Pflänzchen hervor gebracht, die *Peloria,* das wirklich ſo was von einer neuen Schöp-fung iſt.

Ach, antwortet man ihm, die Natur iſt eine alte Henne, die euch warlich heutiges Tages nichts neues mehr legen wird.

Freylich nicht, ſagt HALLER, und man muſs ſolche Irthümer rügen, weil ſie von den Atheiſten begierig aufgeſchnappt wer-den, die aus der Entſtehung neuer Gattun-gen ſo gut wie aus der vorgeblichen Ver-tilgung alter Arten gar zu gerne eine Unbe-ſtändigkeit der Natur erweiſen möchten: und das darf nicht ſeyn; denn fällt die Ordnung in der phyſiſchen Welt weg, ſo iſt es um die Ordnung in der moraliſchen Welt, und zuletzt um die ganze Religion gethan.

Wenn auch ich ein Wort drein reden darf; ſo glaube ich es iſt hier von allen Seiten der Sache zu viel geſchehn.

Der Murex findet ſich heute noch eben ſo wohl als zu den Zeiten der alten Phöni-cier und Griechen; — Die Peloria aber iſt eine krankhafte Monſtroſität und keine eigne neu entſtandne Gattung. — Genau ge-nommen iſt die Natur aber auch in der That keine alte Henne, — und die Schöpfung was ſolideres als jene Statue der Minerva, — und ſie fällt nicht zuſammen wenn gleich eine Gattung von Geſchöpfen ausſtürbe oder eine andre neu erzeugt würde, — und es iſt mehr als blos wahrſcheinlich, daſs beides auch wirk-lich ſchon wohl eher erfolgt iſt, — nud dieſs alles ohne die mindeſte Geführde weder für die Ordnung in der phyſiſchen noch in der moraliſchen Welt, noch für die ganze Re-ligion.

Vielmehr finde ich gerade darin die Lenkung durch eine höhere Hand am unver-kennbarſten, daſs trotz dieſer ſogenannten Unbeſtändigkeit der Natur dennoch die Schöpfung ihren ewigen ſtillen Gang geht, und ſchon darum glaube ich lohnt' ſichs der Mühe, nachdem ſo unendlich viel über die vermeinte unveränderliche Ordnung in der Schöpfung geſchrieben worden, auch einmal an allerhand Beweiſe von der groſen Veränderlichkeit in derſelben zu erinnern. Freylich muſs ich dabey etwas weit ausholen.

Das Accouchement, auch Accouchierhaus genannt, die Entbindungsanstalt.

Die erste kleine geburtshülfliche Klinik wurde schon 1751 von Prof. Röderer nach dem Vorbilde des Strassburger Bürgerhospitals gegründet; es war ein Entbindungszimmer, in dem alten Kreuzhospitale eingerichtet; diese Anfänge wurden unter Wrisberg's und Schröder's Leitung bedeutend erweitert.

Zur Ausführung eines grossartigen Institut-Baues kam es unter der Leitung des Professor Fischer: im Jahre 1791 wurde an der Stelle der frühern Kreuzcapelle und eines kleinen städtischen Armenhospitals der Bau ... ausgeführt.

In dieser Ausführung war es seiner Zeit das glänzendste und prachtvollste Entbindungshaus in Deutschland, und man wollte in der grossartigen Anlage die Nachahmung eines florentinischen Pallastes wieder erkennen.

Das Gebäude hat die vortheilhafteste Lage an der Südseite der Stadt, mit der Hauptfronte gegen Osten gewendet, besteht aus zwei Stockwerken und einem Erdgeschosse, Hof und Gartenraum und Nebengebäude für Wirthschaftsbedürfnisse.

Das zweite Stokwerk ist die Dienstwohnung des Direktors. Das mittlere Stockwerk enthält: das Gebärzimmer, ein Zimmer für die geburtshülfliche Klinik, drei Wochenzimmer, zwei Wohnzimmer für Schwangere, die Wohnung der Instituts-Hebamme. Nebstdem finden sich noch Privatzimmer für Personen höhern Standes, welche gegen Bezahlung aufgenommen werden. Die Stockwerke sind durch eine prachtvolle, lichte und breite Treppe verbunden.

Das Accouchement in Göttingen

Zur Aufnahme in das Institut ist durchaus jede Schwangere, verheirathete oder unverheirathete, ohne Rücksicht auf ihre Heimath und ihre Religion fähig.

Nur solche Schwangere, die mit einer eckelhaften oder ansteckenden Krankheit behaftet, solche welche schon einmahl wegen Dieberei oder sonstiger schlechter Aufführung weggeschickt sind, so wie endlich auch solche, welche ehe sie das Haus erreichen, bereits niederkamen, werden nicht aufgenommen.

Jede Schwangere, die aufgenommen werden will, hat sich durch die Hebamme des Instituts bei dem Director zu melden, von dem sie untersucht wird und der ihren Namen, Stand, Alter, Geburtsort und sonstige zu wissen nöthige Umstände in das Tagebuch des Instituts einträgt und die Zeit bestimmt, wann sie eintreten kann, welches regelmäßig vier bis sechs Wochen vor der Niederkunft geschieht, wogegen sie im Sommer vierzehn Tage im Winter drei Wochen nach derselben, wenn sie übrigens vollkommen gesund ist, das Haus wiederum verlassen muß.

Die Zahl der jährlich vorfallenden Geburten beträgt 80 bis 100, mehr als 16 Schwangere dürfen jedoch nicht zu gleicher Zeit im Hause sein, weil die Anstalt nur für eben so viel Betten eingerichtet ist.

Bis zu ihrer Niederkunft werden die Schwangeren zu leichten Arbeiten angehalten, z. B. zum Warten und Verpflegen der Wöchnerinnen und ihrer Kinder, zum Spinnen u. s. w., die Spinnarbeit namentlich wird ihnen, wenn sie das Haus verlassen, durch ein Geschenk aus der Hospitalkasse vergütet.

Die auf das Haus aufgenommenen, werden so lange sie sich auf demselben befinden, vollkommen frei unterhalten; unehlich Schwangere sind selbst durch ihre Aufnahme von aller und jeder Strafe frei; Kinder verstorbener Wöchnerinnen werden im Nothfalle auf Kosten des Instituts erzogen, die Sterblichkeit der Wöchnerinnen sowohl, als der Kinder ist jedoch auffallend gering.

F. B. OSIANDER.

Friedrich Benjamin Osiander, geb. 1759. Febr. 9, studierte die Medicin zu Tübingen bis 1779, promovirte daselbst als Doctor der Medicin im März desselben Jahres, wurde practischer Arzt in Kirchheim unter Teck, gieng dann noch auf ein halbes Jahr nach Straßburg und im Jahr 1781 nach Cassel, und benutzte den Privatunterricht in der Entbindungskunst des damaligen Lehrers Hofr. G. W. Steins, reisete zurück nach Kirchheim, wo er bis 1792 in der Medicin, Chirurgie und besonders Entbindungskunst eine ausgebreitete Praxis hatte, dann einen Ruf nach Göttingen erhielt, und im October 1792 als ordentlicher Professor der Medicin und Entbindungskunst, Director des Königl. Clinicums und des Entbindungshospitals hieher kam, und das damals kaum vollendete Entbindungshospital einrichtete.

Im Jahr 1804 wurde er ordentliches Mitglied der königl. Soc. der Wissenschaften; im Jahr 1805 hannöver. Hofrath, im Jahr 1806 Assessor der medic. Facultät, wirkliches Mitglied nach Richters Tode im Jahr 1812; † 25. März 1822

Er war also zu Göttingen als Professor 30 Jahr, 1792 – 1822

alt 33 – 63 J.

Langenbeck's Institute

Die neue Anatomie bey Göttingen

Das chirurgische Hospital in Göttingen

Klinisches Institut für Chirurgie und Augenheilkunde, auch Chirurgisches Hospital.

Als ein... neu entstandenes Institut muß das clinische Institut für Chirurgie und Augen=heilkunde angeführt werden, welches erst im Jahre 1807 von dem Hofrath Langenbeck errichtet wurde, indem das hohe Universitäts=Curatorium der Universität... einen Fonds dazu bewilligte, ...

Da dies... aber bald nicht geräumig genug war, so kaufte der Hofrath Langenbeck im Jahre 1809 das geräumige Haus des weiland Kriegs=Commissair Rente und vergrößerte dasselbe im Jahre 1811 durch einen neuen Anbau noch mehr.

Das Hospital=Gebäude, welches gegenwärtig durch ein Mittelgebäude mit dem Wohnhause des Directors verbunden ist, hat in der oberen Etage zwei große Säle und zwei Zimmer für Augenkranke, zusammen mit dreißig Betten, und einen Operationssaal; ...

Jeder Kranke muß seine Kleidungsstücke beim Eintritte in das Haus abgeben, ...

Zwischen je zwei Bettstellen steht eine Commode, die theils als Tisch dient und theils zur Aufbewahrung mancher Gegenstände bestimmt ist; auch werden im Winter die Krankensäle mit doppelten Fenstern versehen.

Das Hospital ist theils für chirurgische Fälle, so wohl für solche, die für die Chirurgia manualis, als auch für die Chirurgia medica gehören, theils für Augenkranke bestimmt.

Die Aufnahme der Kranken ist allein dem Director überlassen, jedoch steht das Hospital einem jeden Kranken, der an einem chirurgischen Uebel oder an einer Augenkrankheit leidet, offen, er mag ein Inländer oder Ausländer seyn, weshalb auch dasselbe beständig mit wichtigen und instructiven Kranken angefüllt ist, die oft aus einer weiten Ferne herkommen. Jeder unbe=mittelte Kranke erhält unentgeldliche Verpflegung, Arzney und ärztliche Behandlung.

Die Gesammtzahl der jährlich aufgenommenen Kranken beträgt regelmäßig 250 bis 290.

Theatrum Anatomicum, auch Neue Anatomie.

Unter Langenbeck's Leitung wurde 1827 der Bau eines neuen grossen anatomischen Theaters im griechischen Style begonnen, welches jetzt als eins der schönsten Gebäude betrachtet werden muss; obwohl vor der Stadt gelegen, schliesst es doch die Aleestrasse ab und wird somit zu einer Zierde der Stadt.

Auf die innere Einrichtung hatten die Angaben Langenbeck's den unmittelbarsten Einfluss. Im Jahre 1829 bezog man die neue Anatomie, welche auch in der äussern Erscheinung eine der stattlichsten Deutschlands ist.

Das Gebäude besteht aus einem Stockwerk, ist 180 Fuss lang, und enthält in einer 50 Fuss hohen Rotunde ein Auditorium für 200 Zuhörer. Der Demonstrirtisch ist noch derselbe, dessen sich Haller bediente. Daneben in der Südseite des Gebäudes befindet sich der Secirsaal, ... daneben die Arbeitszimmer des Directors und Prosectors, und eine Küche. An der Nordseite die Räume für die Sammlungen. Im untern Theile ist die Wohnung des Wärters, der Leichenkeller und die anatomische Küche. In einem kleinen Gebäude hinter der Anatomie ist die Maceriranstalt und die Knochenbleiche.

Die Anstalt ist nur für die menschliche Anatomie bestimmt, während die pathologische Anatomie mit dem Hospitale, die vergleichende mit dem physiologischen Institute vereinigt ist.

Der Secirunterricht wird im Winter an frischen Körpern ertheilt, deren Zufuhr den Verhältnissen genügend entspricht. Im Sommer fallen die Leichen dem Professor der Chirurgie für die Operationsübungen zu; doch ist auch im Sommer die Gelegenheit zu Präparirübungen an injicirten in Weingeist aufbewahrten Präparaten dargeboten.

Konrad Johann Martin Langenbeck, ordentlicher Professor der Anatomie und Chirurgie in Göttingen, war am 5. Decbr. 1776 zu Horneburg im Herzogthum Bremen geboren, wo sein Vater Hauptpastor war. Von diesem in den Vorbereitungswissenschaften unterrichtet, bezog er im October 1794 zum Studium der Medicin die Universität Jena. ... Am 31. März 1798 erlangte er ... die medicinische Doctorwürde. ...

Von Wien kehrte er in seine Vaterstadt Horneburg zurück ... und lenkte namentlich durch seine daselbst zahlreich verrichteten glücklichen Augenoperationen die Aufmerksamkeit der Behörden auf sich, so daß ihm Behufs weiterer Ausbildung auf Reisen eine königliche Unterstützung zu Theil wurde. ...

Nach seiner Rückkehr ... wurde Langenbeck im November 1802 als Privatdocent und Wundarzt des akademischen Hospitals zu Göttingen, neben Himly, welcher daselbst eine medicinisch-chirurgische Klinik und eine Abtheilung für Augenkranke hatte, angestellt. ...

Da das gleichzeitige Wirken von Himly und Langenbeck in dem akademischen Hospital seine Unzuträglichkeiten hatte, verließ der Letztere 1807 dasselbe und gründete ein eigenes klinisches Institut für Chirurgie und Augenheilkunde ....

Im J. 1814 wurde Langenbeck zum ordentlichen Professor der Anatomie und Chirurgie ernannt.

Viele an ihn ergangene Berufungen nach auswärtigen Universitäten (Heidelberg, Dorpat, Würzburg) hatte er abgelehnt, hauptsächlich aus dem Grunde, weil er dadurch seiner Lieblingsbeschäftigung, der Anatomie, hätte entsagen müssen. So blieb er Göttingen erhalten und wurde daselbst 1816 zum Hofrath ernannt. ...

Nachdem Langenbeck, wie früher erwähnt, ein eigenes klinisches Institut gegründet, machte er sich noch weiter um den praktischen medicinischen Unterricht an der Universität Göttingen durch die Erbauung eines den Anforderungen der Schönheit und Zweckmäßigkeit gleich entsprechenden anatomischen Institutes verdient. ...

Fast ein halbes Jahrhundert lang lebte Langenbeck seinem doppelten Berufe als Chirurg und Anatom mit seltenster Treue und Hingebung. Seine Thätigkeit war geradezu eine wunderbare. Mit Recht pflegte er von sich zu sagen, „er gehe mit den Hühnern schlafen, stehe aber früher auf als sie", denn die neunte Abendstunde fand ihn der Regel nach schon im Bett, des Morgens um 3 Uhr aber war er schon wieder bei der Arbeit; ja, wenn er im Winter in einer Abendgesellschaft gewesen war, was bisweilen vorkam, geschah es wol, daß er, spät in der Nacht zurückgekehrt, sogleich, wie sonst, sein Zimmer selbst heizte, den Kaffee selbst bereitete und mit der weißen Thonpfeife, der er treu geblieben war, frisch an die Arbeit ging.

Dabei muß man bedenken, daß, außer der wenigen Zeit, die er seinem Familienkreise widmete, er fast den ganzen Tag in ununterbrochener Thätigkeit war, die aus Vorlesungen Vor- und Nachmittags, Abhalten der Klinik, Leitung der Secir- oder Operationsübungen am Cadaver sowie ärztlicher Praxis und schriftstellerischen Arbeiten sich zusammensetzte. Dazu gehörte freilich eine überaus kräftige Körper-

konstitution, wie er sie bis in sein höheres Alter sich bewahrt hatte.

Seine Unterrichtsmethode war eine ganz vortreffliche. Ausgehend von der Ansicht, daß die Anatomie die Grundlage alles medicinischen Wissens sei, wurde dieselbe von ihm sehr ausführlich vorgetragen, jedoch nicht mit der sonst öfter vorkommenden Trockenheit. ...

Wenn wir in Langenbeck einen vollendeten Anatomen kennen gelernt haben, war er nicht minder bedeutend als Chirurg; seine Ruhe, Sicherheit und Gewandtheit im Operiren waren berühmt, sein „beflügeltes Amputationsmesser" in der Zeit, wo man die Operirten noch nicht künstlich zu betäuben verstand, weltbekannt. ...

Auch in der Augenheilkunde, ... hat er Erhebliches geleistet. Er war einer der Ersten, welche, nächst Himly, einen geregelten klinischen Unterricht in der Augenheilkunde einführten. Seine Verdienste um die letztere betreffen namentlich die Technik der Staaroperation. ...

Sein Tod erfolgte am 24. Januar 1851.

Uebrigens ist auch, selbst was die Gesinnung als Staatsbürger betrifft, Langenbeck gegen die früherhin übliche Gemeinheit fortgeschritten. Richter pflegte in westphälischen Zeiten zu nicht geringem Aergerniß seiner patriotischen Zuhörer zu sagen: „Meinthalben mag Wähnde (eine Domaine bei Göttingen, unter Jerome nannten die Bonapartisten das Amthaus zu Weende château de Weende) dem Kaiser Napoleon oder dem Kenig Gehorg jeheeren, wenn se mer meenen Jehalt jäben, so ist mers eenerlee."

Langenbeck sagte dagegen: „Meintwegen mag der Großtürk oder Großmogul unser Herr sein; wer mir die beste Anatomie und das beste chirurgische Hospital giebt, dem diene ich." —

Anatomie . . . . . . und . . . . Eingang des Botanischen Gartens
in Göttingen

... 1736. trat Herr Haller seine Profesforstelle, an, ... den 20. Heumonat 1737. secirte er den ersten Körper.

Unter seinem Vorfahren, dem Herrn Profeffor Albrecht, war noch kein anatomisches Theater aufgeführet. Herr Haller mußte sich also noch begnügen, eine Zeitlang auf einem Thurne, bey dem Albaner-Thore, seine anatomischen Arbeiten zu verrichten. Inzwischen ließ die Regierung den neuen medicinischen Garten, und das Theater, mit großen Unköften in Stand setzen; 1738. fieng Herr Haller an, auf demselben offentlich zu zergliedern, ...

Man ertheilte zum Behuf der Anatomie sehr ausgedähnte Privilegia, die alle Winter dem Herrn Haller dreißig bis vierzig Körper, ohne die geringften Unköften, zuwege brachten; ein Vortheil, deffen sich wenig Univerfiteten zu rühmen haben.

Man penfionirte noch über das einen Profector, der insgemein Doctor war, zwey Studenten, als Gehülfen, und einen anatomischen Zeichner; alle diese Leute arbeiteten unter der Auffficht des Herrn Hallers.

Die anatomischen Tabellen des Herrn Hallers, und seine vielfältigen Schriften, find eine Probe, wie hoch die Anatomie in Göttingen unter ihm geftiegen sey.

Der blühende Zuftand des Theaters, ... und die zahlreichen Zuhörer, die aus allen Theilen von Deutschland, Holland, England, Ungarn, Schweden, Dänemark, Rußland, Pohlen, Böhmen, aus der Schweitz, aus der Wallachey, zu der Zeit, auf den Ruhm des Herrn Hallers hin, sich bey dem selben eingefunden haben, find auch für Uebelgefinnte ein überzeugender Beweißthum davon.

An. 1751. brachte Herr Haller bey der Königl. Landes-Regierung eine Verordnung zuwege, vermittelft welcher in Zukunft diejenigen, die in den Hanoverischen Landen sich setzen und als Aerzte leben wollen, noch vor der Erhaltung der Doctor-Würde, in Göttingen ein oder zweymahl einen vorgeschriebenen Theil des menschlichen Körpers zergliedern, offentlich vorzeigen und erklären, auch darüber der Facultät ein vom dortigen Lehrer der Anatomie unterschriebenes Zeugniß einliefern follen, da wiedrigen Falls ihnen weder die Doctorwürde, noch die Erlaubniß, die Arzneykunst auszuüben, ertheilt werden wird. Andere auf fremden Univerfitäten mit der Doctorwürde begabte Aerzte müffen ebenfalls, ehe ihnen erlaubt ift, sich im Lande als Aerzte zu setzen, sich dieser Probe ihrer anatomischen Geschicklichkeit unterwerfen.

Neue Anatomie von Süden her

Den Beginn des anatomischen Unterrichts und der Secirübungen machte der erste hieher beru-
fene medicinische Professor Joh. W. Albrecht.... Hollmann erzählt, wie er in einem feuchten
Gewölbe eines finstern und dumpfen Festungsthurmes am Groner Thore die Anatomie zum grossen Entsetzen der damals noch weniger gebildeten Einwohner eingerichtet hatte, und diese ihm
Wasser und Holz verweigerten.

Nach der Richtung der Zeit betrachtete man die Anatomie als einen mit der Chirurgie und Botanik innig verbundenen Zweig der Medicin....

Nach Haller's Weggange fand die Theilung der drei von ihm bekleideten Professuren in der
Weise statt, dass Brendel sein Nachfolger in der Chirurgie, Zinn in der Botanik und Röderer
in der Anatomie wurde, der auch die Leitung des anatomischen Theaters behielt: nach ihm
folgte P. ·G. Schröder, dann Wrisberg und dessen Prosector Hempel. Wrisberg's Nachfolger
war Langenbeck....

Schon Haller legte eine Sammlung von Präparaten an, welche nach seinem Abgange in der Ana-
tomie-Kammer aufgestellt wurden.

Auch zu Langenbeck's Zeiten war eine ältere vielfach vermehrte Sammlung pathologischer Präparate in der Anatomie aufgestellt, zu welcher die 1837 von der Regierung erkaufte Sammlung
kranker Knochen von Wynpersse kam, welche später mit der pathologischen Sammlung des Hospitals vereinigt wurde.

Die ... reiche anatomische Sammlung ist von Langenbeck gegründet und zählt an 1500 Präparate, viele davon werden immerwährende Zeugnisse der bewunderungswürdigen Geschicklichkeit
des berühmten Anatomen bleiben.

Eine bedeutende Anzahl von Präparaten rührt von der Hand des seit 1820 ... an der Anatomie
thätigen Prosectors Pauli her; vom jetzigen Vorstande wurde die Sammlung um mehrere hundert
Nummern vermehrt. Sie ist besonders ausgezeichnet durch Gefäss- und Nervenpräparate, berühmt
sind auch die Langenbeck'schen Präparate des Gehörorgans.

Ernst-August-Hospital, erbaut 1851, heute: HNO-Klinik.

Das **Ernst-August-Hospital** an der Geiststrasse, erbaut von dem Hofbaumeister
Vogell, enthält in dem ersten Stockwerk eine pathologische und im zweiten eine chirurgische
und augenärztliche Abtheilung, jede unter einem besondern Director. Beide Directoren
bilden zusammen den Hospitalvorstand.

In jedem Stockwerke befinden sich auf jeder Seite zwei grosse Krankensäle zu je 12 und
zwei kleinere zu je 6 Betten, eine kleine Küche, ein Badezimmer und einige Zimmer für
Privatkranke. Unter den übrigen Einrichtungen sind hervorzuheben ein besonderes Haus
für ansteckende Kranke, Wasserreservoirs unter dem Dache, welche durch eine Repsoldsche
Pumpe vermittelst einer Dampfmaschine gefüllt werden, eine treffliche Instrumentensamm-
lung und eine pathologisch-anatomische Sammlung. . . .

Arme werden unentgeldlich aufgenommen. Sie müssen ein ärztliches Zeugniss über
ihren Krankheitszustand und eine obrigkeitliche Armuthsbescheinigung portofrei an den
Vorstand einschicken. Die städtische Kämmereikasse zahlt jährlich an das Hospital
die Aversionalsumme von 450 Thlr. für ihre erkrankten Armen, welche entweder in demselben aufgenommen oder poliklinisch behandelt werden.

Dienstboten und Gesellen werden unentgeldlich aufgenommen, wenn sie durch ein viertel-
jährlich beim Magistrat einzuzahlendes Hospitalgeld abonnirt haben. Für Studenten wird ein
besonderes Zimmer reservirt, wofür der Krankenverein jährlich 50 Thlr. Miethe bezahlt.

Sonst bezahlt man für ärztliche Behandlung und Arznei, Wartung Krankenkost, Bett-
wäsche, Heizung und Licht in den allgemeinen Krankensälen täglich $7\frac{1}{2}$ gr. und zwar für
30 Tage voraus, für ein Separatzimmer $17\frac{1}{2}$ gr. Unheilbare und Geisteskranke nimmt die
Anstalt nicht auf. Die Verstorbenen werden nur auf Rechnung der Angehörigen beerdigt.

Carl Himly, geb. zu Braunschweig 30. April 1772, studirte zu Göttingen, ward 6. Septbr. 1794 Doctor der Medicin, 1795 Professor der chirurgimedicinischschen Clinik zu Braunschweig. . . .

1801 erhielt er die durch Hufelands Abgang erledigte Stelle als ordentlicher Professor der Arzneikunde und Mitdirector der Clinik zu Jena, und den Character eines herzogl. sachsen=weimarschen Hofraths. . . .

1803 kam er als Hofrath, Director des academischen Hospitals und außerordentliches Mitglied der HonorenFacultät nach Göttingen, woselbst er 1809 ordentliches Mitglied der Facultät, 1814 erstes academisches Mitglied der PoliceiCommission wurde. . . .

Folgende gelehrte Gesellschaften nahmen ihn auf:

die königliche Societät der Wissenschaften zu Göttingen, die kaiserliche Josephinische Academie in Wien, die kaiserliche medicinischchirurgische in Petersburg, die medicinischphysicalische Societät zu Erlangen, die medicinische zu Paris, die mineralogische zu Jena; die der Wissenschaften und Künste zu Mainz, die medicinisch=chirurgische zu Bern, die kaiserliche naturforschende zu Erlangen, und die niederrheinische Gesellschaft für Natur= und Heilkunde zu Bonn;

Das hiesige **medicinisch chirurgische Hospital** hat seit dem Jahre 1787 eine gänzliche Umwandlung erfahren. Die erste Idee zur Anlage desselben rührte von einer Freimaurerloge her, die sich zu diesem Zwecke zu einem jährlichen Beitrage anheischig machte, wiewohl gleich anfangs die Regierung den bei weitem beträchtlicheren Theil der Kosten herschoß. ...

So bestand das Hospital bis zum Jahre 1803 unter der obersten Direction des Hofraths Richters, ... worauf im Anfange des Jahres 1802 der Hofrath Osiander die unmittelbare Leitung des Unterrichts bis zu der zu Ostern des folgenden Jahres erfolgten Ankunft des Hofraths Himly übernahm.

Schon früher war außerdem ein eigener Hospitalwundarzt, anfangs in der Person des Professors Wardenburg, dann des Hofraths Langenbeck angestellt.

Getrennt von dem Hospitale ... bestanden ... noch das ... königlich clinische Institut und verschiedene private Stadtcliniken ...

Beide Anstalten das Hospital und die Stadtnik wurden dagegen mit einander verbunden, als der Hofrath Himly die Direction des ersteren im Jahre 1803 übernahm und alsbald beiden eine wesentlich veränderte und verbesserte Einrichtung gab; gleich anfangs ward das Hospital selbst auf acht und zwanzig Betten vermehrt.

Da jedoch das Gebäude selbst theils zu eng, theils auch in anderer Rücksicht nicht paßlich war, so ward im November 1809 das vormahls Böhmerische Haus am stumpfen Biel, eins der geräumigsten Privathäuser der Stadt, ... angekauft.

Ueberhaupt ist die Lage des Hauses zu diesem Behufe vorzüglich passend, indem es zwar abgelegen, aber nicht entlegen ist, ... und nur etwa 150 Fuß von fließendem Wasser entfernt, das durch eine Röhrenleitung bis in die Bäder geführt werden kann. ...

Unter den aufgenommenen Kranken befsich immer vorzüglich viele Augenkranke, im Durchschnitte in jedem Jahre etwa anderthalb hundert, weil der ausgezeichnete Ruf des Directors ganz vorzüglich diese Klasse von Leidenden aus weiten Entfernungen herbeilockt; wodurch sich aber alsdann auch wieder die außerordentlich geringe Anzahl der Todesfälle erklärt. Im Sommer pflegt die Zahl der Augenkranken viel bedeutender als im Winter zu seyn.

Himly's wichtigstes ... Werk: „Ophthalmologische Beobachtungen und Untersuchungen oder Beiträge zur Kenntniß und Behandlung der Augen im gesunden und kranken Zustande", kann als eine ganz vorzügliche Bereicherung für die Diagnostik der Augenkrankheiten angesehen werden.

Die von ihm zuerst cultivirte seitliche Beleuchtung des Auges, mittels derer man auch die kleinsten Veränderungen in der Hornhaut, Iris und Linse mit Sicherheit zu erkennen vermochte, muß als ein Vorläufer für die spätere Entdeckung des Augenspiegels angesehen werden. ... Außer einem Lehrbuche der praktischen Augenheilkunde gab H. noch im Verein mit Johann Adam Schmidt eine „ophthalmologische Bibliothek" heraus, in der sich Aufsätze und Kritiken von den bedeutendsten Ophthalmologen der damaligen Zeit vorfinden.

Mit allen Glücksgütern ausgestattet, vollständig unabhängig, erfreute sich H. der besten Gesundheit und die Ursache seines Selbstmordes (Sturz in die Leine) am 22. März 1837 ist in keiner Weise aufgeklärt.

Er war also zu Göttingen als Professor 34 Jahr
1803 — 1837
alt 31 — 65 J.

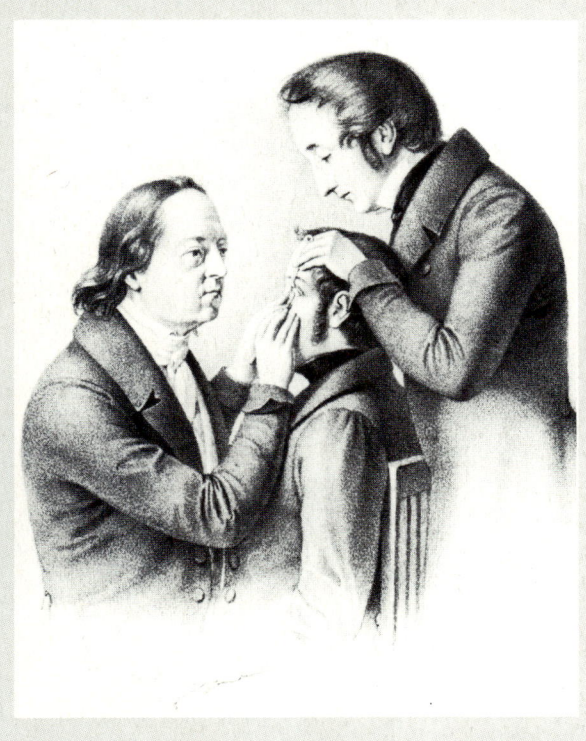

Der Botanische Garten in Göttingen

Der überaus weitläuftige Garten nahm von einem Jahre zum andern mächtig zu; neben den gewohnten Pflanzen, die man insgemein in medicinischen Gärten aufhebet, hatte Herr Haller eine Sammlung der seltensten Pflanzen, die in der Schweitz und auf dem Harze wachsen, in demselben zusammen gebracht.

Sein überaus grosser Briefwechsel, der sich von Petersburg bis in Spanien, und manchmal über Rußland bis in China erstreckte, und seine genaue Verbindung mit den besten Kräuterkennern lieferte ihm eine Menge von Saamen, die er allemal mit der gleichen Münze, auf eine angenehme Art, bezahlen konnte.

Die Regierung schafte wohlgelegene Glashäuser, und alle zu einem Garten erforderlichen Nothwendigkeiten an; es wurden auch eine Menge Zeichnungen von Pflanzen verfertiget,

Schon 1738 waren die Glashäuser vollendet, 1739 wurden Mistbeete angelegt und das erste Gartengeräth angekauft. Von dieser Zeit an kann man erst von dem Beginn des Gartens sprechen. . . .

Die gegenwärtige Anlage und Eintheilung des Gartens ist durch die Stellung des Walles, welcher die Grundfläche in zwei Hälften theilt, bedingt. Innerhalb des Walles in der Stadt liegen an der Strasse die Wohnungen des Directors, langehin das Haller'-sche Haus genannt, und des Gartenmeisters, wo bis 1829 das anatomische Theater untergebracht war. An dem Walle liegen dem Süden zugewendet die Glashäuser. . . .

Die Zahl der cultivirten Pflanzen betrug (1766) 2000, wurde (1836) auf 10 000 angegeben und dürfte jetzt 13 bis 14 000 Species überschreiten. . . .

Der botanische Garten ist in den Abendstunden von 5—7 Uhr mit Ausnahme der Sonn- und Festtage für Jedermann geöffnet, sonst wird der Besuch auf Ansuchen nicht versagt.

Botanischer Garten, Teilansicht.
Erstes Gewächshaus und Mistbeete, erstellt 1739.

Botanischer Garten, Teilansicht.
Links alte Anatomie; rechts Haus des Direktors.
Beide Gebäude erstellt 1738/39.

Botanischer Garten, Teilansicht. Zweites Gewächshaus, erbaut 1809.

C. F. GAUSS
auf der Terrasse der Göttinger Sternwarte

Gauss' Character zeigte das eigenthümliche Gemisch von männlicher Kraft und von hohem eines grossen Mannes würdigen Selbstbewusstsein, neben einer wahrhaft kindlichen Bescheidenheit.

Auf der einen Seite war er sich sehr wohl bewusst, welche ungeheuere Gewichte er mit seinem geistigen Hebelwerke in Bewegung setzen konnte, und in der That wir haben nie einen Mann gesehen mit einem mehr imponirenden Äussern; während alle andern uns als unseres Gleichen erschienen stand er zwischen uns wie eine überirdische Natur, wie ein Priester der am Throne der Gottheit die Wache hält und auf der andern Seite war er der schlichte einfache Mann, beseelt vom tiefsten Gefühle der Demuth vor jener alles durchdringenden Intelligenz, die von einem Sonnensystem zum andern im Weltall wiederklingt.

So beschreibt Sartorius von Waltershausen den äußeren Eindruck, den der alte Carl Friedrich Gauß auf seine Umgebung gemacht hat.

Und doch hat sich der "kleine" Göttinger Lithograph und Karikaturist Friedrich Eduard Ritmüller (1805-1869) nicht gescheut, auch den weltberühmten Princeps mathematicorum zu einem nicht sehr geistreichen Scherz zu mißbrauchen und ihn alles andere als imponierend darzustellen.

Aber was soll bloß die reichlich seltsame Unterschrift bedeuten? –

Nun die Erklärung liegt wohl im Doppelsinn des Namens "Nanking". Nanking, die Hauptstadt des südlichen China, war durch die dort gewebten gelblich-roten Baumwollstoffe berühmt, die man damals bei uns kurz "Nankings" nannte. Für die Herstellung leichter Sommerhosen war dieser Stoff besonders beliebt.

Die im Hintergrund des Bildes angedeutete weibliche Person ist sehr wahrscheinlich die jüngste Gaußtochter Therese, die ihrem 1831 zum zweiten Male Witwer gewordenen Vater bis zu seinem Tode die Wirtschaft führte.

"Pappa, der Thermometer 0 und in Nanking?" Therese wundert sich, daß ihr Vater bei einer Temperatur von 0° seine "Nankings" angezogen hat.

"In Nanking erscheint er $2^1/_3$ Sekunden später". Gauß aber denkt, in Gedanken versunken, an die chinesische **Stadt** Nanking, in der sich eine alte Sternwarte befand, und wo "er" – vielleicht ein Komet? – um $^2/_3$ Sekunden später erscheint.

"Um 7 Stunden früher" wäre wahrscheinlicher; aber Ritmüllers astronomische Kenntnisse waren wohl nur minimal.

Pappa, der Thermometer 0 und in Nanking?

In Nanking erscheint er 2½ Secunden später

STERNWARTE in Göttingen.

Die ersten Anfänge eines Observatoriums in Göttingen waren bis zur Erbauung der neuen Sternwarte höchst unbedeutend und unzureichend.

Ursprünglich hatte man die Absicht auf der damaligen Universitäts-Kirche, der gegenwärtigen Bibliothek, dann auf dem Haller'- schen Hause im botanischen Garten eine Sternwarte zu gründen, im Streite über diese beiden Pläne verschob sich die Angelegenheit bis zum Jahre 1751, als endlich v. Segner und Mayer einen alten Thurm an der Stadtmauer in dem damaligen Apotheken-, ... Garten, für die Gründung des Observatoriums in Vorschlag brachten. ...

So kam an dieser Stelle das erste Observatorium in Göttingen zu Stande, allein die baulichen Einrichtungen waren gleich anfänglich so mangelhaft, das Gebäude schon 1759 ganz schadhaft, dass die Instrumente der Gefahr des gänzlichen Verderbens ausgesetzt waren.

Es hatten Kästner, welcher nach Mayer und Lowitz die Leitung des Observatoriums übernahm und Professor Carl Fel. Seyffer ... welcher von 1789—1804 unter ihm als Observator angestellt war, unausgesetzt mit den Mängeln des alten Gebäudes, dessen unterer Raum als städtisches Spritzenhaus benutzt wurde, mehrmal dem Einsturze drohte und bei der fortwährenden Senkung der Mauern eine Reihe von Instrumenten gar nicht benutzen liess, zu kämpfen.

Auf diese Weise stellte sich das Bedürfniss nach einem neuen Gebäude für astronomische Beobachtungen immer dringender heraus.

TOBIAS MAYER

geb. 1723. Febr. 17. ... hat auf keiner Universität studiert. ...

Seit 1746. war er zu Nürnberg bey der Homannischen Officin, zu deren Landcharten er die wichtigsten Arbeiten machte ... ; und er fieng schon damals an, insonderheit zur Verbesserung der Theorie vom Monde wichtige neue Beobachtungen zu machen.

Im Jahr 1751. ward er als prof. mathem. ord. nach Göttingen berufen, erhielt auch daselbst 1753. eine ordentliche Stelle in der Societät der Wissenschaften, und 1754. die Aufsicht über das Observatorium.

Seine seitdem ausgearbeitete Schriften enthalten ... viele neue zum Theil grosse und wichtige Erfindungen. ...

† 1762. Febr. 20.,

Er war also zu Göttingen 11. Jahre 1751 - 1762.
alt 28 – 39

Im Jahre 1802 wurde der auf der südöstlichen Seite vor der Stadt gewählte Bauplatz gekauft, und 1803, nachdem der König Georg III. die Summe von 23500 ₰ dafür bewilligte, der Bau nach ... dem Vorbilde des Radcliffe-Observatoriums zu Oxford und der Sternwarte auf dem Seeberge bei Gotha begonnen, ... im Jahre 1816 zu Ende geführt.

Das Gebäude besteht aus der eigentlichen Sternwarte und zwei Seitenflügeln, ... Die Sternwarte selbst, das für Beobachtungen bestimmte Gebäude, enthält ebener Erde eine schöne Vorhalle und vier Säle für die Instrumente und Beobachtungen. ... In der Mitte erhebt sich ein thurmartiger Bau, dessen halbkugelförmige Kuppel gedreht werden kann. ...

Das magnetische Observatorium steht auf einem freien Platze vor der Sternwarte und wurde aus Anlass der von Gauss begonnenen magnetischen Beobachtungen 1833 erbaut.

Im Jahre 1832 wurden schon an der Sternwarte zu Göttingen die ersten Versuche mit magnetischen Apparaten zur Messung der absoluten Intensität des Erdmagnetismus gemacht, und eine Reihe von Apparaten von Gauss und W. Weber construirt.

Ohnstreitig gehört also diese Sternwarte in Rücksicht ihres prachtvollen Äußern sowohl, als wegen ihrer ausgesuchten Instrumente, unter die vollkommensten Anstalten dieser Art, und wird vielleicht von keiner andern der jetzt in Europa vorhandenen übertroffen.

Erster elektrischer Telegraph

Göttingen 1833

W. E. Weber

C. Fr. Gauß

Hochzuverehrender Herr Hofrath!

Wenn es ihre Zeit gestattete, wünschte ich heute einen neuen Induktor für die telegraphischen Signale zu probieren. Ich werde daher um 10ʰ 5' auf ein Signal warten und zehn Minuten nach dem Empfang Gegensignale geben.

Sollten Sie keine Zeit zu diesen Versuchen heute morgen haben, so wird mir das Ausbleiben des Signals als Nachricht davon dienen.

Ihr gehorsamer

Sonntag den 30ten Sptbr. Wilhelm Weber

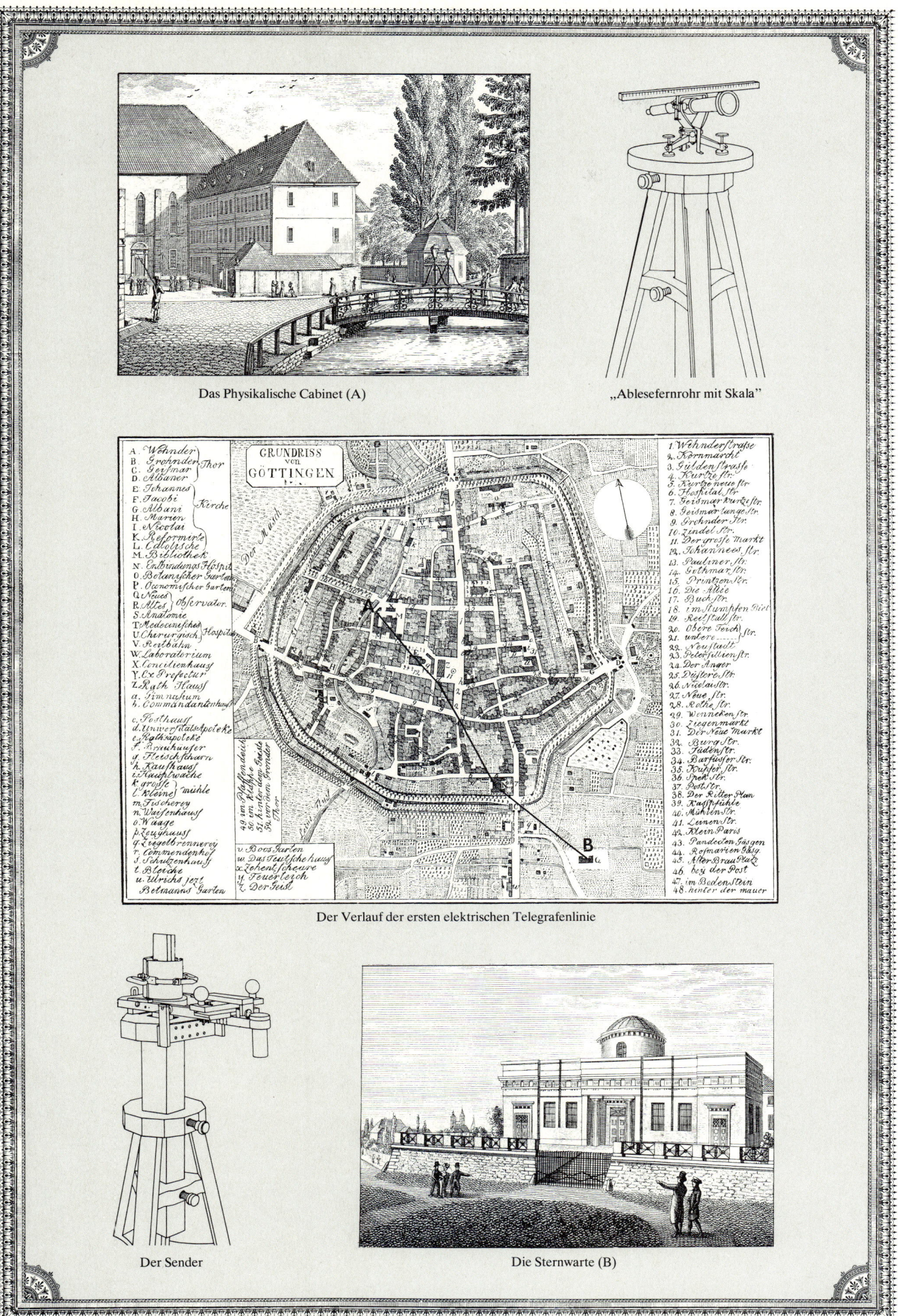

Das Physikalische Cabinet (A)

„Ablesefernrohr mit Skala"

Der Verlauf der ersten elektrischen Telegrafenlinie

Der Sender

Die Sternwarte (B)

1.

Wilhelm Weber an den Magistratsdirector Ebell.

Hochwohlgeborner Herr,
Hochzuverehrender Herr Director,

Ew. Hochwohlgeboren beehre ich mich, gehorsamst anzuzeigen, daß ich, zum Zwecke einer wissenschaftlichen Unternehmung, einen doppelten Bindfaden von dem mir untergebenen physikalischen Kabinet auf den hiesigen Johannisthurm und von da weiter zur Sternwarte habe aufspannen lassen, — und verbinde damit die ergebenste Bitte, daß Sie diesem Unternehmen, welches nicht ohne Interesse für die Wissenschaft ist, möglichst Ihren Schutz angedeihen lassen mögen, sowohl dadurch, daß Sie gestatten, daß der genannte Bindfaden einige Zeit am Johannisthurm angeknüpft bleibe, als besonders dadurch, daß Sie den Polizeibeamten, Nachtwächtern u. s. w. gütigst einige Aufmerksamkeit anempfohlen, daß nicht durch Muthwillen ein Schade daran geschieht.

Uebrigens habe ich die Ehre, hierbei zu bemerken, daß meines Wissens beim Aufknüpfen des Bindfadens am Johannisthurm nichts weiter erforderlich gewesen ist, als den Laden von einer Fensteröffnung zu entfernen, welches in meiner Abwesenheit geschehen ist, — sonst würde ich Ew. Hochwohlgeboren Genehmigung vorher eingeholt haben.

Der Zweck der Sache ist darauf gerichtet, die Kräfte des Galvanismus und Magnetismus, so weit sie zu practischen Zwecken irgend einmal dienen könnten, im Großen näher zu untersuchen.

Nur Übelwollen oder völlige Unkenntniß können Gerüchte verbreiten, als sey mit dieser Vorrichtung Gefahr irgend einer Art, z. B. bei Gewittern, verbunden.

Ich zweifle nicht, daß Ew. Hochwohlgeboren und der übrige Hochlöbliche Magistrat dem Gutachten der an hiesiger Universität angestellten sachverständigen Männer ein hinreichendes Zutrauen in dieser Beziehung schenken werden. Ich bin im Stande Ew. Hochwohlgeboren wegen solcher Gefahren völlig zu beruhigen, wenn auch mehrere solcher Schnüren oder feiner Drähte über die Häuser aufgespannt würden.

Ew. Hochwohlgeboren werden gütigst entschuldigen, daß ich nicht früher eine Anzeige über diese geringfügige Angelegenheit gemacht habe — bei der Schnelligkeit der Ausführung und in der Ueberzeugung, daß von Ew. Hochwohlgeboren Seite kein Bedenken stattfinden werde, war die Nothwendigkeit derselben meiner Aufmerksamkeit entgangen.

Empfangen Sie gütigst die Versicherung meiner größten Hochachtung, mit der ich zu verharren die Ehre habe

Ew. Hochwohlgeboren

Göttingen,
den 15. April 1833.

gehorsamster Diener,
Wilhelm Weber,
Director des physikalischen Cabinets
hiesiger Universität.

Johannis-Kirchturm, Verlauf der Drahtleitung

2.

Der Göttinger Magistrat an Wilhelm Weber.

Ew. Wohlgeboren sind durch das gefällige, an den Magistrats-Director Ebell gerichtete, von diesem aber an den Magistrat abgegebene Schreiben vom 15/16. huj. einer bereits beabsichtigten Anfrage über den Zweck der auf dem Johannis-Thurme ohne unser Vorwissen gemachten Vorrichtungen zuvor gekommen. Wenngleich wir nun jederzeit gern bereit sind zur Einrichtung und Förderung wissenschaftlicher Institute nach Kräften die Hand zu bieten, so müssen wir uns für den vorliegenden Fall jedoch Pflichten-halber annoch eine gefällige Erläuterung über die nachfolgenden Punkte erbitten:

1) Sind die gemachten Vorkehrungen nur als eine Probe zu betrachten; oder sollen sie bleibend werden?

2) Wird es deßhalb erforderlich werden, einzelnen Personen, und welchen, jederzeit den Zugang zu dem Thurme zu gestatten?

3) Werden die jetzt gezogenen Linien durch Drähte ergänzt werden, und von welchem Metall werden solche seyn?

4) Ist es erforderlich, daß die schon jetzt beseitigten Jalousien vor den Thurmöffnungen, auch für die Folge hinwegfallen, und die fraglichen Luken offen bleiben müssen?

Indem wir uns darüber eine baldgefällige Benachrichtigung erbitten, bemerken wir hinsichtlich des letzten Punktes schon im Voraus, daß der Thurm zu sehr der Einwirkung des Wetters ausgesetzt ist, als daß wir ohne zu großen Nachtheil für die inneren Bauwerke das Offenbleiben der Dachluken gestatten könnten.

Wir benutzen übrigens diese Gelegenheit, Ew. Wohlgeboren die Versicherung unserer vollkommensten Hochachtung zu ertheilen.

Göttingen, den 18. April 1833.
Der Magistrat der Stadt Göttingen.
G. C. E. Ebell, Dr.

3.

Wilhelm Weber an den Göttinger Magistrat.

Ein Hochlöblicher Magistrat der Stadt Göttingen hat in einem an den Unterzeichneten gerichteten Schreiben vom 18. April einige Erläuterungen gütigst verlangt, um entscheiden zu können, ob Derselbe der zu einer wissenschaftlichen Unternehmung von mir an den Herrn Magistrats-Director Ebell gerichteten Bitte willfahren könne. — Ich habe die Ehre Folgendes darauf zu erwiedern, nämlich:

ad 1. Die gemachten Vorkehrungen sind nicht als bleibend zu betrachten, sondern können beseitigt werden, sobald die damit beabsichtigten Versuche angestellt und deren Erfolg außer Zweifel gesetzt worden.

ad 2. Nachdem die Schnüre einmal aufgespannt sind, wird die Anwesenheit eines Beobachters während der Versuche nicht erfordert, wie überhaupt von diesen Versuchen außer dem physikalischen Cabinet und der Sternwarte nichts sichtbar wird. Nur beim Beginn jeder neuen Reihe von Versuchen suche ich für meine und meines Gehülfen Person um die Erlaubniß, auf dem Thurme mich aufzuhalten, nach.

ad 3. Der aufgespannte Bindfaden soll dazu dienen, einen feinen Metalldraht frei schwebend zu erhalten. Die Dicke dieses Drahtes übersteigt nicht viel die eines Haares und vermag nur ganz schwache galvanische Ströme zu fassen und fortzuleiten. Dieser Draht besteht aus Silber und Kupfer. Er ist, verbunden mit dem Bindfaden, dem bloßen Auge für sich allein nicht sichtbar.

ad 4. Die Thurm-Oeffnungen können verschlossen seyn, und ich werde, dem vom Hochlöblichen Magistrate ausgesprochenen Willen gemäß, Sorge tragen, daß dieser Verschluß schon in den nächsten Tagen wiederhergestellt wird.

Indem ich Einen Hochlöblichen Magistrat zu bitten die Ehre habe, diesem Unternehmen möglichst freien Gang zu gestatten, und so viel thunlich Schutz angedeihen zu lassen, verbinde ich damit die Versicherung, daß ich diese Verwilligung mit dem größten Danke meinerseits anzuerkennen wissen werde, der ich mit der größten Hochachtung zu verharren die Ehre habe

Eines Hochlöblichen Stadt-Magistrats

Göttingen,
den 20. April 1833.

gehorsamster Diener,
Wilhelm Weber,
Professor an hiesiger Universität.

4.

Der Göttinger Magistrat an Wilhelm Weber.

Unter den von Ew. Wohlgeboren uns gegebenen Erläuterungen lassen wir die auf dem Johannis-Thurme gemachten Vorrichtungen zu magnetisch-galvanischen Beobachtungen bis auf weiteres gern geschehen, sowie wir auch nichts dabei zu erinnern finden, daß Ew. Wohlgeboren behufs dieser Beobachtungen Sich mit einem Gehülfen dann und wann auf dem Thurme aufhalten. Unter Versicherung unserer vollkommensten Hochachtung

Göttingen, den 6. May 1833.
Der Magistrat der Stadt Göttingen.
G. C. E. Ebell, Dr.

Göttingische

gelehrte Anzeigen

unter der Aufsicht
der Königl. Gesellschaft der Wissenschaften.

128. Stück.

Den 9. August 1834.

Göttingen.

...

Wir können hierbey eine mit den beschriebenen Einrichtungen in genauer Verbindung stehende großartige und bisher in ihrer Art einzige Anlage nicht unerwähnt lassen, die wir unserm Hn Prof. Weber verdanken. Dieser hatte bereits im vorigen Jahre von dem Physikalischen Cabinet aus über die Häuser der Stadt hin bis zur Sternwarte eine doppelte Drahtverbindung geführt, welche gegenwärtig von der Sternwarte bis zum Magnetischen Observatorium fortgesetzt ist. Dadurch bildet sich eine große Galvanische Kette, worin der Galvanische Strom, die an beiden Endpuncten befindlichen Multiplicatoren mitgerechnet, eine Drahtlänge von fast Neuntausend Fuß zu durchlaufen hat. Der Draht der Kette ist größtentheils Kupferdraht von der im Handel mit 3 bezeichneten Nummer, wovon eine Länge von einem Meter acht Gramm wiegt; der Draht des Multiplicators im M. O. ist übersilberter Kupferdraht № 14, wovon auf ein Gramm 2,6 Meter kommen. Diese Anlage ist ganz dazu geeignet, zu einer Menge der interessantesten Versuche Gelegenheit zu geben. ...

Die Leichtigkeit und Sicherheit, womit man durch den Commutator die Richtung des Stroms und die davon abhängige Bewegung der Nadel beherrscht, hatte schon im vorigen Jahre Versuche einer Anwendung zu telegraphischen Signalisierungen veranlaßt, die auch mit ganzen Wörtern und kleinen Phrasen auf das vollkommenste gelangen. Es leidet keinen Zweifel, daß es möglich seyn würde, auf ähnliche Weise eine unmittelbare telegraphische Verbindung zwischen zweyen eine beträchtliche Anzahl von Meilen von einander entfernten Oertern einzurichten: allein es kann natürlich hier nicht der Ort seyn, Ideen über diesen Gegenstand weiter zu entwickeln.

Local-Nachrichten.

Göttingen, 12. Sept. 76

Zu dem 50jährigen Doctorjubiläum des

Geh. Hofraths Professor Weber,
des letzten der Göttinger Sieben,

hatte Generalpostmeister Stephan ein Glückwunschschreiben gerichtet,

welches lautet:

„Euer Hochwohlgeboren begehen am 26. August d. J. die seltene Feier des 50jährigen Doctorjubiläums. In weiten Kreisen findet dies freudige Ereigniß die lebhafteste Theilnahme. Der Staat und die Wissenschaft, Ihre zahlreichen Freunde und Verehrer, mitstrebende Berufsgenossen und anhängliche Schüler bezeugen Ihnen Dank, Anerkennung und Verehrung. Die Geschichte unserer Zeit und ihrer mächtigen Fortschritte, namentlich auch auf dem Gebiete der Gedankenmittheilung preist es als ein Glück, daß Sie, hochgeehrter Herr Geheimrath, während dieses langen Zeitraums der Wissenschaft erhalten blieben, dieselbe in allen Stürmen der Zeit treu hegten und pflegten und sie epochemachend förderten. Als Vertreter der Telegraphenverwaltung des Deutschen Reiches und im Namen aller ihrer Angehörigen fühle ich mich gedrungen, Ihnen hochgeehrter Herr Jubilar, zu Ihrem Ehrentage die aufrichtigsten Glückwünsche darzubringen!

Die Telegraphie sieht in Ihnen einen ihrer Schöpfer und unter den hervorragenden Geistern aller Völker, welche sich der Entwicklung dieses bewunderungswerthen Verkehrsmittels hingebend gewidmet haben, ist Ihnen der Ruhm beschieden gewesen, den Vorrang Deutschlands in Verwerthung der neuen Kraft für den Gedankenaustausch mit herbeigeführt zu haben. Der Drahtzirkel zwischen der Sternwarte und dem physikalischen Cabinet in Göttingen gehört der Geschichte an, und der Name Wilhelm Eduard Weber wird fortleben, so lange der menschliche Geist mit Hülfe des electrischen Funkens den Raum beherrscht.

Möge der Allmächtige, welcher Ihnen eine reich gesegnete Vergangenheit bescheert hat, Ihrem schaffenden Geiste die rüstig frische Kraft noch förder gewähren, Ihnen selbst zur Befriedigung, der Wissenschaft zum Heile, unserer Nation zum gerechten Stolze!"

FRIEDRICH WÖHLER.

Im März 1825 reiste Wöhler nach Berlin. Dort wurde er ... Lehrer der Chemie und Mineralogie angestellt, ... Das Directorium der Schule erkannte schnell, welche ausgezeichnete Kraft man an Wöhler gewonnen hatte. ...

1828 wurde er durch einen königlichen Erlass zum Professor ernannt, ... mit einem ansehnlichen Gehalt und grosser, freier Wohnung in dem Hause der Anstalt selbst; ...

Der Aufenthalt ... hier ... die grösseren Hülfsmittel, die ihm ... zu Gebote standen, der rege wissenschaftliche Verkehr mit den Andern aus Berzelius' Schule, ... die häufige Gelegenheit, in verschiedenen Kreisen mit zahlreichen hervorragenden Männern jener Zeit in Berührung zu kommen, alles dies konnte nicht verfehlen, anregend und belehrend zu wirken; ... so wie es auch zu seinen liebsten Erinnerungen gehörte, A. v. Humboldt persönlich kennen gelernt, seinen geistvollen, alle Gebiete des Wissens umfassenden Unterhaltungen beigewohnt, seine berühmten Kosmosvorträge gehört zu haben. ...

Im Besitze eines eigenen Laboratoriums zögert Wöhler nicht, seinem Forschertriebe alsbald nach den verschiedensten Richtungen hin zu folgen. ...

Während seines Aufenthaltes in Stockholm war Berzelius die Isolirung des Siliciums gelungen; an diese Arbeit sich anlehnend bereitet Wöhler das Aluminium durch die Einwirkung von Kalium auf Aluminiumchlorid.

Das neue Metall, als graues Pulver abgeschieden, wird unter dem Polirstahl grauweiss, es löst sich in Säuren und Alkalien und tritt direct mit Phosphor, Arsen, Schwefel, Selen und Tellur zusammen.

Man erkennt, dass der von Wöhler zur Abscheidung dieses interessanten Metalles schon damals eingeschlagene Weg derselbe ist, auf welchem er dasselbe zwanzig Jahre später in grösseren Kugeln erhielt, ...

Nach demselben Verfahren gelingt Wöhler die Isolirung der seltenen Metalle Beryllium und Yttrium, welche sich als dem Aluminium ähnliche Elemente erweisen. —

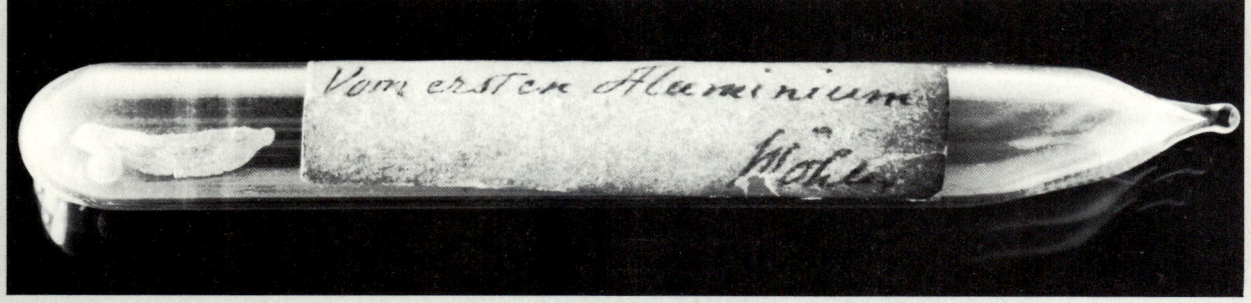

Vom ersten Aluminium Wöhler

ANNALEN
DER
PHYSIK
UND
CHEMIE.

HERAUSGEGEBEN
ZU
BERLIN
VON
J. C. POGGENDORFF.
ELFTER BAND.
LEIPZIG
VERLAG VON JOH. AMBROSIUS BARTH
1827.

XI. *Ueber das Aluminium;*
von
F. WÖHLER.

Die physischen und chemischen Eigenschaften der Elemente kennen zu lernen, welche in oxydirtem Zustande die Hauptmasse unserer Erdrinde ausmachen, ist gewiss in vieler Hinsicht von grösserem Interesse, als die Kenntniss mancher der eigentlichen Metalle; denn von der Kenntniss jener Körper hängen selbst zum Theil unsere Vorstellungsarten von der Bildung der Erdrinde, von der Ursache der vulcanischen Erscheinungen, u. a., ab. ...

2. Metallisches Aluminium.

Auf der Zersetzbarkeit des Chloraluminiums durch Kalium, und auf der Eigenschaft des Aluminiums, sich nicht in Wasser zu oxydiren, beruht die Art, wie mir die Reduction und Darstellung dieses Metalles gelang. — Erwärmt man in einer Glasröhre ein kleines Stückchen Chloraluminium mit Kalium, so wird die Röhre, durch die heftige, mit starkem Feuer begleitete, Einwirkung zerschmettert. Ich versuchte dann diese Zersetzung in einem kleinen Platintiegel, worin sie ganz gut gelang.

Göttingische
gelehrte Anzeigen
unter der Aufsicht
der Königl. Gesellschaft der Wissenschaften.

56. Stück.
Den 3. Merz 1845.

Göttingen.

Der Königl. Societät der Wissenschaften legte Professor Wöhler am 8. Februar einen Bericht über einige im akademischen Laboratorium angestellte Arbeiten vor:

1) Zur Kenntnis des Aluminiums. Die folgenden Beobachtungen sind nur als Ergänzung dessen zu betrachten, was Prof. Wöhler vor 18 Jahren über dieses merkwürdige Metall angegeben hat. ...

Wegen der heftigen Feuer-Erscheinung, mit der die Reduction des Chloraluminiums [zu Aluminium-Metall] verbunden ist, bietet diese Operation stäts besondere Schwierigkeiten dar und läßt sich nur in einem kleineren Maßstabe ausführen. Am zweckmäßigsten ist es, Kalium und Chlorid getrennt von einander zu erhitzen, so daß das Kalium eigentlich im Dampf des Chlorids geschmolzen wird. Glasröhren springen dabei unvermeidlich. Der Verf. bediente sich eines 18 Zoll langen und $\frac{1}{4}$ Zoll weiten Rohrs von Platin, welches an dem einen Ende mittelst eines eingeriebenen Platinstöpsels verschließbar ist. ...

Aluminium in geschmolzen blanken Kugeln hat, ungefähr die Farbe und den Glanz von Zinn. Es ist vollkommen geschmeidig. Kugeln von Aluminium lassen sich zu den dünnsten Platten aushämmern, ohne im Mindesten an den Rändern zu reißen. Sein specifisches Gewicht, bestimmt mit 2 Kugeln, zusammen 32 Milligramm schwer, wär bei $+ 10°$ C $= 2,50$; bestimmt mit 3 ausgehämmerten Kugeln, zusammen 34 Milligramm schwer, $= 2,67$.

DIE CHEMISCHEN LABORATORIEN.

Vorstand   Assistenten
Hofr. WÖHLER.   Priv.-Doc. Dr. LIMPRICHT. Priv.-Doc. Dr. WICKE. Dr. GÖSSMANN.

I.

Das neue chemische Laboratorium in der Hospitalstrasse wurde im Jahre 1843 erbaut, weil bei der wachsenden Zahl von Chemie Studirenden das dringende Bedürfniss eines grössern Auditoriums vorhanden war und die älteren bisherigen Räumlichkeiten nicht mehr genügten. Das Gebäude umfasst einen Hörsal für 80 Zuhörer und daran ein zweckmässig eingerichtetes Laboratorium mit andern dazu gehörigen Räumen. In den für die practischen Arbeiten bestimmten Räumen können 30—40 Practicanten Platz finden. Es werden hier unter specieller Leitung des Vorstandes und eines seiner drei Assistenten ... die grösseren chemischen Arbeiten und Untersuchungen ausgeführt.

II.

In dem daneben liegenden Hause befindet sich das ältere Laboratorium. Dieses Gebäude im Jahre 1783 angelegt, zugleich die Amtswohnung des Vorstandes, war früher das einzige Laboratorium der Universität. Die ersten Lehrer der Medizin, welche die Chemie als deren Nebenzweig lehrten, behalfen sich bei chemischen Arbeiten anfänglich in ihren Privat-Wohnungen, bis J. G. Brendel seine chemischen Versuche und Arbeiten in die Universitäts-Apotheke verlegte. Da der Apotheker Jäger (1749) bei der Regierung Vorstellungen dagegen erhob, wurde Brendel in der Benutzung jenes Laboratoriums auf 1 bis 2 Tage in der Woche beschränkt, doch sollte in den neuen Apotheken-Pachtbedingungen der Pachter angehalten werden, zum Lesen eines für die Pharmacie nöthigen Collegiums die entsprechenden Räumlichkeiten zu schaffen. Diesen Uebelständen wurde nun durch Anlegung eines eigenen chemischen Instituts (1783) abgeholfen, doch genügte schon nach 5 Jahren dieses nicht mehr, und es wurde ein Anbau und Vergrösserung des alten Hauses unter J. F. Gmelin nothwendig (1787). Unter Fr. Stromeyer (1808—1835) wurden die Apparate fast völlig neu geschaffen, die innere Einrichtung des Laboratoriums wesentlich verbessert und (1830) ein weiterer neuer Anbau des Hauses an der westlichen Seite unternommen. In neuester Zeit konnte es dadurch, dass das Auditorium in das neue Gebäude verlegt wurde, bedeutend vergrössert werden. In den 15—20 Plätzen arbeiten die Practicanten unter Leitung des Vorstandes mit Assistenz ...

III.

Trotz dieser Erweiterung, da sich jedes Semester 70—80 Practicanten melden, musste ein drittes Filial-Laboratorium zunächst für Landwirthschaftstudirende eingerichtet werden, welches in dem alten Concilienhause in der Nähe der Bibliothek seinen Platz fand. Erst in diesem Jahre wurden dort Arbeiten begonnen, welche unter Aufsicht des Vorstandes und ... geleitet werden.

IV.

Für practisch-chemische Uebungen der Mediciner musste durch die Erweiterung des Laboratoriums im physiolog. Institute gesorgt werden. ... Auch im neuen Hospitale ist für chemische Untersuchungen ein Laboratorium eingerichtet.

Wöhlers Lötrohr, das ihm Berzelius beschaffte, als Wöhler 1823 in dessen Stockholmer Laboratorium arbeitete. Wöhler legte ein Stück Aluminium bei und schenkte es später einem seiner Assistenten zum Abschied.

Löthrohr (chalumeau, blowpipe).

Gahn, und später Berzelius, haben dem Löthrohr einen wichtigen Platz unter den chemischen Apparaten angewiesen, indem man es, bei gehöriger Uebung und Umsicht, zu tausendfältigen mikrochemischen Versuchen, besonders zur Erkennung von Metallen in ihren Verbindungen benutzen kann; ja es hat sich gegenwärtig so unentbehrlich gemacht, daß, wenn man, ... unsere Chemiker auf die Benutzung eines einzigen Apparates beschränken wollte, die meisten wohl dem Löthrohr ihre Stimmen geben dürften.

Ein ursprünglich bei den Gold- und Silberarbeitern zum Löthen gebräuchliches Werkzeug, bestehend aus einem schwach konisch sich verengernden, in eine feine Oeffnung auslaufenden, unten im Viertelkreis umgebogenen, gewöhnlich messingenen Rohre. Indem man es in eine Licht- oder Lampenflamme hält, und hindurch bläst, bewirkt man einen in eine Spitze auslaufenden Flammenkegel, den man auf die...Stelle richtet, ... Die ursprüngliche Form hat sich gegenwärtig so weit geändert, daß man, um den Speichel von der Spitze abzuhalten, einen kleinen Behälter anbringt, in den das etwa 5 Zoll lange Hauptrohr von oben mündet, und von welchem seitwärts die 1½ Zoll lange Spitze ausläuft.

PRACTISCHE ÜBUNGEN

IN DER

CHEMISCHEN ANALYSE

VON

F. WÖHLER.

MIT 7 HOLZSCHNITTEN.

GÖTTINGEN,

VERLAG DER DIETERICHSCHEN BUCHHANDLUNG.

1853.

Der vorliegenden Sammlung von Beispielen zur Übung in der chemischen Analyse, zunächst bestimmt für das hiesige Laboratorium, liegt die Ansicht zu Grund, dass es für die meisten Köpfe leichter sei, von einem bestimmten Falle aus zu einer klaren Einsicht allgemeiner Verhältnisse und Regeln zu gelangen, als umgekehrt sich nach allgemeinen Regeln in speciellen Fällen zurecht zu finden. Es ist dabei Absicht gewesen, das Buch so einzurichten, dass es dem Studirenden zu denken, dem Lehrer zu erklären noch genug übrig lässt, welchem letzteren es auch überlassen bleiben mag, da wo es von Interesse ist, anzugeben, von wem einzelne Methoden herrühren.

Göttingen im Juli 1853.

Der Verf.

Es soll auch nicht unerwähnt bleiben, dass im März 1855 Napoleon III., der bekanntlich an der Aluminiumfabrikation ein lebhaftes Interesse nahm, auf einen Bericht von Dumas hin an demselben Tage Wöhler und Deville zu Offizieren der Ehrenlegion ernannte.

Es wird Sie und die Leser der Annalen interessiren zu erfahren, daſs Hr. Deville zu Paris gegenwärtig mit der Darstellung von Pfunden von Aluminium beschäftigt ist.

Die Beharrlichkeit und Geschicklichkeit, mit der er diese mühsamen Operationen fortsetzt, sind um so mehr anzuerkennen, als ihm dabei kein anderes Verfahren zu Gebote steht, als das ursprüngliche, bis jetzt noch so kostbare, nämlich die Zersetzung von Chloraluminium mit Natrium, oder die Bunsen'sche Reductionsweise durch den electrischen Strom.

Er hat die groſse Aufmerksamkeit gehabt, mir eine Medaille, geprägt aus reinem Aluminium, zum Geschenk zu machen.

Sie hat die Gröſse eines Zweithalerstücks und eine noch gröſsere Dicke.

Das Gepräge, den Kopf von Napoleon III. darstellend, ist vortrefflich und giebt eine klare Vorstellung von der vollkommenen Geschmeidigkeit dieses Metalls und seiner groſsen Anwendbarkeit, im Falle es einmal durch eine wohlfeilere Reductionsweise zu erhalten seyn würde, zu der man allerdings in so fern einige Aussicht hat, als es Hrn. Deville gelungen ist, die Darstellung des Natriums zu verbessern und wohlfeiler zu machen.

Wiewohl ich von meinen eigenen früheren Versuchen kleine Kugeln und über einen halben Zoll lange ausgehämmerte Plättchen von Aluminium besaſs und seine Geschmeidigkeit und seine Unveränderlichkeit an der Luft kannte, so gestehe ich, war mir doch der Anblick einer so groſsen Masse von diesem Metall, und zwar verarbeitet zu einem Gegenstande der Kunst, in hohem Grade überraschend, und man kann nicht umhin, in vollem Maſse das Verdienst anzuerkennen, das sich Hr. Deville um die nähere Kenntniſs dieses Metalls erworben hat.

Notiz über das Aluminium.

(Briefliche Mittheilung von Professor Wöhler.)

Schon früher hatte Wöhler eine interessante Medaille aus Aluminium erhalten, auf welche er mit vollem Rechte grossen Werth legte.

Es ist bekannt, dass Deville bei seinen 1845 begonnenen Versuchen, das Aluminium im Grossen zu gewinnen, schliesslich dieselbe Methode in Anwendung brachte, mittelst deren Wöhler im Jahre 1827 das Metall zuerst dargestellt hatte. Gleichwohl mussten zur fabrikmässigen Erzeugung ausserordentliche Hindernisse überwunden ... werden.

Niemand hat die Verdienste, welche sich Deville um die Fabrikation des Aluminiums erworben hat, freimüthiger anerkannt als Wöhler, aber gerade desshalb musste es ihn auch umsomehr freuen, dass Deville keine Gelegenheit vorbeigehen liess, ihn als den Entdecker des Aluminiums zu feiern.

Wir erinnern uns zumal mit Vergnügen, dass der hochherzige französische Forscher von dem ersten Barren Aluminium, den er gewonnen hatte, eine Medaille prägen liess, welche auf der einen Seite das Bild des Kaisers Napoleon III., auf der anderen den Namen Wöhler mit der Jahreszahl 1827 führte.

Als Liebig von der Medaille hörte, liess er sie sich alsbald nach München senden, um sie bei dem Vortrage über das Aluminium seinen Zuhörern zu zeigen.

Avers, Brustbild:

· IN · MEMORIAM · NATALICIORVM · OCTOGESIMORVM · XXXI · IVLII · A · MDCCCLXXX ·
FAVSTE · PERACTORVM

Revers, Lorbeer-Eichenkranz:

FRIDERICO · WOEHLER · NATVRAE · INDAGATORI · SAGACISSIMO · DISCIPVLI · AMICI ·
COLLEGAE

Dass dem Eroberer auf dem Gebiete der Forschung auch die äussere Anerkennung der Zeitgenossen nicht gefehlt habe, wird wohl Niemand bezweifeln.

Kaum eine Akademie der Wissenschaft, kaum eine gelehrte Gesellschaft, welche nicht eine Ehre darin erblickt hätte, den Namen Wöhler in ihre Listen einzutragen.

Er war *Foreign Associate of the Royal Society* seit 1854, auswärtiges Mitglied der Berliner Akademie der Wissenschaften seit 1855, *Associé étranger de l'Institut de France* seit 1864.

Schon im Jahre 1848 hatte ihm die philosophische Facultät in Göttingen den philosophischen Doctorgrad verliehen, 1873 wurde er, gelegentlich seines medicinischen Doctorjubiläums, von Dorpat zum Doctor der Chemie, 1875, bei der Feier seines Amtsjubiläums, von Tübingen zum Doctor der Naturwissenschaften ernannt.

Bei dieser Gelegenheit wurden auch seine Verdienste um die Stadt Göttingen durch eine herzliche Zuschrift des Magistrats anerkannt, welcher dem
»besten Bürger Göttingens«,
der seit Jahren das Ehrenbürgerrecht der Stadt besass, die freudige Theilnahme seiner Mitbürger ausdrückt.

Im Jahre 1872 empfing er von der *Royal Society* die Copley- Medaille, die höchste wissenschaftliche Auszeichnung, welche sie zu vergeben hat.

Unter den vielen anderen Orden, welche seine Brust schmückten, verdienen der Maximilians-Orden für Wissenschaft und Kunst, sowie der Orden *pour le mérite* besonders erwähnt zu werden. —

Zahllos sind die Beweise der Liebe und Verehrung, welche ihm von seinen Schülern und Fachgenossen bei den verschiedensten Gelegenheiten zu Theil geworden sind. ... Ebenso ist der 80. Geburtstag Wöhler's nicht ohne festliche Kundgebung vorüber gegangen. ...

Das flachgehaltene Medaillon, in carrarischem Marmor, ist in einen reichgegliederten Rahmen von Bronce gefasst.

Unter dem wohlgetroffenen Brustbilde Wöhler's ist folgende Inschrift in silbernen Lettern in die Broncetafel eingelassen:

FRIDERICO WOEHLER
NATVRAE INDAGATORI SAGACISSIMO
IN MEMORIAM NATALICIORVM OCTOGESIMORVM
XXXI IVLII A MDCCCLXXX FAVSTE PERACTORVM
DISCIPVLI AMICI COLLEGAE

Am 31. Juli 1880 wurde die Ehrengabe von Wöhler im besten Wohlsein entgegengenommen.

Göttingen von Norden – von Weende aus, jenem "nahgelegnen Dorf" mit dem erwähnten Eichenhain, hier im Vordergrund sichtbar.

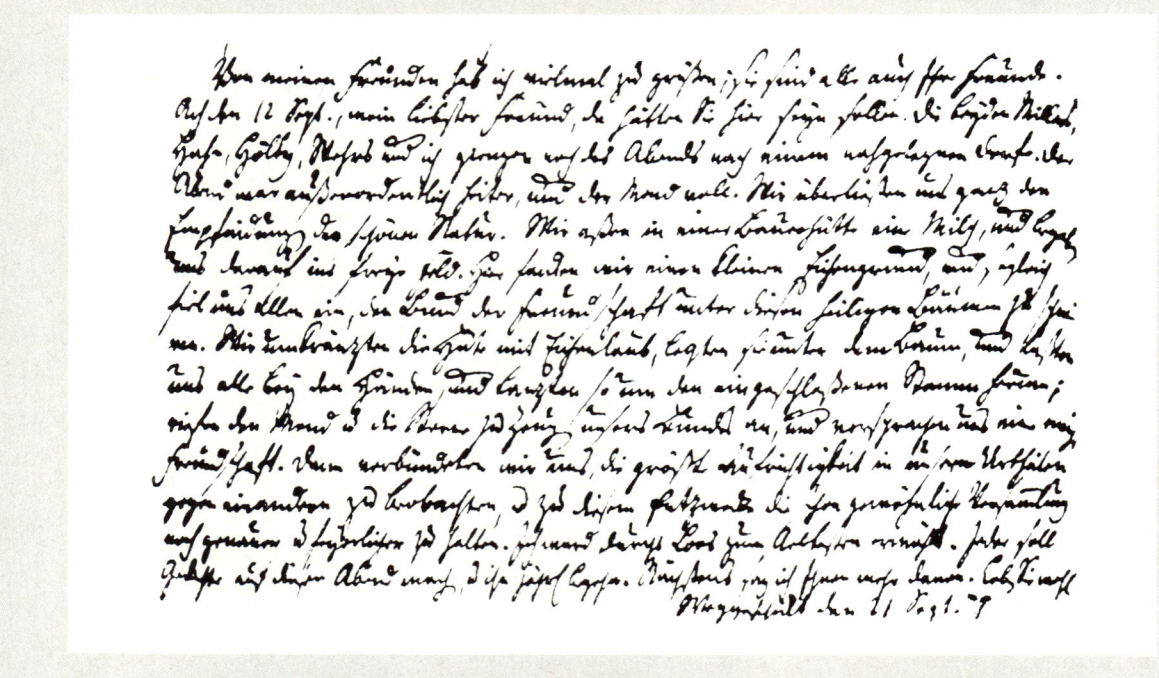

Schlußteil des Briefes von J. H. Voss an E. Th. J. Brückner aus dem September 1772, mit Bericht über die Gründung des Bundes

Die von Voss genannten Gründungsmitglieder der Gruppe sind: J. Miller (* 1750, stud. theol.) und sein Vetter G. D. Miller (* 1753, stud. jur.), beide aus Ulm; J. Fr. Hahn (* 1753, stud. jur., später theol.) aus Gießen; L. Chr. H. Hölty (* 1748) aus Mariensee bei Hannover und J. Th. L. Wehrs (* 1751) aus Göttingen, beide stud. theol..

Johann Heinrich Voß.

Die Gründung des Hainbundes.

Von meinen Freunden hab ich vielmal zu grüßen; sie sind alle auch Ihre Freunde. Ach den 12. Sept., mein liebster Freund, da hätten Sie hier seyn sollen. Die beyden Millers, Hahn, Hölty, Wehrs und ich giengen noch des Abends nach einem nahgelegnen Dorfe. Der Abend war außerordentlich heiter, und der Mond voll. Wir überließen uns ganz den Empfindungen der schönen Natur. Wir aßen in einer Bauerhütte eine Milch, und begaben uns darauf ins freye Feld. Hier fanden wir einen kleinen Eichengrund, und sogleich fiel uns allen ein, den Bund der Freundschaft unter diesen heiligen Bäumen zu schwören. Wir umkränzten die Hüte mit Eichenlaub, legten sie unter dem Baum, und faßten uns alle bey den Händen, und tanzten so um den eingeschloßenen Stamm herum; riefen den Mond u[nd] die Sterne zu Zeugen unseres Bundes an, und versprachen uns eine ewige Freundschaft. Dann verbündeten wir uns, die größte Aufrichtigkeit in unsern Urtheilen gegen einander zu beobachten, u[nd] zu diesem Entzwecke die schon gewöhnliche Versammlung noch genauer u[nd] feyerlicher zu halten. Ich ward durchs Loos zum Aeltesten erwählt. Jeder soll Gedichte auf diesen Abend machen, und ihn jährl begehn. Nächstens sag ich Ihnen mehr davon. Leben Sie wohl

Weggeschickt den 21. Sept.

Transkription des Briefes Voss an Brückner von Vorseite

Als ... Goethe mit dem „Götz von Berlichingen" und den „Leiden des jungen Werther" jene Epoche deutscher Dichtung inaugurierte, die wir als die Sturm- und Drangperiode zu bezeichnen pflegen, da blieb auch die Universitätsstadt Göttingen nicht zurück.

Sie wurde berufen, den Anteil Niedersachsens zum Sturm und Drang zu stellen.

Denn dieser bietet sich dar in den dichterischen Leistungen jener Vereinigung, die am Abend des 12. September 1772 in einem längst vom Erdboden verschwundenen Wäldchen östlich hinter dem Dorfe Weende von 6 Jünglingen gegründet wurde, die alle der Universität als eingeschriebene Studenten angehörten. ...

In Klopstocks Geist wurde damals die Vereinigung geschlossen, die sich der „Bund" oder der „Hain", ... nannte. ...

Die Bezeichnung Hain stammt daher, daß Klopstock in vielen Oden den griechischen Parnaß als H ü g e l dem deutschen Musensitz als H a i n gegenüberstellt.

Von den Mitgliedern selbst wurde meist die Bezeichnung Bund angewendet, wie eines der berühmtesten Gedichte Höltys geradezu diesen Titel führt.

Im Sinne Klopstocks und seiner Schule fühlten sich die Mitglieder dieser Vereinigung, die die Literaturgeschichte offiziell den Göttinger Dichterbund nennt, als Barden und legten sich Bardennamen bei.

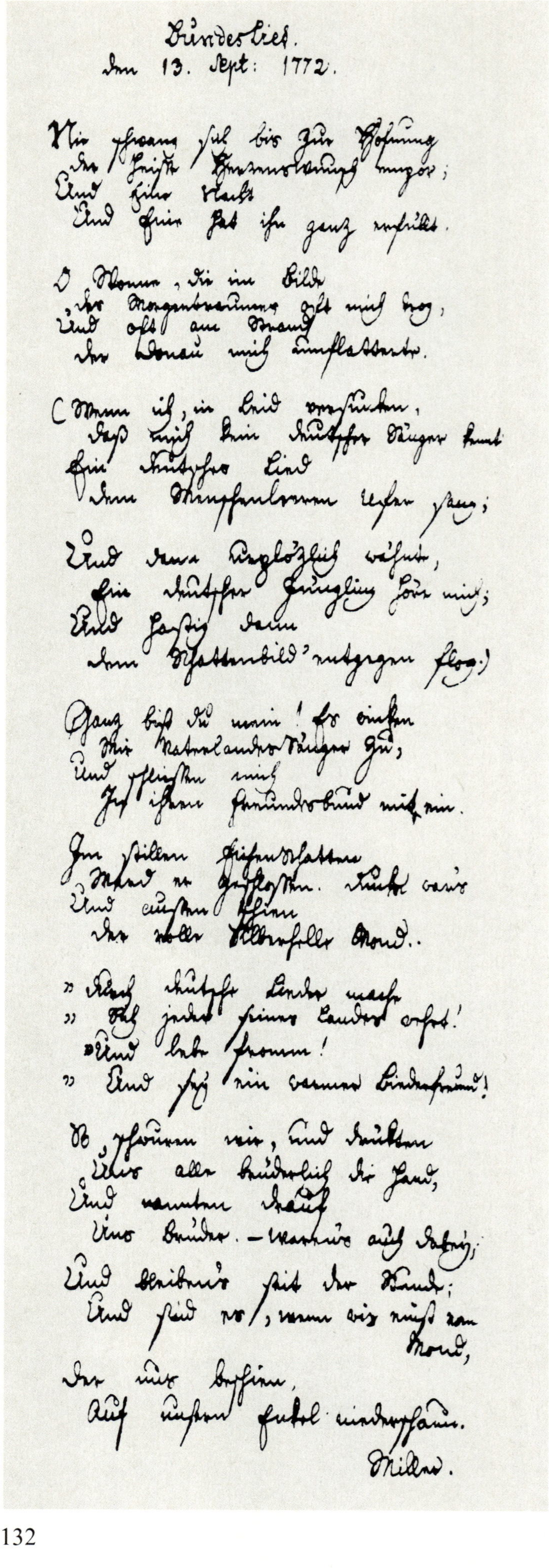

BundesLied.

den 13. Sept: 1772.

Nie schwang sich bis zur Hofnung
   Der heiße Herzenswunsch empor ;
Und Eine Nacht
   Und Eine hat ihn ganz erfüllt.

O Wonne, die im Bilde
   Des Morgentraumes oft mich trog,
Und oft am Strand
   Der Donau mich umflatterte.

(Wenn ich, in Leid versunken,
   Daß mich kein deutscher Sänger kennt
Ein deutsches Lied
   Dem menschenleeren Ufer sang;

Und dann urplötzlich wähnte,
   Ein deutscher Jüngling höre mich;
Und hastig dann
   Dem Schattenbild' entgegen flog.)

Ganz bist du mein! Es winken
   Mir Vaterlandessänger zu,
Und schließen mich
   In ihren Freundesbund mit ein.

Im stillen Eichenschatten
   Stand er geschloßen. Dunkel war's,
Und außen schien
   Der volle Silberhelle Mond.

„Durch deutsche Lieder mache
„   Sich jeder seines Landes wehrt!
„Und lebe fromm!
„   Und sey ein warmer Biederfreund!

So schwuren wir, und drükten
   Uns alle brüderlich die Hand,
Und nannten drauf
   Uns Brüder. – Waren's auch dabey;

Und bleiben's seit der Stunde;
   Und sind es, wenn wir einst vom Mond,
Der uns beschien,
   Auf unsere Enkel niederschaun.

            Miller.

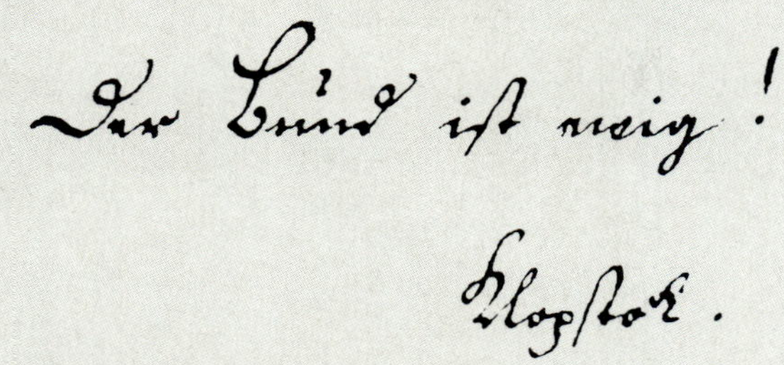

Der Bund ist weih!

Klopstock.

| Bürger. | Leisewitz. | Boie. | Voss. | L. Graf von Stollberg. | Hölty. | Chr. Graf von Stollberg. |

DER GÖTTINGER DICHTERBUND
G. A. BÜRGER SEINE „LEONORE" VORTRAGEND

Diese ganze Literaturbewegung kann mit dem Jahre 1775 als beendet angesehen werden. Nach Abschieden voller Tränen trennten sich die Bundesmitglieder, und die meisten von ihnen sind nicht einmal dem Schwure ewiger Freundschaft treugeblieben, den sie einst in jugendlichem Enthusiasmus an jenem Septemberabende 1772 abgelegt hatten.

GOTTFRIED AUGUST BÜRGER.

Kirillo del.   M. Kohl sc. Vienna 1797.

Todt ist todt: verloren ist verloren
Der Tod ist mein Gewinn,
O wär' ich nie geboren —

Diese Verse [gemeißelt in den Stein eines Grabes] mögen bis vor Kurzem das Einzige gewesen sein, was ... an den Sänger der Lenore erinnerte, den man ... nach seinem laut= und spurlosen Heimgange auf [dem] Friedhof [vor dem Weender Tore] begraben hat. So gerne gewiß Mancher den Hügel besucht hätte, welcher die Reste des Dichters in sich schließt.

Geschrieben war sein Name
Auf keinen Leichenstein,

verschollen und vergessen sein Grab, wie auch das seiner Molly.

Da wurde in neuerer Zeit namentlich durch Otto Müllers dichterische Bearbeitung von Bürgers Leben*), die Theilnahme Vieler wiederum angeregt und sein Gedächtniß von Neuem in alter Liebe hervorgerufen.

Man kann sich denken, daß dieser Roman, der einen seltnen Anklang fand, um des lokalen Interesses willen in der guten Stadt Göttingen stark gelesen wurde, und natürlich mußte das Buch die Erinnerung an Bürger dort erwecken.

Es bemühte sich nun namentlich der stud. math. Arthur Breusing aus Osnabrück, das Grab des Dichters zu ermitteln. Mit liebevoller Pietät, welche die dankbare Erinnerung auch bis auf die letzte Ruhestätte ausgedehnt wissen wollte, hatte er schon früher Erkundigungen eingezogen; es wurde ihm damals ein eingesunkener übergraster Hügel gezeigt, für den jedoch Nichts weiter sprach.

Von nicht größerem Erfolge blieben anfänglich die neuangeregten Forschungen, an welchen noch mehre andere in Göttingen studierende Jünglinge sich betheiligten. Vergebens fragte man bei dem Todtengräber. Erst zwanzig Jahre im Amt und einundfünfzig Jahre alt, während Bürger schon am achten Juni 1794, also

vor zwei und fünfzig Jahren hinübergegangen, wußte er natürlich keine Auskunft zu geben. Im Kämmereiregister fand man allerdings den Namen Bürger aufgezeichnet, aber Nichts über die Spanne Erde, wo das Dichterherz den ersten Frieden fand.

Da erinnert sich der Gevatter Scheufler dunkel einer Mittheilung, die ein alter Schneidermeister ihm vor Jahren beim Besuche des Grabes seiner Frau gemacht. Zu diesem Schneider geht man und er erzählt: „Als er, ein noch junger Mann, aus der Fremde heimgekehrt sei, habe er nicht gleich Arbeit gefunden und durch die Straßen schlendernd, sei er einem Leichenzuge begegnet und weil er doch Nichts Besseres zu thun wußte mit nach dem Weender=kirchhofe gegangen. Der Todte habe Bürger geheißen; sei aber, wie er wohl gehört, vor Hunger und Elend gestorben. Auch sei die Bestattung ärmlich gewesen; unter den Wenigen, die dem Sarge folgten, habe er besonders den Buchhändler Dietrich bemerkt und der habe auch später eine Akazie auf das Grab gepflanzt.

Man fand die Akazie, fand das Grab.

Der Magistrat von Göttingen schenkte nun den Studenten den Platz „für ewige Zeiten" und es trat mit Beginn des neuen Semesters aus ihnen ein Comité zusammen, um die Stätte durch ein Denkmal zu bezeichnen. Die Hügel der Nachbargräber wurden etwas bei Seite geschoben, und so der nöthige Raum gewonnen.

Ob Bürgers Andenken einen solchen Zoll verdient, bedarf wohl keiner Erwähnung. Denn wie von all den poetischen Blüthen, welche in jener Epoche des vorigen Jahrhunderts in den Schooß der Nation mit voller Hand geworfen wurden, vielleicht keine so duften und leuchten von den reinsten Thauperlen der Poesie, als die Bürgers, so haben sich auch seine Gedichte bis auf den heutigen Tag im Mund und Herzen des Volkes erhalten, trotz der Frage jenes göttinger Professors: „Und auf dieses Zeug hin will er professor ordinarius werden?" Dann ist aber auch die Martyrlegende seines Lebens mit der tieftragischen Liebes= und Ehestandskatastrophe, mit dem Erscheinungen der Molly und des Schwaben=mädchens dem deutschen Volke gewissermaßen zu einer Familienge=schichte geworden. Wir meinen in der Art wie die Geschichte Werthers und seiner Lotte, die einem Jeden von uns als liebe, innigverwandte Gestalten in der Seele leben, deren Leiden Jeder von uns einmal mitgefühlt und deren Andenken er seine Thränen geweiht hat.

Von einem größeren Denkmale oder Standbild sollte indeß keine Rede sein. Jene damals noch grassierende eigenthümliche Sucht, unseren großen Todten, welchen bei Lebzeiten die Kunst so erwünscht gewesen wäre: den Stein in Brod zu verwandeln, Denkmale zu errichten, mit deren Kostenbetrag ein Dutzend zeit=genössischer Dichter vor dem alten Fluche des deutschen Genies hätten bewahrt werden können — sollte hier kein Genüge finden. Hat ja eben auf Bürger der alte Fluch so schwer gelastet!

Bürgers ganze Erscheinung würde sich mit einem Monumente, wie oben angedeutet, schlecht vereinbart haben. Auch gehörte ein solches nicht auf den Friedhof. Es war deshalb zunächst nur Absicht, das Dichtergrab seiner gänzlichen Verschollenheit zu ent=reißen; weniger mit einem Denkmale sollte es bezeichnet werden, als mit einem Grabstein, etwa mit einer einfachen Marmorplatte, falls die göttinger Studentenschaft nicht von anderer Seite unter=stützt würde. Plan und Mittel zur Ausführung wären natürlich Hand in Hand gegangen.

Der Verfasser dieser Mittheilungen suchte damals selbst in einem vielgelesenen Blatte die Aufmerksamkeit des Publikums auf dieses Vorhaben zu lenken, überzeugt, daß man den jungen Leuten unter die Arme greifen werde.

Bis jetzt hat jedoch Nichts von irgend einer Ausführung verlautet.

*) „Bürger, ein deutsches Dichterleben. (Frankfurt 1845).

G. A. Bürger

J. Chr. Dieterich

Bürger an Dieterich.

A[ppenrode], den 1ten Aug. 1782.

Deine jezigen Leiden, lieber Alter, rühren mich unbeschreiblich, und du kömmst mir keine Stunde aus den Gedanken. Mein Herz ist eben so sehr um dich und deine Frau, als um deine Tochter bekümmert. Denn ich glaube in der That, daß ihr bei dem Anblick der Kranken öfters noch mehr, als die Kranke selbst leidet. Sie leidet doch nur im Cörper, aber du leidest auch so viel in der Seele, welches gewis noch weit härter angreift... Ich fürchte, du richtest deine Gesundheit zu Grunde, und sezest dadurch deine Angehörigen und Freünde in noch viel schwerere Bekümmernisse... Glaub nur, eine solche Natur kann viel abhalten. Wir brauchen also wohl an ihrem Wiederaufkommen noch gar nicht zu verzweifeln. Dennoch aber must du dich möglichst gefaßt halten, den harten Verlust mit männlicher Gedult zu ertragen, wenn ihn dir Gott zugedacht hat. Es wäre zwar wohl vergebliche Mühe, dir deinen Schmerz und deine Thränen wegzuräsoniren, da ich wohl weiß, wie lieb du das Mädchen hast, und es selbst aus meiner Erfahrung weiß, wie es einem thut, ein geliebtes Kind zu verlieren. Indessen kann man doch, wenn man nur will, ein großes zu geschwinderer Genesung von seinem Herzeleid beitragen. Man muß nur nicht gegen die Vorsehung, die gewiß und wahrhaftig zu unserm besten über uns waltet, das unartige eigensinnige Kind spielen, und absolut drauf bestehen: dies will ich haben, dies will ich behalten! Man braucht es ja gar nicht gerade für eine Strafe und Züchtigung von Gott anzusehen, wenn uns was schmerzliches widerfährt. Warum könnte es denn nicht auch Wohlthat sein? Wir blinde MaulwurfsGesichter können das gar nicht beurtheilen.

Du magst immer lächeln und sagen: Wie kömmt Saul unter die Propheten? wenn du mich so moralisiren hörst. Ich versichere dir doch aufrichtig, daß, so ein leichtsinniger Fittich ich auch scheinen mag, ich doch von Herzensgrunde an jene Wahrheiten glaube, und manchen Trost, manche Beruhigung schon daraus geschöpft habe.

Quäle und härme dich nur nicht über die Maaße ab. Mir deücht gewiß, du treibst es zu weit mit deinem Tag und Nacht vor dem Krankenbette hocken... Was drängst du dich so sehr hinzu, ein Zeüge von allen Leiden der Kranken zu seyn, da du es doch durch deine beständige Gegenwart nicht besser machen kannst? Folge mir hübsch, ich will dir auch einmal wieder folgen. Nimm auf deine eigene Gesundheit Bedacht. Das bist du dir, deinen Angehörigen und Freünden

schuldig. Du brauchst dir deswegen keine Vorwürfe irgend einiger Versäumniß zu machen. Geh hübsch, wenn dirs zu übel zu Sinne wird, vors Wochenbette und ergöze dich an dem 12tedigen Enkelchen. Warum woltest du dich durch alzu heftig übertriebenen Schmerz an Gott versündigen, da er dir die eine eben so liebe Tochter aus der grösten Gefahr gedoppelt wiedergeschenkt hat? Gottlob! das diese eine Gefahr glüklich überstanden ist! Aus den Ängsten der Andern wird dich der Himmel auch erretten. Er legt dir gewiß nicht mehr auf, als du tragen kannst. Sei also getrost! heüle dir nicht immer die Augen so dick und roth, wie meine Boten mich immer benachrichtigen, daß du thust.

Doch ich muß wohl einmal aufhören mit meinen Ermahnungen. Es mögte dir auf einmal alzuviel werden. Wolte doch Gott, daß sie dich in so glücklichen und verbesserten Zustande heüte träfen, daß du über die fromme Trostgeflissenheit deines Autors lachen müßtest. Gern käme ich selbst, um dir deinen Kummer wegzuschwazen, wenn ich nicht zu viel zu thun hätte...

Lebewohl! Gott sey mit dir und allem, was dir lieb ist! Ist mir je ein Wunsch von Herzen gegangen, so ist es dieser. Tausend Grüße an alle deine Lieben.

Dein getreüer

G A Bürger.

DER FREUNDSCHAFT GEWIDMET.

G. Chr. Lichtenberg

Chr. G. Heyne

Ew. Wohlgebohren

...

Der gute Bürger ist mir in diesen Tagen wenig
aus dem Sinn gekommen. Ich habe sein Begräbniß durch
das Perspectiv mit angesehen. Als ich den Leichenwagen mit
einer Art von Anlauf durch das Kirchhof Thor rollen
sah: so hätte nicht viel gefehlt, ich hätte laut ausgeweint.
Das Abnehmen vom Wagen konte ich unmöglich mit an
sehen, und ich muste mich entfernen. Es begleitete ihn nie
mand als Professor Althof mit farbigem Kleide, Dr. Jäger
und des Verstorbenen armer Knabe. Ich hätte nicht
gedacht, daß das, was mich in den drey oder vier letzten
Jahren so offt an Bürgern geärgert hat, bey dem so
eben beschriebenen Auftritt kein geringer Trost
für mich werden könte: nämlich daß er größtentheils an seinem
Unglück selbst schuld war; vielleicht gantz allein. Es
wird freylich mit den pictoribus atque poetis nie
mals viel anders gehen. ...

[Göttingen] Den 14 Juni 1794.   G. C. L.

Junius

⊙ 8.   Der gute Prof. Bürger stirbt.

♃ 12.   So eben 3/4 auf VII. wird Bürger auf den
         Kirchhof gefahren. Ich schreibe dieses noch
         unter Tränen, die mir der Tod dieses
         armen, guten aber leichtsinnigen Mannes ausge-
         preßt hat. Das Schwanken des Sarges, als der
         Wagen in den Kirchhof hinein rollte, war mir un-
         widerstehlich; ich weinte laut, und danke Gott
         für dieses Gefühl. Ruhe sanft armer, guter
         Mann!! Sein Begräbnis-Morgen ist einer der
         schönsten heitersten und ruhigsten gewesen in
         diesem Jahre.

Bürgers Denkmal in Sehlens Garten

Nachbemerkungen.

Das Obige war geschrieben und bereits zum Druck gegeben, als ich Gelegenheit fand an Ort und Stelle Näheres über das projectirte Bürgerdenkmal zu erfahren. Es kostete mich einige Mühe, denn man scheint sich in Göttingen selbst sehr wenig um das Project bekümmert zu haben, ja man wußte kaum darum. Leider hat sich auch die ganze Sache zerschlagen. Die Studenten, welche das obenerwähnte Comité bildeten (Arthur Breusing, C. Westernacher, O. Landesberg und D. v. Klenk) sind ins Philisterium eingetreten, der Eine hier, der Andere dort, mit dem bereits zusammengebrachten Gelde aber, ist ein Student, dem die Casse anvertraut war, eines Morgens durchgegangen; vermuthlich war er der Ansicht, die Summe dürfe ihm nützlicher sein, als dem längstvermoderten Balladensänger.

Die Stadt Göttingen besitzt indeß doch ein Bürgerdenkmal. Mehre Freunde des Dichters haben ihm kurz nach seinem Tode in dem Ulrich'schen Garten, einem Lieblingsaufenthalte Bürgers, ein einfaches Monument aus weißem Marmor errichtet, dieses hat man vor einiger Zeit in die freundlichen Anlagen versetzt, welche Göttingen nun statt der ehemaligen Befestigungswerke umziehen. Es steht gleich vor dem grohner Thore, auf einem stillen grünverschatteten Platze, nahe einem kleinen Weiher. Ueber einen Aschenkrug, der Bürgers Namen trägt, hält ein trauernder Genius, gesenkten Hauptes, einen Kranz. An dem Fuß der Urne ist zu lesen:

>   „geb. 1. Jan. 1748
>   gest. 8. Juni 1794.“

Die liebe göttinger Jugend scheint sich übrigens das Denkmal zum Wurfziel genommen zu haben: dem Genius ist die Nase abgeschlagen, wie man mir erzählte schon zum zweitenmale. —

Das Dichtergrab, welches so lange verschollen war, ist zur Stunde noch gänzlich verwahrlost. Der alte Todtengräber meinte, es würde vielleicht auf irgend eine Weise bezeichnet worden sein, wären nicht die politischen Stürme gekommen, bei welchen den Leuten ganz andere Gedanken im Kopfe lägen, als die Erinnerung an vergessene Gräber.

Dicht an der alten rissigen niederen Mauer des nun erweiterten Friedhofes liegt das Grab, fast ganz eingesunken und eingetreten; kein Stein, kein hölzernes Kreuz bezeichnet es, nur die Akazie, welche der Buchhändler Dietrich gepflanzt streut ihre leichten Blätter drüber hin und versöhnend flüstert der Abendwind durch ihre Zweige. Brennesseln und Unkraut überwuchert die Stätte, wo sie den Sänger der Lenore zur Ruhe gelegt haben; wie sein gehetztes Leben mit Dornen und Disteln reich besäet war, so schießt nun auch das wüste Gestrüpp aus seinem vermoderten Gebein hervor und man kann sich eines schmerzlichen Eindruckes nicht erwehren, wenn man sieht, wie keine liebende Hand sich gefunden, um es wegzuräumen. Die Dornenkrone im Leben, wucherndes Unkraut auf dem verlassenen Grabhügel — das ist das Loos des deutschen Poeten. —

Gottfried August Bürger geb. zu Molmerschwende im Fürstenthume Halberstadt 1748. Jan. 1., studirte seit 1761. zu Halle erst auf dem Pädagogio, hernach auf der Universität Theologie und Philologie, seit 1768. zu Göttingen die Rechte, übernahm und verwaltete seit 1772. die adelich Uslarische Gerichtsbeamtenstelle zu Altengleichen ohnweit Göttingen, legte dieselbe 1784. nieder, privatisirte seitdem zu Göttingen, und ward am Tage der academischen Jubelfeier 1787. Sept. 17. von der philosophischen Facultät mit ihrer Doctorwürde beehret Außerordentlicher Professor der Philosophie 1789,

† 1794. Jun. 8;

Er war zu Göttingen als Professor 6 Jahr 1789 = 1794, alt 41 = 47.

Heinrich Heine

In dem Gedichte, unter den Worten: „Auf den Wällen Salamancas", ist der Promenadenwall Göttingens zu verstehen. Dieser Wall, der das Rendezvous so vieler Verliebten ist, und in der Studentensprache der Poussirwall genannt wird, endet mit einem sehr hübschen Gebäude, der berühmten Entbindungsanstalt Göttingens.

Entbindungsanstalt (Accouchierhaus)

138

Entbindungsanstalt (Seitenansicht)

Auf den Wällen Salamankas
Sind die Lüfte lind und labend;
Dort, mit meiner holden Donna,
Wandle ich am Sommerabend.

Um den schlanken Leib der Schönen
Hab' ich meinen Arm gebogen,
Und mit sel'gem Finger fühl' ich
Ihres Busens stolzes Wogen.

Doch ein ängstliches Geflüster
Zieht sich durch die Lindenbäume,
Und der dunkle Mühlbach unten
Murmelt böse, bange Träume.

„Ach, Sennora, Ahnung sagt mir:
Einst wird man mich relegiren,
Und auf Salamankas Wällen
Geh'n wir nimmermehr spazieren."

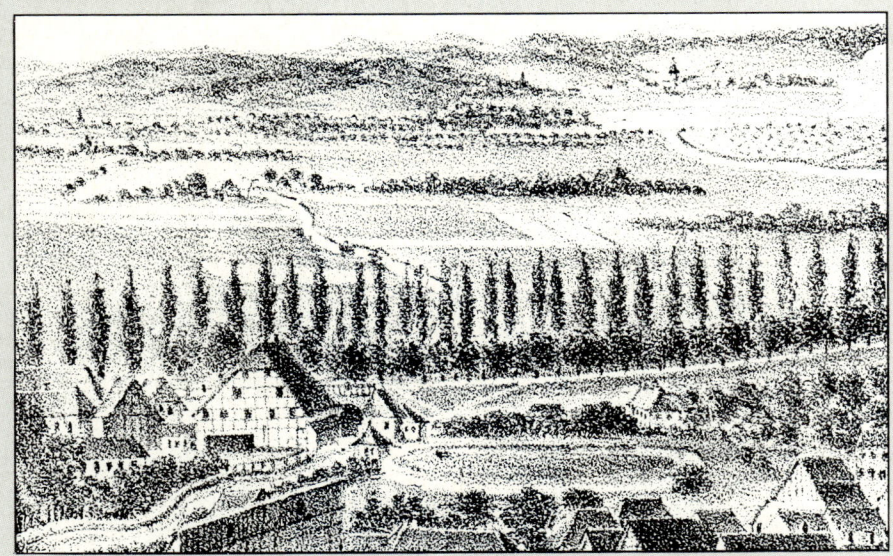
Partie am Wall mit Leinekanal (Mühlbach)

Heines Relegation.

Göttingen, den 4. Dez. 1820.

Gegenwärtig Herr Hofrat Tychsen, Herr Konsistorialrat Pott, Herr Professor Bergmann, Herr Hofrat Osiander, Herr Geheimer Hofrat Eichhorn, Herr Syndikus Oesterley.

Da zur Anzeige gekommen, daß die Studierenden Heine und Wiebel sich veruneinigt gehabt und ersterer die Absicht habe, letzteren auf Pistolen zu fordern, so sind beide vorgeladen worden. Zuerst erschien und gab auf Befragen zu vernehmen:

Studiosus Heine.

Er heiße Heinrich Heine und sei aus Düsseldorf. Er esse des Mittags in Michaelis Hause mit mehreren anderen Studenten. Da sei nun einmal ein Streit darüber gewesen, ob eine Verbindung von Studenten die andere in Verruf erklären dürfe. Er sei dagegen gewesen und habe gesagt, sonst entstehe Schweinerei, wie man in Heidelberg gesehen habe. Er habe damit sagen wollen, daraus entstehe ein unwürdiges Betragen, namentlich der sogenannte Holzkomment. Nun sei Wiebel aufgetreten und habe gesagt: Das ist Schweinerei, was Sie da sagen. Comparent* habe erwidert, es sei gut, und habe sich nach Wiebels Namen erkundigt, darauf einen unbekannten Studenten zu Wiebel geschickt und ihn fordern lassen und zwar auf Pistolen, weil die Beleidigung nicht die gewöhnliche, z. B. ein dummer Junge, gewesen sei. Wiebel habe die Herausforderung angenommen und Comparent Münden als Ort des Duells bestimmt. Das Duell ist aber nicht vollzogen worden, weil es bekannt geworden sei, und sie beide Stubenarrest bekommen hätten.

Auf Vorhalt, Comparent habe sich bei Se. Magnifizenz mit Wiebel versöhnt, und Wiebel habe versprochen, die Beleidigung bei Tische, wo sie geschehen sei, zurückzunehmen, wobei Comparent gebeten, Wiebel möge hinzusetzen, er habe das in der Hitze gesagt, erwiderte Comparent: Wiebel habe den folgenden Tag bei Tische ungefähr so gesagt: Die Beleidigung, die ich gegen Heine ausgestoßen habe, habe ich versprochen müssen, zurückzunehmen. Comparent habe nun gleich erwidert, damit könne er nicht zufrieden sein, Wiebel möge nur noch hinzusetzen: in Hitze oder in Leidenschaft. Wiebel habe gesagt, das tue er nicht, und Comparent habe erwidert: Es ist gut.

Aufs neue habe Comparent Wiebel nicht wieder gefordert, auch niemand zu demselben geschickt. Er habe zwar die Absicht gehabt, es aber nicht getan.

Vorgelesen, genehmigt und entlassen.

Heine wird wieder hereingerufen und gab auf weiteres Befragen zu Protokoll:

Er habe deshalb von Sr. Magnifizenz Abnahme der Matrikel gewünscht, weil er die Beleidigung nicht auf sich sitzen lassen könne und die akademische Strafe der Relegation cum infamia[1] habe vermeiden wollen.

Den Tag, an welchem die Beleidigung vorgefallen, könne er nicht genau mehr angeben. Den, der ihm die Nachricht von Wiebel gebracht, dieser wolle das Pistolenduell annehmen, kenne er zwar, er könne ihn aber nicht angeben.

Vorgelesen, genehmigt und entlassen.

Studiosus Wiebel

ward hereingerufen und gab auf Befragen zu vernehmen:

Er heiße Wilhelm Wiebel und sei aus Eutin. Am vorigen Mittwoch oder Donnerstag habe Heine in Michaelis Hause bei Tische von einer in Heidelberg vor anderthalb Jahren vorgefallenen Verrufserklärung gesagt, das sei eine Schweinerei gewesen. Heine habe nicht gesagt, das komme auf Schweinerei heraus. Comparent sei nun damals in Heidelberg gewesen, und daher interessiere es ihn, er habe also Heine das verwiesen und habe gesagt, er kenne ja die Sache nicht. Heine habe aber fortgefahren, und sich auf Briefe, die er von Heidelberg habe, berufen, und darauf habe Comparent gesagt, dann müsse er die Briefe vorzeigen, aber er, Heine, selbst könne darüber nicht urteilen. Heine habe aber nicht aufgehört, und Comparent glaube, derselbe habe das Wort Schweinerei wiederholt. Comparent habe aber Heine nicht ausreden lassen, sondern sei in Hitze gekommen und habe gesagt, das sei Schweinerei von ihm, Heine, wenn er dergleichen sage. Heine habe gesagt, das sei gut. Nachher habe Heine Comparenten, ehe sie auseinandergegangen seien, in Person gefordert.

Auf Vorbehalt gestand Comparent, Heine habe ihn durch einen unbekannten Studenten den folgenden Tag fordern lassen, und zwar auf gewöhnliche Waffen, nicht auf Pistolen. Auf Vorhalt und Zureden, die Wahrheit zu sagen, blieb Comparent dabei, er sei nicht auf Pistolen gefordert worden.

Comparent habe dem Ueberbringer erwidert, er könne jetzt noch nicht darüber bestimmen, und so habe er auch noch gar keine Zeit und keinen Ort des Duells bestimmt gehabt.

Er sei nun zum Herrn Rektor gerufen worden und habe dort die Beleidigung zurückgenommen und auf Heines Bitte dies bei Tisch wiederholt. Ungefähr die Worte habe er bei Tisch gesagt: Die Anwesenden hätten gehört, daß er Heine vor einigen Tagen beleidigt gehabt, er sehe sich nun veranlaßt, öffentlich zu erklären, daß er diesen Morgen die Beleidigung vor dem Herrn Prorektor zurückgenommen habe. Heine sei damit nicht zufrieden gewesen, sondern habe gesagt, Comparent habe auch versprochen zu erklären, daß er in Hitze ihn beleidigt gehabt. Compatant habe erwidert, dies habe er nicht versprochen und werde es auch nicht tun. Auf Vorhalt, Comparent habe beim Herrn Prorektor versprochen, den Ausdruck „in Hitze" zu dem Widerrufe hinzuzusetzen, erwiderte derselbe, er sei es seiner Ehre schuldig gewesen, diesen Zusatz nicht hinzuzusetzen, denn darin würde gelegen haben, er bereue die Beleidigung, und das sei nicht der Fall.

Seitdem habe er von Heine nichts weiter erfahren, und er sehe die Sache als erledigt an. Auf Vorhalt, Comparent habe die Sache ja deshalb nicht für beendigt ansehen können, weil Heine mit der Erklärung nicht zufrieden gewesen sei, erwiderte derselbe, deshalb würde Heine aber keine Satisfaktion fordern können, denn der eigentliche Widerruf sei ja vor dem Herrn Prorektor geschehen, und nur auf Heines Bitte habe er ihn am Tisch wiederholt.

Vorgelesen, genehmigt und entlassen.

---

* Comparent = der (vom Gericht) Vorgeladene.

Wiebel wird wieder hereingerufen und gefragt, ob er eidlich erhärten könne:

1. er sei nicht auf Pistolen gefordert worden, worauf er versichert, er sei auf Pistolen gefordert worden;

2. ob er nicht Zeit und Ort des Duells bestimmt habe, worauf er erwiderte, er habe die Gegend von Münden zum Duellort bestimmt gehabt und durch Graf Ranzau Heine sagen lassen;

3. daß er den nicht kenne, durch den er gefordert worden, könne er eidlich erhärten.

Vorgelesen, genehmigt und entlassen.

Heine wird vorgelassen und gefragt, ob er eidlich erhärten könne, den nicht zu kennen, durch den er Wiebel habe fordern lassen, worauf er erwiderte, eidlich könne er das nicht erhärten, und er bitte, da er sonst in allem die Wahrheit gesagt, daß ihm die Angabe dieses erlassen werde. Auf Zureden gestand er, Vallender heiße er.

Vorgelesen, genehmigt und entlassen.

Heine ward wieder hereingerufen und gefragt, ob er zufrieden sei, wenn Wiebel hier vor der Deputation erkläre, er habe ihn in Hitze beleidigt, worauf er erwiderte, ja, dann sei er zufrieden.

Entlassen.

Wiebel hereingerufen und befragt, erwiderte, er erkläre hiermit, daß er in der Hitze den beleidigenden Ausdruck bei Tische gebraucht habe.

Heine ward vorgelassen, Wiebel erklärte nun aber, daß er öffentlich bei Tische den Ausdruck gebraucht, er habe in Hitze gesagt, den Ausdruck selbst habe er aber nicht in Hitze gesagt, sondern absichtlich gewählt, weil Heine früher denselben Ausdruck gebraucht habe, und er könne daher nicht erklären, daß er in Hitze jenen Ausdruck gebraucht habe. Heine ward entlassen. Wiebel blieb auf wiederholtes Zureden bei seinem Vorsatz, das könne er nicht erklären. Das aber versichere er auf Ehre, daß er durch jenen Ausdruck kein Pistolenduell habe veranlassen wollen, und er werde auch, weil er seine Schuldigkeit getan und widerrufen habe, keine Herausforderung von Heine annehmen.

Entlassen.

Beide werden wieder vorgelassen und ihnen bei schärfster Relegation alle Tätlichkeit gegeneinander untersagt und ihnen eröffnet, daß die Sache weiter untersucht werden solle.

Entlassen.   Riedel.

———●○———

Fortgesetzt im Univ.=Gericht 6. Dez.

Gegenwärtig Herr Prorektor, Hofrat Tychsen, Herr Rat Willich und Herr Syndikus Oesterley.

Praevia citatione erschien und wurde vernommen wie folgt:

Studiosus Vallender.

Er heiße Johann Adam Vallender und sei aus Rheinpreußen. Er habe die Provokation auf Pistolen für Heine an Wiebel überbracht.

Vorgelesen, genehmigt und entlassen.

Riedel.

Fortgesetzt den 7. Dezember.

Gegenwärtig dieselben.

Nach vorgängiger Ladung erschien der Graf Ranzau und gab auf Befragen zu vernehmen:

Er heiße Ernst Graf Ranzau und sei aus Holstein.

Bei der Beleidigung sei er nicht zugegen gewesen. Wiebel habe sie ihm nur erzählt und ihn zum Sekundanten bei diesem Pistolenduell gebeten. Wiebel habe sich nun aber zu jedem ihm von dem Gericht zu bestimmenden Widerrufe bereit erklärt, und Heine im Gegenteil habe erklärt, er sei nun auch mit dem bloßen Widerrufe ohne den Zusatz: in Hitze zufrieden.

Vorgelesen, genehmigt und entlassen.

Riedel.

Fortgesetzt den 8. Dezember.

Nach vorgängiger Ladung erschienen die Studiosi Heine und Wiebel.

Letzterer erklärte, er habe die Beleidigung in Hitze ausgesprochen. Ersterer war damit zufrieden, und beide erklärten sich für versöhnt. Beiden wurde bei geschärfter Relegation das Duell miteinander untersagt.

Vorgelesen, genehmigt und entlassen.

Riedel.

Am 23. Januar 1821 im Universitätsgericht ist dem Stud. Heine die ihm zuerkannte Strafe des Consilium abeundi auf ein halbes Jahr bekanntgemacht worden. Derselbe entschuldigte sich mit Kränklichkeit, weshalb er jetzt nicht fort könne. Ihm ist aufgegeben, ein ärztliches Zeugnis beizubringen.

„Ach, Sennora, Ahnung sagt mir:

Einst wird man mich relegiren,

Und auf Salamankas Wällen

Geh'n wir nimmermehr spazieren."

... feit wenigen Wochen wohnen die Brüder Jacob und Wilhelm Grimm bei der Bibliothek in einem Hause der Allee,* ... wo fie im Erdgeſchoß gemeinſam mit Otfried Müller den Kollegſaal haben ...

Die Allee iſt im Jahre 1828 neu mit Ahornbäumen bepflanzt, mit ſteinernen, durch Ketten verbundenen Pfeilern umgeben und hat einen nach dem neuen anatomiſchen Theater führenden Ausgang unter dem Namen des „Alleethors" erhalten.

Eben dieſer Ausgang führt zunächſt in die in dem vormaligen Stadtgraben angelegten und vom Groner= bis nahe an das Weenderthor ſich erſtreckenden geſchmackvollen Gartenanlagen, in welchen das durchfließende, den ſ. g. Schützenteich bildende Waſſer in ein mit Schwänen be= ſetztes Baſſin gefaßt iſt, deren in der Folge mehrere angelegt werden.

*)Heute Goetheallee 6, Gedenktafel am Nachfolgebau

Wie Wilhelm Grimm in Göttingen professor werde

Göttingen 21 febr. 1831.

An dem tag, wo der hiesige in allem betracht wider-
wärtige aufruhr zu ende gieng, legte sich Wilhelm, der sich
wahrscheinlich auf der letzten nachtwache in der bedrohten
bibliothek stark erkältet hatte, nieder.

... sein leben schwebte in augenscheinlicher gefahr; der
himmel erhörte aber unser flehen und ließ besserung eintreten, seitdem hat er sich stufenweise, doch sehr langsam
erholt und ist noch jetzt nicht wieder zu seinen kräften
gelangt ... wir hoffen, da er aufs sorgsamste gepflegt
wird, seine vollständige wiederherstellung.

Mit welcher herzensangst ich an jenen schweren tagen
an seinem tisch, an seinen sachen gesessen habe, wie mich
alles rührte was ich ansah, seine bücher, seine schrift, die
ordnung und reinlichkeit, worin alles war, und der gedanke
daß alles das mit einem einzigen schritt verloren sein
könnte und mein eignes leben in beständiger trauer und
sehnsucht nach ihm verfließen müste; das kann ich nicht
beschreiben. ...

Alle leute haben uns während Wilhelms krankheit die
freundschaftlichste theilnahme gezeigt und ich darf nicht
vergessen zu melden, daß sich Wilhelm selbst dadurch die
vorgestern hier eingetroffne ernennung zum professor verdient hat. ... wahrscheinlich hatte der gedanke, daß die
witwe im todesfall keine versorgung gehabt haben würde,
unmittelbar darauf geführt.

An sich weiß ich nicht, ob ihm viel daran gelegen ist,
die professur verbindet ihn zu vorlesungen, schränkt ihn
also auch in seiner zeit noch mehr ein; gehaltserhöhung
war nicht damit verbunden, doch ist dazu nunmehr
nähere aussicht.

Unser schwager Hassenpflug ... ist oberappellationsrath
mit 1800 thalern geworden, so viel haben wir beide zusammen nicht und müssen mehr arbeiten. ...

Jacob Grimm.

Wilhelm Grimm als Göttinger Professor,
"Im akademischen Talar", 1837.

◄ Jacob Grimm an Karl Lachmann

Göttingen 21 febr. 1831

... ich darf nicht vergessen zu melden, daß sich wilhelm selbst dadurch die vorgestern
hier eingetroffne ernennung zum professor verdient hat. wahrscheinlich hatte der gedanke, daß die witwe im todesfall keine versorgung
gehabt haben würde, unmittelbar darauf geführt. An sich weiß ich nicht, ob
ihm viel daran gelegen ist, die professur verbindet ihn an vorlesungen, schränkt
ihn also auch in seiner zeit noch mehr ein; gehaltserhöhung war nicht
damit verbunden, doch ist dazu nunmehr nähere aussicht.

Jacob Grimm

Jacob Grimm als Göttinger Professor.

Ein Familienbrief als Federzeichnung

Ein Familienbrief, ... von seinen Besitzern immer als ein kleines Kunstwerk geschätzt, soll hier ... im Bilde vorgeführt werden. ... Der bedeutende Charakter, der unserm Blatt anhaftet, wird umspielt von jenem Reiz des Intimen, gleich begonnen mit dem Namen der Adressatin am oberen Randes des Blattes bis hinab zum Konzerbilletchen am Spiegel in der Fensternische, ...

[Der Schreiber] hat seinen Namen auf dem Blatte nicht genannt, aber er war damals schon ein bekannter Mann, wohl bekannt auch in dem Orte, der in der Datierung am unteren Rande des Blattes genannt wird: „Göttingen, den 28. Mai 1830", ...

[Es war] Ludwig Emil Grimm (1790—1863), der jüngere Bruder der beiden berühmten Brüder Jacob und Wilhelm Grimm, ...

Zu dem Gegenstande, von dem in dieser Mitteilung „Für die Lotte" die Rede ist; zu spre=

chen, geht nicht ohne einige Ausführlichkeit: am 31. Jan. 1829 war zu Kassel der bisherige Bibliotheks= und Museumsvorstand Ludwig Völkel gestorben, seit 16 Jahren war Jacob Grimm, ... an der Bibliothek tätig ...

Jetzt nach Völkes Tode glaubte Jacob Grimm allen Anspruch zu haben, in die erledigte Stelle einzurücken, doch sein dahingehendes Gesuch wurde nicht berücksichtigt und ein der Bibliothek ganz unkundiger Mann, Christoph von Rommel, ihm vorgezogen ... Eine Zulage von je 100 Thalern zu den sehr bescheidenen Gehältern der Brüder war alles, was gewährt wurde.

In dieser Zeit des Mißvergnügens begann die hannoversche Regierung auf Anregung des Germanisten und Bibliothekars Georg Friedrich Benecke (1762—1844) und durch Vermittlung eines anderen Göttinger Professors, des Historikers Arnold Heeren (1760 bis 1842) Verhandlungen, die darauf abzielten, die beiden Brüder für die Georgia Augusta zu gewinnen.

Es geschah mit Erfolg, und am dritten Weihnachtstage des Jahres 1829 siedelten die Brüder Jacob und Wilhelm nach Göttingen über. . . .

In Göttingen trafen die Brüder einen Kreis gleichgesinnter Freunde, . . .

Dieser Verkehr mußte die Brüder für das entschädigen, was sie mit dem Fortzug von Cassel aufgegeben hatten, das traute Zusammensein mit treuverbundenen Geschwistern, die der älteste Bruder Jacob wie ein Vater betreut hatte, die reizvolle Umgebung der Stadt, der Göttingen mit seinem Linden bekrönten Wall nichts gleichwertiges an die Seite stellen konnte; kahl und öde lag der Hainberg mit seinen wenigen Eschen und Kirschbäumen. Am liebsten gingen die Brüder in das Weender Feld, wo man von den Kollegen nicht so überlaufen wurde wie auf der gewöhnlichen Promenade, dem Wall: hier war ein Hauptanziehungspunkt der Federsche Garten, . . .

Als Jacob Grimm nach Göttingen kam, umstrahlte ihn der frische Ruhm der ein Jahr vorher . . . erschienenen Deutschen Rechtsaltertümer

Benecke und Eichhorn hatten das Buch mit Begeisterung oder doch (bei dem letzteren) mit gebührender Anerkennung in den Göttinger gelehrten Anzeigen besprochen, . . .

So war es kein Wunder, wenn der jetzt 45jährige Professor als seine erste Vorlesung auf dem noch ungewohnten Katheder „Altertümer des deutschen Rechts" ankündigte; seine beiden juristischen Kollegen Kraut und Albrecht ließen bereitwillig ihre eigenen Vorlesungen über Rechtsgeschichte vor diesem Plane zurücktreten.

Es war ein Ereignis für die ganze Familie, daß der älteste Bruder nun als ein rechter Professor das Katheder bestieg, . . .

Die innige Freude über dieses Ereignis klingt heraus aus Wilhelms Zeilen: „Als Jakob das erstemal ins Auditorium ging, klaffte ich die Türe und sah sein stilles und liebreiches Gesicht, das jedes Jahr milder wird, und wie er langsam die Treppe hinunterging — das Bild behalte ich, so lange ich lebe, vor Augen."

So hat sich auch der Maler-Bruder Ludwig Emil mit Tusche und Zeichenfeder in den Kollegsaal geschlichen, bescheiden auf einer der letzten Bänke Platz genommen, vor ihm das Parterre der Studenten in ihrem „auf Taille" gearbeiteten Biedermeier-Kostüm, mit ihren verhältnismäßig langen, stark nach vorn gekämmten Haaren und vor ihnen auf ihren Plätzen die altmodischen Tintenstecher, . . .

Wir befinden uns im Anfang des Kollegs über die „Rechtsaltertümer", denn der Zeichner hat nicht unterlassen, einzelne Stellen aus dem Vortrag des Professors an die Wand zu schreiben; er hat ganz offensichtlich das gedruckte Buch zugrunde gelegt und handelt augenblicklich über die Stände im altdeutschen Recht, doch er verfährt durchaus pädagogisch, überschüttet die Hörer nicht mit Belegen, sondern wählt sie sorglich aus, schiebt auch allgemeine Erläuterungen aus der deutschen Altertumskunde ein, wie „Vieh war das älteste Geld". . .

[M]it Vorliebe benützt er frische Lesefrüchte zur Erläuterung, . . . so aus der zweiten Würzburger Marktbeschreibung die wundervoll volltönende Formel für den völlig selbstherrlichen freien Franken: joh frono joh friero Franchono erbi (es muß Ludwig recht in die Ohren geklungen haben, wenn er die Worte auch nicht gleich völlig hat fassen können, denn er schreibt „Eriro").

Nach der Klage der Nibelungen bemerkt er: „Fürsten hießen im Mittelalter die Edelfreien" — das merkwürdige mittellateinische securus (für „frei") etwa im Recht der salischen Franken gibt zu der Bemerkung Anlaß: „Bisweilen kommt auch der Name securus vor" und er wird fortgefahren haben: securus für liber ist unklassisch, mit deutschem Sprachgebrauch aber gut zu vereinen, . . . auch von dem Verlust der Freiheit spricht er und erläutert in diesem Zusammenhange eine dunkle Stelle im Passional.

Doch längst ist die zeichnende „Brüderliche Liebe" dahinten auf der Bank von dem Sprecher entdeckt worden und jetzt wird auch ihm ein rechtsantiquarischer Scherz zugespielt.

Kurz vorher war der Teufelsgeiger Nicolo Paganini in Göttingen aufgetreten. Ludwig nahm regen Anteil an dieser abenteuerlichen Figur, und es ist möglich, daß schon damals die Brüder Verhandlungen über die Möglichkeit mit dem Künstler geführt haben, dem Casseler Bruder zu „sitzen". Jedenfalls bis zum Mitsommer des Jahres 1830 ist dieser Wunsch erfüllt worden und der Geiger schrieb zur besonderen Beglaubigung der Aehnlichkeit darunter: „Nicolo Paganini"

So spricht Jacob auch über die rechtliche Stellung des französischen Chevalier und nun erscheint scherzhaft auch (auf dem Konzert-Billet am Fensterspiegel) eine Anspielung auf das „Concert du Chevalier Nicolo Paganini".

Mit dem Hinweis, daß in dem 5. Kapitel von dem Recht der Fremden gehandelt werden solle . . . scheint die Kollegstunde . . . geschlossen zu haben.

heutiger Name: **Londonschenke**
seit 1946: **Michaelishaus**   Brücke über den Leinekanal   Prinzenhaus   Concilienhaus

Blick aus der heutigen Goethe-Allee in die heutige Prinzenstraße

146

Concilienhaus mit Karzer   Bibliothek   Museum
im obersten Stockwerk

Göttinger Studenten-Auszüge

(vermutlich) Einzug durch das Geismartor, Rückkehr aus Witzenhausen, 1818.

1790

Wohl niemals hat ein Studentenauszug vorher oder nachher zu solch einem triumphalen Erfolg für die Studenten geführt wie der Göttinger Auszug von 1790! Natürlich machte das Göttinger Beispiel Schule. Aehnliche Auszüge geschahen in Helmstedt 1791, Jena 1792, Gießen 1792, Rostock 1794, Jena 1795.

1802

In Göttingen wurde 1802 ein von den Studenten angedrohter Auszug glücklich vermieden.

1806

Vier Jahre später aber, 5. bis 12. Januar 1806, kam es wirklich zu einem neuen Auszuge, diesmal nach Hann. Münden. Den Anlaß hatte eine Schlägerei zwischen Studenten und Bürgern am 2. Weihnachtstage 1805 auf Ulrichs Garten gegeben, bei der die Studenten schlecht weggekommen waren. Besonders ein Schlachter Krische hatte ihnen schwer zugesetzt.

Von den Pedellen und Jägern glaubten die Studenten sich nicht genügend geschützt. Sie verlangten von der akademischen Behörde, daß die Pedellen sowie die Bürger und Handwerker bestraft würden.

Der Prorektor Meiners fand, daß die Deputation der Studenten sich mit unleidlichem Trotz benehme und erklärte ihre Forderungen für unannehmbar.

Nun organisierten sich die Studenten in Landsmannschaften, die ihre Anführer wählten, und am Sonnabend, dem 5. Januar 1806, zogen an 300 Studenten zum Groner Tore hinaus nach Hann. Münden.

Hier entwickelte sich natürlich ein fröhliches Treiben, das Hauptquartier war in der „Krone".

Es wurde eine gedruckte „Darstellung der Gründe, welche uns bewogen haben . . ." vom 7. Januar 1806 an den akademischen Senat eingereicht, zwei studentische Deputierte reisten zur Verhandlung nach Hannover.

Man erhielt nur die Zusicherung, daß die Teilnehmer an dem Auszug, mit Ausnahme der Rädelsführer, straflos bleiben sollten, wenn sie sogleich nach Göttingen zurückkehrten.

Eine Woche nach dem Tage des Auszuges kehrten die Studenten bedrückten Gemütes nach Göttingen zurück und gingen nach einer Schlußansprache ihrer Führer auf dem Markt schweigend auseinander.

Der Auszug war gänzlich ohne Erfolg geblieben, aber schwerer Groll blieb zurück.

Wer es sich leisten konnte, besonders die Nichthannoveraner, verließen am Ende des Semesters Göttingen, so daß die Studentenzahl erheblich sank.

1809

Nicht eigentlich ein Auszug, aber eine ebenso gefährliche Verrufserklärung brachte im September 1809 eine schwere Krisis über Göttingen.

Es war jetzt die Zeit des Königreiches Westfalen.

Bei einem Zusammenstoß zwischen Studenten und königlich-westfälischen Gendarmen waren die Studenten nach ihrer Behauptung von den Gendarmen ohne Grund hart angefaßt worden.

Sie beschlossen, mit Schluß des Semesters aus Göttingen abzuziehen, Göttingen also in Verruf zu stecken.

Der richtige studentische Ausdruck lautet bekanntlich noch etwas kräftiger.

Tatsächlich zogen von den 615 Studenten, die Göttingen damals zählte, mehr als die Hälfte ab, so daß die Studentenzahl im nächsten Semester, unter Hinzurechnung der Neuangekommenen, auf 453 sank, den tiefsten Stand seit etwa 1745. Sehr viele von den Göttinger Studenten gingen, wie auch 1806, nach Heidelberg.

1818

Der Auszug des Jahres 1818 nach Witzenhausen ist der bekannteste von den Göttinger Auszügen. Er wurde in vielen Zeitschriften und einigen besonderen kleinen Druckschriften ausführlich vor der Oeffentlichkeit verhandelt.

Der Anlaß war diesesmal ein Einzelzusammenstoß zwischen einem Studenten und einem Schlachter, wieder einem Krische, in den Fleisch-Scharren hinter dem Rathaus am 2. Juli 1818, bei dem der Student mißhandelt wurde.

Die Studentenschaft erklärte sich mit dem Gekränkten solidarisch, griff zur Selbsthilfe und warf dem Schlachter Krische in der Roten Straße die Fenster ein, was aber einer starken Demolierung des Hauses einschließlich des Mobiliars gleichkam.

Nur war dabei ein Irrtum vorgekommen; der Schlachter Krische, dem die Strafaktion galt, wohnte in der Gotmarstraße. Man hatte den Falschen erwischt.

Nun schickte man von Hannover den Hofrat Falcke als Kommissär, und dieser nahm sich von Northeim gleich ein Husaren-Detachement mit, was natürlich bei den Studenten erst recht böses Blut machte. Es kam dann auch zu Zusammenstößen, bei denen eine Anzahl Studenten von den Husarensäbeln verwundet wurde.

So beschlossen die Studenten den Auszug, diesesmal nach Witzenhausen.

Die von dort aus geführten Verhandlungen mit Hannover und Göttingen blieben erfolglos.

Die Universität Göttingen wurde von den Studenten für zwei Jahre in Verruf gesteckt, d. h., allen Nicht-Hannoveranern geboten, Göttingen zu verlassen, wenn sie nicht selbst persönlich in Verruf kommen wollten.

Der Verruf wurde allgemein befolgt, Göttingen verlor mit einem Schlage fast die Hälfte seiner Studenten, statt 1158 waren im Wintersemester 1818/19 nur 658 Studenten in Göttingen.

Die Krisis wurde aber überraschend schnell überwunden, im Sommer 1823 stieg die Frequenz auf den Höchststand während des ganzen 19. Jahrhunderts, nämlich 1517.

Bei dieser gewaltigen Studentenmasse mochte mancherlei Anlaß zu Unruhen vorkommen, eine einheitliche Aktion der ganzen Studentenschaft war aber dadurch erschwert.

1823

Am 24. Juli 1823 ist Jahrmarkt in Göttingen.

Wie üblich, necken die Studenten die Marktfrauen und Verkäuferinnen. Eine Putzmacherin in einer Marktbude findet aber an einem Studenten, einem Jugendfreunde, einen Kavalier, der sie zum Schutz nach Hause begleitet.

Das erregt die Aufmerksamkeit des Pedellen Müller, der wohl minder ehrbare Absichten vermutet.

Er folgt dem Paar; ein stattlicher Haufen Studenten schließt sich an.

Der Pedell fordert die Ladenjungfer auf, allein nach Hause zu gehen, ebenso den Studenten, der sich aber kräftig dagegen verwahrt.

Die studentische Korona nimmt für ihren Kommilitonen Partei.

Als das Frauenzimmer ruhig nach Hause gelangt ist, ziehen die Studenten zum „Ulrich" und beschließen, dem Pedellen die Fenster einzuwerfen. Das geschieht, und da man einmal dabei ist, wirft man auch einigen anderen mißliebigen Personen die Fenster ein.

Die akademische Behörde nimmt den Pedellen in Schutz, lehnt insbesondere das Verlangen der Studenten ab, diesen Pedellen sofort aufzuhängen.

Empört beschließen die Studenten in einer Versammlung auf dem „Ulrich" den Auszug.

Am 1. August 1823 ziehen etwa 1000 Studenten wirklich aus, diesmal aber ohne rechten Plan. Es fehlt die einheitliche Leitung. Die Landsmannschaften halten sich jedenfalls von der Führung zurück. Man ging gruppenweise nach Northeim, dem Gesundbrunnen, nach Heiligenstadt nach Witzenhausen und Mollenfelde.

Aber die hessischen und preußischen Behörden gaben zu erkennen, daß ihnen diese Zuwanderung unerwünscht sei, und schnell zerflattert das ganze Unternehmen von selbst. Einzeln und in kleinen Gruppen kehren alle Auszügler nach Göttingen zurück.

Der Anstifter, der den Auszug in „Ulrichs Garten" proklamiert hatte, Graf Kalckreuth, wird relegiert und damit ist alles wieder in Ordnung.

1848 (vgl. Bericht weiter hinten)

Goettinger Studenten

im Rathe des Verrufs

Auszug der Göttinger Studenten

– Kerstlingeroderfeld 26.–29. July 1790 –

Tagebuchaufzeichnungen des Studenten Fr. G. A. Schmidt

Fr. G. August Schmidt – 23.8.1766 - 24.8.1813
studierte in Göttingen ab Ostern 1786 Rechtswissenschaft

Sonntag, den 25. Juli 1790

Einem hiesigen Studenten, namens Heine, aus Hannover begegnet ... ein fremder Handwerksbursche, der ihn um die Tischlerherberge befragt.
[Zum besseren Verständnis ist hier der Sachverhalt aus einer anderen Quelle herangezogen:]

... Kann Er mir sagen, wo die Tischlerherberge ist?

Einen Studenten mit Er anzureden, war eine schwere Beleidigung. Als Antwort erhielt der Geselle einen Hieb, und nun entstand eine Prügelei, ...

Heine antwortet ihm trotzig: „Kerl, was geht mir deine Lumpenherberge an usw." Der Handwerksbursche schweigt, verfolgt Heinen, und da sie vor die Tischlerherberge auf dem Kornmarkt kommen, so schimpft der Kerl auf Heinen. Dieser schlägt darauf auf ihn los. Der Kerl wehrt sich, bis ein Dutzend Tischlergesellen aus der Herberge stürzen, Heinen mit den Haaren ins Haus ziehen und ihn da so durchwalken, daß ihm das Blut am Kopfe herunterlief. Darauf laufen sie gleich zum Tor heraus (sind aber einige Tage darauf fast alle durch nachgesetzte Reuter eingeholt und hierher gefangen gebracht). Vier Tischlergesellen, die nicht selbst mit Hand angelegt hatten, sondern von der Herberge herab der Prügelei zugesehen hatte, wurden durch die Schaarwächter sogleich in Arrest genommen, und unter einem entsetzlichen Zulauf von Studenten, die indeß alle in die Herberge gedrungen waren, nach der Schaarwache gebracht. Abends gegen 10 Uhr versammelten sich einige hundert Studenten und machten alle Anstalten zum Stürmen.

Ausdrücke der Studenten.

B u r s c h ist ein allgemeiner, sehr gebräuchlicher Ausdruck für Student. In engerer Bedeutung wird der Student erst mit dem zweyten Jahre B u r s c h.

K n o t e heisst jeder Handwerksbursch; ferner alle jungen Leute, welche sich einem andern als dem gelehrten Stande widmen, vorausgesetzt, dafs sie nicht mehr Pennäle oder schon Philister sind.

L a n d e s v a t e r ist ein Studenten Lied, welches dem Landes Vater zu Ehren gesungen wird. Während des Gesanges spiefsen alle Anwesenden ihre Hüte auf einen Hieber zum Symbol der gold nen Freyheit, und schwören, ewig brave Burschen bleiben zu wollen. – Diefs Lied zeichnet sich besonders durch einen herzerhebenden Gesang aus; auch der Text ist, wie bey fast allen Burschenliedern schön. Nach dessen Beendigung ziehen die Praesides jeden Hut einzeln vom Hieber, und bedecken damit die Häupter der Eigenthümer. Auf jedem Commersch wird ein L a n d e s v a t e r gemacht.

P h i l i s t e r heifst im allg. Jeder, der nicht Student und schon sein eigener Herr ist. In engerer Bedeutung: der Hauswirth.

S c h n u r r e heifst ein Polizeydiener der Universität

Da trat der jetzige Prorector [Prof. der Theologie G. Leß] plötzlich mitten unter sie, hielt eine feierliche Anrede, ermahnte sie um Gotteswillen zur Ruhe, wobei er Reihe herum jedem die Hand drückte.

Allein er konnte vor Geschrei kaum zu Worte kommen. Unter seinen Augen wurden Häuser gestürmt, die Fenster überall eingeworfen und kein Knote, der sich blicken ließ, verschont.

Sie legten dem Prorector folgende Punkte zur Beantwortung vor, und sowie er einen genehmigte, erscholl ihm ein lautes Vivat:

1. Alle Studenten, die bei diesem Tumult durch die Schnurren gefangen genommen waren, sogleich wieder loszulassen.
   – Das geschah auch sogleich.
2. Kein Schnurre und Pedell sollte sich auf der Straße sehen lassen.
   – Der Prorector befahl's und sie gingen jeder nach Haus. ...
3. Ein Student, namens Berner, der schon einige Tage gefangen gesessen, sollte losgelassen, und der Schnurre, der ihn bei den Ohren gekriegt hatte, fortgejagt werden.
   – Leß entschuldigte sich dagegen, daß er hierüber keine Gewalt habe, sondern daß es Deputationssache sei. ...
   Den Tag darauf wurde er in der Stille aus der Stadt transportiert.
4. Die Herberge der Tischlergesellen sollte an einen anderen Ort verlegt und ihr Schild noch den Abend heruntergerissen werden.
   – Das erste versprach Leß, das letztere aber könne den Abend, da es schon 11 Uhr war, unmöglich geschehen. Sobald es aber Tag würde, sollte es geschehen.

Da erscholl aber das Geschrei: So reißen wir es selbst noch herunter ... fort ging der Schwarm durch alle Straßen, wo die Fenster klangen, die Türen zerbrachen, ... Nun sollte das Schild an der Tischlerherberge herunter. Leß erschien noch einmal, bat und flehte, und da er damit nichts ausrichten konnte, so ließ er Soldaten den Schnurren zur Hülfe aufmarschieren. Mehrere Studenten wurden bei den Ohren genommen und fortgeschleppt.

Indessen holten die übrigen ungeheure Feuerhaken herbei und rissen das Schild mit äußerster Gewalt herab ... Nun wurde es zerhauen und zertreten und die Stücke auf dem Markt umhergeworfen.

So tobte der unsinnige Haufen bis gegen Morgen noch fort.

Montag, den 26. Juli 1790

Der Tischlergilde wurden sogleich 100 Reichsthaler für ihr Schild geboten, und darauf 200. Allein sie wollte sich zu nichts verstehen.

Den Vormittag bekamen wieder einige Handwerksburschen ... von Studenten Prügel.

Und nun ging die fürchterliche Geschichte an, wovon einst Söhne und Enkel noch reden werden. Gegen 2 Uhr ist die Tischlerzunft auf ihrer Herberge versammelt und läßt alle Gesellen der übrigen Zünfte und Fabriken zu sich bitten. Auf der Herberge fließt Branntwein und Bier jedem, der erscheint, frei.

Bald versammeln sich von allen Orten Meister und Gesellen und Lehrjungen auf der Herberge und in der umliegenden Gegend.

Der Magistrat, die hochgerühmte Polizei hierselbst, der Prorector und academische Senat und der Commandant sitzen indessen ganz ruhig, als ob nichts zu befürchten wäre.

Die Tischler schicken in alle 4 Meilen weit umherliegenden Städte, Städtlein und Dörfer Abgesandte, um alle Zunftgenossen aufzubieten nach Göttingen.

In Göttingen zwingen sie mit Gewalt, wer nicht erscheinen will ... Die Friseure und die Bartscherer aber sind auf keine Weise dazu zu bringen gewesen, mit den Knoten gemeinschaftliche Sache gegen die Burschen zu machen.

Endlich um ½11 Uhr mittags, da von ungefähr ein Dutzend Studenten vor der Herberge stehen, stürzt plötzlich eine unzählige Schar wütender besoffener Handwerksburschen aus der Herberge auf die Studenten, die sich nichts weniger, als einen solchen Angriff vermuten. Diese werden geschlagen und in die Flucht getrieben. Nun stürzt von allen Seiten ein Haufen unsinniger Menschen herbei auf den Markt mit ungeheuern Knüppeln, Aexten pp. und erhebt ein fürchterliches Geschrei. So ziehen sie durch alle Straßen, und wo sich ein Student sehen läßt, da fallen sie zu hunderten über ihn her, werfen mit Knüppeln in die Fenster, wo sich ein Student am Fenster sehen läßt, brechen die Häuser ein, wo Burschen wohnen und verlangen sie ausgeliefert. Der unsinnige Haufen nahm immer mehr zu, da sich Bettler, Jungen, Philister, und weiß alle, hinzugesellten, und besonders da indessen ganze Scharen Maurer und Zimmerleute von den Dörfern zur Hülfe ankamen, sodaß ihrer gewiß mehr als 700–800 waren.

Nun sollte das Rathaus gestürmt werden. Da wurden aber mehrere Compagnien Soldaten zur Beschützung davor postiert. Diese standen da und rührten kein Glied, indessen alles um sie her drunter und drüber ging.

Eine Menge Burschen stürzten auf das Rathaus, die dort von den Bürgern mit Prügeln zurückgetrieben und unten wieder mit Prügeln von den Knoten empfangen wurden. ... über 30–40 Burschen wurden jämmerlich geprügelt. ...

Endlich sah und hörte man keinen Studenten mehr. Die Häuser waren alle verschlossen und die Laden zugemacht, so daß in den Häusern alles ausgestorben zu sein schien. ... Mir zitterten alle Glieder, wenn ich das Wort erschallen hörte: Bursche da, und nun die ungeheure Schar den armen Flüchtling verfolgen sah. ...

Bei alle diesem unerhörten Spektakel standen die Soldaten mit ihrem Chef wie angenagelt auf dem Markt.

Endlich um ½3 Uhr brachte es der Magistrat durch die zu sich geforderten Meister und Altgesellen dahin, daß der Feind einen Waffenstillstand einging.

Nun wurde es ruhiger. In dem Tumult waren einige Rä-

delsführer von den Schaarwächtern gefangen genommen und auf die Schaarwache gebracht. Sobald das die übrigen erfuhren, stürmten sie auf die Schaarwache los, warfen die Soldaten, die die Wache davor hatten, von der Seite und befreiten ihre Spießgesellen und zugleich auch die 4 Tischlergesellen, die den Tag zuvor festgesetzt waren. Da es Abend wurde, so kamen die Studenten wieder nach und nach ans Tageslicht. Abends um 8 Uhr rückten einige Compagnien Reuter in die Stadt, die bis jetzt hier sind. Diese patrouillierten mit der Infanterie in gschlossenen Gliedern die ganze Nacht hindurch auf allen Straßen. Meine Augen fanden die Nacht keinen Schlaf. Ich lag fast die ganze Nacht hindurch am Fenster in Backhaus Hause [Commerzienrath Backhaus, wohnhaft „auf dem Markt"].

Lager der Studenten zu Kerstlingeröderfeld. vom 26 bis 29ten Julij 1790.

Dienstag, den 27. Juli 1790

Frühmorgens wurde ein Courier nach Hannover und an den König mit der Mär abgeschickt. ... Gegen mittag zogen an 100 Studenten aus der Stadt auf das eine gute Stunde von hier auf dem Hainberge gelegene Kerstlingeröderfeld, in dem festen Vorsatz, nicht eher wieder in die Stadt zurückzukehren, bis sie völlige Satisfaction erhalten hätten, und wo diese nicht erfolgte, auf andere Universitäten zu ziehen. –

Diesen zogen immer mehr nach, so daß schon den folgenden Tag als den Mittwochen über 500 Studenten sich oben versammelt hatten. Nun waren sie in Compagnien verteilt

... Einige Grafen waren die Deputierten, die an den academischen Senat in Göttingen stets abgeschickt wurden, um in Unterhandlung zu treten. ... Von beiden Seiten wurde alles schriftlich traciert [verhandelt].

Auch der Magistrat und der Gerichtsschulze von Göttingen trat in Unterhandlung mit den ausgewanderten Studenten. ...

Kerstlingeröderfeld ist rund herum mit Holz eingeschlossen. Nach Göttingen ... gehen nur 2 Wege. Diese waren ... überall mit Schildwachen besetzt. ...

[Im Lager] ... mußte man sich enrollieren [in die Rolle eintragen = Namensverzeichnis] lassen und gewisse Punkte versprechen. [Hier] ... waren eine große Menge Marquetender mit Bier, Obst, Kuchen, Fleisch, Butterbrot pp, welchen allen die Taxe gesetzt wurde, wofür sie jedes verkaufen sollten. Des Nachts waren die Compagnien auf den Dörfern umher verlegt. ... Des Abends marschierten sie dahin ab, und des Morgens um 8 Uhr mußten sie wieder im Standquartier erscheinen, ...

Donnerstag, den 29. Juli 1790

[Morgens] früh war schon die Anzahl der Studenten daselbst über 700 stark. Das Schwirren durcheinander war lustig anzuschauen. An Musik und andern Vergnügungen fehlte es dabei nicht, und eine ... vortreffliche Ordnung wurde gehalten, ...

Kerstlingerode

Hainholzwarte bey Göttingen, und Weg nach Kerstlingeröderfeld.

❖❖❖❖❖❖❖❖❖❖❖❖❖❖❖

Otto Deneke und Frig Scheidemann:

Göttinger Stammbuch-Kupfer

Man sieht auf dem Blatte die bald danach beseitigte Hainholz-Warte und Gruppen von bewaffneten Studenten, die an der Warte einen Vorposten zur Überwachung des Weges nach Kerstlingeröder Feld bilden.

Eine Art von Lebensmittel-Transport zur Verpflegung der Studenten auf Kerstlingeröder Feld zieht an der Turmwache vorbei: voran schiebt ein Mann auf einem Karren ein Faß, vermutlich Schnaps, eine Frau trägt eine Kiepe.

❖❖❖❖❖❖❖❖❖❖❖❖❖❖❖

Landesvater der Studenten im Kerstlingeröder Walde, in der Nacht vom 26ten auf den 27ten Juli 1790.

HUNDERT JAHRE

Von Heinrich Albert Oppermann:

In der andern Gaststube hingen damals noch einige alte vergilbte Kupferstiche, theils mit dem Namen von Riepenhausen, theils mit dem seines Schülers Grape bezeichnet. Das eine war ein Nachtstück mit der Unterschrift: Landesvater der Studenten ...

Da lagen sie herum, die Studiosen der damaligen Zeit, mit ihren dreieckigen Hütchen, ihren Zöpfen, den langen bis auf die Hacken reichenden Röcken, Fracks darf man wol nicht sagen, zum Theil in Kniehosen mit seidenen Strümpfen und Schnallenschuhen, zum Theil mit Stulpenstiefeln, im großen Kreise auf der dunkeln Waldwiese. In der Mitte brennt ein großes Feuer. Neben dem Feuer sitzt der Präsident, den Degen (nicht den Schläger) in der Hand mit daraufgespießten Hüten. Einige dieser Degen, ganz voll von Hüten, liegen schon zu seinen Füßen. Neben ihm stehen zwei Eimer mit Wein und liegen eine Anzahl Becher auf der Erde. Der Studiosus, der, den Hut auf den Degen stoßend, vor ihm steht und singt:

> Ich durchbohr' den Hut und schwöre,
> Halten will ich stets auf Ehre,
> Stets ein treuer Bursche sein —

nähert sich offenbar moderner Richtung. Er hat eine kurze Jacke, lange Beinkleider, der Hut, den er in der Hand hält, ist rund, wie ihn von den Hunderten der umherlagernden Studenten nur ein Zehntel trägt. An der Seite hat er den Degen, das Pistol im Gürtel. Das Haar ist üppig und hinten mit Mühe zu einem dicken Zopf zusammengebunden. ...

Riepenhausen hat mir das Bild oft erklärt. „Sudelarbeit, Sudelarbeit!" pflegte er zu sagen, „Jugendsünden von Grape, mein Name steht unschuldig darunter, habe nur die Zeichnung gemacht, war dabei, hatten mich meine Freunde mitgeschleppt; der dort singt, war mein Herzensfreund, ein prächtiger Junge, ...

„O ich kann Ihnen noch ein paar Dutzend von denen nennen, die da liegen. Sehen Sie, der Präsident da in der Mitte, dem Feuer nahe, er hält den Degen mit den Hüten in der linken Hand, in der rechten hält er die lange Thonpfeife, von denen der Stiefelwuchs rechts des Feuers einige Dutzend mit gelbem Knaster stopft, das war der Graf ... die eigentliche Seele des Auszugs.

154

Einzug der Studenten in Göttingen d. 29. Jul 1790

Donnerstag, den 29. Juli 1790

Die Punkte, welche dem academischen Senat vorgelegt wurden, waren hauptsächlich diese:

1. Daß die gefangen genommenen Studenten wieder auf freien Fuß gestellt werden sollten.

   – Das geschah auch sogleich.

2. Daß die Knoten auf die strengste Art bestraft und die Studenten hinfüro vor der gleichen Anfällen sicher gestellt würden, und daß die Anführer der Knoten auf die Festung nach Hameln gebracht werden sollten.

   – Auch das wurde sogleich bewilligt.

3. Daß die hiesige Garnison und der Commandant, weil sie mehr gegen als für die Studenten gewesen waren, verlegt und dafür ein anderes Regiment nach Göttingen gelegt werden sollte.

   – Auch das wurde ziemlich eingestanden, und noch mehr Punkte.

... Die Universität ließ zu wiederholten Malen um den Rückzug nach Göttingen bitten, und der Prorector versprach, mit den Professoren unter Musik ihnen entgegenzukommen. Viele Gilden, und besonders die ansehnliche Schneiderzunft supplicierte [erbat], den Studenten mit ihren Bürgerfahnen entgegenzukommen, ...

Der Gerichtsschulze und der Magistrat schickten Schreiben an die Deputierten der Studenten heraus, worin er zu Kreuze kroch und meldete, wie viel von den Bürgern und Knoten schon gefangengesetzt und wie viel auf der Flucht durch die Reuter eingeholt wären, bat jeden, der einen Rebellen noch wüßte, ihn anzuzeigen und ließ in der Stadt an alle Gassen anschlagen, daß, wenn die Studenten einziehen würden, sich niemand, und am allerwenigsten ein Handwerksbursche bei Leibes- oder Lebensstrafe auf den Straßen sollte sehen lassen. ...

Den Donnerstag Nachmittag wurde auf eingekommene Antwort von dem academischen Senat wieder große Deliberation [Beratung] zu Kerftlingeröderfeld angestellt, wo fast alles dahin stimmte, daß wir vors erste hinlänglich Satisfaction hätte und also für jetzt den feierlichen Einzug halten könnten. Nur einige waren dagegen und verlangten, daß der Marsch nach Duderstadt gehen sollte. Sie drangen aber nicht durch. Es wurde eine Gesandtschaft nach Göttingen abgeschickt, die es bekannt machte, und sich die Studentenfahne, die in der Universität hängt, ausbat. Indessen kam der Stallmeister Ayrer mit dem ganzen Gefolge seiner Bereuter herauf. ...

[Als] er heraufkam, so wurde ein Kreis um ihn geschlossen, wo er denn eine rührende Rede hielt, der man es aber ansah, daß sie auswendig gelernt war. Er bat im Namen der Professoren, im Namen der Bürgerschaft und der ganzen Stadt mit Tränen, man möchte zurückziehen nach Göttingen und versprach alles mögliche anzuwenden, um die größte Genugtuung zu verschaffen. Er stellte vor, wie nachteilig das jetzige Leben ihrer Gesundheit sei pp. und schloß damit: Gönnen Sie mir das Glück, sie jetzt in die Stadt führen zu dürfen, und alles schrie: Wir kommen, und ein dreimaliges Vivat erscholl ihm nach. Darauf stellte er den Oberamtmann Cleve von Weende und den Kaufmann Berkenbusch vor. Letzterer war Deputierter von der Kaufmannschaft in Göttingen. Rührend war es wirklich anzusehen, da er gern viel sagen wollte und nicht hervorbringen konnte vor Angst und Wehmut.

Nun stellte jeder Hauptmann seine Compagnie in Reih und Glieder. Es waren 12 Compagnien, 10 zu Fuß und 2 zu Pferde, jede zu 45–80 Mann stark. Die Nummer der Compagnie und die Parole zum Exempel Ehre, Sicherheit, Freiheit hatte jeder am Hut mit Kreide geschrieben und auf dem Hut hatte jeder einen großen Eichenzweig.

Um 5 Uhr abends ging der Marsch an ... Der ganze Zug bestand aus 750 Köpfen und dauerte fast ½ Stunde. Vor dem Tor kamen die Stadtmusicanten und die Reutermusic vom Regiment Schmidtchen entgegen mit Pauken, Trompeten. Ein Zug Musicanten mit Pauken wurde vor die Compagnie gestellt, und der 2te gleichfalls mit Pauken in die Mitte. ... Vor dem Albanitor an der Wache trat eine Compagnie Soldaten ins Gewehr. ...

So vollgestopft von Menschen, wie der Wall und alle Häuser [waren], wo der Zug durchpassierte, ... das geht über alle Beschreibung. Die alten Weiber weinten vor Freuden. Als der Zug vor der Hauptwache durchkam, stand die ganze Garnison im Gewehr, und auf der andern Seite die eingerückten Dragoner, an der Spitze der Commandant. Von beiden Seiten erscholl die Feldmusik, als sie den Zug ankommen sahen. Das gab mit den Trompeten und Pauken, die im Zuge waren, ein sonderbares Gemische.

Nun ging der Zug über den Markt nach dem Prorector Leß, dem ein Vivat gebracht wurde, und der darauf eine kurze, aber rührende Anrede vor der Tür hielt. Dann ging es fort zu den englischen Prinzen, darauf zu dem Geheimen Justizrat Böhmer, dann zum Hofrat Möckert und endlich zu dem Hofrat Schlözer. Die letzteren 3 bekamen deshalb ein Vivat, weil sie bei der ganzen Geschichte sehr für die Studenten gewesen waren.

Endlich wurde der Zug auf dem Markte in einem großen Kreise beschlossen, wo sie den Stallmeister Ayrer, den Generalanführer und die academische Freiheit hoch leben ließen.

Und nun ging alles stille auseinander. ...

Den Abend und fast die ganze Nacht durch war in der Stadt Illumination. Nun macht eine Compagnie nach der andern des Abends in öffentlichen Häusern unter Pauken und Trompeten den Landesvater.

Freitag, den 30. Juli 1790

... gegen Abend, rückten 4 Compagnien Infanterie von Northeim ein, weil jetzt überall Wachen gestellt werden und das Gespräch geht, daß sobald ein Handwerksgeselle bestraft wird, Bürger, Gesellen, Jungen tumultieren und das Rathaus stürmen wollen, wozu sie in allen umliegenden Oertern bis Hannover alle Handwerksleute zur Hülfe aufgefordert haben sollen. Eine Menge Tischlergesellen wurden durch die Soldaten in Arrest gebracht, weil sie aus der Stadt hatten flüchten ... wollen.

... Den Freitag Abend war wieder Illumination.

Sonnabend, den 31. Juli 1790

In der Nacht von Freitag auf Sonnabend rückten noch 4 Compagnien Soldaten von Münden ein. Nun kommen noch Infanteristen von Einbeck und auch noch Dragoner.

Die Straßen wimmeln von Soldaten. ...

Die Anführer der Burschen Compagnien haben ein Gericht unter sich errichtet, wovor sie die Bürger, die sich etwas haben zu Schulden kommen lassen, zitieren lassen; und die Bürger erscheinen pünktlich und demütig. So mußte ... [heute] der Kaufmann Bornemann, der bei dem Knotentumult einen flüchtigen Burschen nicht hatte einnehmen wollen, seine Unschuld daran durch Zeugen beweisen, da sonst kein Bursche wieder bei ihm Waren genommen hätte.

[Es] war wieder Illumination, wo sich einige erleuchtete Verse wegen ihrer Dummheit auszeichneten. Zum Exempel:

„Ich, ein alter Philister, zünd an meine Lichter,
den Burschen zu Ehren, wer will mir das wehren."

Ein Schuster hatte folgenden Vers:

„Wer die Burschen will zwicken,
dem will ich mit meiner Nadel pricken."

Sonntag, den 1. August 1790

... Die ganze Geschichte hat den hiesigen Burschenton ganz herumgestimmt; sonst tat einer gegen den andern steif und unbekannt. Jetzt hängt alles aneinander, und fast jeder kennt den andern. ...

Heute abend ... wird wieder durch die ganze Stadt Illumination sein.

Montag, den 2. August 1790

Die Illumination, die am vorigen Abend und diese ganze Nacht hindurch, durch die ganze Stadt war, übertrifft alle Beschreibung. ...

In den 3 Prinzen, einem Wirtshaus mitten auf der Hauptstraße, commercierte [Kommers halten] in jeder Etage eine Compagnie Burschen, deren Geschrei, Pauken und Trompeten die ganze Stadt erfüllte.

Auch diese hatten die Fenster mit Versen verziert, worunter mir vorzüglich folgender gefallen hat:

Hoch leben alle Bürger, hoch, die Freundschaft für
uns nähren,
Wir wollen jubelnd auf ihr Wohl den vollen Becher
leeren.

Ein altes Mütterchen stand davor und sagte ihrer Nachbarin: „Dat is doch gut, dat nu ok de Berger mal ehrt wert, de Burschen sind enaug ehrt."

Wahr ist es, die Ehre, die den Burschen bei dieser Gelegenheit widerfahren ist, ist selbst dem König bei seinem Hiersein nicht widerfahren.

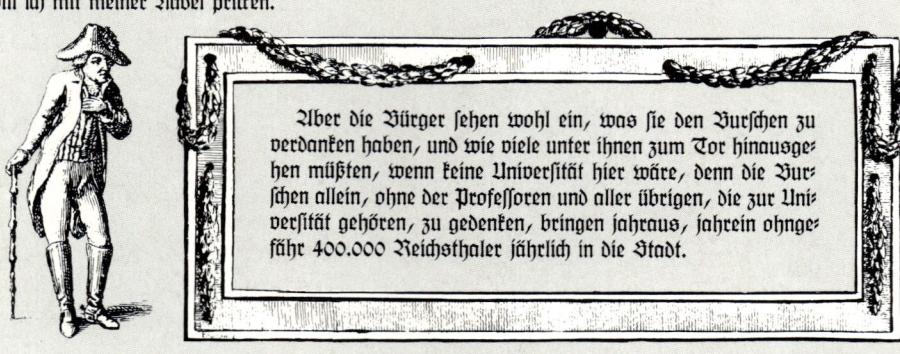

Aber die Bürger sehen wohl ein, was sie den Burschen zu verdanken haben, und wie viele unter ihnen zum Tor hinausgehen müßten, wenn keine Universität hier wäre, denn die Burschen allein, ohne der Professoren und aller übrigen, die zur Universität gehören, zu gedenken, bringen jahraus, jahrein ohngefähr 400.000 Reichsthaler jährlich in die Stadt.

Studentenstreit

Die Feyer des Friedens auf der Huwe bey Göttingen den 24ᵗᵉ Jul. 1814.

Am 24. Juli 1814 wurde das Friedensfest auf der Hufe hinter der Maschmühle gefeiert, das den Göttingern unvergeßlich war, weil es dabei zu einer bösen Schlägerei zwischen den Studenten und den Handwerkern kam.

Studentenleben in Göttingen

Εὔκλειαν ἔλαβον ͗κ ἄνευ πολλῶν πόνων
Euripides

Der *Studiosorum* Schuldigkeit ist, ihren Lehrern mit aller Liebe und Freundlichkeit zu begegnen, ihren Vermahnungen zu folgen, und mit willigem Abtrage der *Honorariorum* ihre Dankbarkeit zu bezeigen.

Unter den Personen, mit denen die Studiosi Umgang haben, sind ihnen ohnstreitig die allernähesten ihre Lehrer, welche sie in guten Künsten und Wissenschaften, auch in Sprachen und den bekannten anständigen Leibesübungen treulich unterweisen, denen sie deshalben alle Liebe, Höflichkeit und Freundschaft zu erzeigen, ihre väterliche Vermahnungen und Anweisungen zu dem fortzusetzenden Fleisse und ändern Tugenden, mit schuldiger Achtung und Folgsamkeit erkennen, und den Abtrag der gewöhnlichen oder besonders versprochenen Honorariorum, die ohnedem mehrentheils den geringsten Theil ihres Aufwands ausmachen, ohne die Richterliche Hülfe zu erwarten, als welche auf beschehene Anzeige ohnverweilt erfolgen muß, dankbarlich zu bewerkstelligen, und den unauslöschlichen Schandfleck eines undankbaren Zuhörers zu vermeiden, schuldig und gehalten sind:

dahingegen diejenige, welche an zeitlichen Gütern Mangel haben, zu allen ihren Lehrern sich das zu versehen haben, wenn sie sich deshalber gebührend melden, und ihr Unvermögen einigermassen bescheinigen, daß lehrbegierigen und fleissigen ingeniis der ohnentgeltliche Unterricht nie werde versaget werden.

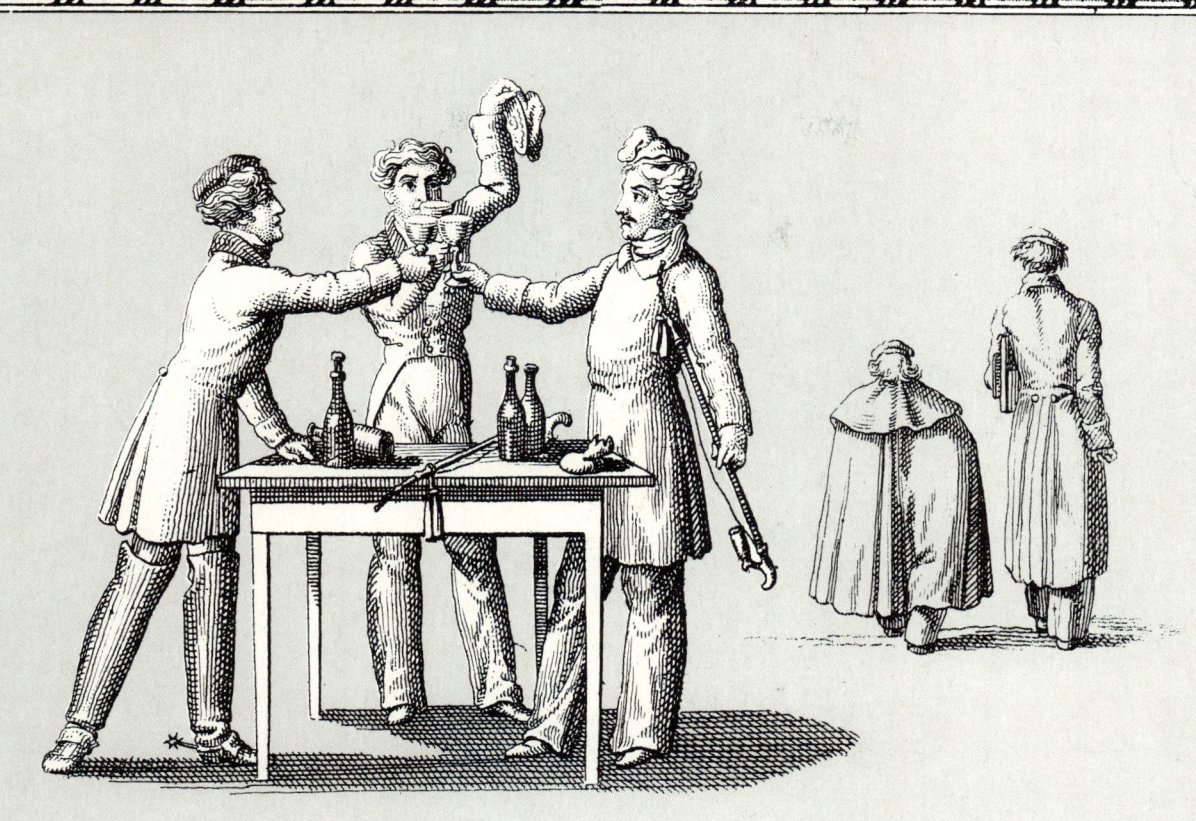

So leicht auch in Göttingen, wie auf allen andern Universitäten, ein guter junger Mensch der Verführung ausgesetzt ist, so leicht kann er ihr doch auch ausweichen, wenn er nur vernünftige Maasregeln nimmt, und sich nicht durch einen falschen Begriff von Ehre verblenden läßt.

Wenn er nur still und ordentlich seinen Schritt fortwandert, und Gesellschaften oder Umgang vermeidet, worin ein unvernünftiger Studententon herrscht, wo man nicht Wissenschaften, sondern rohe leichtsinnige Scherze zur Unterhaltung macht, so wird man gewiß nie in unangenehme Situationen gerathen.

Wird man aber demohngeachtet von Stänkern, von Ruhestörern, die gern Thätlichkeiten suchen, angetastet, dann begegne man denselben mit einem ruhigen verächtlichen Tone, und wenn dies nichts hilft, so gehe man ohne Geräusch zum Prorektor, und dieser wird bald Ruhe stiften.

Wirst du zum Duell herausgefordert, so bringe die Herausforderung vor das akademische Gericht; laß übrigens die tollen Köpfe ein Urtheil über dich fällen, wie sie wollen! Rechtschaffene Leute werden dich loben, und was kümmert dich das Urtheil alberner und schlechter Leute! sie können dir nicht an deiner Ehre schaden.

Sollte man dich aber hernach auf öffentlicher Straße insultiren; dann gebrauche dein Spanischrohr, und laß es den elenden Menschen wissen, daß du noch ein Herz in der Brust hast, welches andern wohl noch Respekt einflößen kann! ...

Da mit dem Zeitalter auch die Aufklärung fortschreitet, so werden auch die Musensöhne immer gesitteter, und der Unruhen und Schlägereien auf der Akademie weniger. Von unserm Göttingen wenigstens können wir dies mit vollem Rechte rühmen. Selten hört man jetzt davon, daß Studenten auf der Straße oder in ihren Häusern großen Unfug treiben, daß sie sich unter einander oder die Bürger insultiren, oder daß sie lärmende Vergnügungen anstellen, und äußerst wohlthätig ist es gewiß, daß hier die akademische Freiheit so sehr eingeschränkt ist.

Sollte aber doch einmal ein Tumult entstehen, oder ein rauschendes unerlaubtes Vergnügen die Musensöhne einladen, so fliehe, fliehe diesen aufrührerischen Zirkel, verschließ dich lieber in dein Zimmer, um vor allen Nachstellungen sicher zu seyn, um nicht in einen Strudel zu gerathen, der oft dem zeitlichen Verderben, und der höchsten Unzufriedenheit von deiner und deiner Lehrer Seite zuführt! Denn mancher sonst guter Mensch, der entweder Vergnügen an dergleichen Ruhe störenden Freuden fand, wenn sie nur nicht Unglück oder Schaden des Nächsten zur Folge hatten, oder der aus Neugierde unter den sittenlosen Haufen schritt, wurde von Dienern der Gerechtigkeit gegriffen und zu strenger Verantwortung gezogen! ...

159

Von gegründeteren Ursachen der Burschen-Schulden.

Wenn man annehmen wollte, oder annehmen könnte, daß sich ein jeder von den Herren, welche Göttingen dazu erwählen, sich hier in aller Weisheit, die man auf Universitäten lernen kann, unterrichten zu lassen, auf nothwendige und zweckmäßige Ausgaben einschränkte; so würde dieses ganze Capitel überflüssig seyn, und ein jeder mit seinem Wechsel, und wenn er diesen nicht hat, mit den ihm nebenher zufliessenden Unterstützungen, die sein peculium castrense vel quasi vermehren, auskommen können.

Allein der Mensch ist nicht dazu erschaffen, daß er sich immer selbst plagen, oder von andern geplagt werden soll, sondern in seinen Nebenstunden soll er auch sein Deputat von Vergnügen und Ergötzlichkeit geniessen, und seines Lebens sich erfreuen.

Dieses ist ein Lieblingssatz auch der studirenden Jugend; nur Schade, daß gewöhnlich mehr durch die Ausdehnung, als Einschränkung desselben, gefehlet wird, und daß diese Ausdehnung zwar einigen nur wenig, vielen aber sehr nachtheilig ist! —

Wäre dieses der Ort, um von hier aus die Welt mit frommen Wünschen anzufüllen, so könnte man sagen, daß, wenn ein jeder Mensch allezeit eine kluge Auswahl der Vergnügungen träfe, er selten in den Fall kommen werde, sich dadurch in Schulden zu stürzen.

Allein auch von der besten Theorie ist doch oft die Praxis sehr verschieden, und so geht es auch hier, wie solches nicht nur auf jeder Universität, sondern auch in jeder andern aufgeklärten Stadt theoretisch gelehrt und practisch erwiesen wird.

In Ansehung des Schuldenmachens, dieses Uebels, dem fast alle jungen Leute unterworfen sind, sind die academischen Gesetze sehr bestimmt; der Philister ist aber auch dadurch so klug gemacht, daß er bey Vermiethung seiner Stuben alle mögliche Vorsicht gebrauchet.

Das erste ist gleich, daß er sich bey dem Briefträger nach der Beschaffenheit des Wechsels erkundiget.

Alsdann werden der Philister, bey welchem man vorhero logiret hat, die Wäscherin, der Friseur, der Stiefelwichser, zc. ausgeholet, und derjenige würde als ein allgemeiner Feind angesehen werden, welcher dem Philister, zu Gunsten des Purschen, nicht mit der Wahrheit herausgienge.

In Abwesenheit des Purschen werden dann auch Coffer und Schrank visitiret, und nach Befindung dieser Sachen wird nun bestimmt, wie weit man sich mit vierteljährigen Auslagen einlassen wolle.

Credit der Studenten zu Göttingen.

§. 1. Es wäre zwar sehr zu wünschen, daß den Studirenden die Sachen, deren sie bedürftig, nicht anders als gegen baare Bezahlung verabreichet, und in den Contracten, die sich nicht auf Kauf und Verkauf gründen, eine Vorausbezahlung, so viel als möglich, eingeführt werden möge, da aber das Creditiren in mehrern Puncten nicht wohl umgangen und abgestellet werden kann; so ist verordnet, daß ein dreyfacher Unterschied unter den Schulden der Studirenden in folgender Maaße Statt finden solle:

(a) 1ste Classe. Hieher sind die sogenannten privilegirten Schulden zu rechnen, welche solcher Gegenstände halber contrahirt werden, die vorzüglich zum Lebensunterhalte, zur Nothwendigkeit und Fortsetzung der Studien gehören, bey welchen es nicht thunlich ist, eine gewisse Summe zu bestimmen, auf welche nur creditirt werden darf, einfolglich wo ein unbestimmter Credit in Rücksicht der Summen verstattet ist.

Die nähern Bestimmungen der zur 1sten Classe gehörigen Schulden anlangend; so sind unter diese Classe zu rechnen:

1) Die Honoraria der Professoren und privat Docenten.
2) Arztlohn und Medicamente.
3) Die Bezahlung der Sprach-Exercitien- und anderer Meister.
4) Die Miethe für Wohnung und Meubles.
5) Der Tisch.
6) Wäsche.
7) Lohn, auch Kostgeld für Bediente, Aufwärter und Aufwärterinnen.
8) Die Bezahlung der Friseurs, Barbierer und Stiefelputzer.

(b) 2te Classe. Dahin sind diejenigen Sachen zu rechnen, worauf bis zu einer bestimmten Summe Credit zugelassen wird.

In Schulden der zweiten Classe, wohin diejenigen Sachen zu rechnen, worauf bis zu einer bestimmten Summe der Credit zugelassen wird, und wovon, wenn darüber bey den Gerichten Rechnungen eingereicht werden, die sich höher als die für jeden Artikel bestimmte edictmäßige Summe belaufen, nur so viel wie die edictmäßige Summe für jeden Artikel beträgt, und nicht mehr dem Gläubiger zugesprochen werden darf, gehören:

1) Ellenwaaren, die zur Kleidung dienen.
2) Gewürzkrämerwaaren.
3) Galanteriewaaren.
4) Bücher.
5) Schreibmaterialien.
6) Die kleinen Auslagen im Hause, als für Milch, Bier, Frühstück und Abendbrodt ꝛc.
7) Wein, Punsch und Bier.
8) Caffee, Thee und Chocolade bey den Caffeetiers.
9) Bäckerwaaren.
10) Billardgeld.
11) Schuster- Hosen- und Handschuhmacher- Arbeit.
12) Buchbinder- Schneider- und Sattler-Arbeit.
13) Die Arbeiten der Mechaniker und Schwerdtfeger.
14) Pferde- Wagen- und Schlitten-Miethe.

Für Ellenwaaren, die zur Kleidung dienen kann bis auf , 30 Rthlr.

Für Gewürzkrämerwaaren kann bis auf , 15 , und zwar auf beyde Artikel auf ein halbes Jahr geborgt werden.

Die Gewürzkrämer sind aber verpflichtet, mit den Studirenden Bücher zu halten, worin die Waare und deren Preis bey der Abholung jedesmal aufzuzeichnen ist.

Es darf ferner geborgt werden:
An Galanteriewaaren für , 5 Rthlr.

Für Bücher:
(a) Beym Buchhändler auf , , 20 ,
(b) Bey den Antiquarien auf , , 5 ,

Verliert oder verdirbt Jemand ein entlehntes Buch, so muß er den Werth desselben bezahlen, wenn dieser auch gleich über die edictmäßige Summe hinausgeht.

An Schreibmaterialien auf , 5 Rthlr.

Für die kleinen Auslagen im Hause, als:
(a) Für Milch, Bier und Frühstück , ,
(b) Für Abendessen , , 8 ,
(c) Für baare kleine Auslagen, als Postgeld und dergleichen , , 2 ,

Für Wein, Punsch und Bier, auf , 5 Rthlr.
Für Caffee, Thee und Chocolade bey den Caffetiers , , 5 ,
Für Bäckerwaaren , , 5 ,
Billardgeld , , , 5 ,
Für Schuster- Hosen- und Handschuhmacher- Arbeit darf creditirt werden bis auf 12 Rthlr.
Für Buchbinder- Schneider- und Sattler-Arbeit bis auf , 10 ,
Für die Arbeiten der Mechaniker und Schwerdtfeger können creditirt werden bis auf , 6 ,
Für alle jene benannte Artikel kann ein vierteljähriger Credit gegeben werden.
Pferde- Wagen- und Schlitten-Miethe kann bis auf , 2 Rthlr. creditirt werden, jedoch ist die Klage desfalls in den ersten acht Tagen, nachdem gedachte Objecte gebraucht sind, anzustellen; wenn dieses aber versäumt wird, ist selbige gleich abzuweisen.

(c) 3te Classe. In selbige gehören diejenigen Artikel, auf welche der Credit gänzlich zu versagen, und keine gerichtliche Einforderung zu verstatten ist.

Zur dritten Classe gehören diejenigen Artikel auf welchen der Credit gänzlich zu versagen und keine gerichtliche Einfoderung zu gestatten ist. Hieher sind alle in den beyden ersten Classen nicht specificirte Sachen zu rechnen, insbesondere aber sind unter der dritten Classe begriffen:
1) der Credit auf Waaren zum Wiederverkaufe,
2) baarer Geld-Vorschuß,
3) das Darleihen auf Pfänder.

Es ist in der That kein leichter Beruf, jungen hitzigen Leuten, die weder Nachsicht noch Geduld haben, und alles mit Ungestüme fordern, aufzuwarten; . . . .

Endlich giebt es . . . ausser dem Hunger und Durst noch gewisse Naturtriebe des Körpers für die, weil sie unter die gewöhnlichen fünf Sinne nicht wohl gerechnet werden können, von den Naturforschern ein eigener Sinn erfunden ist, der, wenn er den spröden Verstand überstimmt, seiner Befriedigung stets gewiß seyn kann.

Mit Kosten ist diese zwar nicht allemal verknüpft, denn es giebt immer noch so gütige Schönen in der Welt, welche der ausstudirten oder natürlichen Rolle desjenigen, der sich angenehm zu machen sucht, ein sehr geneigtes Gehör geben. . . .

Allein diese Fälle sind doch deswegen seltener, weil gewöhnlich zu viel platonische Liebe dabey zu seyn pflegt, und von dieser ist der Student kein großer Freund, sondern ein größerer Liebhaber vom Reellen.

Und mit diesen Realitäten sind der Regel nach allemal Ausgaben verknüpft, theils um sich Gewogenheitsbezeigungen zu erkaufen, theils um auch von der Seite der Erkenntlichkeit die Wahl des Mädchens zu rechtfertigen.

So lange es bloß bey kleinen Präsenten, oder bey der Stadt= oder landüblichen Taxe bleibt, und so lange die Dame dem Chapeau nicht mehr schenkt, als er veraccordirt [vereinbart] hatte, mag wohl der Eintrag [Einbuße], welcher der Burschen=Oeconomie hierdurch geschieht, nur mittelmäßig bleiben.

Allein oft ist der Preis, den ein Mädchen auf den Niesbrauch [Nutzung] oder auf die Veräusserung seiner Reize setzt, unbillig und übertrieben; denn, so wie in jedem Handlungszweige, also auch hier, greift Prellerey Platz, ...

Zuweilen verwandelt sich auch das don gratuit [Geschenk] in eine nothwendige, und daher so unangenehme, als den Ehrgeiz der Herren Stupratoren [Kindeserzeuger] im geringsten nicht reizende zweyte Auslage, wofür sie nichts wieder bekommen. . . .

Ein Student ist ein Mann, aus welchem sehr vielerley werden kann; vieles wird er gern, manches ungern, aber nichts unlieber, als ein Vater; und doch kann er zuweilen nicht umhin, sich dieser neuen Würde zu unterziehen. Freylich liegt ihr wahrer Grund oft mehr in seinem bezahlen können, als in den Geschäften seiner Nebenstunden; . . . .

So fern er nun bloß als Vater betrachtet wird, leidet diese Entscheidung weder aus dem Gesichts= puncte der Gerechtigkeit noch der Billigkeit einigen Zweifel; selbst alsdann nicht, wenn das Mädchen sich im Falle mehrerer Bett=Consorten den Tüchtigsten zu Tragung der in den Gesetzen so sehr begünstigten Ernährungs=Kosten auswählet.

Ist aber die Rede von der Ehre, die das Mäd= chen nach Vorurtheilen verlohren haben soll, oder nach ihrer eigenen Behauptung verlohren haben will, und weil doch durch Geld alles, folglich auch der Verlust der Ehre ersetzt werden kann,) von deren Ersatz durch Geld, so beweist die tägliche Praxis, daß hier oft von der Regel abgewichen werde. Denn nach dieser ist es erstlich den ...Gesetzen entgegen, daß einer für einen andern bezahlen soll.

Nun tritt aber der Fall oft ein, daß ein Friseur, ein Musketier und ein Student mit einander verschwägert werden. Zu allen dreyen kann nach hergebrachter Sitte der, welcher in vierzig Wochen nachkömmt, nicht Papa sagen, und keiner ist in der Lage, daß er heyrathen kann.

Das Mädchen und sein Advocat oder Notarius haben zusammen Einsicht genug, um bey der Frage, wer nun die Mutter wegen ihres verlohrnen Kleinods entschädigen soll, den Studenten für den geschicktesten Gegenstand zu halten. Daher wählen sie ihn, Behuf der Wiedereinsetzung der Ehre in ihren vorigen Stand, zu ihrem Prätor [Beschützer], und er muß sich oft, wenn er auch nur ein einzigesmal A. gesagt hat, und vielleicht seine Schwäger das ganze A. B. C. durchgegangen sind, zur Abfindung bereit finden lassen, um nur das Gespräch unter den Leuten, und die Berichte ins Vaterland zu vermeiden. ...

Mehr als eine Frau pflegt ein Student in Göttingen nicht zu haben, und dieses ist der Regel nach seine Aufwärterinn, wenn diese nur hübscher ist, als sein Compendium, um zuweilen einen Blick des Herrn von diesem weg und auf sich zu ziehen.

Weil jedoch in einem Hause, worinn eine hübsche Aufwärterinn ist, gewöhnlich mehrere Studenten wohnen, und alsdann dieser Fall in die Lehre von der Polyandrie [Vielmännerei] einschlagen würde, die Gemeinschaft aber nur gar zu oft Zänkereyen veranlaßt; so sucht mancher einen sicherern Weg einzuschlagen, und entweder Lieutenant [Stellvertreter] eines kränklichen Ehemannes zu werden, oder die halb- oder ganzjährige Treue eines ledigen Mädchens zu dingen (denn in Göttingen nimmt man sowohl Mädchen als Pferde in Accord [mieten]).

Der erste Fall ist der wohlfeilste von beyden; denn er sichert vor Wochenbetts- Kindtauf- und Ernährungskosten, und es fliessen auch mit unter dem Herrn Statthalter und Stellvertreter einige kleine Nebenvortheile zu.

Da er aber bey dieser Station sehr von der Laune der gnädigen Dame, von seiner eigenen Geschicklichkeit, und von dem Risiko, daß Madame etwa ein ihrem Geschmack oder ihren

Gedanken nach würdigeres Subject finden möchte, abhänget, und da noch dazu einige auftreten könnten, die vielleicht ein Näherrecht bey der Veräusserung gewisser Rechte an einen Fremden zu behaupten suchen; so wird allen diesen Schwierigkeiten durch den letztern Fall vorgebeuget.

Der Accord [Übereinkunft] wird zuweilen mit Bewilligung oder Mitwissen der Eltern eingegangen, und damit diese vom Verdacht der Kuppeley ...frey bleiben mögen, so verspricht Herr Paciscent [Vertragspartner], daß Malchen oder Betty nach Ablauf des Probejahrs eben so eine reine Jungfer geblieben seyn soll, als sie es vielleicht kaum in ihrem zwölften Jahre noch gewesen war.

Nun ist zwar der Concubinat eine nach geist- und weltlichen Rechten verbotene Gesellschaft, und Ihro Hoch- und Wohlehrwürden können bey deren Entdeckung Gewissens halber nicht unterlassen, eine kleine Summe unter dem Namen der Kirchenbusse von derselben beyzutreiben, damit sich Sünder und Sünderinn durch deren Erlegung in die Gemeinschaft der Heiligen wieder einkaufen könne.

Ferner giebt sie auch eine für den Zweck des academischen Lebens zu häufige Gelegenheit zur Recreation, nachdem man sich bey seinen Heften müde studiret hat.

Allein, ohne der Sache eben das Wort zu reden, läßt sich doch soviel dafür anführen, daß der Herr Principal, der von der Gabe der Unenthaltsamkeit soviel besitzt, als von hunderten neun und neunzig andere, nunmehro nicht nöthig hat, sich zum Behuf seiner Erleichterung auf den Kirchhöfen, und in schattigten Alleen Jahre langen Beschwerden auszusetzen.

Mägde und Aufwärterinnen verdienen wegen des geringen Lohns, um welchen sie in einer so theuren Stadt dienen müssen, einige Entschuldigung.

Erstere bekommen jährlich nicht mehr als acht bis zehn Thaler Lohn.

Letztere haben von ihrer Herrschaft nichts als die Kost, und das Aufwarte Geld von den im Hause befindlichen Purschen. Sind deren mehrere, so darf sie auch dieses nicht allein behalten, sondern muß nach Beschaffenheit der Summe den Töchtern im Hause, oder der Hausmagd die Hälfte oder ein drittel davon abgeben.

Dieses ist nicht nur in den Bürgers, sondern auch in den Gelehrten Häusern eingeführet, und scheinet mir höchst unbillig zu seyn.

Es ist in der That kein leichter Beruf, jungen hitzigen Leuten, die weder Nachsicht noch Geduld haben, und alles mit Ungestüme fordern, aufzuwarten; und diejenige Zeit, welche ihnen übrig bleibt, dürfen sie doch nicht müßig seyn, sondern müssen, gleich andern Mägden, noch die Hausarbeiten mit versehen.

Diese nun sind von armen Eltern, und haben kaum ihre nothdürftigen Kleider.

Der größte Theil ihres Lohns gehet allein für Schuhe dahin; sie wollen doch übrigens auch sich nach und nach hervorthun und weiter kommen, und in dieser Absicht erwählen sie sich noch nebenher ein Gewerbe, bey welchem sie das Angenehme mit dem Nützlichen zu verbinden hoffen.

Man kann von ihrer Kleidung leicht die allmähligen Fortschritte in diesem Gewerbe abnehmen.

Wenn sie noch schmutzig und voller Lumpen hängen, so sind sie noch am ehrlichsten.

Ihre erste Einnahme verwenden sie auf weise Strümpfe und große breite Schuhschnallen. Siehet man ein rothes oder gelbes Band um den Hals fliegen, so haben sie es schon weiter gebracht. Der darauf folgende schwarze Mantel statt des alten von Cattun, oder ein grüner Tamisrock giebt noch ein besseres Anzeichen. Und kommt vollends eine Sonntagshaube von Goldstoff dazu, so ist

Aufwärterin in Göttingen

das Gewerbe in seinem florcsantesten Zustande, und die Kundschaft aufs höchste gestiegen.

Bey [dieser Meinung von] dem schönen Geschlecht aber getraue ich mir so lange keine Ausnahme zu machen, bis erst irgend ein Göttingisches Mädchen, so das sechszehnte Jahr erreicht hat, nach alter teutscher Keuschheits-Probe, einmahl mit blosen Füßen über glühende Eisenplatten ohnbeschädigt gegangen seyn wird. —

Alimentations- und Satisfactions-Klagen gegen Studirende zu Göttingen.

§. 1. Demnach einige zu Göttingen Studirende, welche Weibspersonen zu Fall gebracht haben, um die der Geschwächten zustehende Satisfactionsklage, womit sie von selbiger bedroht worden, zu vermeiden, sich durch aussergerichtliche Vergleichung zur Bezahlung beträchtlicher Summen verstanden und schlechte Weibspersonen die Abneigung der Studirenden für die gedachte Satisfactionsklage zu ihrem merklichen Vortheile und offenbarer Benachtheiligung der Studirenden benutzt haben; so ist aus Vorsorge für die Universität und für die so auf derselben studiren, und um letztere gegen dergleichen widerrechtliche Benachtheiligungen zu sichern, festgesetzet und bestimmet:

bey den von geschwächten Personen gegen Studirende zu Göttingen anzustellenden Satisfactionsklagen, soll die Klägerinn den Beweis einer würklichen Verführung zu übernehmen schuldig seyn, dergestalt, daß selbige, wenn sie solchen nicht nach aller Strenge zu führen vermag, mit dieser Forderung abzuweisen sey, und ist das akademische Gericht bey Bestimmung des Betrages, der, im Falle einer überwiesenen Verführung für die Entehrung zu bezahlenden Gelder, nicht blos an den in einigen Gerichten üblichen Maaßstab, von dem was eine solche Person als Brautschatz einzubringen vermögend war, gebunden, sondern vielmehr ermächtigt, solchen lediglich nach den persönlichen Umständen beyder Theile und insonderheit nach dem Grade der angewandten Verführungskünste auszumitteln.

Studentisches Treiben vor der Aula um 1840

Der Comment ist das Grundgesetz, welches die Verhältnisse der Studenten gegen einander bestimmt. Wer den Comment recht inne hat, weiss was er als Student thun und lassen muss; wer dawider handelt, wird zurecht gewiesen, und, bessert er sich nicht, verachtet. ...

1) Man sey gegen Jedermann, der uns anredet, artig; gehe dem Unbekannten still vorbey, ohne uns um ihn zu bekümmern; man beobachte genau

2) das Gossen- oder Gassen-Recht; da nemlich die Fussbänke an den Häusern oft schmal oder sehr frequent sind, so würde es beym Begegnen sehr unangenehm seyn, wenn man nicht wüßte, wer dem Andern ausweichen muss; diess ist Pflicht desjenigen, welcher die Gosse zur Rechten hat.

3) Im Collegium sehe man seinem unbekannten Nachbar nicht ins Heft oder ziehe ihn durch Fragen vom eignen Nachdenken ab.

4) Man enthalte sich derjenigen Worte, welche als Beleidigung genommen werden können, (z. E. Sonderbar, närrisch, komisch, merkwürdig u. s. w.) wenn man von dem Betragen oder den Eigenschaften einer Person spricht.

Wird gegen uns ein solches beleidigendes Wort ausgestossen, so müssen wir selbst oder durch einen Dritten nach der Bedeutung des Ausdrucks fragen. Erklärt jener, er habe nicht beleidigen wollen, es sey ihm aus Unachtsamkeit entfahren, so ist die Sache abgemacht. Erwiedert er aber trotzig: man möge es nehmen, wie man wolle, so muss man ihn fordern lassen.

5) Das Wort "dumm" zieht nothwendig eine Herausforderung nach sich. ...

14) Das Ehrenwort des Burschen ist das Heiligste, was er besitzt, was er geben kann; bricht er es, gleichviel ob gegen Studenten oder Bürger, so wird er als ehrlos verachtet, und kommt in Verruf.

15) Sündigt er gegen geringere Comment-Regeln, so wird er auf einige Zeit in Verruf erklärt.

16) Wer sich thätlich an einen Studenten vergreift, kommt alsbald in den Bann.

17) Man vermeide sorgfältig den Umgang mit einem Verrufenen, um nicht gleiches Schicksal zu haben; man sey aber auch nicht so erbärmlich, ihn nun absichtlich zu beleidigen, weil er keine gesetzliche Satisfaction von uns fordern darf, und wir sie ihm nicht geben dürfen.

18) Man halte sich zu seinen Landsleuten, und suche nicht, unter Unbekannten sich einen Kreis von Freunden oder steten Gesellschaftern zu bilden.

Diess ist aus mehreren Gründen verwerflich; man verliert die Liebe und das Zutrauen zu jenen, und findet sich am Ende schrecklich betrogen, ... denn diese neugeschaffene Freundschaft ist selten ächt und herzlich.

Und man hat gewiss immer an seinen Landsleuten die beste Stütze in Verlegenheiten, den besten Rath in häuslichen Angelegenheiten, und die beste Hülfe bey Zwistigkeiten mit Dritten.

In der Regel gerathen diejenigen, welche sich von ihren Jugendfreunden, Schul-Kameraden oder Landsleuten abziehen, auf Abwege, werden liederlich, verschwenderisch und ruiniren Geist und Körper.

19) Wer seine Landsleute verläßt, heißt ein Wilder.

"Wir alle find Brüder und einander gleich!" Dieß ist der Wahlspruch der Studenten, das Motto der academischen Freyheit. Wenn man gleich in neueren Zeiten aus mehreren Gründen die alte Freyheit einschränken zu müssen glaubte, so sind doch noch die übrigen Refte bedeutend genug, um eine Republik im kleinen zu bilden und zuzulassen.

Die Nacht iſt von Gott und der Natur der allgemeinen Ruhe gewidmet, mittelſt der die durch Arbeit und Fleiß des vorigen Tages erſchöpfte Kräfte zu Behuf der den folgenden Morgen von neuem anzutretenden Verrichtungen, wieder erſetzet und hergeſtellet werden, und daher ſchon eine natürliche Unbilligkeit iſt, wenn diejenige, welche deren von nöthen haben und genieſſen, an ſolcher zur Ungebühr geſtöret werden. Um ſo mehr haben auch die Studioſi, wenn ſie den Abend nicht auf ihren Zimmern, ſondern bey einem Freunde, oder auch auf den Schenken und Billards in erlaubter Ergötzlichkeit zubringen wollen, dennoch zur rechten Zeit und in aller Stille ſich nach Hauſe zu verfügen.

Landesvater iſt ein Studenten-Lied, welches dem Landes-Vater zu Ehren geſungen wird. Während des Geſanges ſpieſſen alle Anweſenden ihre Hüte auf einen Hieber zum Symbol der goldnen Freyheit, und ſchwören, ewig brave Burſchen bleiben zu wollen. —
Dieſs Lied zeichnet ſich beſonders durch einen herzerhebenden Geſang aus; auch der Text iſt, wie bey faſt allen Burſchenliedern ſchön. Nach deſſen Beendigung ziehen die Praeſides jeden Hut einzeln vom Hieber, nnd bedecken damit die Häupter der Eigenthümer.
Auf jedem Commerſch wird ein Landesvater gemacht.

Kunst von Toren.

§. 54.

... Gänzlich verboten sind: alle Comitate, das Aufführen theatralischer Vorstellungen, alle Mummereien, alles Schreien, Vivat= oder PereatRufen, laute Singen und Lärmen, sowohl auf der Gasse, als in den Häusern, insoweit Letzteres zur Beschwerde der Hausgenossen und Nach= barn gereicht; imgleichen das nächtliche Herumtreiben auf den Straßen.

Uebertreter dieser Verbote erhalten Verweise, und werden nach Befinden mit Carcer, mit dem consilio abeundi oder mit der Relegation bestraft.

In den Wirthshäusern darf in der Regel Niemand länger als bis 10 Uhr Abends bleiben. Wer der von den Unterbedienten einmal geschehenen Aufforderung, sich aus dem Wirthshause zu entfernen, nicht sofort Folge leistet, muß 2 Rthl. Strafe erlegen, welche dem Denuncianten zufallen.

Gesuche um Erlaubniß zu längern Zusammenkünften, desgleichen zu Lustbarkeiten und Gast= mählern mit Musik, sind schriftlich und zeitig vorher bei dem Prorector anzubringen. Die Unter= nehmer und sämmtliche Theilnehmer müssen sich nennen, und Erstere sich anheischig machen, auf gute Ordnung zu halten.

Sind in Gesellschaften, namentlich bei sogenannten Commercen, Excesse vorgefallen: so werden vorzüglich die Unternehmer, so wie derjenige Studirende, welcher sein Zimmer dazu hergegeben, zur Rechenschaft gezogen, und erhalten Verweise oder sonst angemessene Strafe.

Alle Excesse, welche in später Nachtzeit, vorzüglich aber diejenigen, welche in der NeujahrsNacht vorfallen, werden verhältnißmäßig härter als andere bestraft.

§. 55.

Wer sich so weit vergißt, sich zu betrinken, soll, auch ohne Rücksicht auf die Folgen, nach den Umständen mit CarcerStrafe oder Wegweisung bestraft werden. Dieselben Strafen sollen Die= jenigen treffen, welche sich überhaupt dem übermäßigen Genusse berauschender Getränke hingeben, Andere dazu verleiten, Trinkgelage veranlassen, solche befördern, ihre Zimmer dazu hergeben, oder sonst daran Theil nehmen. Der Grund der Strafe, welche ein Studirender wegen der in diesem §. bezeichneten Vergehen erlitten hat, soll in dem akademischen Zeugnisse ausdrücklich angegeben werden.

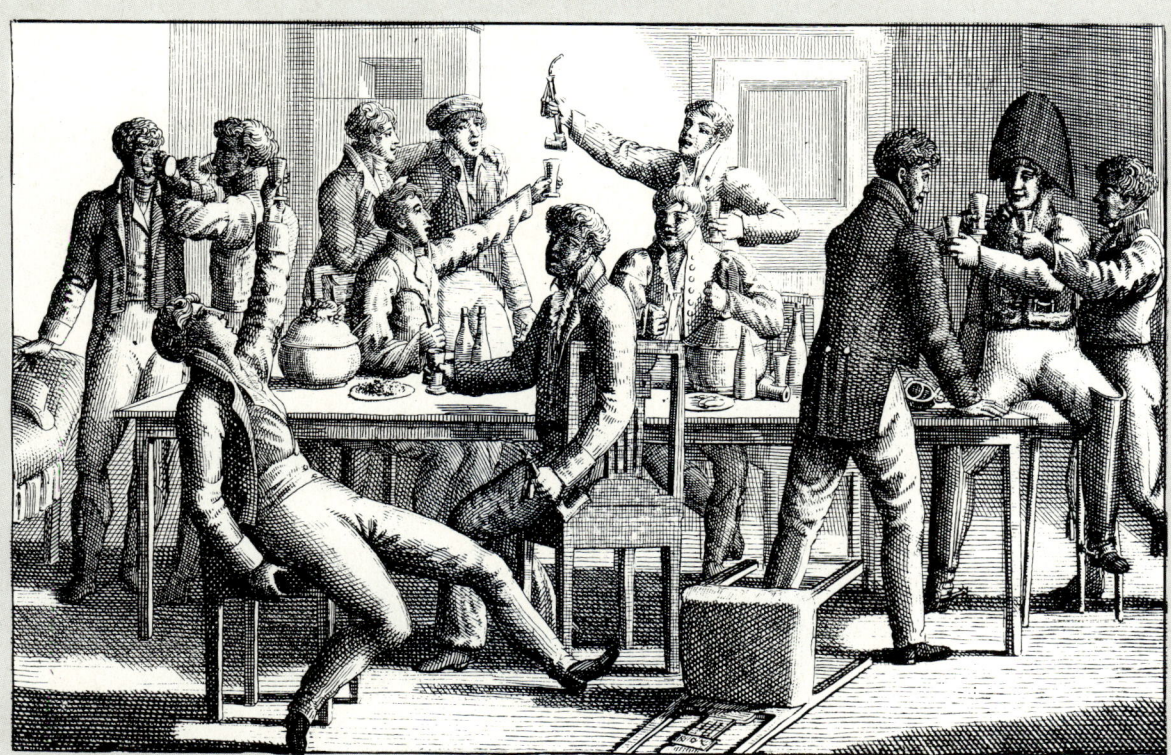

Punschkneipe mit Schmollis *

Ein Paar Kerls mit Stiefeln und Spornen, und ihre Hüte auf dem Kopfe, liegen auf dem Sopha; andere sizzen auf dem Tische, worauf Bier, vermischt mit Tabacksasche, fließt; noch andere schaukeln sich auf Stühlen.

Alle reichen ihm die Hände, nachdem er ihnen von seinem Freunde vorgestellt ist. Es wird ihm ein Stuhl gereicht; mechanisch sezt er sich; die Ueberraschung wegen des Unerwarteten hat ihm fast ganz seine Besinnung geraubt, seine Zunge gelähmt. Einige von den Renomisten stecken ihre Köpfe zusammen, und machen sich, ohne daß er es merkt, über ihn lustig. Man reicht ihm Bier und Pfeife, und fordert ihn auf fröhlich zu seyn.

Das Bier nimmt er mit Widerwillen; die Pfeife legt er zurück, weil er noch nie geraucht hatte. Man will sie ihm mit Gewalt aufdringen; er läßt sich aber nicht bewegen, sie anzunehmen. Man sagt, daß er ohne Pfeife kein braver Bursch werden könne; dieser Grundsatz will sich aber nicht mit seiner Philosophie vertragen, weil er einen andern Begrif von dem Studentenleben hat, als jene rohen Brüder. Zulezt wird er doch etwas munterer; er ist aber bald nachher froh, daß er wieder auf seiner Stube sizt.

Ein Paar Tage vergehen, worin er sich recht wohl befindet. Einstmals kömmt sein Freund, und ladet ihn zu einem Spazirgange ein. Er kann es nicht abschlagen.

Er geht in der Gesellschaft von dreien oder vieren nach einem nahen Dorfe, und dort sezt man sich in ein Wirthshaus.

Hier bringt man bei Saus und Schmaus ein Paar Stunden zu. Die Studenten haben hier Gelegenheit sich an ihn zu schmiegen, eine feste Bekanntschaft, — wenn man nicht Freundschaft sagen will, — ist bald gemacht, und Ehrenhalber ladet er die Leute auch auf sein Zimmer ein.

Daß es bei der Invitation von seiner Seite nicht bleibe, kann man leicht denken.

Nach und nach gewöhnt er sich nicht blos an den Kommersch, sondern er behagt ihm, er kann nicht mehr ohne ihn vergnügt leben. Beinahe die Hälfte der akademischen Bürger sind seine Freunde. Bald hat man ihn dahin gebracht, daß er das Rauchen lernt, bald wird er ein leidenschaftlicher Schmaucher, und leicht beredet man ihn, aus den Kollegien wegzubleiben, wenn man eine Landtour zu Fuß oder zu Pferde machen will.

* schmolliren heißt: Brüderschaft trinken. Schmollis ist die Anrede dessen, mit dem man Brüderschaft trinken will. Dieser stößt dann an und sagt: Fiducit!

Die Linde bey Geismar ohnweit Göttingen

Nähere Gränzen um Göttingen

Der nächste Ort vor Göttingen gegen Süden ist Geismar . . . .

Es wurde ehemals von den Studenten fleißiger besucht, als jetzt. Woher dieses komme, kann ich so genau nicht angeben.

Einige, die aber den Studenten nicht recht kennen, setzen den Grund davon in ehemaligen Streitigkeiten und Schlägereyen, und beschreiben dabey den Geismarischen Landmann als einen groben und aus Mangel des Umgangs mit Studenten uncivilisirt gebliebenen Bauer, der, wenn es zum Handgemenge komme, gleich zuschlage, ohne vorher zu fragen, ob es auch übel aufgenommen werde, und weh thue, oder nicht.

Allein, wenn auch diese Thatumstände richtig wären, so ist es doch der daraus gezogene Grund nicht. Denn der innere Bau und Structur eines Studenten ist gar nicht zur Furcht eingerichtet; da er sich also überhaupt nicht fürchtet, so wird er sich auch für die Schläge eines Geismarischen Bauern nicht fürchten, und noch weniger ein ganzes Dorf wegen der Schläge, die seine Vorfahren bekommen haben mögen, meiden.

Andere geben zur Ursache an, daß es entweder überall nicht viel hübsche Mädchen da gäbe, oder daß der Vater oder der Bräutigam derselben so eigen sey, daß er nicht einmal einen unschuldigen Besuch oder ein unschuldiges Gernesehen eines Studenten verstatten wolle.

Was nun diesen Grund betrift, so kann ich ihn eher, wenigstens als möglich, zugeben.

Denn das Gewissen eines Göttingischen Herrn ist so enge, daß er sich es nie verzeihen würde, auf eine solche Art den Hausfrieden irgendwo gestöhrt zu haben; daher setzt er sich als Philosoph über die Geismarischen Artigkeiten weg, und besucht nicht einmal ihren Schützenhof ihnen zu Gefallen, sondern allenfalls nur aus Gefälligkeit gegen die Göttingischen Jungfern.

Ausser dieser Zeit pflegt der Student in Geismar nur vorzusprechen, wenn er nach Heiligenstadt u. s. w. reiset, oder wenn ihn nothwendige Geschäfte nach G. zu den * * * Töchtern rufen; weil er auf Reisen oft ein gewisses Getränk sehr nöthig hat, das in der Landessprache Schnaps genennt wird, und in dem an der Landstrasse gelegenen Wirthshause gut zu haben ist.

Weende und Göttingen.

Die meisten Spaziergänge oder Fahrten von Göttingen aus geschehen nach Norden hin, theils vielleicht aus Gewohnheit, und weil die chaussée dahin zuerst fertig geworden ist, theils weil der nächste Ort, nehmlich das Dorf Weende, nur eine halbe Stunde entfernt liegt, und weil man in den dasigen Wirthshäusern alles haben kann, was seit der Zeit, da Wein= und Schnapstrinken zur Mode geworden ist, zu den Bedürfnissen des menschlichen Lebens gerechnet wird.

Das vornehmste darunter ist der Kronprinz, und der seit vielen Jahren darinn wohnende Wirth Wallrath giebt sich alle mögliche Mühe seinen Gästen die Promenade angenehm zu machen. Daher hat er nicht allein seinen Garten mit Hecken, Lauben und bedeckten Gängen ausgeschmückt, sondern er illuminirt ihn auch zuweilen am Sonntage bey heiteren Sommerabenden. Dieses ziehet eine Menge von Menschen, sowohl vom schönen als unschönen Geschlechte; vom bürgerlichen und gelehrten Stande, dahin.

Man ergötzt sich theils an der vermischten Gesellschaft, theils an der Erleuchtung und Auszierung des Gartens, wohin auch eine neu angelegte Fontaine von weissem Wasser gehört. Einige trinken, andere tanzen, und alle hören Musik. Denn Herr Wallrath hat einige ihm getreue Compagnien Prager, die mit ihrem Aufenthalte bey ihm abwechseln, und den Sommer über, und auch oft im Winter seine Haus= Hof= und Garten=Capelle formiren.

Uebrigens hält er, soviel er für seine Person thun kann, strenge Mannszucht, duldet keine Hazardspiele, keine Freudentöchter und keine practischen essays sur la population.

Wenn daher auch einige, die seinen erleuchteten Garten besuchen, bey verschiedenen rencontres aus verderbten Trieben ihres Herzens wünschen sollten, daß der Garten weniger erleuchtet seyn möchte, so ist der Wirth völlig unschuldig daran. Eben so wenig kann er etwas dafür, wenn in seinem Garten Bekanntschaften gemacht, oder Abreden getroffen werden, deren Execution so merkliche Spuren auf den Feldern zurückläßt, daß mancher Landmann ein Viersaß Rocken deswegen weniger einerndtet.

Fehlt es doch nicht an Beyspielen aus den Eroberungsgeschichten, daß mancher mit entbranntem Herzen in die Kirche geht, bey der Messe hinter seinem Gott im seidenen Kleide niederkniet, und die Leiden seiner schmachtenden Seele so laut herseufzet, daß sie der Stifterin durch die Ohren bis ins Herz dringen, und ihm ein rendesvous ausser der Kirche verschaffen, welches sich oft mit den derniers faveurs endiget; und dennoch bleibt die Kirche was sie war, und ihre Ehre leidet durch diesen trennbaren Zufall (accidens separabile) nicht den mindesten Abbruch.

Die alten Teutschen haben stets die Jagd für eine würdige Beschäftigung gehalten; wenn sie keine Römer hatten, jagten sie Bären und Elendthiere, ...

Jetzt ist überhaupt, also auch in Göttingen, der Geschmack verschiedener.

Es giebt zwar immer noch unter den Bürgern große Jagdliebhaber, allein die größere Zahl hat doch Mitleiden mit den armen Hasen. ...

Die Studenten und Stadtbürger üben die niedere Jagdgerechtigkeit gemeinschaftlich aus, und weil die ersteren der Regel nach keine Nachkommen in Göttingen hinterlassen, so haben sie auch keine Ursache, das Wildpret sehr zu verschonen; daher (und weil auch den Bürgern ein gegenwärtiger Hase weit besser schmeckt, als ein zukünftiger,) es denn kömmt, daß man in dortigem Jagdbezirk gewöhnlich mehr Jäger als Hasen antrift.

Die großen Vorrechte, welche die Herren und Eigenthümer der Jagd sonst ausüben, wer-den um Göttingen herum nicht ohne alle Strei-tigkeiten eingeräumet. ...

Als daher die Bauern aus den an der Göt-tingischen Feldmark gränzenden Dörfern einst einigen Jägern nicht gestatten wollten, ihre un-zeitige Frucht durchzusuchen und Hunde hinein zu schicken, und sich bey dieser Gelegenheit so-gar an dem Rücken eines dieser Herren, welcher auf seinem wahren oder eingebildeten Rechte bestand, vergriffen, so suchten sie nur das Jh-rige zu retten. ...

Ein Glück war es nur, daß dieses widrige Schicksal keine Studenten betraf, denn sonst sehe ich nicht ein, was das Dorf vom gänz-lichen Untergange hätte retten können.

Indessen hat es doch ehemals auch den Bur-schen nicht an kleinen Jagdavantüren gefehlt, wodurch sie genöthiget wurden, ihren Rückzug oft mit großen Umschweifen, oft ohne Flinten, zu nehmen; aber in unseren aufgeklärten Tagen weiß man sich entweder durch die Schnelligkeit seiner Füße, oder, wenn alles nicht mehr helfen will, durch klingende Münze zu retten.

Den Studirenden wird die Ausübung der Jagd unter folgenden Bestimmungen zugestanden:

1) Nur in den Feldmarken der Stadt Göttingen und ihrer sechs Dörfer, durchaus nicht in den dazu gehörigen Waldungen ....

2) Nur mit Hühnerhunden, keinesweges aber mit irgend einer Art von Jagdhunden. Wer eine dieser beiden Vorschriften übertritt, wird das erste Mal mit 20 Rthlr., das andere Mal mit 40 Rthlr. Geldbuße, das dritte Mal mit unverzüglicher Wegweisung von der Universität bestraft. ...

4) Wer unter den vorstehenden Bestimmungen von der Jagd Gebrauch machen will, muß bei einem der Universitäts-Pedellen sich melden und gegen Erlegung von 8 Ggr. einen Jagdschein lösen. ...

Das Taubenschießen ist bei 5 Rthlr. Strafe verboten.

Alle ... angedrohete Geldbußen kommen den Denuncianten zu Gute.

Ob unter den Studenten jetzt mehr oder weniger gespielt werde, als ehemals, läßt sich nicht genau bestimmen.

Hazardspiele sind in Göttingen vom Anfang an verboten gewesen, aber dennoch zu jeder Zeit daselbst getrieben. . . .

Wäre die Gefahr der Entdeckung allemal so groß, als die Hofnung zum Gewinne oder zu einem angenehmen Zeitvertreibe ist, so würden auch Glücksspiele seltener seyn, . . .

Allein da jene nicht oft eintritt, . . . so wird man . . . fortfahren, Faro und mit Würfeln zu spielen bis an den jüngsten Tag.

Im Hessischen sind die Hazardspiele so gut und bey noch größerer Strafe verboten, als im Hannöverischen; . . . wenn einige Nachbaren auf Kosten ihres schon angekommenen, oder auf Rechnung ihres zukünftigen Wechsels, . . . mit einander auf fremdem Territorio zusammenkommen, um dort einige gute Würfe zu thun . . . , so kann solches daselbst immer unter zweyen Einschränkungen zugegeben oder geduldet werden.

Und diese sind, wenn der momentanische Unterthan alle Streitigkeiten, welche die öffentliche Ruhe und Sicherheit stöhren, vermeidet, und zweytens nicht als ein Filz an dem Orte sich aufhält, nicht bloß Wasser trinkt, noch aus einer alten Pfeise raucht, und den Toback selbst mitbringet. . . .

Bey den zweyen aus der Staatswirthschaft bekannten Arten von Banquen (. . . wovon in Bovenden keine anzutreffen ist,) lassen es aber die Studenten nicht bewenden, sondern sie errichten noch eine dritte, welche die Farobank genennt wird.

Bey dieser nun . . . setzen sie ihr Geld mit größter Geschwindigkeit um, und dieses kömmt in eine solche bewundernswürdige Circulation, daß oft in der Zeit von einer Stunde ein Capital von zwanzig Louisd'or in einen halben Gulden, und dieser wieder in eine Dosin Carolinen metamorphosiret wird. . . .

Der Anblick desjenigen, der einem das Geld im Hazardspiele abgenommen hat, ist zuweilen sehr fatal. . . . Was bleibt da nun anders übrig, als nach Hause zu gehen?

Damit aber das alte Sprüchwort: ein Unglück kömmt selten allein, desto besser bewährt werden möge, so ist der Herr, dessen Karten alle abgeschlagen waren, kaum an das obere Ende des Fleckens gekommen, als er sich unglücklicher Weise nach der linken Seite umsiehet, und hinter dem Fenster des ersten und letzten Wirthshauses ein Nymphchen erblickt, welches ihm durch sein freundliches Lächeln zu verstehen giebt, daß es allein sey.

Von diesem Aviso keine Notiz nehmen zu wollen, solches würde sich unser Titius oder Sempronius als einen unverantwortlichen Mangel an Galanterie angerechnet haben; dabey war der Tag zum Studiren doch einmal verdorben; die Gesellschaft des männlichen Geschlechts hatte ihm seinen Ennuy [Verdruß] zugezogen, also mußte er suchen, sich bey dem weiblichen zu desennuyren; und dieses glückt ihm für den Rest seiner Baarschaft auf einige Augenblicke; aber — sein ungünstiges Schicksal wollte nicht, daß er der erste war, und er hatte vielleicht mehr seinen Vorgängern, als der Galanteriehändlerinn selbst, die Nothwendigkeit, eine vier-bis sechswöchige Quarantaine halten zu müssen, zu verdanken.

Bey einem in befter Form vorzunehmenden Duell kommen mehrere Perfonen vor, wovon, wie beym ordentlichen Proceß, einige effentiell, andere accidentell find.

Die wefentlichen Perfonen find die Partheyen felbft, die den ftreitigen Punct mit einander auszufechten haben.

Die zufälligen Perfonen find diejenigen, welche zufehen müffen, daß alles in rechtlicher Ordnung zugehe, und nichts, das dem löblichen Gebrauch oder der Ehre entgegen ift, vorgenommen werde.

Diefe Nebenperfonen heiffen Secundanten, und ftellen ohngefähr das vor, was in Proceffen Anwälde oder Sachwalter find. Sie müffen vor den Duellen dafür forgen, daß die Partheyen gehörig an einander gerathen, und wenn die Karre durch ihre Hülfe tief genug hinein gefchoben ift, fo fpannen fie die Partheyen davor, um folche wieder heraus zu ziehen.

In fo fern tritt alfo einige Aehnlichkeit zwifchen den Duellen und dem bürgerlichen Proceß ein; nur bleibt immer der merkliche Unterfchied zwifchen beyden, daß in diefem der Regel nach derjenige, auf deffen Seite das Recht fteht, den Sieg davon tragen muß, oder doch wenigftens davon tragen follte; daß hingegen in jenen oft der, welcher die Genugthuung verlangt hat, das j'ai affez rufen muß.

Eine jede Sache hat ihren zureichenden Grund. Diefer Satz ift fo einleuchtend, daß man eben nicht nöthig hat, viel Metaphyfik zu ftudiren, um ihn einfehen zu können; zugleich ift er fo allgemein, daß er auch bey der Lehre von den Duellen eintritt.

Bey diefen liegt er in einer vorausgegangenen Beleidigung, die entweder ganz deutlich, oder noch zweydeutig ift....

In diefen und ähnlichen Fällen ift es der Ordnung gemäß, daß man fich vorher erkundigt was der andere damit wolle, oder wie man folches zu nehmen habe. Sagt nun der andere: er habe nichts böfes gemeynt.... er halte ihn für einen rechtfchaffenen Kerl u. f. f., fo ift die Sache fchon wieder gefchlichtet; antwortet er aber: man könne es nehmen wie man wolle; fo ift die Abficht, den andern zu touchiren, klar, und die Revange allem Anfcheine nach unvermeidlich. . . .

Nun kann fich der Geforderte nach wohl hergebrachter Duellobfervanz auf keine andere Art von der Annahme loswickeln, als wenn er beweifen kann, daß der Provocant eine Makel auf fich habe fitzen laffen, ... kann er ... fich auf keine andere Art von der Schuldigkeit, fich ftellen zu müffen, los machen, als wenn er nach angenommenem Duell die Sache fo heimlich, als es ihm immer möglich ift, Sr. Magnificenz dem Prorector anzeigt, fich und feinem

Geaner Stubenarreſt geben, darauf vor Ge=
richt mit dieſem ſich ausſöhnen, und von ihm
verſprechen läßt, daß er ihn wegen des ver=
glichenen Puncts nicht weiter hauen, ſtechen
oder ſchieſſen wolle.

Die Wahl der Waffen hängt der Regel
nach von dem Beleidigten, zuweilen auch von
dem Geforderten ab; doch darf dieſer nicht
anders zu ungewöhnlichen greifen, als wenn
der Beleidiger ſich hat verlauten laſſen, daß er
mit jeder Art von Waffen zur Satisfaction
bereit ſey.

Gewöhnliche Waffen ſind der Degen und
ein leichter Säbel, ſonſt Hieber genannt; zu
den ungewöhnlichen gehören unter den Bur=
ſchen die Schießgewehre, vorzüglich Piſtolen.

Denn ob es gleich mit dem Weſen der
Duelle nicht ſtreitet, ſich durch Feuermörſer,
Kanonen oder Musketen zu revangiren, ſo
pflegt man doch wegen der damit verbundenen
vielen Umſtände ſeine Zuflucht dazu nicht zu
nehmen: ob man gleich durch beyde erſtere
Arten, imgleichen dadurch, daß man ſich mit
ſeinem Gegner auf zwey offene Pulvertonnen
ſetzt, und ſich nun mit Schwärmern duellirt,
großen Nachruhm und viel Geſchrey nach
ſeinem Tode auf der Welt zurück laſſen
würde. ...

Ehemals war beym Zweykampfe der Stich
üblicher, als der Hieb; da ſich aber dabey zu=

weilen der Fall zutrug, daß einer von beyden
Theilen ins Herz, oder durch das os maſtoi=
drum geſtochen, und dadurch auſſer Stand
geſetzt wurde, ſich künftig ferner zu ſchlagen;
ſo wird jetzt bey ernſtlichen Schlägereyen der
Hieb gewählt, und betagte Leute wiſſen ſich
nicht zu erinnern, daß jemals jemand todt
gehauen ſey.

Der Hals und das Geſicht pflegen zwar
ausdrücklich ausgenommen zu werden, oder
ſtillſchweigend ausgenommen zu ſeyn, allein
durch die wenige Fertigkeit der Naturaliſten
im Hauen, oder durch eine unvorſichtige Pa=
rade, kömmt mancher Hieb ins Geſicht, und
dient noch im ſpätſten Alter als ein ewiges
Zeichen jugendlicher Tapferkeit, oft aber noch
auf Univerſitäten als ein Verräther des ganzen
Handels.

Auſſer dieſen förmlichen und ernſtlichen
Duellen giebt es nun noch eine Art, die man
Ehrenduelle nennt, und eine andere, die
rencontre heißt.

Jene tritt ein, wenn ſich ein paar Lands=
leute, oder alte gute Freunde verunwilliget,
und in ſo weit wieder verſöhnet haben, daß
ſie nur noch vor den Augen der Ehrenwelt
das Siegel der Verſöhnung aufzudrücken
haben.

Zu dem Ende nimmt jeder einen Degen in
die Hand (weil ſowohl der Ausfall als das

Säbelmensur zwischen den Corps Bremensia (links) und Nassovia im Jahre 1837

Pariren daben mehr, als beym Hieber, in der Gewalt der Kämpfer ist,) und läßt sich von seinem Secundanten so stellen, daß die Spitze des feindlichen Degens seinen Körper nicht leicht erreichen kann. Darauf thun sie vier oder fünf Gänge, und dann schlagen sich die Zeugen das zwischen, erklären, daß sie hinlänglichen Beweis des Muths abgelegt hätten versöhnen sie völlig, und lassen unter ihrer Benhülfe den etwas noch übrig gebliebenen Groll in eine Boule Punsch versenken.

Ein rencontre besteht darinn, daß ein Paar sich entzwenet und seine Sache ohne vorhergegangene Abrede auf der Stelle unter sich abthut. Hierzu werden alle Waffen gebraucht, die man gleich bey der Hand hat, auch solche, die sonst bey Duellen nicht zulässig sind, z. E. die Peitsche, das Spanische Rohr, ein Knüppel von Dornen und in subsidium die Faust.

Auf der einen Seite hat dasselbe den Vortheil, daß es nicht so scharf geahndet wird, als ein abgeredetes Duell, (daher auch die Parthenen gern ihren Proceß, wenn er bekannt wird, dahin einzuleiten suchen, daß er als ein rencontre angesehen werden möge;) allein auf der andern Seite hat es wieder das unbequeme, daß die Sache selten dadurch ganz abgethan ist, sondern gewöhnlich nur zur Einleitung in ein förmliches Duell dienet.

Damit sowohl das Duell selbst, als auch die Heilung der darinn empfangenen Wunden, mit desto geringerer Gefahr der Entdeckung geschehen möge, pflegt man sehr oft dazu einen auf der Gränze, oder im Hessischen, gelegenen Ort zu wählen.

Bismarck – vor Weltenruhm Karzergast in Göttingen

Bismarck's zeitweilige Wohnung

Nr. 555.

Wir Prorector und Senat der Königlich = Großbritannisch = Hannoverschen Georg=
August = Universität bezeugen hiermit, daß der Studirende

Leopold Eduard Otto von Bismarck zu Schönhausen

am 10ᵗ Maÿ 1832 als der Rechte Beflissener unter die
Zahl der hiesigen Studirenden aufgenommen ist, und sich von der Zeit an bis

Michaelis 1833 Studirens halber hieselbst aufgehalten hat.

Derselbe hat hier, den beygebrachten Zeugnissen zu Folge, nachstehende Vorlesungen

1. im Sommer 1832

2. im Winter Sommer 183 ²⁄₃

3. im Sommer Winter 1833

in ganzer fleißig, wie er ihre Vorlesungen als in fleißig
besucht.

Seiner Angabe nach hat er außerdem noch

gehört; jedoch kann darüber theils wegen Abwesenheit, theils wegen Absterbens der
Lehrer kein Zeugniß ertheilt werden.

Bey seiner Aufnahme hat er ein Maturitäts = Zeugniß Nᵒ beygebracht.
Er ist ohne Maturitäts = Zeugniß immatriculirt worden, hat aber später ein
Maturitäts = Zeugniß Nᵒ beygebracht.
Ein Maturitäts = Zeugniß hat er nicht beygebracht.

Hinsichtlich seines Betragens wird bemerkt, daß ...

Die Theilnahme an einer unerlaubten Verbindung ist Derselbe hier nicht verdächtig
geworden.

Gegeben unter meiner, des jetzigen Prorectors, Unterschrift und unter Beydruckung
des Universitäts = Siegels.

Göttingen, den 30ᵗᵉⁿ Nov. 1833.

Pr.

,außer einigen weniger
erheblichen Rügen zehn Tage Carcer wegen Gegenwart bey einem
Pistolenduelle; sodann, neben bedingter Unterschrift des
consilii abeundi, drey Tage Carcer wegen Gegenwart bey
einem andern Duelle und viertägiger strenger Carcer
wegen Überschreitung des für die Gesellschaften der Studirenden vorgeschriebenen Regulativs gegen ihn erkannt worden sind.

Lieber Leſer, biſt du ſchon jemals in Göttingen geweſen, ſo wirſt du, dem Haupteingange der Bibliothek gegenüber, ein altes ſteinernes Gebäude erblickt haben, mit weißem Kalk beworfen. Noch vor einem Jahre fandeſt du vor der Thüre einen von jenen alten gutmüthigen Schnurren ſchildernd, deren Säbel in der Scheide feſtgeſchroben und deren Büchſen verroſtet waren, ſeitdem ein genialer Engländer mit wenigen Genoſſen ihre Wache erſtürmt, und allen Waffenvorrath in den nahen Leinekanal getragen hatte. — Seit der Göttinger Revolution hat ein Soldat mit grüner Jacke dieſen Platz eingenommen, zwar hatte man es eine Zeitlang verſucht, die Landdragoner hier Dienſte thun zu laſſen, aber des faulen Herumſchländerns gewöhnt, wußten ſie bald durch tauſend Unfug ſich des beſchwerlichen Wachedienſtes zu entledigen.

Zwei unförmlich ſchwarze Kaſten mit Drahtgittern hängen an jeder Seite der Thür, vor ihnen wirſt du jederzeit Studenten treffen. Denn der Eine nimmt die Tagsbefehle des Prorectors auf, nebenbei kann man auch allda leſen, wo zu Abend und zu Mittag zu ſpeiſen iſt, und wie theuer, wie viel ein Ritt, wie viel ein Wagen koſtet. Weſſen Namen aber in den andern Kaſten angeſchlagen ſteht, der iſt oft ſehr übel daran, denn der Kaſten enthält alle Relegationen und Concilien von Salamanka, Bologna, Klein-Schilda, Berlin, Gießen, Marburg u. ſ. w., die in dem ſchönſten Ciceronianiſchen Latein den armen Relegirten mit den furchtbarſten Beiwörtern verfolgen.

Im obern Stocke siehst du eine Menge Giebel und Dachfenster mit breiten eisenbeschlagenen Jalousien, die jegliche freie Aussicht hemmen. Mit Anstrengung quetscht sich jetzt ein nackter Arm zwischen der unteren Oeffnung hervor, der eine lange Pfeife in der Hand hält, eine dumpfe Stimme schreit zweien über den grünen Platz gehenden Studenten einen guten Morgen zu, — sie drehen sich herum und starren hinauf. „Wann kömmst Du los?" schreit der Eine, „„in 14 Tagen,"" schallt es herunter, sie wollen noch mehr sprechen mit dem Freunde, allein der Soldat untersagt ihnen das und drängt sie fort. — Du wirst nun schon wissen, was das für Fenster sind, lieber Leser; ich will dir aber nicht wünschen, daß du dort oben, so oft und so lange zu weilen brauchst, als ich es gemußt, denn es ist im Sommer dort so kannibalisch heiß, wie unter den Bleidächern Venedigs, im Winter eisig kalt, immer aber sträflich ennuyant. —

Das Haus, von dem ich dir erzähle, ist sehr berühmt, seitdem es Heine in seinen Reisebildern besungen hat (er kannte es sehr genau), verläßt kein Fremder Göttingen, ohne sich vorher zum Hôtel de Brubach, oder wie es jetzt heißt, Hôtel de Grefe, führen zu lassen.

Im Karzer

Reisebilder von H. Heine.

Hinter Nörten stand die Sonne hoch und glänzend am Himmel. Sie meinte es recht ehrlich mit mir und erwärmte mein Haupt, daß alle unreife Gedanken darin zur Vollreife kamen. Die liebe Wirthshaussonne in Nordheim ist auch nicht zu verachten; ich kehrte hier ein, und fand das Mittagessen schon fertig. Alle Gerichte waren schmackhaft zubereitet, und wollten mir besser behagen, als die abgeschmackten akademischen Gerichte, die salzlosen, ledernen Stockfische mit ihrem alten Kohl, die mir in Göttingen vorgesetzt wurden. Nachdem ich meinen Magen etwas beschwichtigt hatte, bemerkte ich in derselben Wirthsstube einen Herrn mit zwei Damen, die im Begriff waren abzureisen. Dieser Herr war ganz grün gekleidet, trug sogar eine grüne Brille, die auf seine rothe Kupfernase einen Schein wie Grünspan warf, und sah aus, wie der König Nebukadnezar in seinen spätern Jahren ausgesehen hat, als er, der Sage nach, gleich einem Thiere des Waldes, nichts als Salat aß. Der Grüne wünschte, daß ich ihm ein Hotel in Göttingen empfehlen möchte, und ich rieth ihm, dort von dem ersten besten Studenten das Hotel de Brühbach zu erfragen. Die eine Dame war die Frau Gemahlin, eine gar große, weitläuftige Dame, ein rothes Quadratmeilen-Gesicht mit Grübchen in den Wangen, die wie Spucknäpfe für Liebesgötter aussahen, ein langfleischig herabhängendes Unterkinn, das eine schlechte Fortsetzung des Gesichtes zu seyn schien, und ein hochaufgestapelter Busen, der mit steifen Spitzen und vielzackig festonirten Krägen, wie mit Thürmchen und Bastionen umbaut war, und einer Festung glich, die gewiß eben so wenig wie jene anderen Festungen, von denen Philipp von Macedonien spricht, einem mit Gold beladenen Esel widerstehen würde. Die andere Dame, die Frau Schwester, bildete ganz den Gegensatz der eben beschriebenen. Stammte jene von Pharaos fetten Kühen, so stammte diese von den magern. Das Gesicht nur ein Mund zwischen zwei Ohren, die Brust trostlos öde, wie die Lüneburger Haide; die ganze ausgekochte Gestalt glich einem Freytisch für arme Theologen. Beyde Damen fragten mich zu gleicher Zeit: ob im Hotel de Brühbach auch ordentliche Leute logirten. Ich bejahte es mit gutem Gewissen, und als das holde Kleeblatt abfuhr, grüßte ich nochmals zum Fenster hinaus. Der Sonnenwirth lächelte gar schlau und mochte wohl wissen, daß der Carzer von den Studenten in Göttingen Hotel de Brühbach genannt wird.

———

Ich könnte dir viele, sehr viele Geschichten erzählen von diesem Hause, so rührende, daß du in Thränen zerflössest, schöne Leserin, und so gemeine, daß du fluchend das Buch aus der Hand würfest, geliebter Leser, aber ich darf nicht, wenigstens hier nicht.

Es sind in diesem Hause unzählige Doctoren gemacht,

… es sind hier tausend und abermal tausend Studenten immatrikulirt; Hunderte relegirt.

Es werden in diesem Hause sehr viel Eide geschworen, aber vielleicht mehr falsche, als wahre, von Allem, was darin gesprochen wird, ist die größere Hälfte Lüge; ich meine nicht die Reden, die in dem Promotions-Saale gehalten werden, sondern die Aussagen vor dem Gerichte.

Das Haus ist mehrmals von den Studenten erstürmt; es hat eine Rolle gespielt in der Göttinger Revolution — eine Rolle gespielt bei der gnädigen Begnadigung der eroberten Stadt.

Bibliotheksgebäude (links) – Concilienhaus (rechts) mit Karzer Insassen schauen aus dem Karzerfenster

Wünschest du dies Haus noch zu erblicken, so mußt du eilen, denn unabwendbar ist sein Ende beschlossen, und es wird das hundertjährige Jubiläum der Georgia Augusta nicht mehr erleben.

Dienstags und Freitags wird in diesem Hause großes Gericht gehalten über Alle, die da gesündiget oder — Schulden gemacht haben, und deren sind nicht Wenige, und diese scheuen es so sehr, als das Weltgericht.

An einem solchen Tage führen wir dich, lieber Leser, in die heiligen Vorhallen des Gerichtsaals. Diese bestehen aber aus zwei an einander stoßenden Zimmern . . .   Es schlägt 10 Uhr und es sind nur noch wenige Personen da. Dein Auge bleibt auf zwei großen Flügelthüren haften, die zur Rechten führt zum Himmel, d. h. in den wohlduftenden Promotionssaal; die zur Linken aber — in das Gerichtszimmer. An jede dieser Thüren sind zwei gedruckte Zettel geheftet.

. . . Es sind dies aber jene Regulative, von welchen das eine alle die unterschreiben müssen, welche im Winter 18$\frac{31}{32}$ in Göttingen studirten, während das andere Jedem bei der Immatrikulation vorgelegt wird. Durch die Unterschrift des ersten versichert man an Eidesstatt, daß man die Waffen nicht zum gewaltsamen Widerstande gegen das königliche Militär getragen, und die letzten 6 Monate keiner burschenschaftlichen Verbindung als Mitglied angehört habe. Dieses Regulativ ist Ostern 1831 von 600 Studenten unterschrieben, und zwar von zwei Dritteln falsch. In dem zweiten verspricht man, an keiner burschenschaftlichen Verbindung theilzunehmen, auch nicht in der Absicht, zusammen zu kommen, um zu politisiren. Wie leicht dieses eidliche Versprechen bei dem vagen Begriff von Burschenschaft umgangen werden kann, leuchtet leicht ein.

Während du jene Regulative gelesen hast, haben sich indeß die Zimmer mit Studenten, Philistern, alten Weibern, Dienstmägden, Lehrjungen und Polizeibedienten gefüllt.

Landdragoner und Polizeidiener, die auf den Straßen Rauchende, oder sonst Unfugtreibende denuncirt haben, schreiten mit stolzem klirrendem Sporenschritt durch die Zimmer, sich ihrer Würde und Unverletzlichkeit bewußt.

. . . [U]m die . . . Pedelle hat sich eine Menge Studenten versammelt, von denen der Eine ihnen eine Schmeichelei sagt (denn die Pedelle sind die gefährlichsten Feinde, für gewisse Leute aber auch die besten Secundanten, denn sie lassen es nicht einmal zum Aushieb kommen), während ein Anderer einen Witz reißt, den sie scherzhaft, oft sogar witzig erwiedern.

Neben dem Ofen sitzt Herr Grefe, der zeitige Karzerwärter oder Auditorienwärter, wie er sich lieber nennen hört, ein kleiner Mann mit rother Nase. Er blickt mit vergnügtem Gesicht auf die immer wachsende Menge der Eintretenden, in Gedanken überzählend, wie viel Carzercandidaten ihm dieser Gerichtstag bringen werde, und wie viel „Bittere" sich für die Einnahme trinken lassen. Ein stämmiger Bursch mit einem fuchsrothen Henry quatre weckt ihn durch einen freundlichen Schlag auf die Schulter aus seinen angenehmen Träumereien.. „Ein Vorschlag in Güte, Herr Grefe," redet er ihn an, „miethen Sie die schöne Hamburgerin, die Hofrath – r jetzt entlassen hat, und sorgen Sie nebenbei für gutes Casseler Bier, und wahrlich, es wird Ihnen nie an Gästen fehlen, ich selbst will mich alle vierzehn Tage beistecken lassen." Jener lächelt schlau und zuckt mit den Achseln, seine bittersüße Miene verräth, wie gern er einwilligte, wenn er nur dürfte.

Der Friedhof vor dem weender Thore.

Schwerlich ist wohl von den Studenten, welche das Herz voll frischer Jugendlust, nach dem ehrwürdigen und weltberühmten Sitze der alma mater Georgia Augusta zogen, der Friedhof vor dem weender Thor oft besucht worden. In den lieben Burschenjahren hat man wenig Sinn für Gräber und vermoderte Menschen, noch denkt man eben daran, daß der Wurm schon im Erdgehäuse schlummert, der über unserer Leiche einst zum Dasein erwachen soll.

Abgesehen aber von der Poesie eines Friedhofes überhaupt, haben die „grünen Hinterhöfe des Lebens" wie ein neuerer Schriftsteller die Gottesäcker nennt, auf Universitätsstädten einen besonderen Reiz. Es modert hier eine „solche Masse von Intelligenz neben gewöhnlicher bürgerlicher Beschränktheit, so viele frische aus der Mitte des Lebens weggerissene Jugend neben dem satten Alter," daß man nirgends bessere Betrachtungen und Monologe anstellen kann über das alte Thema von Sein und Nichtsein.

Und von welchem Friedhofe könnte dies mehr gelten, als von dem vor'm weender Thore in Göttingen, einer Stadt die so lange Hauptsitz aller unserer Gelehrsamkeit und Kernpunkt alles akademischen Lebens war. Er ist gewiß einer der interessantesten in ganz Deutschland und Niemand, der die berühmte Musenstadt besucht, sollte deshalb den kurzen Weg nach der Landstraße vor dem weender Thor scheuen, neben der jene stille und heimliche Herberge der Todten liegt, dem Vorüberkommenden mit ihren Steinen, Kreuzen und berasten Hügeln ein frommes sta viator zurufend.

Gleich beim Eintritte in den Friedhof buchstabiert man von den Leichensteinen altvertraute und wohlbekannte Namen ab. Da liegen die Notabilitäten und Coriphäen einmüthig nebeneinander, deren Denkmäler in dem Pantheon der deutschen Wissenschaft aufgestellt und die längst zurückgetreten sind in die dämmernden Nebel des Ruhmes: Heeren, der im September 1837 noch der Säcularfeier der Georgia Augusta beigewohnt hatte, Friedrich Bouterweck, Amadeus Wendt, „der Mann mit dem feinen Ohre für die Harmonie und dem feinen Blick für das Schöne," Bernhard Thibaut, Christian Gottlob Heyne, der große Kirchenhistoriker Plank, der an der Seite seiner Frau hier schläft und Andere mehr. Kurz man findet hier fast die ganze Gelehrsamkeit, welche einst in Göttingen glänzte.

Schlözer und Lichtenberg, dem Göttingen eine zweite Vaterstadt geworden, liegen nahe beieinander, aber kein Stein- oder Denkmal bezeichnet dem lebenden Geschlecht ihre Ruhestätte...

Außer Schulzes Cäcilie und Bürgers Molly birgt übrigens Göttingen noch das Grab einer dritten Dichterliebe — Mariane Haller...

Gotthelf Kästner, der bekannte Mathematiker und noch bekanntere stets schlagfertige Epigrammatist, ... von dem noch so viele Anekdötlein und Witzworte erzählt werden, hat folgende Grabschrift; welche er selbst kurz vor seinem Tode gedichtet:

„Von Müh' und Arbeit schwer kam mehr als hoch mein Leben,
Doch froh in dessen Dienst, der Trieb und Kraft verleiht,
Im Glauben an den Sohn, der sich für uns gegeben,
Ging ich getrost zur Ewigkeit.

Stand die Feier des Leichenbegängniß [fest und]
wenn es eine gar bedeutende Leiche war; so wurde
sie auf ein Paradebett gelegt und man ging hin
um die Leiche zu sehen. Zu Anfang unseres Aufenthalts starb einer unserer Bekannten . . .

. . . er wurde aufs beste angekleidet auf
ein Paradebett gelegt um welches ein halb Dutzend
Leuchter auf Gueridons stunden, und seine Freunde
schwarz gekleidet im Kehr Wache hielten. Die ganze
Universität begleitete den Leichenwagen und die
Musikanten spielten von den Kirchtürmen [herunter]
auf Blasinstrumenten. Die Leiche wurde endlich in
der Kirche unter Absingung von Litaneien beige-
setzt und ein Freund hielt eine Leichenrede. Dies war
also eine Leiche der höchsten Taxe. Dann konnte
man sie aber auch wohlfeiler nach verminderten Taxen
haben. Eben zur Zeit da ich in Göttingen war, . . . [waren]

. . . die Leichenbeysetzungen in den Kirchen . . .
nicht mehr so häufig – Aber auch bey gemeinen Leichen
wurde der Verstorbene aufs beste aufgeputzt und auf
eine Art Paradebett gelegt, wo man ihn kurz vor dem
Leichenbegängniß noch besehen konnte. Der Sarg war
von hartem Holz und wohl furnisiert gewöhnlich
alt, aber nie schwarz angestrichen.

Tagebuchaufzeichnung des Schweizers J. E. Feer aus seiner Göttinger Zeit

Beerdigung eines Göttinger Studenten

Tabelle und Vorschrifft,
nach welcher in Zukunfft, bey Begräbnissen, die Jura stolæ von denen Universitäts-Verwandten in Göttingen zu entrichten sind.

I. Classe.

Oder so genannte Choral-Leiche, wobey der Sarg nur mit einem weissen Tuch bedecket, und der Gesang in der Kirche vor und nach der Predigt von einem der untersten Schul-Collegen mit denen kleinen Schülern aus Tertia oder Quarta verrichten wird.

	Rthl.	mgr.
1. Dem Prediger, er verrichte die Leichen-Predigt oder nicht	1	"
2. Der Schule, wenn sie gleich nicht gebraucht wird	1	"
3. Der Kirche für das Geläute, wann es nicht gebraucht wird Zwölf mgr. wann es aber gebraucht wird, mit der kleinen Glocke Zwölf mgr. mit der grossen Glocke	"	24
4. Dem Küster, nach willkühr der Angehörigen oder Erben. Sechs bis	"	8
5. Der Leichen-Bitterin	"	12
6. Dem Todten-Gräber für das Grab, nach Beschaffenheit der Arbeit Neun bis	"	12

II. Classe.

Oder so genannte halbe Figural-Leiche, wenn die Leiche, zwar gleichfals ohne schwartzes Lacken hingetragen wird, in der Kirche aber vor und nach der Predigt der Cantor mit dem Choro Musico einen Gesang absingt.

	Rthl.	mgr.
1. Dem Prediger, er verrichte die Leichen-Predigt oder nicht	2	"
2. Der Schule, wenn sie gleich nicht gebraucht wird	2	"
3. Der Kirche für das Geläute mit der grossen Glocke es werde gebraucht oder nicht	"	24
4. Dem Küster, nach willkühr der Angehörigen oder Erben. Neun bis	"	12
5. Der Leichen-Bitterin	"	18
6. Dem Todten-Gräber nach Gutfinden 15. mgr. bis	"	18

III. Classe.

Der sogenannten Figural-Leichen, wobey ein einfaches schwartzes Lacken bey erwachsenen Personen 8. à 9. Ellen gross, auf das Sarg gelegt wird, der Cantor mit dem Choro Musico nicht nur vor dem Trauer-Hause, sondern auch in der Kirche vor und nach der Predigt einen Gesang absingt, der Prediger aber ausser der Leich-Predigt eine Collecte anstimmt.

	Rthl.	mgr.
1. Dem Prediger, er verrichte sein Amt oder nicht	2	18
2. Der Schule	2	18
3. Der Kirche für das Geläute	"	24
4. Dem Küster	"	24
5. Der Leichen-Bitterin	1	"
6. Dem Todten-Gräber, nach willkühr der Erben, Vier und zwanzig mgr. bis	1	"
7. Für Herleihung des schwartzen Lackens, die Halbscheid dessen was die Eingepfarrte entrichten nemlich für ein einfaches für ein gedoppeltes, bey der St. Johannis-Kirche	1	12
bey einer von den andern vier Kirchen aber	1	18

IV. Classe.

Der sogenannten gedoppelten Figural-Leichen, wenn von dem Cantore vor dem Trauer-Hause eine Music aufgeführet wird, auch in der Kirche, sowol vor- als nach der Leich-Predigt zwo Gesänge gesungen, die Leiche während Predigt in der Kirche ausgesetzt wird, nach geendigter Collecte zu Grabe getragen, der Sarg aber mit einem gedoppelten schwartzen Tuch mit dem weissen Creutz gezieret wird.

	Rthl.	mgr.
1. Dem Prediger, er verrichte sein Amt oder nicht	4	"
2. Der Schule, sie werde gebraucht oder nicht	4	"
3. Der Kirche für das Geläute, es werde gebraucht oder nicht	1	"
4. Dem Küster	1	12
5. Der Leich-Bitterin	1	12
6. Dem Todten-Gräber, nach willkühr der Erben 1. Rthl. bis	1	12
7. Für die Ceremonie, daß die Leiche während Predigt und Gesang in der Kirche ausgesetzet wird, wenn solches geschicht	1	"
8. Für das gedoppelte schwartze Lacken mit dem weissen Creutz, die Halbschied dessen was die übrigen Eingepfarrte entrichten, nemlich bey der St. Johannis-Kirche	3	"
und bey einer von den andern Vier Kirchen	2	"

Bey stillen Beerdigungen kan wegen des Opfers, so in einer freywilligen Gabe bestehet, nichts gewisses gefodert werden, sondern es ist bloß der Willkühr der Leidtragenden zu überlassen, ob und was sie dem Prediger deßfals etwa zuwenden wollen. Hannover, den 27. Mart. 1741.

Königl. Groß-Britannische zur Chur-Fürstl.
Braunschw. Lüneburg. Regierung verordnete
Geheimte-Räthe.

Die Göttinger Unruhen von 1831

Mit größter Aufmerksamkeit verfolgte [man] die Pariser Ereignisse vom Juli 1830 und ihre Wirkungen auf Deutschland. „Ich freue mich, zu erleben, was ich lieber schon zehn Jahre früher erlebt hätte" schrieb ... [der Göttinger Prof. Fr. Chr. Dahlmann].

In Hannover [, am Hof,] glaubte man nicht, daß ... [diese Unruhe] ... das [eigene] Territorium ergreifen würde.

Auch die Göttinger Professoren erklärten, „bei uns bleibt alles ruhig, wir haben ja auch keinen Grund zur Klage". ... Die Fürsorge des Kuratoriums war ausgezeichnet.

Im Lande sah es aber doch anders aus.

Man hatte geglaubt, durch die Einrichtung der Ständeversammlung von 1814 und der Provinziallandschaften von 1819 dem Zeitgeist Genüge getan zu haben. Im übrigen hatte sich die Regierung ... verleiten lassen, ... selbst gesunde Neuerungen beiseite zu schieben und längst eingefrorene Verwaltungsformen wieder zu beleben.

Dazu gehörte vor allem die Vorherrschaft des Adels, seine Bevorzugung bei der Besetzung hoher Staatsstellen. Am Grundbesitz des Landes war der Adel mit kaum 6% beteiligt, der Bauer mit rund 86%, das übrige war Staatseigentum. Trotzdem hatte der Adel die Vormachtstellung in der ersten Kammer an sich gerissen. So verdichtete sich die Opposition gegen ihn immer mehr. Man hörte von Forderungen nach Aufhebung der Leibeigenschaft, nach Ablösbarkeit der Lasten, nach Ausgleich der Grundsteuer zwischen Gutsherrn und Zinspflichtigen, vor allem danach, daß dem Adel die maßgebenden Stellen im Staat nicht mehr vorbehalten sein sollten. Alle diese Wünsche wurden nun durch die Sirenentöne aus Paris ans Tageslicht gelockt.

In durchaus nicht ungeschickter Weise richtete man den Angriff einheitlich gegen die Person des verhaßten Ministers Grafen Münster, der von London aus eine despotisch empfundene Alleinherrschaft über die deutschen Lande ausübte.

Ein junger Osteroder Advokat König verfaßte nun eine Schrift, „Anklage des Ministeriums Münster vor der öffentlichen Meinung", die zuerst heimlich verbreitet bald an die Öffentlichkeit kam ... [; sie] ... wurde ... auch in Göttingen bekannt.

... [D]as gleichzeitige Bekanntwerden der unzeitgemäßen Schrift eines adeligen Heißsporns goß noch mehr Oel ins Feuer. Ein gewisser Justizrat von dem Knesebeck hatte „Deutschlands erlauchten Souveränen..." eine kleine Broschüre gewidmet ..., welche als Motto den bekannten napoleonischen Ausspruch an der Stirn trug: „Wenn die Kanaille die Oberhand gewinnt, so hört sie auf Kanaille zu heißen, und nennt sich dann Nation".

Noch absonderlicher war ihr Inhalt. ... Jeden öffentlichen Tadel an Maßregeln der Regierung will er für strafbar gehalten wissen und fordert ... auf, in sehr bewegten Zeiten „aus Mangel an Ruhe der Gemüter" die Zusammenberufung der Stände ganz zu unterlassen, und überhaupt „die Verfassung selbst nach Zeit und Umständen jederzeit zu modifizieren".

Begreiflicher Weise machte diese Schrift das unangenehmste Aufsehen.

Nachdem die gedruckten Exemplare vergriffen waren, cirkulierte sie in unzähligen Abschriften von Haus zu Haus, und die allgemeine Erbitterung gegen den Verfasser schwoll zu einer solchen Höhe, daß am Abend des 7. Januar kleine Haufen von unzufriedenen Bürgern und Musensöhnen lärmend durch die Straßen nach seiner Wohnung zogen, ... [nachdem das erste Ereignis, das wohl am Anfang aller Unruhen in diesem Winter stand, schon Anfang Dezember passiert war.

Aus] ... dem Karzer der Universität hatte man mit Gewalt Anfang Dezember einen Studenten befreit, der dort eine Strafe absitzen mußte, weil er sich an Unruhen in Kassel beteiligt hatte, ein Vorfall übrigens, der später nicht bestraft wurde. Dabei war dabei sogar die Karzertür zerbrochen!

Man warf dem Herrn die Fenster ein, zwang ihn zu eiliger Abreise und beschloß, zu weiteren Taten zu schreiten.

Den äußeren Anlaß ... [zur Göttinger Revo-
lution] gab die Arbeit des Privatdozenten [J. H.]
Ahrens, der vom Censor der juristischen Fakultät, [Prof. H.] Hugo, die Druckerlaubnis verwei-
gert wurde.

Dies erschien Ahrens und seinen Freunden als
nicht mehr erträgliche Unterdrückung liberaler
Gesinnung.

Dazu kam ihre Empörung über die Zustände
in der Stadtverwaltung. Göttingen wurde nicht
nur von unfähigen Leuten regiert, sondern, was
schlimmer war, die versprochene neue Stadtver-
fassung wollte und wollte nicht zustande kommen. Es mußte also etwas geschehen.

Um die Mittagsstunde des 8. Januar 1831
zogen einige Bürger und Studenten unter
Führung des Polizeiprocurators Eggeling, seines
Assistenten Seidensticker und der juristischen Privatdozenten [J. H.] Ahrens, [Dr. von] Rauschenplat und [K.W.T.] Schuster unter Mitnahme von
Waffen auf das Rathaus, ...[wo man] ...den
wegen seines anmaßenden Betragens längst
verhaßten Polizei-Kommissär Westphal unter
Beschimpfungen zur Niederlegung seiner Stelle
und zur Flucht zwang.

Dann wurde eine Proklamation erlassen, welche
zur Bildung einer Nationalgarde aufforderte:

Um den durch die bisherige allgemeine Noth erzeugten Beschwerden
abzuhelfen und zugleich die durch dieselben bereits entstandenen und
noch drohenden Unruhen für die öffentliche Ordnung gefahrlos zu
machen, haben sich die Unterzeichneten mit uns vereinigt, in eine
National-Garde zusammen zu treten, deren Organisation alsbald
stattfinden soll. Wir verpflichten uns Alle für Einen und Einer für
Alle, die öffentliche Ordnung aufrecht zu erhalten, zugleich aber,
sobald als es irgend geschehen kann, Sr. Majestät, unserem
vielgeliebten Könige unmittelbar die geeignete unterthänigste Vorstellung zu thun, Allerhöchst Denselben zu bitten, allernächstens
in einer durch freie selbstgewählte Volksvertreter gebildeten Ständeversammlung das Wohl und wahre Beste
Seines getreuen Volks berathen und für das Hannoversche Land eine vollkommen freie Verfassung errichten zu
lassen. Die Hoffnung, daß alle unsere und auswärtige Mitbürger
in den Städten und auf dem Lande sich zu demselben Zwecke mit
uns vereinigen werden, ist um so mehr begründet, als die Ursache
unsers Zusammenbleibens allgemein ist.

So geschehen Göttingen den 8. Januar 1831.

Hierauf sind bereits in Göttingen mehr als 2000 Unterschriften
von den Bürgern und mehr als 500 von den Studirenden erfolgt.
Die National-Garde ist bereits vollkommen gebildet worden.

Schon am ersten Abend wurden die Thore durch eine aus der „bürgerlichen" und „akademischen" Legion gebildete Wache besetzt; …

die Studenten-Garde trug die Corps- bezw. die Burschenschafterfarben (schwarz, rot und gelb), alle mit Binden in ihren Farben um den Arm (die Anführer mit Schärpen in denselben Farben), mit Mützen in gleichen Farben.

Den Oberbefehl über die bewaffnete Macht übernahm an Stelle des Hofrats Langenbeck, der sich zuerst hatte dazu bereit finden lassen, aber nachher bedenklich geworden war, ein junger Privat-Docent, Dr. von Rauschenplatt … .

Noch am Sonnabend hatte ein Student vorgeschlagen, den Hofrath Langenbeck, welcher durch sein etwas burschikofes Wesen und seine mannhafte Persönlichkeit eine große Popularität … genoß, zum Generalissimus der Studentenlegion zu erwählen.

Dieser Vorschlag erfreute sich des allgemeinen Beifalls, und als schon die Lichter brannten, und ein stiller Schneefall die Straßen deckte, zog eine Deputation in Begleitung der gesammten Studenten-schaar zur Wohnung des Hofraths. …

Es war an diesem Abend gerade die medicinische Facultät versammelt, um einen Doctorandus zu examiniren. Die Herren waren etwas betroffen worden über die Anmeldung der Deputation, beriethen sich und wußten nicht, was zu antworten sein möchte. Die Schaaren wurden ungeduldig, als nach einem Vivat über dem andern weder die Deputation, noch der Hofrath erschien. Endlich öffnete sich das Fenster, einer der Deputirten rief herab: „Freiheit!" „Hurrah!" hallte es wieder. „Gleichheit!" „Hurrah!" „Brüderlichkeit!" „Hurrah!" Es war ein schlaues Manöver, denn nun waren die harrenden Schaaren vorläufig beruhigt. Endlich kam die Antwort:

Der Hofrath wolle diesen Abend sieben Uhr in dem Rohnschen Saale erscheinen und da Antwort geben.

Alles zog ab, und um sieben Uhr war der betreffende Saal ganz zum Ersticken voll.

Der Hofrath stieg auf die Tribüne; er war offenbar etwas beklommen, und seine Rede lautete anders, als man erwartet hatte. „Wenn man sich bewaffnen wolle, so müsse man vor allen Dingen wissen wozu? Er wisse noch nicht, wozu die bewaffneten Schaaren dienen sollten u. s. w. Kurz, er machte einige bedenkliche Einwendungen.

Auf einmal schallte es mitten in seine Rede: „Herunter mit dem Kerl, den können wir nicht brauchen" u. s. w. Sofort ward er verdrängt.

Feurige Reden wurden von Seiten der Anstifter gehalten, gewisse revolutionaire Schlagwörter fanden den gehörigen Wiederhall, der Hofrath war verschwunden. Man sang:

> Rauschenplatt geh Du voran,
> Du hast die großen Stiefel an ec.

und so löste sich Alles in wildem Jubel auf.

„Wehrhafte Abbildung des Dr. Rauschenplat — Eine Erscheinung die in Welt und Natur historischer Beziehung gleich merkwürdig ist)

Der Dr. von Rauschenplatt zeichnete sich durch eine große dreifarbige Binde aus, die von der Rechten zur Linken über seine Schulter hing.

In einem breiten dreifarbigen Gürtel, den er um die Brust geschnallt hatte, trug er vier Pistolen, zwei lange und zwei kurze, nebst einem Dolche. Er hatte einen Kleidrock angezogen, und seine Beinkleider steckten in hohen Cürassierstiefeln, die weit über die Knie hinaufragten, dabei hatte er einen Heckerhut auf.

Er sah aus, wie Bramarbas selber, und als wollte er gleich Alles mit Haut und Haaren auffressen.

Am 9. teilte eine zweite Proklamation der Bevölkerung mit, daß ein „Gemeinderat" aus der Mitte der Bürger gewählt sei... ;

Geliebte Mitbürger!

Nachdem bereits gestern die National=Garde gebildet, ist heute für nöthig befunden, daß ein Gemeinderath aus der Mitte der Bürger gewählt werde, dessen Pflicht ist, alle Mittel und Verfügungen zu ergreifen, welche zur Erreichung unseres allgemeinen Zwecks erforderlich sind. Dieser ist bereits provisorisch zusammengetreten. Wie in der Anlage ausgesprochen, geht unser Zweck dahin, uns unmittelbar an unsern geliebten König zu wenden, Höchstdemselben alle Landesbeschwerden vorzulegen und die Nothwendigkeit vorzustellen, ein aus allen Classen des Volks frei gewählte Ständeversammlung zu berufen und dadurch für das Hannoversche Land eine vollkommen freie Verfassung errichten zu lassen. Die Hoffnung, daß dieser gerechte Wunsch erfüllt werden wird, ist um so mehr begründet, als andere Länder und namentlich unsere Nachbarn diese bereits erlangt haben. Die Hoffnung wird unterstützt, wenn in allen Gemeinden des Hannoverschen Landes ebenfalls eine National=Garde und ein Gemeinderath gebildet wird, welche mit uns zur Erreichung des allgemeinen Zwecks in Communication treten. Geliebte Mitbürger von der Stadt und von der Akademie, laßt uns in Eintracht diesen edlen Zweck fest vor Augen behalten und ihn treu verfolgen.

Der Gemeinderath.

W. Eggeling Dr.	G. Seidensticker sen. Dr.
L. Laubinger E. Proc.	A. Kirsten Dr.
E. Wadsack Dr. jur.	J. O. Eberwein.
M. Th. Puscher.	August Tolle.
J. G. Meyer.	H. Michaelis.
Dr. Ahrens Secretär.	Dr. von Rauschenplat.

[ihm gehörten] ... neben 9 Advokaten und Privatdozenten 12 Bürger und 3 Studenten, ...[an].

Nun beugte sich alles den neuen Gewalten.

Nicht einmal der akademische Senat hatte den Mut, die Studenten von dem Anschluß an die Revolution abzumahnen; dem Antrag, den Dahlmann stellte, schloß sich nur der große Mathematiker Gauß an.

Auf Anordnung des Gemeinderats erzwangen Studenten=Patrouillen von dem Prorektor Auslieferung aller früher konfiszierten Schläger, Säbel 2c., auch der Waffen der Universitätsjäger (Schnurren genannt) und der Pedellen. —

Einige Studenten stürmten ... selbst das Senatszimmer, um es nach Waffen zu durchsuchen.

Der Gemeinderat herrschte unumschränkt, man beriet eine neue Landesverfassung, ...glaubte im übrigen aber völlig legal zu handeln. Gewaltmaßnahmen hat man auch durchaus zu vermeiden gewußt.

Für die Universität entstand aber doch eine schwierige Lage, da die meisten Studenten die ganze Sache für einen herrlichen Ulk ansahen, den es redlich auszukosten galt. Es wurde auch wohl nicht mit Unrecht vermutet, daß unter dem Schutze der Wirren die Burschenschaft ihre Tätigkeit wieder aufnehmen werde. Man schloß daher die Vorlesungen und schickte die Studierenden nach Hause.

Wilhelm der Vierte, von Gottes Gnaden König des vereinigten Reichs Großbritannien und Irland 2c. auch König von Hannover, Herzog zu Braunschweig und Lüneburg 2c. 2c.

Da die Einwohner Unserer Stadt Göttingen, welche von Uns und Unsern Vorfahren an der Regierung mit zahllosen Wohlthaten überhäuft ist, wider die gesetzlich bestehende Ordnung undankbar sich aufgelehnt, und unter trügerischen Vorwänden eigenmächtiger Weise einen sogenannten Gemeinde=Rath gebildet, und ohne Erlaubniß ihrer Obrigkeit eine Bürgergarde errichtet haben, mit den hiedurch entstandenen unruhigen Bewegungen eine irgend erfolgreiche Betreibung der Studien aber nicht zu vereinigen ist; so finden Wir Uns bewogen, die Vorlesungen an Unserer Universität hiemit vorerst bis Ostern zu schließen, und befehlen allen Professoren und Lehrern, der Fortsetzung derselben von Stund an sich zu enthalten.

Zugleich befehlen Wir allen zu Göttingen studirenden hannoverschen Unterthanen, die dortige Stadt unverzüglich zu verlassen, unter der Verwarnung, daß alle diejenigen, welche diesem Unserm Befehle zuwider demungeachtet daselbst zurückbleiben sollten, einer jeden Aussicht auf eine Anstellung im öffentlichen Dienste des hiesigen Königreichs, in welchem Fache es auch seyn sollte, für immer verlustig seyn sollen.

Nicht minder fordern Wir auch alle in Göttingen studirenden Ausländer auf, aus dortiger Stadt ohne Aufschub sich zu entfernen, da nach erfolgter Schließung der Vorlesungen die Veranlassung ihres dortigen Aufenthalts aufgehört hat und Wir ihr längeres Verweilen daselbst, so wie ihr Anschließen an die Bürgergarde, nur als eine strafbare Theilnahme an den aufrührischen Bewegungen der sich auflehnenden Bürger und Einwohner der Stadt Göttingen würden betrachten können.

Wir beauftragen den academischen Senat Unserer Georg Augusts Universität, dieses sämmtlichen Studirenden fördersamst zu eröffnen und für die Ausführung dieser Unserer Bestimmungen pflichtschuldigst zu sorgen.

Hannover, den 11. Januar 1831.

Kraft Seiner Königlichen Majestät allergnädigsten Special=Befehls.

Adolphus Frederick.

Bremer.   Meding.   Ompteda.   Stralenheim.

Endlich ... entschlossen sich die Aufständischen ... eine aus Mitgliedern des Magistrats, des Gemeinderats und einigen Studierenden wunderbar gemischte Deputation nach Hannover zu senden, um dem General=Gouverneur „ihre Wünsche und Bitten mit Ehrerbietigkeit vorzutragen". Auf besonderen Wunsch der revolutionären Behörden schloß sich ihr der Professor Saalfeld an, ein seichter liberaler Mann, der für Volksrechte und Völkerfreiheit schwärmte...

Der Herzog von Cambridge verlangte bedingungslose Unterwerfung. Im Weigerungsfalle würde Militär Zugang in die Stadt erzwingen.

Diese Antwort wurde auch einer Deputation der Universität, bestehend aus Dahlmann, Göschen und dem Universitätssekretär Oesterley, zuteil. Dahlmann sah die Lage keineswegs schwierig an, er versicherte dem Herzog, daß die Stadt ohne jedes Blutvergießen den Truppen in die Hand fallen würde.

Als nun aber unter dem General v. d. Bussche ein Corps von 7—8000 Mann in bedrohliche Nähe der Stadt anrückte, entstand Spaltung und Abfall im Gemeinderat.

Am 15. Januar sandte Bussche ein Ultimatum in die Stadt.

Aufforderung

an die Einwohner und die Studirenden zu Göttingen.

Die beklagenswerthen Ereignisse zu Göttingen haben veranlaßt, daß ich von Sr. Königlichen Hoheit, dem Herzoge von Cambridge, unserm höchstverehrten Generalgouverneur den Befehl erhalten habe, Göttingen mit meinen Truppen zu besetzen, und mir nöthigen Falls den Eingang in die Stadt mit Gewalt zu bahnen. Mit Streitmitteln dazu bin ich reichlich versehen.

Ich fordere jedoch, um noch einmal den Weg der Güte zu versuchen, alle Bewaffnete in Göttingen auf, die Waffen binnen zwölf Stunden niederzulegen, mir ihre Unterwürfigkeit zu bezeigen, und dem Einmarsche der Truppen keine Hindernisse in den Weg zu legen.

Bedenkt, Einwohner und Studirende zu Göttingen! die schwere Verantwortlichkeit, welche Ihr auf Euch laden werdet, wenn Ihr mich zwingt, militairische Gewaltmaßregeln zu gebrauchen! Ihr habt dem allmächtigen Gotte und den irdischen Richtern Rechenschaft über das Blut zu geben, das fließen wird! Ueberschätzt Eure Kräfte nicht! Ich befehlige Truppen, die ihre Schuldigkeit zu thun wissen, und die ihre Ehre darin setzen, ihren Anführern bis in den Tod zu folgen.

Macht alles Geschehene durch freiwillige Rückkehr zum gesetzlichen Gehorsam wieder gut; dann werde ich es für eine willkommene Pflicht halten, die Allerhöchste Gnade Sr. Majestät des Königs für Euch nach allen meinen Kräften zu erwirken.

Hauptquartier Nörten, den 15. Januar 1831.

(Unterz.) L. v. d. Bussche,
Generalmajor und Commandeur
der Observationsdivision.

Zwar erklärten die Göttinger Machthaber, bis zum Äußersten durchhalten zu wollen [, man] ... plante, einen Aufruf drucken zu lassen, in dem die Frauen aufgefordert werden sollten, siedendes Öl auf die Soldaten zu gießen.

Studenten wollten sogar die Stadt anzünden. Auf die Bibliothek schien man es besonders abgesehen zu haben. „Eine Anzahl wohlgesinnter Leute" aber hat sie in der Nacht vom 15.—16. Januar bewacht, ...

Ich weiß nicht wie, genug, es hatte sich das Gerücht verbreitet, wir wollten die Bibliothek anstecken — und so wahnsinnig das auch war, so fand es doch Glauben.

So geschah es denn, daß sich die Professoren zum ersten Male thätig zeigten, und eine Schutzwache für die Bibliothek sammelten.

Wir waren, um uns von diesem schmählichen Verdacht zu reinigen, natürlich die Ersten, welche sich dazu unterschrieben. In den Eintrittszimmern der Bibliothek und dem Promotions-Saale des Concilienhauses sammelte sich die neue Sauvegarde.

Die Nacht, die ich hier verlebte, war eine der fidelsten. Die Hofräthe und Professoren schickten Wein und Bier, soviel wir nur irgend trinken mochten. So ließ Hofrath Langenbeck fragen: ob wir lieber 20 Flaschen Wein oder 30 Flaschen Chemnitzer Bier zu haben wünschten. In der langen Berathung, die über diese Frage angestellt wurde, trugen endlich die Biertrinker den Sieg davon.

Es kamen auch ganze, große Braten; aber man hatte Messer und Gabeln vergessen. Allein ein flotter Bursch weiß sich immer zu helfen, mit unsern schartigen und zum Theil schmutzigen Säbeln wurden sie zerlegt, und glücklich pries sich am Ende doch der, wer ein Stück davon zum Munde führte, ohne daß es ihm der Andere entriß.

Als ich gegen zehn Uhr auf Wache stand, kam ein schönes Mädchen mit einem Korbe voll Wein, sie fürchtete sich aber, ihn selbst heraufzubringen, weil ihre Nachbarin gesagt hätte, die Herrn Studenten seien so unartig.

Um dem armen Kinde die große Angst abzunehmen, nahm ich ihm den Wein, und versprach, ihn zu besorgen; statt dessen stellte ich ihn in eine schattige Ecke des Bibliothekgebäudes und brachte, nachdem ich abgelöst war, mit Hülfe eines Freundes zehn Flaschen davon glücklich nach meinem Hause, zwei leerten wir auf der Stelle.

Troß des Gesanges und des argen Getobes, denn der Promotionssaal schien in eine Bierkneipe umgewandelt zu sein, und des nicht weichen Lagers, denn ich lag auf den Stufen des Katheders, auf dem die Doctoren ihren Schwur leisten, war ich gegen Morgen glücklich eingeschlafen.

Trommelwirbel weckte mich, eine Compagnie rothröckiger Soldaten, oder, wie wir sie nannten „Krebse" standen unten, uns abzulösen. Die ganze Stadt wimmelte von Soldaten, denn schon war der Eroberer Busch mit 12,000 Mann eingerückt.

18. Januar: Bekanntmachung des Prorektors, daß die Vorlesungen geschlossen bleiben, daß die Studenten Göttingen sofort verlassen sollen, soweit nicht einzelne Studenten Erlaubnis, zu bleiben und ihre Studien fortzusetzen, erhalten. —

So klein und lächerlich indes diese Vorkommnisse erschienen, ihre Wirkung hatte niemand vorausgesehen. Bereits zu Anfang Februar wurde Graf Münster gestürzt.

Wichtiger ... [jedoch] ... wurde für das Hannoversche Land, daß König Wilhelm IV. jetzt den Herzog von Cambridge, Adolf Friedrich, der einst in Göttingen seine Ausbildung erhalten hatte, ... zum Vicekönig ernannte. ... [, dies] hatte Münster bisher zu hintertreiben gewußt.

Tages-Befehl
an die Observations-Division.

Mit den Gefühlen der innigsten Freude sage ich den Truppen meinen Dank für die Bereitwilligkeit und Ausdauer, mit der sie mir behülflich gewesen sind, die Wiederherstellung der rechtmäßigen Regierung Sr. Majestät unseres allergnädigsten Königs, in Göttingen zu bewerkstelligen.

Ihr habt Euch, biedere Soldaten! ein Verdienst um König und Vaterland erworben, für das Ihr in Euerem eignen Bewußtseyn den schönsten Lohn finden werdet.

Die verblendeten Aufrührer haben an Eurer Treue, an der Heiligkeit Eures Eides gezweifelt. Sie haben sogar versucht Euch vorzuspiegeln, daß Ihr zur Aufrechterhaltung der innern Ordnung im Lande nicht verpflichtet wäret. Ihr habt bewiesen, daß Ihr Eure Schuldigkeit besser kennt, als jene Treulosen, die unter dem Vorwande, das Glück des Vaterlandes zu befördern, dasselbe allen Schrecknissen der Empörung preis geben wollten, blos um die höchste Gewalt in ihre Hände zu bringen.

Soldaten! Ihr waret bereit Eure Treue nöthigen Falls mit dem Tode zu besiegeln. Ich theile aber von Grunde meines Herzens Eure Freude, daß es nicht nöthig gewesen ist, Gewalt zu gebrauchen.

Wenn Ihr einst in Eure Heimath zurückkehrt, so erzählt Euren Angehörigen, wie Ihr mit klingendem Spiele und fliegenden Fahnen hier eingerückt seyd, und behaltet mit dem Bewußtseyn, daß Ihr Euch als biedere Hannoveraner bewiesen habt, den gestrigen Tag zeitlebens im Gedächtniß.

Hauptquartier Göttingen den 17ten Januar 1831.

L. v. d. Bussche
General-Major und Commandeur der
Observations-Division.

ADOLPH FRIEDERICH
Herzog v. Cambridge u. General Gouverneur
v. Hannover.

Johann Ernst Arminius von Rauschenplatt war geboren am 6. Oktober 1807 zu Alfeld. Nach dem Scheitern des Göttinger Aufstandes floh er ... und beteiligte sich an dem Frankfurter Putsch. 1851 kehrte er in die Heimat zurück und starb vergessen in seiner Vaterstadt am 21. Dezember 1868.

Saecular = Feier
der
Georg = August = Universität.
17. 18. 19. September. 1837.

CLIO.   FAMA.   GÖTTINGA.

Almanach
zur
hundertjährigen Jubelfeier
der
Georgia Augusta.
Dr. G. F. Schumacher.

Durch ein ewiges Geschick ist die Zeit gesetzt, als die nothwendige Bedingung alles Werdens und Gedeihens, für das Größte, wie für das Kleine. In ihr findet Alles seine Erfüllung, seine Vollendung und sein Urtheil. Im Schooße der Zeit ruht alle Furcht und alle Hoffnung, die des Sterblichen Brust bewegt. Darum opfert ihr und ihrem ewigen Vater Chronos der fromme Mensch. Wenn er einen Tag oder ein Jahr vollendet hat, dann ruht er aus im Gedanken und im Überblicke des Verlebten, dann feiert er. So sind denn alle Feste, die wir feiern, Tage der Erinnerung, Tage des Dankes und der Freude; sie sind das an den Rhythmus der Zeit geknüpfte Bewußtseyn dessen, was einst war, was gegenwärtig ist, und dessen was wir erwarten, ein Bewußtseyn, das durch die lebendige Gemeinschaft zu einer höheren Stimmung geheiligt und erweitert wird.

Weil nun das Wesen der Gesellschaften und der gesellschaftlichen Werke ein anderes ist, als das des einzelnen Menschen, so feiern jene auch in einem anderen Sinne als diese ihr Jubelfest. Wohl feiert der Jubelgreis mit einem Hochgefühle und mit Freude seinen Ehrentag, aber es mischt sich das wehmüthige Gefühl, daß er alt geworden ist und für hienieden wenig mehr zu hoffen hat, wie ein Wermuthstropfen in seinen Freudenbecher.

Jene Feste eines Gemeinwesens hingegen erinnern an das Bestehen der Menschheit, unabhängig von dem Wechsel der Einzelnen; sie deuten auf die Unvergänglichkeit hin, die auch das Wirken des Einzelnen hat, sofern es einer lebendigen Gemeinschaft, einer wirkenden Gesammtheit, sich anschließt. Darum vergißt hier der einzelne Mensch sich im Bewußtseyn des gedeihenden und im stetigen Fortschreiten bestehenden Ganzen. Darum wird hier der Vergangenheit nur gedacht, um aus ihrem Gedächtniß Leben und Hoffnung für die Zukunft zu trinken.

Ein Freudenfest jedoch wie keines ist das Jubiläum einer Universität, ...

Es vergegenwärtigt einem Jeden lebendig seine süßesten Hoffnungen, seyen sie nun erfüllt, oder vernichtet. Lichter Morgenschein ruht auf dem Feste.

Vor den sinnenden Geist tritt der tief empfundene Gedanke, was eine Hochschule seyn soll und seyn kann, was sie Tausenden gewesen, und abermal Tausenden noch seyn wird, — der Gedanke, welches Licht und welche Anregung, welcher Seegen von hier aus über alle Lande ausgeströmt ist. Männer und Greise, Alle die sie genährt hat, die alma mater Georgia Augusta, sammeln sich wieder um sie, werden noch einmal Jünglinge im Geiste, und stimmen ein in das vielstimmige Loblied.

Die Grundstimmung des Festes sey die dankbarste Anerkennung dessen, was die Universität jedem Einzelnen von uns, dem Vaterlande, der Menschheit geleistet hat, verbunden mit der freudigsten Hingebung an die mit uns in dieser Erinnerung Vereinten. Auch soll die Hoffnung auf eine glückliche Folgezeit dem Feste nicht fremd seyn.

Das ist der Geist, der allein würdig ist eines Zeitalters, das so viel selbst erfahren hat, und dem so viel von der Vorzeit anvertraut worden ist, um es ungeschmälert der Nachwelt zu überliefern; dies ist der Geist, der, seinen Grundzügen nach, entschieden in der Geschichte unserer Universität ausgeprägt liegt, und darum auch in einer Zukunft, da er ein Gemeingut aller gebildeten Völker geworden, sich bewähren wird. Nicht Vielerlei, nicht Alles, sondern das Rechte, das in jedem Verhältnisse und zugleich im Ganzen Passende mit ganzer Kraft zu erstreben und zu durchdringen, ist die Loosung unserer Zeit und die Aufgabe der kommenden Geschlechter. Die Wissenschaften und Künste sind jetzt ins Unendliche erweitert, die Institute und die Sitten des classischen Alterthums und des Mittelalters sind in unserer Zeit heimisch geworden, die Schätze des Orients und des Occidents sehen wir in unserer Literatur vereinigt. Und ist auch des zu Findenden darum nicht weniger geworden, so zeigt es sich doch als das ungleich Schwierigere, und entfernter Liegende, als nicht so unmittelbar, wie frühere Entdeckungen, das Leben fördernd.

Die Zeit und die Freude des ersten jugendlichen Aufschwungs, des unbewußten Schaffens, ist vorüber, aber der Genuß des gesicherten, sich selbst beschränkenden und innerlich erweiternden Besitzes, der Reiz einer stetigen Vervollkommnung ist noch übrig und erlischt nimmer. Darum, statt des ruhelosen Weiterstrebens und zwecklosen Umbildens, gilt es jetzt, völlig sich dessen zu bemächtigen, was in jeder Wissenschaft und in der Kunst als für immer gewonnen feststeht, dieses frei zu beherrschen und davon auf das Leben die fruchtbringende Anwendung zu machen; das Liegengebliebene soll wieder aufgenommen und das Vereinzelte harmonisch dem Ganzen einverleibt werden. Dieses Ziel mit vereinten Kräften erstreben, des Schönsten und Herrlichsten in allen Gebieten menschlichen Schaffens sich gemeinschaftlich erfreuen ohne Neid und Hader, und dabei gerecht seyn gegen jede Leistung, achten jede Persönlichkeit, das will, das soll unsere Zeit, in der der schlechte Eigenwille und die kleinliche Eitelkeit mehr und mehr in ihr Nichts zurückgedrängt werden. Auch von diesem männlichen Streben ist nichts Geringeres zu erwarten, als von dem jugendlicheren unserer Vorfahren. Freilich ist es nicht minder schwierig, denn der alte Feind stirbt nie.

Dies sey also auch die Stimmung, in der das Jubelfest unserer Georgia Augusta begangen werde, und welche ihm eine höhere Weihe gebe.

Für die Studirenden war eine angemessene und ihnen selbst erfreuliche Theilnahme vorzüglich in der Beziehung vorzubereiten, daß eine, für das öffentliche Auftreten, hauptsächlich bei den Processionen und bei dem Zutritte zu den eigentlichen Feierlichkeiten, passende und äußerlich sichtbare Ordnung eingeleitet wurde. ...

Gern gestattete man daher den Wünschen der Studirenden, daß nach Städten und Provinzen ihrer Geburtsorte das Zusammentreten von ihnen geordnet und die Kennzeichen der Ordnung festgestellt wurden.

Eine Wahl von etwa 50 Studirenden wurde von Seiten des zeitigen Prorectors, Hofr. Bergmann, — so viel thunlich, mit Rücksicht auf alle verschiedene Verhältnisse des Vaterlandes, der Studien und des Standes, hauptsächlich zu dem Ende getroffen, daß sie die Meldungen ihrer Commilitonen zur Theilnahme aufzeichnen und darnach jenes Zusammentreten herbeiführen möchten.

Das Einzelne der Einrichtnngen, die Wahl der Anführer und übrigen Officiere u. s. w. blieb den Theilnehmern ganz überlassen; und das Vertrauen, welches ihnen dabei erwiesen wurde, rechtfertigte sich so sehr, daß Alles, was sie für die Ordnung in den Tagen des Festes verabredeten und festgesetzt hatten, durchaus ungetheilten Beifall finden mußte.

Sehr allgemein wurde dann auch ihr Eifer, die Festzüge von ihrer Seite möglichst imposant zu machen.

So zeigte sich u. a. bei dem Costüme der Officiere eine Abwechselung bei den verschiedenen Abtheilungen, bei welcher der Wetteifer in Geschmack und reicher Ausstattung nicht zu verkennen war.

Uniformität wurde zwar auf diese Art nicht erreicht; aber gerade die hervortretende Verschiedenheit gewährte dem Auge einen recht erfreulichen Eindruck.

Die jugendliche Phantasie gefiel sich in der Wahl der mannigfachsten Kleidungen, von der reichen spanischen Tracht, bis zu dem althergebrachten platten Hut und den hohen Stiefeln; und selbst der Gegensatz zwischen der in allem Glanze der Farben und Waffen prangenden Jugend, und den Lehrern, in ernster Amtstracht, verband das Ganze auf eine gefällige, bedeutungsvolle Weise.

Jede Abtheilung der Studirenden versah sich mit einer, die provinziellen oder städtischen Farben und Insignien enthaltenden Fahne; Manche waren so glücklich, dieselben von den kunstfertigen Händen ihrer schönen Landsmänninnen verfertigt, aus der Heimath zugesandt zu erhalten.

Durch die Farben der Länder, Provinzen und Städte waren zugleich bei der Mehrzahl der Abtheilungen die Mützen der sämmtlichen Mitglieder ausgezeichnet.

Diejenigen Ausländer, deren Anzahl nicht stark genug war, um eigene Abtheilungen zu bilden, traten zum Theil zu einem gemischten Vereine (einer sogenannten Fremdenlegion) zusammen, und hier erblickte man die Fahnen Englands, Nordamerika's, die Würtembergische und die Hessen-Darmstädtische neben einander. ...

Es wurde, da auch der König Ernst August von Hannover der Feier ..., beiwohnen wollte, ... den akademischen Behörden aufgegeben, für einen möglichst imposanten Festzug, namentlich der Studentenschaft mit Fahnen, überhaupt in vollem, studentischem Wichs zu sorgen.

Da derzeit kaum eine Landsmannschaft bestand, aber die Corps bestanden, wenn sie auch nicht anerkannt waren und keine Farben tragen durften, so mußte sich der Prorektor Professor Bergmann, wollte er anders jenen Wünschen Erfüllung sichern, dazu entschließen, mit den Corps zu verhandeln; das war um so leichter für ihn, als mehrere Corpsstudenten gesellschaftlich bei ihm verkehrten, ...

Er berief natürlich nicht Chargierte der Corps als solche, sondern die nach seiner Meinung »einflußreichsten« Studenten; die so berufenen Studenten waren aber fast alle Corpsstudenten.

Ihnen gestand nun der Prorektor, ... von vornherein zu, daß die Corpsstudenten für die Dauer der Säkularfeier die Corpsfarben tragen dürften. ... seitens der Vertreter der Corps [wurde] die Zusicherung verlangt, daß auch nach der Säkularfeier die Corps, wenn auch nicht als Waffenverbindungen, so doch wenigstens als gesellige Vereinigungen, unter Duldung des offenen Tragens der Verbindungsfarben, unbehelligt gelassen würden.

KIRCHENZUG am 1sten Tage der Sacularfeier der Universität Göttingen

Der Prorektor mußte erklären, daß er zu solcher Zusicherung nicht ermächtigt sei, stellte aber in Aussicht, daß das Auftragen der für den Festzug angeschafften Mützen würde gestattet werden.

Diese Konzession wurde zwar mit Entrüstung zurückgewiesen. Aber schließlich ließen sich die anderen Corps, die Bremenser ... allein ausgenommen, bereit finden, während der dreitägigen Jubelfeier als Corpsfarben tragende Studenten den nach dem Anblick bunter Studenten verlangenden Festteilnehmern vorgeführt zu werden... .

Die anderen Corpsstudenten nahmen übrigens an den Festzügen nicht geschlossen als Corps teil, sondern bildeten, nach des Prorektors Anordnung, den Sammelpunkt für ihre nicht zum Corps gehörigen Landsleute; innerhalb dieser Vereinigung trugen sie ihre Mützen mit den Corpsfarben.

Wo für ein Land kein Corps bestand, wurde eine landsmannschaftliche Vereinigung für die Festzüge gebildet.

[Der König] erfuhr davon, daß die ihm in den Festzügen vorgeführten Farben in Wirklichkeit ein Blendwerk für die Festtage waren, leider nichts.

Das Universitätsgebäude zu Göttingen.

So drängte sich, — auch abgesehen von dem Wunsche, daß die öffentlichen Hörsäle für Vorlesungen vermehrt werden mögen, — die Errichtung eines Universitätsgebäudes für die Aula und für die übrigen allgemeinen Bedürfnisse der Universität als eine nicht länger abzuweisende Foderung auf.

Schon am 6. December 1834 verfügte deshalb Königl. Ministerium die Vorbereitungen zur Erwerbung eines Bauplatzes für den Fall, daß Sr. Majestät der König den Neubau zu beschließen geruhen werde.

Der neue Markt zu Göttingen

Ein solcher Platz fand sich sehr erwünscht an der nördlichen Seite des bisherigen Neumarkts, indem nicht allein ein dortiges Privathaus schon angekauft, sondern auch die Erwerbung des danebenliegenden Bodens ungemein erleichtert ward; . . . .

So konnte der Bau, nachdem Se. Majestät der hochselige König Wilhelm IV. zur Erleichterung desselben ein Königliches Geschenk von 3000 Pfund Sterling allergnädigst gewährt, und der vorgelegte Plan die Bestätigung höheren Orts erhalten hatte, im Frühjahr 1835 beginnen.

Am 7. April wurde der erste Stein dazu gelegt, ...

Der Bau ward mit der nöthigen Emsigkeit fortgeführt, so daß auf die Benutzung des Locals für das Säcularfest mit Gewißheit gerechnet werden konnte.

Durch die Aufführung des Universitätshauses wurde . . . ein . . . dauernder Beitrag zur Verschönerung der Stadt hervorgerufen.

Giebelfeld am Universitätshause.

Die Façade ist im einfachen griechischen Styl durchgeführt.
Das Giebelfeld des Mittelgebäudes wird durch 6 jonische Pilaster getragen, und enthält ein die vier Facultäten mit deren Genius darstellendes Hautrelief in Sandstein ausgeführt.
Unter demselben sieht man in erhabener goldener Schrift:

GUILIELMUS QUARTUS REX ACADEMIAE SUAE GEORGIAE AUGUSTAE ET BONIS ARTIBUS.

Das Giebelfeld ist von dem Bildhauer von Bandel aus Ansbach ... gezeichnet und ausgeführt. Es dürfte nicht ohne Interesse seyn und zur Erläuterung des ... Umrisses des Giebelfeldes dienen, die Ideen näher anzudeuten, welche der Künstler, seiner eignen Erklärung zufolge, auszudrücken beabsichtigt hat. Die Facultäten verbreiten durch vereintes Wirken den Geist der Wissenschaften und bilden den Menschen zum freien geistigen Aufschwung; dieses zu bezeichnen ist aus ihrer Mitte die jugendliche, männliche Figur mit dem Sinnbilde der Seele über sich, den Blick nach oben, die Arme nach beiten Seiten ausstreckend, mit den erlangten Schwingen sich emporhebend, dargestellt.

Rechts steht die Theologie; sie stützt sich auf das Kreuz als Symbol des christlichen Glaubens; zur Seite ein Altar mit den Symbolen des alten und neuen Testaments, den 10 Geboten, dem Kelch und Hostie und der durch *A Ω* angedeuteten Bibel, sie zeigt mit Blick und erhobener Hand zum höchsten empor. Die Jungfräuliche ist mit einem die ganze Figur umhüllenden einfach geordneten Mantel und schlicht hängenden Haaren dargestellt.

Links in der Mitte steht die Jurisprudenz, eine kräftige Frauen-Figur in fester Stellung in einem Kleide mit bestimmtem Schnitt, das Brustgewand fest anliegend, die Haare geordnet an einer Säule (Sinnbild der Stärke), auf welcher eine Gesetztafel steht, unter der das Schwert hängt, sie zeigt mit der Linken auf die Gesetze, während sie mit der Rechten mit der Wage diese vergleichend abwägt.

Rechts an der Theologie sitzt die Medicin zwischen der Fackel des Lebens, die sie fest hält, und dem Todtenkopfe (Sinnbild des Todes); vor ihr steht die Schale der Hygea, aus der die heilbringende Schlange, die sich um die Fackel des Lebens (der Diana oder Ilithyia) emporschlingt, trinkt; die Medicin hält ein Kraut prüfend um es in die Schale zu legen. An den Todtenkopf legt ihre Tatze die Sphinx, das Räthsel der Natur, welches die Medicin durch den Tod für's Leben zu ergründen hat. Die Medicin eine üppig jugendliche Gestalt, halb nackt, ist sie noch mit einem langen Mantel über den Kopf verdeckt, sie wirkt geheimnißvoll.

Links an der Jurisprudenz sitzt in nachdenkender Stellung die Philosophie, rechts auf die Kugel des Weltalls stützt sie sich auf ein Fernrohr, in der Hand noch Senkel und Zirkel haltend, womit sie Höhen und Tiefen erschaut, ergründet und ausgleicht; links ruht sie mit der Hand, in der sie eine Papier-Rolle hält, auf einer Cither, an deren Horn ein Greif, das Sinnbild der sich über Alles erhebenden Fantasie, eine Tatze legt, die schönen Wissenschaften bezeichnend. Die Stellung der in Sinnen sitzenden Figur hat keinen bestimmten Halt, das Gewand ist vielfaltig nirgends beengend; ein Mantel umfliegt sie ohne anzuschließen, so ist Alles ihr eigen ohne sie zu beengen.

ENTHÜLLUNG der Statue Königs Wilhelm des Vierten Am ersten Tage der Saecularfeier der Universität

Magistrat und Bürgerschaft Göttingens hatten beschlossen, das bevorstehende Säcularfest der Universität durch ein bleibendes Denkmahl zu ehren. ...

Erhielt man die Erlaubniß, Sr. Majestät, dem damals regierenden König Wilhelm IV., ein Standbild zu errichten, so konnte dadurch zugleich die Dankbarkeit gegen den erhabenen Rector seiner Universität und die Treue gegen das erhabene Fürstenhaus sich aussprechen, dem die Stadt Göttingen der Gnadenbeweise so viele verdankt.

Auf das deßhalb ergangene Ansuchen ward Magistrat und Bürgerschaft durch ein Rescript vom Königl. Ministerio ... vom 29. September 1836 erfreuet: Sr. Majestät der König habe den Wunsch des Magistrats und der Bürgervorsteher, die Allerhöchstdemselben gewidmete Verehrung durch ein bleibendes Denkmahl an den Tag zu legen, mit gnädigem Wohlwollen aufzunehmen, und die allerhöchste Genehmigung zu der beabsichtigten Errichtung des Standbildes zu ertheilen gern geruhet, auch danebst gestattet, daß der zu der Errichtung des Standbildes ausersehene neue Markt künftig „der Wilhelmsplatz" genannt werde. —

Um mehre einzelne Momente der Feier würdig bezeichnen zu können, namentlich die Enthüllung des Standbildes des hochseligen Königs Wilhelm IV., ... war die Anwesenheit einiger Geschütze erwünscht.

Auf eine deßhalb ergangene Anfrage wurden zu dem Ende von der Stadt Hildesheim zwei sechs= pfündige Kanonen sehr bereitwillig hergeliehen.

196

Bei dem Ruprechtſchen Hauſe, aus deſſen Fenſtern Se. Majeſtät der König dem Zuge zuzuſchauen geruheten, entblößten die Profeſſoren die Häupter durch Abnahme der Barets; die Studirenden ſenkten die Fahnen.

Die öffentlichen Aufzüge begannen mit der feierlichen Einholung der Herren Curatoren der Univerſität, Sr. Excellenz, des Miniſters Freiherr von Stralenheim … und Sr. Excellenz des Miniſters von Arnswaldt, wozu mehre Studirenden zu einer berittenen Ehrengarde zuſammentraten.

… Am Abend des 15., bezeugte die academiſche Jugend ihre große Freude über die Ankunft Alexander's von Humboldt. …

Nachdem … ſich der Zug nach Humboldt's Wohnung in der Dieterichſchen Buchhandlung … in Bewegung … ſetzte … und … hier die Muſikchöre ihr Spiel vollendet hatten, brachte ein Studirender den Feſt= ruf aus:

„Alexander von Humboldt, dem Freunde der academiſchen Jugend ein Lebehoch!" wozu die zahlreiche Verſammlung in lautem Jubel einſtimmte.

Darauf trat der Gefeierte auf den Balcon, und drückte in … herzlichen Worten ſeine Dankbarkeit aus: „Unter den mannichfachen Freuden, die mir in einem vielbewegten Leben geworden ſind, iſt es eine der ſüßeſten und erhebendſten, dieſen ehrenvollen Ausdruck Ihres Wohlwollens zu empfangen. Faſt ein halbes Jahrhundert iſt verfloſſen, ſeitdem ich in dieſer berühmten Hochſchule, Georgia Auguſta, den edleren Theil meiner Bildung empfing. … aber die Bande … ſind in dem Wechſel der Begebenheiten ungeſchwächt ge= blieben, … tiefbewegt, verehrte Freunde, bringe ich Ihnen, … am Abend meines Lebens, die Huldigung meiner liebevollen Dankgefühle dar."

Ein neues lautes Lebehoch war die Antwort, womit die Menge den verehrten Mann begrüßte. …

Bei allen folgenden Feſtlichkeiten war Alexander von Humboldt als einer der gefeiertſten Gäſte anweſend. … Den frühen Morgen des erſten feſtlichen Tages begrüßte der feierliche Choral vom Johannisthurm …

Darauf erhielt das Feſt eine eben ſo überraſchende als frohe Abänderung durch den Entſchluß Sr. Majeſtät des Königs, daſſelbe mit Allerhöchſt=Ihrer perſönlichen Gegenwart zu verherrlichen. …

Die ſtädtiſchen Behörden, … boten Alles auf, um durch ſchleunige Aufführung einer Ehrenpforte am Weenderthore den feierlichen Empfang vorzubereiten. …

Der Jubelruf der Menge, das Geläute aller Glocken und der Donner von 21 Kanonenſchüſſen begleitete darauf Se. Majeſtät bei dem Einzuge durch das Thor und über die Weender=Straße bis vor die Ruprecht= ſche Buchhandlung, wo Allerhöchſt=Dieſelben abzuſteigen geruheten. …

Die … Feſttage … reiheten ſich …, wie ſie das Programm verkündet hatte. …

Freilich waren die Stunden des Feſtes viel zu kurz, die Beziehungen zu mannigfach, als daß es möglich geweſen wäre, im Augenblicke der Bedeutung des Feſtes ganz inne zu werden, und für alle ſich aufdrän= genden Gedanken den vollen befriedigenden Ausdruck zu finden …

Göttinger Jubelfeier getrübt durch die drohende Verfassungskrise

Geschichte des Königreichs Hannover. von W. von Hassell.

Seine Stimmung war also schon nicht die beste, als er nach Göttingen abreiste, und verschiedene Zwischenfälle, die sich dort zutrugen, erbitterten ihn noch mehr. Die Stadt freilich erstrahlte nach tausend Zurüstungen im vollen Glanze ihres unsterblichen Namens und ihres europäischen Rufes. Aus allen Gauen Deutschlands waren die bedeutendsten Männer der Wissenschaft herbeigeeilt, um an der Jubelfeier teilzunehm. Schon die burschikose, rücksichtslose Lustigkeit, der sich jung und alt hingaben, die grandiose Unordnung und das wüste Treiben auf dem Königsball in der Reitbahn berührten den König unangenehm. Der ganze gelehrte Popanz aber, den die steifen Hofräte zur Schau trugen, sowie ein langweiliger Sermon des Professors Liebenau machten ihn ungeduldig. In den überschwenglichen Lobreden auf die Regententugenden seines Vorgängers, des freiheitliebenden Wilhelm IV., dem die Bürgerschaft vor der Aula ein Standbild gesetzt hatte, sah er dagegen eine Anspielung auf sich und seine autokratischen Gesinnungen, und in dem Augenblick, wo die Hülle fiel, drehte er dem Denkmal in demonstrativer Weise den Rücken zu.*) Und als ihm nun noch eine von vielen hundert Bürgern unterzeichnete Bittschrift zu Gunsten der Aufrührer überreicht wurde, als sie es zu arrangieren wußten, daß die Seidensticker'schen und Eggeling'schen Kinder im Saale der Societät der Wissenschaften in der neuen Aula sich ihm zu Füßen warfen und um Gnade für ihre Väter und deren Komplicen flehten, **) da war er überzeugt, daß die ganze Stadt nur ein Nest ungebändigter Demagogen wäre. Daß endlich die philosophische Fakultät sich vermaß, Stüve, den verhaßten Führer der Liberalen, als „autorem patriarum rerum gravem fortem praepositi tenacem" zum Doktor zu kreiren, das empfand er als persönliche Beleidigung und brachte das Faß zum Ueberlaufen. Nun war er entschlossen, „der Demokratie die Flügel zu beschneiden." ***)

*) Treitschke, a. a. O., IV., S. 657.
**) Hannoversche Zustände seit dem Februar 1848 v. H. A. Oppermann, S. 40.
***) „I have cut the wings to the democracy", schrieb er am 15. November nach England.

HUNDERT JAHRE 1770—1870
Zeit- und Lebensbilder aus drei Generationen
Von Heinrich Albert OPPERMANN

Man hatte die verdeckte Reitbahn zum Tanzsalon ausersehen ...

Ernst August, ... gab in den Räumen der Paulinerkirche unter dem sogenannten historischen Saale der Bibliothek an allen drei Festtagen Diners, zu denen neben Diplomaten und hohen Herrschaften, Abgesandten auswärtiger Universitäten, göttinger Hofräthen und Professoren, auch jeden Tag an funfzig bis sechzig Studenten — aus der Zahl der Offiziere und Fahnenträger—eingeladen waren. ... Ernst August war splendid, er ging den Gästen mit gutem Beispiele voran, und alt wie jung hatte man den Weinen der königlichen Tafel etwas reichlich zugesprochen; man konnte es den vielen Herren, „die über Leichen dinirt hatten", wie Dahlmann sagte, im Ballsaale der Reitbahn deutlich ansehen, daß sie Gäste des Königs gewesen waren.

ERNST AUGUST KÖNIG VON HANNOVER von Geoffrey Malden Willis

Nach einem Gottesdienst in der Johanniskirche sah er von einem Fenster des Universitätsgebäudes aus der Enthüllung des Denkmals seines Bruders Wilhelms IV. zu, nahm dann nach einem Empfang in der Aula an einer Tafel mit über siebzig Gedecken ein Festmahl ein, das vom Oberhofmarschallamt veranstaltet war, und besuchte den letzten Überlebenden seiner Lehrer, den betagten Blumenbach ...

Es gibt eine Anzahl Legenden über den Besuch des Königs. Er soll z.B. seine Verachtung für die Maßnahmen seines Bruders gezeigt haben, indem er den Rücken wandte, als die Hülle von der Statue fiel. Das muß eine zufällige Bewegung gewesen sein. Obwohl vieles zweifelsohne als Kundgebung gemeint war, scheint Ernst August in der Enthüllung des Denkmals seines Bruders eine solche Kundgebung nicht erblickt zu haben. Die Briefe an seine Frau, in denen alle seine Kümmernisse und Freuden zum Ausdruck kommen, zeigen nur Begeisterung über seinen Empfang sowie über die Enthüllung des Denkmals, das er bewunderte.

Deutsche Geschichte
im Neunzehnten Jahrhundert von Heinrich von Treitschke

Als die Georgia Augusta im September das Jubelfest ihres hundertjährigen Bestehens feierte und fast alle namhaften Männer des Landes in Göttingen zusammentrafen, bot sich fast von selbst die Gelegenheit, gemeinsame Schritte zur Abwehr des drohenden Staatsstreichs zu besprechen. Auch dies ward versäumt. Man schmauste über Gräbern, sagte Dahlmann bitter. Das Fest verlief mit der gewohnten akademischen Pracht, Alexander Humboldt empfing die Huldigungen aller Fakultäten, und die Philologen verabredeten sich nach dem Vorbilde der Naturforscher, regelmäßig wiederkehrende Wanderversammlungen zu halten. Auch der König erschien auf einen Tag und bemühte sich wenig, der Professorenwelt seine Verachtung zu verbergen. Als die Bürgerschaft vor der neuen Aula das Standbild seines verstorbenen Bruders einweihte, drehte er in dem Augenblicke, da die Hülle fiel, mit scharfer Wendung dem Denkmal den Rücken zu[1]; die philosophische Fakultät aber erhielt einen schnöden Verweis, weil sie Stüve zum Ehrendoktor ernannt hatte.

[1] Nach der Erzählung eines Augenzeugen.

Zur Geschichte des Königreichs Hannover von 1832 bis 1860 ... Dr. H. Albert Oppermann,

Namentlich in Göttingen, wo bis dahin die Aufregung über das Patent vom 5. Juli groß gewesen war, ließ man alle Besorgnisse fahren, ging man hier doch am 17. September einer Feier entgegen, an der nicht nur das ganze Land, sondern ganz Deutschland theilnahm, dem hundertjährigen Jubiläum der Georgia Augusta, dieser, als Pflanzschule der Gelehrsamkeit und der Bureaukratie, selbst in andern Welttheilen, viel genannten Berühmtheit. Göttingen strahlte unter tausend Zurüstungen im vollen Glanze seines unsterblichen Namens und seines europäischen Rufes. Und doch mußten Moriz Carriere und Theodor Creuznach, damals ein paar junge Verse machende Studenten, es empfinden, wie schwer es sei, inmitten dieses steifleinenen Hoffraths- und Professorenthums die Köpfe zu finden, denen mit einigem Schick der übliche Festsonettenkranz aufsetzen ließe. Spreu hatte sich damals noch nicht vom Weizen gesondert. Nicht an Gelehrsamkeit und Wissen, wohl aber an wahrer fruchtbringender Wissenschaft und echtem Mannessinne hat es in der Universitätsstadt nur zu häufig gefehlt; insbesondere jetzt, wo an der hofräthlichen Reputation schon die Art lebte, die sie nicht viel später jämmerlich zerschlug, wäre es grundverkehrt gewesen, von dem großen und freien Georg-August-Schüler A. v. Humboldt, der von Berlin seine alma mater zu grüßen herüberkam, auf den freien und großen Sinn ihrer Lehrer zu schließen.

Einigen gelehrten Popanz und eine langweilige Predigt des Professor Liebener, die selbst den König Ernst August ungeduldig machte, abgerechnet, wurde das Fest von Alt und Jung mit einer burschikosen Lustigkeit gefeiert, die alle Sorgen vor der Zukunft betäubte. Der Königsball in der Reitbahn mit seiner grandiosen Unordnung, erinnerte, wie Graf Reinhard meinte, lebhaft an die Bälle Louis Philipps in den Tuilerien. Die bedeutendsten Persönlichkeiten Deutschlands waren in den Tagen vom 17. bis 20. September in Göttingens Mauern versammelt. Es fehlte auch nicht der Mann, der hier als Schüler Pütters und Böhmers deutsches Staats- und Reichsrecht docirt, dann seine, in den dem besten Lehrbuche über öffentliches deutsches Recht niedergelegten Grundsätze, mit bonapartistischen Polizei- und Administrationsmaximen wohl zu vereinen und sich im Westphalenreich, wie später unter der wiederhergestellten Regierung wohl zu betten gewußt hatte, — der Justizcanzleidirector Leist, in dessen Händen damals das Schicksal des Staatsgrundgesetzes schwebte. Ernst August hatte ihn zum Vorsitzenden der Commission berufen, welche die Gültigkeit des Staatsgrundgesetzes prüfen sollte.

Das Zusammensein in Göttingen scheint von den ständischen Mitgliedern von 1832—37 nicht benutzt zu sein, wegen der Zukunft irgend welche Verabredungen zu treffen.

Friedrich Christoph Dahlmann

Dahlmann's Berufung, als Nominal-Professor der Politik, war [für Göttingen] ein glücklicher Wurf.

Dahlmann paßt ... als Politiker ... wenig in die gewöhnlichen Kategorieen. Man darf ihn nicht einen Historiker nennen, ebenso wenig einen rationellen Theoretiker.

Um den guten Staat zu finden, darf man nach seiner Meinung nicht wie Plato und Fichte von einem Musterstaate ausgehen — aber auch nicht von den in der Gegenwart und Vergangenheit seienden und gewesenen Staaten, sondern man muß zwischen Ideal und dem Staate der Erscheinung „hin und her gehen" — oder wie Dahlmann sich in der gedruckten Politik ausdrückt: „die wahrhaft lebendige Darstellung des guten Staats ist weder im Ideal noch in der Erscheinung enthalten. Sie bedarf beider und ist ein Drittes, welches zwischen beiden liegt."

Der Staat ist ein Vermögen der Menschen, durch dessen stufenweise Ausbildung ihre natürlichen Gebrechen bekämpft werden."

Der Staat soll die „Hauptbestimmung des Menschen zum Nützlichen, zum Gerechten, zum Schönen, zum Wahren, zum Heiligen vereinigen und aufnehmen und in jeder Classe seiner Bevölkerung fortbilden."

„Der Staat ist also keine Erfindung weder der Noth noch der Kunst, keine Actien-Gesellschaft, keine Maschine, kein aus einem frei aufgegebenen Naturleben hervorspringendes Vertragswerk, kein nothwendiges Uebel, kein mit der Zeit heilbares Gebrechen der Menschheit, er ist eine ursprüngliche Ordnung, ein nothwendiger Zustand, ein Vermögen der Menschheit."

Dahlmann tadelt die Ueberhebung der Wissenschaft vor dem Leben, er will lieber praktische Siege erringen, als theoretische Siege bei großen praktischen Niederlagen — aber aller Fortschritt soll ausgehen von breiten und starken Grundlagen, vom historischen Recht.

Der gute Staat — den Dahlmann aber für die Gegenwart will — ..., ist die constitutionelle Monarchie, die Monarchie mit einer Volksvertretung, „die allgemein verbindliche Gesetze und Geldabgaben bewilliget, die Regierungsrechte aber an den besser erkannten Staat zurückstellt.

[Dahlmann fordert] freie Presse ... ist aber darum den Liberalen keineswegs beizuzählen. Eine kurze Aufzählung der wichtigsten praktischen Lehrsätze mag dies beweisen.

Dahlmann ist ein Freund des Zwei-Kammersystems, „weil die Erfahrung bewährt hat, daß man besser und sorgsamer beräth, wenn man weiß, daß man das Urtheil einer andern Kammer hinter der Berathung hört — und das Bessere das Langsamere aufhebt."

Wenn das Wahlrecht zweckmäßig begrenzt ist, so verlangt Dahlmann, daß die Wählbarkeit jedes Einzelnen außer dem Alter und der bürgerlichen Makellosigkeit keiner Beschränkung weiter unterworfen werde, da es nie wünschenswerth, daß eine Ständeversammlung nur aus Reichen bestehe.

Die Städte sollen mehr vertreten sein als das Land, weil dieselbe Kraft des Vermögens und der Thätigkeit dort eine viel größere Kraft hervorbringt und weil sie Sitze der Bildung sind.

Der Landtag sei jährlich zu versammeln, die Sitzungen öffentlich, die Wahl des Präsidenten eine freie.

Aber keine bleibenden Ausschüsse — „denn die Ständeversammlung muß der dauernden Regierungsgewalt als eine vorübergehende Thätigkeit gegenüberstehen" und „bleibende Ausschüsse, welche selbst die Auflösung der Ständeversammlung überleben wollen, führen zur Mitregierung."

Aus diesem Irrthume, der vorzüglich aus Dahlmann's Vertrauen zu dem guten Willen der Regierenden — eins seiner unglücklichsten Worte — entstand, folgte denn in der hannoverschen Angelegenheit das Schauspiel, daß, als die Verfassung aufgehoben wurde, Niemand da war, der für eine Beschwerde „legitimirt" erkannt wurde und daß uns noch im August d. J. von einem frankfurter Blatte demonstrirt wurde, Alles, was in Hannover von der Opposition geschehen sei, sei ungültig und nichtssagend, weil die Opposition nicht „legitimirt" sei.

Ohne Einwilligung der Stände kein Landesgesetz.

Bloß berathende Kammern sind rathlos; sie versinken im Ueberdrusse ihres Unvermögens.

Jeder Kammer das Recht des Gesetzantrags, ja des Gesetzentwurfes.

Das Recht, die einzelnen Steuern zu verweigern, denn ohne dieses Recht kein Recht, zu prüfen und zu bewilligen. Aber keine Mitverwaltung, keine lebenslänglichen Ausschüsse zu solchem Zweck, das heiße „das lebendige Besteuerungsrecht den Ständen entreißen und in wenige, oft feile Hände spielen."

Die Kammer habe das Recht, Landesbeschwerden vorzutragen und durch die Anklage der Minister zu verfolgen. Ein Abolitions- und Begnadigungsrecht suspendire dabei, sonst ist jede Anklage lächerlich.

Wir sehen in allen diesem einen praktisch gesunden Sinn, ein gar ruhiges Wollen, aber doch ein Wollen.

Dies erhebt Dahlmann aber eben so hoch über ... das bloß empirische Göttingen.

Daß er ein langsames, oft zu langsames, frachtwagenartiges Fortschreiten wollte, lag in der ruhigen Besonnenheit seines ganzen Charakters, in seinem beständigen Verweilen bei der Familie, auf die sein ganzes Bild von dem guten Staate basirt war.

Es kam die Julirevolution, als Dahlmann kaum den Boden, auf dem er lebte, einigermaßen kannte.

Wir wissen nicht, ob sie ihn überraschte; der Gang, den die deutschen Dinge damals nahmen, war ihm zu schnell, viel zu schnell. Die göttinger Unruhen hatten wohlbegründete Ursachen.

Nicht nur in Göttingen hatte Rector und Senat den Kopf verloren, sondern auch in Hannover schwebte man in tausend Aengsten.

Dahlmann allein blieb besonnen und rieth zu kräftigen Maßregeln. Dadurch erwarb er sich ein unbedingtes Vertrauen der damaligen Regierung. Ein neues Verfassungsgesetz wurde nöthig. Dahlmann wurde nach Hannover berufen, um den Entwurf bearbeiten zu helfen.

— Man berieth in Hannover jetzt langsam nach Dahlmann'schen Wünschen in einer zehnmonatlichen Session das Staatsgrundgesetz.

Seine Thätigkeit in der 1832 und 1833 das Staatsgrundgesetz berathenden zweiten Kammer war mehr innerlich als äußerlich; er arbeitete lieber in den Commissionen, als daß er redete, ja das Reden schien ihm schwer zu werden, wenigstens der Anfang.

Der Entwurf der neuen Verfassung war durch den Widerstand der ersten Kammer vielfach verstümmelt. Allein Dahlmann stimmte für die Annahme, weil die Gebrechen, an welchen der Entwurf leide, nicht willkürlich hineingetragen seien, sondern in der Beschaffenheit der Staatsgesellschaft selbst lägen, und die Möglichkeit der Verbesserung gegeben sei.

Dahlmann wie Rose, [ein Mitglied der Kommission] hatten, wenn ihre Gründe nicht überzeugen wollten, ein Wort, womit sie häufig alle Zweifel bannten, das war das Wort: "Vertrauen auf die Regierung." Es war dabei nur eins vergessen, daß Könige sterblich sind. Dahlmann hat vertraut und ist vertrieben und verbannt vom liebgewordenen Heerd.

Eins können wir Dahlmann nimmer verzeihen, seine Anklage der göttinger und osteroder Gefangenen in der Sitzung vom 27. Juni 1832, um so weniger, da er sich noch 1838 damit rühmte.

Wir können nicht umhin, den größten Theil der damals gehaltenen Rodomontaden [Großsprechereien], wie den Versuch ihrer Begründung hier abdrucken zu lassen.

"Auflehnung gegen Alles, was unter den Menschen hochgehalten und ehrwürdig ist; Verführung der studirenden Jünglinge zur Mitschuld an einem Vergehen, dessen Bedeutung in diesem erregten Lebensalter schwerer noch erkannt wird; Versuche, die bewaffnete Macht zu verführen; Bewaffnung gegen die bewaffnete Macht; Entsetzung der gesetzlichen Obrigkeit; Vorenthaltung der Regierungsbefehle; Hintansetzung aller beschworenen Treue; — das seien keine bewundernswerthen Erscheinungen, keine Erscheinungen und Thaten, die es sich gezieme, dieser hochgestellten und gesetzlichen Versammlung anzupreisen, einer Versammlung, welche einen so wichtigen Antheil an der Gesetzgebung dieses Landes besitze.

"Würden wir aber angewiesen, diese Vorgänge jedenfalls als nothwendige Mittel zum guten Zwecke gelten zu lassen, so heiße das schon an sich selber einen sehr gefährlichen Weg betreten.

"Der guten Zwecke rühme sich Jedermann; der Absolutist thue es wie der Liberale; jener von der Ordnung, dieser von der Freiheit ausgehend; eben darum solle man die Menschen nicht nach ihren gepriesenen guten Zwecken, man solle sie nach ihren Mitteln beurtheilen.

"Einen Liberalismus von unbedingtem Werthe, das heiße, einerlei, durch welche Mittel er sich verwirkliche, gebe es nicht.

"Darum widerspreche er durchaus der in den Petitionen so häufig wiederholten Behauptung, unsere Aussicht auf bessere Staatszustände rühre daher, daß dieser Aufstand unternommen sei, er behaupte, sie rühre daher, daß dieser Aufstand mißlungen sei. Wenn dieser Aufstand eine wohlthätige Erschütterung in unserm Staatskörper hinterlassen habe (dem möge so sein, und die Zukunft werde darüber richten dürfen), so dankten wir jede wohlthätige Folge allein der Treue, welche die Empörung in die Schranken des Gesetzes zurückwies.

"Denn was wäre wohl die Folge des Gelingens gewesen, gesetzt, wenn kein auswärtiges Heer die erste Begeisterung gestört hätte? Ganz gewiß eine nagelneue Verfassung; ganz gewiß die schnellste Hinwegräumung des lästigen Vorurtheils des Zwei-Kammersystems; die rascheste Beseitigung aller Aristokratie; die freieste Vertretung und Ummodelung aller Gesetze; — mit einem Wort, im vollsten Sinne die beliebte Abschaffung aller Mißbräuche, aber gewiß auch die Abschaffung aller Gebräuche, und besonders des gebräuchlichen Gehorsams, der für die Verfassung aus neuester Zeit eben so nothwendig ist, als für die aus dem Mittelalter.

"Das Band des Gehorsams sei leicht, fast in einem Augenblicke gelöst, aber ehe es wieder geschlungen werde, vergehen lange blutbefleckte Menschenalter. Ein Meister in Revolutionen sage selbst, den Tiger loszulassen wisse er wohl, aber ihn wieder anzuketten wisse er nicht.

"Er frage, wenn dieser Aufstand gelungen wäre, würden wir wohl hier berathen, wie wir heute thun in dieser Kammer, so frei gewählt, daß die Regierung durchaus nicht mehr Einfluß hat, als ihr die Gerechtigkeit ihrer Sache, der Werth ihrer Gründe verschaffen kann? Wir würden beherrscht von Volksversammlungen berathen, verworren durch den Zudrang einer zügellosen Menge, in steter Sorge für unsere Personen, für unser Eigenthum.

"Um Alles zu sagen, was in dieser gewichtigen Angelegenheit den Inbegriff seiner Ueberzeugung bilde, er könne die Politik durchaus nicht als getrennt von der Moral betrachten, und erkläre sich hierin eines ganz altväterischen Glaubens. Darum werde ihm durch die Straflosigkeit siegreicher politischer Verbrechen nichts für ihre Unsträflichkeit bewiesen, eben wie ein ungerechter Krieg ungerecht bleibe, auch wenn er der siegreichste wäre.

"Wenn jemals der Tag erscheine, an welchem er seines Irrthums inne würde, an welchem ihm klar würde, Moral und Politik wären ganz getrennte Gebiete: er würde keine Stunde mehr sich mit Politik lehrend oder lernend beschäftigen; er würde von dem Augenblicke an den Staat als eine Erfindung des Verderbens für die Menschheit betrachten u. s. w."

Dahlmann war damals unpopulär, aber Niemand ging so weit, seinen Charakter anzutasten, ihn wohl gar der Achselträgerei oder des Verraths zu beschuldigen, wohl aber warf man ihm Unbehülflichkeit und Starrheit vor, die mit seinem ganzen Wesen zusammenhängen mag.

Daß das Werk aber, welches das Volk als ein halbes ansah, welches ohne Enthusiasmus im Lande aufgenommen war, auch nicht mit Liebe und Hingebung im Volke würde gehegt werden, daran hatte Dahlmann nicht gedacht.

Das Staatsgrundgesetz wollte nicht mit dem Volke verwachsen, trotz der historischen Grundlagen, auf welchen es gebaut war.

Dahlmann scheute den Sprung und doch hätte dieser Sprung allein retten können, da das historische Element nicht mehr lebendig war und nur ein neuer Aufbau von urgesundem Bauholze im Volke Liebe, Zutrauen und Verständniß erwerben konnte.

Dahlmann's Wahlspruch war der, womit er 1834 seine Vorlesungen über deutsche Geschichte geschlossen haben soll: "man müsse auf deutschem Boden so leben, daß man seine Hoffnungen mäßige, man müsse sich wahren und sorgsam hüten vor allen eingebildeten Dingen, vor der unstäten Neuerungssucht, die den Gehorsam verpöne."

Mit solchen Lehren wirkte er zwar auf heiße jugendliche Begeisterung wie mit kalten Umschlägen, aber er suchte dafür die auf Erfahrungsthatsachen gestützte Ueberzeugung zu erwecken, daß es im Wege der langsamen Reform besser werden müsse im Vaterlande, er suchte nicht bloß einen flüchtigen Enthusiasmus für politische Dinge zu erregen, sondern dauerndes Interesse am Staat, Lust am politischen Leben und Hingebung an das Vaterland in die Gemüther zu impfen.

In seiner ganzen Charakterfestigkeit wurde Dahlmann aber erst erkannt, als die begeisterten Zuhörer ihm "als Mann des Wortes und der That" ein Hoch zujauchzen konnten — und auch Deutschland erkannte erst, was Göttingen in ihm besessen, als dieses ihn verlor.

Die Göttinger Sieben

1. Wilhelm Grimm   3. Albrecht.   6. Weber.
2. Jacob Grimm   4. Dahlmann   7. Ewald.
                    5. Gervinus.

Die Geschichte von den Göttinger Sieben bedeutet unter uns etwas, das man wohl als den Mythus der Georgia Augusta bezeichnen könnte. Denn mit dieser Geschichte ist unsere Universität in das geschichtliche und sittliche Bewußtsein des deutschen Volkes und der abendländischen Welt eingegangen, wie in solchem Sinne kaum eine andere deutsche Hochschule.

Wer weiß, über einen sehr engen Kreis hinaus, darum, welcher König von Großbritannien und Irland als Kurfürst von Hannover diese Universität 1737 gegründet hat, so daß sie nun nach ihm Georgia Augusta heißt?

Wer weiß von dem Staatsmann, der ihr in einzigartiger Hingabe Jahrzehnte lang seine beinahe tägliche Fürsorge gewidmet hat, so daß er geradezu als ihr eigentlicher Gründer erscheint, von Gerlach Adolf von Münchhausen? Welcher Göttinger, der die nach ihm benannte Straße betritt, denkt daran, daß sie nach dem Universitätsgründer heißt, und nicht nach seinem berühmteren Vetter, dem Lügenbaron?

Wer weiß davon, wie diese Gründung den eigenartigen Charakter unserer Universität bis heute fortwirkend bestimmt hat, so sehr, wie kaum ein anderer hochschulpolitischer Gründungswille heute noch fortlebt?

Aber man weiß von den Göttinger Sieben. Allerdings in der Weise des Mythus: in unbestimmten Umrissen — allenfalls, daß die Brüder Grimm dabei waren, daß ein König Unrecht tat, daß die Sieben sich dagegen pflichtmäßig verwahrten, und daß der König sie darauf teils entließ, teils sogar aus dem Lande verbannte. Aber zugleich weiß man in aller Bestimmtheit, daß diese Geschichte uns noch immer etwas zu sagen hat, daß sie unter uns noch eine eigentümliche Gültigkeit hat.

Ueber die rechtliche Zulässigkeit dieses Gewaltstreichs läßt sich streiten; aber ist unzweifelhaft, daß er im höchsten Grade unzweckmäßig war.

Freilich, der König war fest überzeugt, daß, wenn sein Vorgänger das Recht gehabt hatte, ohne ihn, den Thronfolger, zu fragen, eine neue Verfassung einzuführen, er dasselbe Recht besäße, sie wieder aufzuheben, und daß das Fortbestehen der eidlichen Verpflichtung der Angestellten auf eine Konstitution, die er für ungültig erklärt hatte, ein Unding wäre. . . .

Das Land erstarrte förmlich unter dieser nicht geahnten Gewaltmaßregel.

Es wollte dem strengen Rechtssinne der Unterthanen nicht einleuchten, daß die monarchische Gewalt so weit reichte, um ein Gesetz, daß auf vertragsmäßiger Vereinbarung [zwischen] Fürst und Volk beruhte, das seit vier Jahren in anerkannter Wirksamkeit bestanden hatte, durch einen einzigen Federstreich für erloschen zu erklären . . . .

In allen Kreisen verbreitete sich daher eine Aufregung und Entrüstung, der von man sich heutzutage keinen Begriff machen kann. . . .

„Ich nenne mich nicht unbewandert in Bekümmernissen", schreibt Dahlmann, „aber nie in meinem Leben glaube ich, einen zerreißenderen Schmerz empfunden zu haben." . . .

Nur sieben Männer besaßen, wie Grimm sagt, „den Mut, das Eis des Schweigens zu brechen, dessen Rinde hart und schmählich das ganze Land überzogen hatte." . . .

Am 18. November übersandten die Sieben, „in ihrem Gewissen gedrungen", dem akademischen Kuratorium ihre berühmte „unterthänigste Vorstellung, das königliche Patent vom 1. November betreffend."

„Es bliebe", so heißt es darin, ihre unabweisbare Pflicht, „daß sie sich durch ihren auf das Staatsgrundgesetz geleisteten Eid fortwährend verpflichtet halten müßten und daher weder an der Wahl eines Deputierten zu einer auf anderen Grundlagen, als denen des Staatsgrundgesetzes berufenen allgemeinen Stände-Versammlung teilnehmen, noch die Wahl annehmen, noch endlich eine Stände-Versammlung, die im Widerspruch mit den Bestimmungen des Staatsgrundgesetzes zusammentritt, als rechtmäßig bestehend anerkennen dürften."

„Das ganze Gelingen unserer Wirksamkeit", so lautet der Schluß, „beruht nicht sicherer auf dem wissenschaftlichen Werte unserer Lehren, als auf unserer persönlichen Unbescholtenheit. Sobald wir vor der studierenden Jugend als Männer erscheinen, die mit ihren Eiden ein leichtfertiges Spiel treiben, ebenso bald ist der Segen unserer Wirksamkeit dahin. Und was würde Sr. Majestät dem Könige der Eid unserer Treue und Huldigung bedeuten, wenn er von solchen ausginge, die eben erst ihre eidliche Versicherung freventlich gebrochen haben?" . . .

„Sollen Hofrat Albrecht und ich als höchsten Grundsatz des Staatsrechts vortragen, Gesetz sei, was der Macht gefällt?" schrieb . . . Dahlmann . . . .

So ging denn das Verhängnis seinen Lauf.

Es war am 19. November, als ein ihm befreundeter junger Professor ihn im Museum beiseiterief, ihm etwas Geschriebenes in die Hand steckte und sagte: „Das Neueste, lesen Sie, aber nicht hier." Bruno eilte nach Hause und las hier den Protest der Sieben, ...

Der Protest durchschüttete jede Fiber seines Körpers, er war ihm kein Schriftstück, sondern eine That, ... die sich anreihte dem Anschlage der Thesen Luther's an die Kirchthüren von Wittenberg. Diese That konnte nur durch möglichst weite und schnelle Verbreitung an Bedeutsamkeit gewinnen.

Neben seinem Arbeitszimmer war die Wohnung seines Lieblingsvetters, ... der sich ganz seiner politischen Richtung hingab und den er schon oft gebraucht hatte, nach seiner Angabe Correspondenzen zu schreiben, um seine Autorschaft durch andern Stil und andere Art zu maskiren. ... Die Aufwärterin belehrte ihn, daß die jungen Herren unten im Gartensalon sein, um einen „Rappiermops" [Fechtspiel] auszumachen.

„Laßt für heute die Kindereien", sagte er, „ .... Ich brauche euere Hülfe. Georg, Oskar und Karl lassen den Gartensalon erleuchten und heizen und richten zwölf Plätze zum Schreiben ein, mit den nöthigen Schreibmaterialien. Ihr andern geht zu den nächsten Freunden und treibt sie hierher, in einer Viertelstunde müssen die Plätze besetzt sein, ich werde dictiren."

Die Anordnungen wurden auf das bereitwilligste befolgt und nach kurzer Zeit stand unser Freund in einem Kreise von zwölf ihm zum größten Theil unbekannten Persönlichkeiten.

Nach einer halben Stunde waren zwölf Abschriften des Protestes vorhanden.

„Die Herren werden ohne weiteres begreifen, um was es sich handelt; die schnellste Verbreitung und mindestens vierundzwanzig Stunden um Geheimhaltung. Ich ersuche Sie, die Procedur noch dreimal zu wiederholen, Schulz wird dictiren. Der Bediente ist schon nach der Fink und augenblicklich wird auch «Stoff» erscheinen.

„Außer diesen zwölf Exemplaren bedarf ich noch zweiundzwanzig, die in einer Stunde geschrieben sein müssen. Dann schreibt jeder für sich selbst ein Exemplar ab, treibt so viel Freunde zusammen, als er findet, und wiederholt die Procedur bis zur Ermüdung in der Nacht; die Abschriften werden in alle Theile Deutschlands geschickt, und wer im Auslande Bekanntschaft hat, sendet sie auch dahin!"

„Bravo!" rief der Chor, und als nun auch der Bediente mit kasseler Bier eintrat, mußte Bruno erst mit auf das Wohl der Sieben anstoßen, auf sie, welche die Ehre der Universität gerettet hatten.

Nun sendete Bruno die erhaltenen Abschriften ... an sämmtliche Zeitungen, mit denen er in Verbindung stand (und für alle existirte in Hannover ein obscurer Name, weil man dem Postgeheimnisse mistraute), auch soweit die Abschriften reichten, an andere renommirte Zeitungen, die er nur dem Namen nach kannte. ...

So geschah es, ohne Wissen und Willen der Sieben, ... daß Hunderte von Abschriften des Protestes durch Deutschland, ja in Europa verbreitet wurden.

Trotz der Ausführungen Bergmanns, ... der ... das Wort nahm, um die Sieben gegen den Verdacht und Vorwurf der Verbreitung zu schützen, blieb der König der Überzeugung, die Sieben hätten die Protestation selbst in böswilliger Absicht verbreitet.

Es geht klar aus den Worten des Königs hervor, daß das, was seinen Zorn erregte, nicht so sehr die Protestation selbst, als vielmehr deren Verbreitung war. Diese Haltung ist verständlich: ... nur eine im Lande und in Deutschland verbreitete und bekannt gewordene Protestation konnte irgend welche Folgen hervorrufen, konnte die Hannoveraner gegen ihren König aufreizen, konnte möglicherweise eine Erhebung des Landes gegen die königliche Willkür nach sich ziehen, nur eine solche bekannt gewordene Protestation zeigte den Deutschen und machte sie darauf aufmerksam, welch großes Unrecht der König mit dem Novemberpatent begangen hatte!

Die Verbreitung aber war nicht mehr rückgängig zu machen, es blieb also nur ein Weg möglich, wenn man die Wirkung der Protestation aufheben wollte:

Sofortige schärfste Maßregeln gegen die Sieben, d. h. deren Entlassung. ...

Deshalb, ... entschlossen Ernst August und Schele sich zur sofortigen Entlassung der Sieben, entgegen dem Rate des Curatoriums, ohne den Regierungsbevollmächtigten zu hören, ohne den Sieben auch nur Gelegenheit zu ihrer Verteidigung zu geben.

In dem kurzen ... Reskript, das ihnen am 14. Dezember von dem Prorektor zugestellt wurde, stand zu lesen, die Professoren hätten verkannt, „daß Wir ihr alleiniger Dienstherr sind, daß der Diensteid einzig und allein Uns geleistet wird, somit auch Wir allein das Recht haben, denselben ganz oder teilweise zu erlassen."

Deshalb würden sie damit ihres Dienstes enthoben.

Dreien von ihnen, Dahlmann, Jacob Grimm und Gervinus aber gab man wegen ihrer Mitwirkung bei Verbreitung der Protestation noch auf, binnen drei Tagen das Königreich zu verlassen, widrigenfalls sie zur weiteren Untersuchung der Angelegenheit in ein vom Könige zu bestimmendes Gefängnis abgeführt werden würden.

... Am nächsten Morgen rief ein Anschlagzettel an den Auditorien, welcher der studierenden Jugend den Schluß der Vorlesungen verkündete, ihnen die Zurückzahlung des Honorars versprach und sie zur Ruhe ermahnte, die allgemeinste Aufregung hervor.

Einige wenige Söhne des hannoverschen Adels ließen das Geld von den verhaßten Volksverführern durch ihre Stiefelwichser zurückfordern.

Die überwiegende Mehrzahl der Studenten aber versammelte sich abends auf dem Hainberge, um zu beraten, was zu thun sei.

Auch vor den Wohnungen der Professoren sammelten sich Gruppen, um Abschied zu nehmen .... Sie wurden von den Dragonern ohne Anwendung von Waffengewalt leicht zerstreut. ...

Den Lohnkutschern war bei schwerer Strafe verboten, an jenem Tage Studenten und Andern Wagen zur Begleitung zu vermieten. —

Und als am Sonntag, den 17. Dezember, 9 Uhr morgens die Glocken gerade „zu leeren Gotteshäusern riefen", fuhren die drei, wie Verbrecher von einem kleinen Dragoner-Detachement eskortiert, durch die stillen Straßen der Stadt hinaus nach Witzenhausen.

Hier wartete ihrer eine freudige Ueberraschung.

Hunderte von Studenten waren in der kalten Winternacht nach dem hessischen Städtchen vorausgewandert, um ihren verehrten Lehrern an der Grenze ein letztes Lebewohl zu sagen.

Doch wird es nützlich sein, sich zu vergegenwärtigen, daß der Protest der Göttinger Sieben, der uns als vorbildlich mannhafte Tat erscheint, der Mehrzahl der Göttinger Professoren damals als eine verabscheuungswürdige Rebellentat galt.

Es waren ja eben auch nur 7 von ca. 40 Professoren, die diesen Schritt taten, und darunter 6 Ausländer, Nichthannoveraner.

Von den anderen waren die meisten gleichgültig, andere scharf ablehnend.

Dahlmann hatte zwar gehofft, es würden sich ihrem Proteste weiter anschließen Kraut, Otfried Müller, Lücke, Ribbentrop, Gauß, Heeren, Hugo, aber diese und alle andern blieben aus. . . .

Der Hofrat Langenbeck behauptete, die Sieben hätten aus Habsucht gehandelt, und die Hofrätin gar, sie würden von Frankreich besoldet.

Der alte Blumenbach sagte: „I ja, ich freue mich, daß keiner von der medizinischen Fakultät unter den Sieben ist."

Und Mühlenbruch, der von vornherein gemeint hatte, alle Sieben wären leicht zu ersetzen, ging später noch viel weiter.

Bei einem Balle, den Mühlenbruch gab, brachte der Buchhändler Ruprecht Aeußerungen zugunsten der Sieben vor. Da sprang Mühlenbruch von Wut und Wein erhitzt auf und rief: „So will ich es heraussagen, vereant die Sieben, und alle, welche sie verehren, sind Dummköpfe."

Die jüngere Generation, welche die Weltumwälzung von 1848 erlebt und den Krieg von 1866, ist gewohnt, auf die That eines solchen Protestes geringschätzend hinzublicken.

Ja, der Glorienschein ist abgeblaßt, ein Fähnrich oder Hauptmann, der bei Königgrätz verwundet davonkam, glaubt sich ein Held gegen solches „Federvieh", . . . das es auch nach 1848 zu weiter nichts gebracht habe, als zu der Professoren-Kurfürstenschaft in Frankfurt.

Allein ein . . . preußischer Geschichtschreiber würdigte die That doch gerechter, indem er auf die sittlichen Momente hinwies:

„Eid, Meineid, Treue, Treubruch, Ehrlichkeit, Verrath, das waren keine politischen Spitzfindigkeiten, das waren sittliche Conflicte, deren Bedeutung jedermann erkannte.

Es handelte sich darum, ob unter irgendeiner Verfassung irgendeine königliche Ordonnanz die ewigen Grundfesten der Sittlichkeit und Wahrheit mit einem brutalen Quos ego [Euch werd' ich! —] erschüttern konnte", sagte Robert Prutz. . . .

Es ist die alte Speise, woran die Menschheit seit Jahrhunderten kaut:

Recht oder Gewalt! Wahrheit oder Lüge! Redlichkeit oder List.

Der Protest und die brutale Gewalt, welche Ernst August, . . . den Sieben anthat, haben Deutschland durch und durch erschüttert; sie haben in Preußen zuerst den Drang nach der in schweren Zeiten zugesagten Verfassung wieder wach gerufen, sie sind über die Donau hinübergedrungen, . . . sie haben wieder an die Zusammengehörigkeit der deutschen Stämme gemahnt, an den Gedanken, daß das deutsche Volk sich gemeinsam solcher Männer wie der Sieben annehmen müsse gegen den Despotismus eines einzelnen.

Protokolle
über die
Sitzungen des Vereins
für die
Geschichte Göttingens
im
neunten Vereinsjahre 1900—1901
77. Sitzung.

Herr Bäckermeister Honig regte alsdann an, für die Errichtung eines Denkmals für die Göttinger Sieben in weiteren Kreisen zu wirken.

Es war . . . der Gegensatz zweier Zeitalter: verkörpert Ernst August den Absolutismus des 18. Jahrhunderts, so die „Göttinger Sieben" den Liberalismus des 19. Jahrhunderts, wobei allerdings zu beachten ist, daß es sich hier nicht um den üblichen Parteiliberalismus handelt, lag doch den Sieben selbst jeder Parteikampf vollkommen fern — daß ihre Protestation und später ihre Entlassung . . . propagandistisch ausgewertet wurde, lag nicht im Sinne der Sieben und hat nichts mit deren Absichten und Gesinnungen zu tun, ...

Die Göttinger Unruhen von 1848

ROHNS.

In Göttingen war es zu unliebsamen Konflikten zwischen Polizei und Studenten gekommen.

Daß die Ereignisse, welche ganz Europa erschütterten, auf die jugendlichen Gemüter einen gewaltigen Eindruck machten, ist begreiflich. Bei den täglichen Versammlungen auf dem „Rohns" hielten die exaltiertesten unter ihnen politische Reden, die, je lauter und aufgeregter sie klangen, von den Kommilitonen mit umso größerem Beifall aufgenommen wurden.

Auf die Warnung des derzeitigen Prorektors blieb es jedoch bei diesen Kundgebungen, und wenn auch die Redner sich nicht immer in den gesetzlichen Schranken hielten, und die Zuhörer die Bedeutung und Tragweite dessen, was ihnen vorgetragen wurde, nicht zu ermessen verstanden, so dachte doch niemand daran, so lange jeder Exceß vermieden wurde, die jungen Leute im Bau ihrer politischen Luftschlösser zu stören.

So kamen die Osterferien heran. Am Sonnabend, den 11. März feierten die verschiedenen Corps ihren Abschieds-Kommers, nach deren Beendigung sie wie gewöhnlich truppweise singend durch die Stadt zogen.

Unglücklicherweise begegnete ein solcher Trupp auf der Weender Straße dem Chef der Polizei, Dr. Heinze, der die Studenten aufforderte, keinen solchen Lärm zu machen, sondern ruhig nach Hause zu gehen. Die halbbetrunkenen Jünglinge, noch begeistert von den Freiheitsreden, die sie gehört, weigern sich zu gehorchen. Heinze wiederholt die Aufforderung im Namen des Königs, und, als sie trotzdem zaudern, sich zu entfernen, giebt er den anwesenden Gendarmen den Befehl, den Haufen auseinander zu treiben.

Da bemächtigt sich der Studenten eine furchtbare Aufregung.

Wieder, wie vor dreißig Jahren, erschallt der gefürchtete Ruf:

„Bursche heraus" durch die dunklen Straßen.

Einige Hundert sammeln sich rasch und ziehen unter lautem Geschrei nach der Wohnung des Prorektors, der, obgleich krank, sofort erscheint, und die Studenten zur Ruhe ermahnt.

Die Aufregung war indes zu groß, als daß er sich Gehör verschaffen konnte, und bald erschienen die Gendarmen abermals, jedoch diesmal zu Pferde.

Als der Offizier die übliche Aufforderung, sich zu entfernen, wiederholte, wurde er mit höhnenden Zurufen begrüßt, aber niemand rührte sich vom Fleck.

Das Weender Thor zu Göttingen.

Da erteilte er endlich den Befehl, die Straßen mit Gewalt zu säubern. Mit geschwungenem Säbel ritten die Gendarmen in die Menge hinein, die johlend und heulend auseinanderstob. Zwar hatten sie die Instruktion, nur mit flacher Klinge einzuhauen, aber in dem Gedränge fielen auch einige scharfe Hiebe, welche ein paar Studenten ziemlich bedeutend verletzten und die andern zur höchsten Wut entflammten.

Bis tief in die Nacht zogen lärmende und tobende Scharen durch die Stadt.

Bei Tagesanbruch versammelte sich der Senioren-Konvent, um zu beraten, was zu thun sei. Man beschloß, sich nach dem Schluß des Gottesdienstes bewaffnet vor der Aula einzufinden, um die Entfernung des Polizei-Chefs zu erzwingen.

Infolgedessen strömte gegen 11 Uhr die ganze Studentenschaft nach dem Wilhemsplatze, als plötzlich sich die Nachricht verbreitete, die Northeimer Cuirassiere seien soeben durch das Weender Thor in die Stadt gerückt.

Nun stieg die Aufregung aufs Höchste. Alles drängte in die Aula. Die Pedelle mußten den großen Sitzungssaal öffnen, wo man weitere Beschlüsse fassen wollte. Der Prorektor und einige Professoren, welche bald nachher erschienen und die Studenten beruhigen wollten, ließ man erst nicht zu Worte kommen.

„Heinze fort! Das Militär hinaus!" waren die stürmischen Rufe, die ihnen entgegen schallten.

Erst als sie sich dafür verbürgten, daß sie die Entfernung der Cuirassiere veranlassen würden, beruhigte sich die aufgeregte Menge und zerstreute sich nach und nach.

Nachmittags 2 Uhr hielten der Magistrat und die Bürgervorsteher eine außerordentliche Sitzung auf dem Rathause, während Tausende von Bürgern und sämtliche Studenten mit den bis dahin verpönten Cigarren im Munde auf dem Markt und den umliegenden Straßen hin- und herwogten.

Als sodann die Nachricht, daß das Militär abziehen würde, sich verbreitete, erscholl ein lautes Hurrah und alles stürmte nach dem Weender Thore, um den Abmarsch mit anzusehen.

Die Kunde, daß bald nachher eine Deputation von Professoren und Bürgern abreisen würde, um Beschwerden über das Gebaren des Polizei-Chefs vorzutragen, und eine Petition mit den bekannten Volkswünschen zu überreichen, erhöhte die allgemeine Freude.

Die Deputation wurde aber ebenso wenig vorgelassen, wie die übrigen; jedoch empfing der König den Hofrat Fuchs in Privataudienz und ließ sich von ihm über die Vorfälle des 11. und 12. März Bericht erstatten. Die Taktlosigkeit Heinze's gerade in dieser aufgeregten Zeit erbitterte den alten Herrn aufs höchste, aber, um nicht vorschnell zu urteilen, entsandte er den Kabinettsrat von Schele nach Göttingen, der die Angelegenheit an Ort und Stelle untersuchen sollte.

Auszug der Studenten aus Göttingen, 17. März 1848

Den jungen ungeduldigen Studenten dauerte das Verfahren viel zu lange. Sie hatten beschlossen, falls ihnen nicht durch die sofortige Entlassung des verhaßten Mannes völlige Genugthuung würde, die Stadt, wo sie gegen die Rohheiten der Gendarmen keinen Schutz fanden, zu verlassen.

Am Freitag, den 17. März, versammelte sich demgemäß die ganze Studentenschaft auf dem Markte, und Schlag 12 Uhr begann der Ausmarsch.

Diesmal erfreuten sich die Musensöhne der Sympathie der Bürger und der Professoren. Am großen Brunnen standen fast alle akademischen Lehrer und entblößten ihre Häupter, bis der Zug vorüber war.

Der Auszug ging also aus dem Weender Tor hinaus; diejenigen, die ihre Heimat nicht im Norden hatten, traten hier aus und wandten sich auf anderen Wegen zur Heimat, ...Außerhalb des Weender Tores stand eine Menge »mit Tannengrün geschmückter« Wagen, sodaß wohl alle Studenten gefahren sein werden.

Diesseits Northeim kam ihnen eine Deputation des Magistrats von Northeim entgegen, an der Spitze der Bürgermeister von Hinüber, ... zu Pferde, um die Studenten zu begrüßen und sie als Ehrengäste in die Stadt zu führen. ...

Die von Göttingen ausgezogenen Studenten brachten nun in die weitesten Kreise des deutschen Vaterlandes die Kunde von der ihnen widerfahrenen Unbill. Von den 582 Studenten im Winter 1847/48 waren gegen 200 nicht aus den Hannoverschen Landen.

Festlicher Einzug der Studierenden in Göttingen am 1. Mai 1848

Ebenso rasch ging aber durch die Zeitungen die Nachricht über die erste den Studenten gewordene und von ihnen geforderte Genugtuung.

Schon am 20. März verkündete ein Erlaß des Kabinetsministeriums in Hannover, daß »Se. Majestät den Senator Dr. Heinze auf sein Ansuchen von dem ihm erteilten Auftrage zur Wahrnehmung der Polizeidirektion in Göttingen gänzlich zu entheben geruht hätten«. . . .

Bald nachher machte der Prorektor bekannt, daß das Verlangen, Verbindungen und allgemeine Versammlungen den Studenten zu gestatten, durch Verordnung vom 8. April genehmigt sei.

Am 1. Mai wurde der feierliche Wiedereinzug der Studenten von der Bürgerschaft durch ein großartiges Versöhnungsfest verherrlicht.

Die „Göttingen'sche Wochenzeitung" bemerkte dazu:

„Wie in Paris vor 14 Tagen das Volk mit der Armee verbrüdert ist, so findet heute hier ein ähnliches Verbrüderungsfest zwischen Bürgerschaft und Studenten statt. Das Spießbürgertum der Vergangenheit wird heute zu Grabe getragen und die Scheidewand zwischen Philister und Burschen ist gesunken".

Und die „Freien Blätter" schwingen sich zu noch höheren Tönen auf:

„Der 1. Mai wird für Göttingen ein unvergeßlicher Tag bleiben. Mit ihm ist, so hoffen wir, ein neuer Frühling in die Georgia Augusta eingezogen, mit ihm, so erwarten wir, sind die letzten Reste eines langen und starren Winters hinweggeschmolzen. Lehrer und Lernende, Bürgerschaft und Universität haben einen neuen Bund geschlossen, den Bund der freien Wissenschaft und der freien That".

Der sonnige Morgen des 1. Maitages sah die Stadt bereits in vollem Schmuck.

Überall flaggten die schwarz-rot-goldenen Fahnen, Laubgewinde und Blumen schmückten die Häuser, Guirlanden waren über die Straßen gezogen, die von fröhlichen Menschen wogten.

Die Studierenden hatten sich am 30. April in Northeim versammelt. . . .

Um ½3 Uhr rückte der stattliche Zug durch das festlich geschmückte Weenderthor, . . . nach dem Rathause, von da nach der Aula. In dem großen Aulasaale erwarteten sie die versammelten Lehrer der Universität in ihren Amtstalaren.

Einzug der Studenten in Göttingen, 1. Mai 1848

Rede des Prorektors Dr. Francke.

Sein Sie mir herzlichst gegrüßt, hochgeehrte Herren!

Vom Innersten meiner Seele und im Namen Aller, die hier Sie zu empfangen versammelt sind, spreche ich nochmals es aus: Sein Sie uns herzlichst begrüßt!

Wohl muß ich fürchten, daß in der Freude des heutigen festlichen Tages, daß unter dem Jubel, welcher die Stadt erfüllt, meine Stimme schwach verhalle; ... wir wissen es, daß Sie gern und freudigen Herzens zurückgekehrt sind zur Universität und Stadt Göttingen. ...

Wenn wir noch des Tages gedenken, des stürmischen unglücklichen Tages, da wir vor gestern sieben Wochen hier an derselben Stätte uns zusammen fanden, um Schutz zu suchen gegen mißbrauchte Polizeigewalt, als wir Rettungsmittel beriethen, um erlittenes Unrecht zu sühnen und die Universität vor Untergang zu bewahren: da waren wir einig wohl in unsern Wünschen, einig in dem Ziel unserer Bestrebungen; doch schwere Besorgniß und bittere Gefühle, die wir zurückpressen mußten, erfüllten unsere Herzen, während jetzt wir alle einig sind in der Freude über das gemeinsam Errungene.

So oft wir aber jener Zeit gedenken und des Tages uns erinnern, als Sie mit dem hohen Ernst eines sittlichen Zorns von Göttingen schieden: dann fühlen wir es auch, daß wir Ihnen zu innigstem Danke verpflichtet sind für die tiefe Auffassung dieser großen Sache und die ernste von Ihnen bewahrte sittliche Haltung.

Im Namen der Universität spreche ich diesen unsern Dank öffentlich hiermit aus.

Schon damals zeigte der unaufhaltsam fortschreitende Gang der neuen politischen Gestaltung Deutschlands, ... die Stunde an, in welcher der Polizeistaat fallen und unserer Wünsche Erfüllung kommen werde. Damals schon wurde es an dieser Stelle ausgesprochen, das System müsse fallen. Und es ist gefallen, nicht bloß für Göttingen, es ist in unserm ganzen großen Vaterlande gefallen.

Wir alle hoffen und glauben jetzt, daß ein einiges freies und mächtiges Deutschland erstehen wird. ...

Unsere Pflicht aber war es inzwischen dasjenige in unsern Verhältnissen zu beßern und zu ordnen, was als die nothwendige Grundlage für einen neuen Zustand erschien. Wir sind hierin rasch vorgegangen in der Überzeugung, daß nunmehr auf allen Hochschulen Deutschlands ein neues der Wissenschaft und allseitiger menschlicher und politischer Bildung gewidmetes Leben frisch und reich sich gestalten werde. Aber durch die neue Ordnung der Dinge sind uns Allen auch neue Pflichten auferlegt. ...

So ist auch in Ihre Hände, meine Herren, die Sorge für die Erhaltung der academischen Ordnung jetzt zu einem guten Theile gelegt worden. Wir zählen in dieser Hinsicht fest auf Sie und auf Ihre Einsicht.

Ein neuer Bund ist jetzt abgeschlossen. Wir stehen im Anfang einer neuen Aera für die Geschicke Deutschlands und die davon abhängigen Schicksale der deutschen Universitäten. ... Möge in einem einigen und mächtigen Deutschland bürgerliche Freiheit und bürgerliche Ordnung feststehen und immerdar walten! Möge dann unter dem Banner des einigen Deutschlands auch die deutsche Wissenschaft und unsere Georgia Augusta gedeihen und blühen! Mit diesen Wünschen heißen wir Sie und das neue Semester willkommen.

Nachdem der Prorektor Francke ernste Worte des Willkommens gesprochen, sangen die Studierenden vor der Aula das Gaudeamus und brachten den Dozenten ein Hoch aus. Dann löste sich der Zug auf.

Aus dem Frühschoppen wird aber bei manchem ein Nachmittagsschoppen, und hätte nicht das Volksfest auf dem „Ruhns" dringlich zum Besuch geladen, dann hätte vielleicht gar der Abend die Herren in diesem künstlichen Birkenhain überrascht.

Volksfest auf dem Ruhns! Die Worte sagen genug.

Der Göttinger Bursch weiß mit dem Philister umzugehen, und letzterer weiß die tollen Späße des Studios richtig aufzunehmen. Das Fest auf dem Ruhns zeigt Göttingens Bürger und Göttingens Musensöhne in herzlichem Verkehr.

Vom Ruhns geht's in die Stadt zurück, in die Festhalle, einen hübschen Bau mit hohem Rundthor und Türmen, geschmückt mit einer Menge von Fahnen und Emblemen. Die weite Halle ist elektrisch beleuchtet.

Die Festhalle.

Das 150jährige Universitäts-Jubiläum war von langer Hand von der Universität, ... vorbereitet und ist in all' seinen Teilen glänzend verlaufen. Die Universität Göttingen hat keinen Rektor, wie die meisten anderen Universitäten; Rector magnificentissimus ist der Landesherr; ....

Se. Majestät Kaiser Wilhelm I. hatte nun dem Prinzen Albrecht von Preußen, Prinz-Regenten von Braunschweig, die Würde des Rector magnificentissimus für die Georgia-Augusta übertragen und nahm derselbe an dem Universitäts-Jubiläum von Anfang an bis zum Ende teil, ...

Programmgemäß begann das Jubiläum mit Gottesdienst in der Johanniskirche. Uebergroße Sorge vor lästigem Gedränge hatte zur Folge, daß die Kirche nur mäßig gefüllt war.

Nach dem liturgischen Gottesdienst folgte eine der Sache angemessene Predigt des Consistorialraths Schulz. Sie lehnte sich an Paulus Worte: „Wer sich rühmet, der rühme sich des Herrn."

Von den Universitäten sagte er: „Wie einst, als unser Volk noch in einer Wildniß lebte, Kirchen und Kapellen auf die Höhen gesetzt wurden, so sollen die Universitäten jetzt Licht und Erkenntniß wecken."

Still und feierlich, wie sie gekommen waren, zogen die mit Talaren bekleideten Professoren, nach ihnen Großwürdenträger vom Civil und Militär und die übrige Zuhörerschaft, darunter zahlreiche Damen, wieder aus den Hallen, hinaus fast unmittelbar in das allertollste Gedränge des „Frühschoppens", welcher auf dem Marktplatze sowie in und unter dem Rathhause verzapft wurde.

Im zwanglosen Zusammensein, bei festlichem Trinkspruch bewegen sich hier Professoren und Ehrengäste, deren höchster, der Prinz, in leutseliger Weise mit seiner Umgebung plaudert.

Der Festakt in der Aula fand am folgenden Tage morgens statt. Als Festredner trat Prorektor Dr. Ritschl auf, an dessen Rede sich Ansprachen der Dekane und Begrüßungen vieler Behörden und Körperschaften Hannovers und Braunschweigs anschlossen. ...

Am dritten Tag stand der große Festzug der Studenten im Vordergrunde des Interesses. Mit lustigen Märschen und heiteren Studentenliedern ging's durch die Hauptstraßen unter Blumenregen nach dem Platze vor der Aula, auf deren Balkon Prinz Albrecht mit den Professoren stand.

Professor von Wilamowitz-Möllendorff hielt die Ansprache, die in einem Hoch auf den Kaiser gipfelte. „Heil Dir im Siegerkranz" tönt es über den Platz.

Das „Gaudeamus" schloß sich an und galt als Zeichen zur Auflösung des Zuges.

Die 150jährige Jubelfeier der Universität Göttingen: Das Studentenfest in Mariaspring.

Eine Feier stand noch bevor, auf welche aller Augen gerichtet waren: ... ein Tanzfest in Mariaspring.

Der Himmel drohte mit dunkeln Wolken, aber ein reizendes, wundervolles Fest ist ihm abgerungen von fast 6000 lustigen Menschen; der Himmel hatte an diesem Tage ein Einsehen, es blieb beim Drohen.

Kein Plätzchen in der neuen Halle oder am Abhange des Berges blieb unbesetzt. Die anstoßende Wiese war planirt und eine große Anzahl neuer Tische aufgeschlagen, zu denen die Kgl. Eisenbahndirection die Bänke geliehen hatte.

Ueberall Frohsinn, Scherzen, überall Jubel und Entzücken. Hunderte von Paaren drehten sich im Tanze, doch hielt das Festcomité streng auf Ordnung, so daß dem sonst üblichen Tanzgewühl gewehrt war. ...

Bei eingetretener Dunkelheit wurden sämmtliche Anlagen bis weit in den Wald hinein durch Tausende von Lämpchen illuminirt. Eine endlose Kette von farbigen Lampions zog sich längs den neu angelegten Schlangenwegen bis zum Bergesrande empor und gewährte einen entzückenden Anblick.

Auf die Aufforderung des Herrn Oberbürgermeisters zog eine nach Tausenden zählende Menge zum Rande des Berges hinauf, um des herrlichen Schauspiels der Beleuchtung der Plesse zu harren.

Ein Schuß gab das ersehnte Zeichen zum Beginn der Illumination.

Nach einem Augenblick stieg wie auf einen Zauberschlag die herrliche Ruine in unvergleichlicher Flammenpracht aus dem dunklen Schooße der Nacht. In voller Feuersgluth prangten beide Thürme, stolz ragten die Seitengiebel, scharf sprangen die Linien und Umrisse des Baues hervor und boten ein wunderbar schönes Bild. ...

Gehobenen Sinnes nahm wohl Jeder an diesem Abend Abschied von dem lieblichen Mariaspring und dieser letzte Abend des Jubiläumsfestes wird in dem Gedächtniß der jüngeren Generation nicht erblassen.

Die [offiziellen] Festtage endigen mit dem großen Kommers in der Festhalle.

Auch hier brachte Prinz Albrecht das Hoch auf den Kaiser aus, das abermals begeisterten Wiederhall in aller Herzen fand. Vertreter der Studentenschaft feierten den Prinzen, Minister von Goßler pries den niedersächsischen Stamm, Rudolf von Bennigsen die Universität Göttingen:

Zum 150jährigen Jubiläum der Universität Göttingen: Studententrachten aus verschiedenen Perioden.

Da stehen die jungen göttinger Herren, wie sie seit 150 Jahren das dortige Pflaster betreten. So verschieden und doch einander so ähnlich, daß nur die Anzüge gewechselt zu werden brauchten, um die heutigen für die Urgroßväter gelten zu lassen. Student bleibt Student.

„... Commilitonen! Die Georgia Augusta, entsprechend dem Boden, auf welchem sie gegründet wurde, ... ist, dieser Eigenart des niedersächsischen Stammes entsprechend, hier als eine Hochschule entstanden, in welcher, wie der Begründer, der weit blickende Staatsmann, es vorausgesehen, das Ideal einer Universitas litterarum gewahrt ist für alle Zeiten.

Wohl hat auch diese Universität Namen hervorgebracht ersten Ranges, die nie verlöschen werden, so lange nicht die abendländische Cultur durch Einfluß innerer oder äußerer Barbarei zu Grunde geht. ...

Aber, meine Herren, in der leidenschaftlichen, aufrührenden Weise, wie andere Hochschulen, die geistige Führung auf irgend einem bestimmten Gebiete zu übernehmen, das ist nicht die Aufgabe dieser Universität gewesen.

Das einträchtige Zusammenwirken aller Facultäten und das Gleichmaß der Kräfte, welche die Durchbildung des Gesammtcharakters und eine gleichmäßige wissenschaftliche Bildung giebt, ist von jeher der specifische Charakter gerade dieser Hochschule gewesen. ...

Lassen Sie uns aus Vergangenheit und Gegenwart die Hoffnung schöpfen, daß auch die Georgia Augusta sich immer eine Ehrenstelle bewahren werde, daß sie blühen und gedeihen möge unter Führung des erlauchten Rector magnificentissimus, daß sie auf ihrer Höhe bleibe, auf daß unsere Kinder und Kindeskinder die Jahre, die sie auf dieser Hochschule verleben, in dankbarer Erinnerung behalten, daß die Jubelfeste, welche diese deutsche Hochschule in fernen und fernsten Zeiten feiern wird, von derselben Begeisterung getragen werden, wie diesmal.

In dieser festen Hoffnung und Zuversicht, daß diese deutsche Hochschule nicht nur ein Kleinod sein und bleiben wird der Provinz Hannover, sondern auch von ganz Deutschland, lassen Sie uns ein Hoch ausbringen auf die alma mater Georgia Augusta. Sie lebe hoch!"

Die offiziöse Medaille zur 150-Jahrfeier der Georg-August-Universität 1887

Von Hans-Werner Wolf

NORTHEIMENSIS TABVLARII
PRAEFECTO

„Nicht einmal aus der Kunstgeschichte pflegt heute der Gebildete zu erfahren, dass einst die Medaille einer der vornehmsten und zugleich volkstümlichsten Zweige der Skulptur war . . .".

Alfred Lichtwark (1852-1914)[1]

Vier Tage lang, vom Sonntag, dem 7. bis zum Mittwoch, dem 10. August 1887, wurde die 150-Jahrfeier der Georgia Augusta mit einem festlichen Programm begangen.[2] Aber nicht nur in Göttingen gedachte man des Jubiläums. Die seinerzeit sehr verbreitete, in Leipzig verlegte Wochenschrift „Illustrirte Zeitung"[3] widmete beispielsweise den Hauptteil ihrer Ausgabe vom 6. August 1887[4] diesem Ereignis, nachdem sie sich im Jahre zuvor schon in einer Festnummer[5] der großen Heidelberger akademischen Jubelfeier angenommen hatte. Zum Preise von einer Mark wurde das reich bebilderte, pünktlich zu den Feierlichkeiten erschienene Göt-tingen-Heft überall im kaiserlichen Deutschland verkauft. Als Illustrator und zugleich als Autor stellte der aus Göttingen stammende Maler und Graphiker Robert Geißler (7.2.1819 - 7.10.1893)[6] darin den Musensitz an der Leine unter der Überschrift „Zur 150jährigen Geburtsfeier der Georgia-Augusta in Göttingen." dem interessierten Publikum vor. Von den meist lesenswerten Einzelbeiträgen sei nur eine kurze Passage ausgewählt (Abschnitt IV, S. 135). Sie befaßt sich mit der nachstehend abgebildeten Göttinger Festmedaille von 1887 und vermittelt selbst dem Numismatiker[7] manches Neue:

---

1) Alfred Lichtwark, „Die Wiedererweckung der Medaille", Dresden 1897, S. 9/10.

2) Vgl. u.a. „Festschrift zu dem 150jaehrigen Jubilaeum der Universitaet Georgia-Augusta. Goettingen 1737 - 1887", Göttingen: Druck und Verlag Louis Hofer [1887]; „Die Feier des 150jährigen Bestehens der Georg-Augusts-Universität im August 1887.", Göttingen: Vandenhoeck & Ruprecht 1888; Albrecht Saathoff, „Geschichte der Stadt Göttingen seit der Gründung der Universität", Göttingen 1940, S. 260/261 [= Band 2 der Stadtgeschichte von Saathoff].

3) Laut „Der Große Brockhaus", 9. Band, Leipzig ¹⁵1931, S. 37 „älteste deutsche illustrierte Wochenschrift allgem. Inhalts." Sie wurde 1843 von Johann Jacob Weber (1803-1880) gegründet; ihr Untertitel hieß „Wöchentliche Nachrichten über alle Ereignisse, Zustände und Persönlichkeiten der Gegenwart." Die No.1 erschien Leipzig, Sonnabend, den 1. Juli 1843, die letzte Ausgabe im Jahre 1944.

4) 89. Band, Nr. 2301, Leipzig und Berlin 6.8.1887, S. 129-138.

5) 87. Band, Nr. 2247, Leipzig und Berlin 24.7.1886.

6) Cf. Ulrich Thieme/Felix Becker, „Allgemeines Lexikon der bildenden Künstler von der Antike bis zur Gegenwart", 13. Band, Leipzig 1920, S. 354/355 sowie Otto Deneke, „Göttinger Künstler", 3. Teil, Typoskript o.O.u.J. [Göttingen ca. 1937/1938], S. 23-26 (im Städtischen Museum Göttingen unter der Signatur 13 K 1).

7) Günther Meinhardt weiß quasi nur, daß es diese Medaille gibt; s. seine „Münz- und Geldgeschichte der Stadt Göttingen von den Anfängen bis zur Gegenwart", Göttingen (1961), S. 155 (Studien zur Geschichte der Stadt Göttingen, Band 2).

Die Festmedaille.

IV.
Die Festmedaille.

Medaillen, Denkmünzen: bei welcher einigermaßen umfassenden Festlichkeit fehlten dieselben wol? Wir haben sie gesehen bei Sängerfesten, Turnfesten, Schützen- und Kriegerfesten, da sollten sie Erinnerungszeichen sein an fröhliche Tage. Schärfer tritt ihr Werth hervor, wo sie als Lohn einer That gelten. Immer aber steht der innere Werth über dem äußern, dem Metallwerth. Das schließt nicht aus, daß bei der Herstellung auf Schönheit eines solchen Werkchens Gewicht gelegt wird. Die Erinnerung, wenn sie eine tiefe war, verblaßt zwar nicht auch ohne äußeres Werthstück; man kann die Denkmünze beiseitelegen: das Bild der schönen Veranlassung bleibt doch. Aber wenn die Denkmünze an sich durch künstlerische Erfindung und gefälliges Aeußere dem Besitzer lieb geworden ist, so wird sie um ihrer selbst willen aufbewahrt werden. Und dann erfüllt sie doppelt ihren Zweck.

Jetzt, bei Gelegenheit des göttinger Universitätsjubiläums, ist von der Paul Koltze'schen Kunsthandlung im Einvernehmen mit dem Festcomité eine solche Medaille herausgegeben worden, welche zu den ansprechendsten in ihrer Art gehört. Der Entwurf rührt von dem Maler Schaper her, demselben, welcher die Wandmalereien im Rathhaussaale ausgeführt hat. Sie zeigt auf der Vorderseite Georg II., König von England und Kurfürsten von Hannover, den Gründer der Universität mit den königlichen Insignien, mit Scepter und Krone im Hermelinmantel unter dem Thronhimmel. Von Lorber eingefaßt steht neben ihm das englische Wappen. Als Inschrift trägt die Vorderseite der Medaille die Worte: Georgia Augusta. Gegründet 1737. Die Kehrseite der Denkmünze trägt links das göttinger Stadtwappen, rechts das hannoverische Provinzialwappen, das springende Pferd, darunter den preußischen Adler im Wappenschilde, auf verschlungenem Bande die Jahreszahl 1887. Ueber diesen Wappenschilden prangt die Kaiserkrone. Die Umschrift heißt hier: Göttinger Jubiläum August 1887.

Die Medaille ist in Thalergröße versilbert, in Bronze und echt Silber.

Die Festmedaille hat eine oben angeprägte Öse, konnte also gemäß im Kaiserreich beliebtem Brauch getragen werden. Talergröße, d.h. ein Durchmesser von 33 mm[8]), war hierbei nicht ungewöhnlich, betrachtet man z.B. die vielen ebenso dimensionierten und gleichfalls tragbaren Jubiläumsmünzen der Studentenverbindungen. Ein Medaillenexemplar zur 150-Jahrfeier, das im Städtischen Museum Göttingen aufbewahrt wird, hängt an einem alten, zur Schleife gebundenen blau-gelben Bande. Dem entspräche ein zeitgenössischer Bericht, der die im Göttinger Stadtbild „zahlreich dem Rector magnificentissimus zu Ehren überall angebrachten braunschweigischen Farben Blau und Gelb" erwähnt.[9])

Zu beziehen war die Medaille, wie Geißler werbewirksam hinzufügt, bei der Kunst- und Papierhandlung von Paul Koltze in der Prinzenstraße 7.[10]) Im Stadtarchiv Göttingen fand sich überdies ein den kommerziellen Aspekt berührendes, an das „Wohlloebl. Comité der Univ. Jubiläumsfeier."[11]) gerichtetes Gesuch. Hier das Schreiben im Wortlaut:

---

8) Der Durchmesser des sog. Vereinstalers (nach dem Wiener Münzvertrag von 1857) wurde für die im Jahre 1908 eingeführten Dreimarkstücke übernommen.

9) „Die Feier des 150jährigen Bestehens . . .", a.a.O. S. 9.

10) Vgl. „Allgemeines Adreß-Buch für Göttingen. 1887.", S. 32 und 104, auf S. 133 eine halbseitige Annonce der Firma Paul Koltze; außerdem: „Die Feier des 150jährigen Bestehens . . .", a.a.O. S. 8. Jetzige Numerierung des um 1871/1872 erbauten Hauses: Prinzenstraße 17.

11) Zur personellen Zusammensetzung des wohllöblichen respektive verehrlichen Festkomitees (Magistratsausschuß) s. „Die Feier des 150jährigen Bestehens . . .", a.a.O. S. 4.

"Die ergebenst Unterzeichneten haben für gemeinsame Rechnung die Prägung einer gelegentlich des Univ. Jubiläums herauszugebenden Gedenkmünze, welche von Herrn Prof. Schaper entworfen, übernommen, sich auch betreffs der Ausführung derselben bereits mit verschiedenen der Herren Comité-Mitglieder in's Benehmen gesetzt. –

Da nun voraussichtlich der Fremdenbesuch sich vornehmlich auf die Festhalle concentriren wird u. es gewiß allerseits erwünscht erscheinen möchte, einem jeden Festtheilnehmer die Anschaffung einer Erinnerungs-Medaille, wie oben angegeben, nach Möglichkeit zu erleichtern, so bitten wir Verehrl. Comité ergebenst uns gütigst gestatten zu wollen, am Eingang zur Festhalle, wie dies bei ähnlichen Gelegenheiten auch in andren Städten geschehen, eine Verkaufsstelle der oben genannten Denkmünzen errichten zu dürfen.

Gehorsamst

Göttingen, 25 Juni 1887.

Paul Koltze, Kunsthandlg.
F. Sartorius Mechaniker"[12]

Die Frage, ob die Denkmünze möglicherweise in den Werkstätten[13] des Petition-Mitunterzeichners und erfolgreichen Göttinger Firmengründers (1. Juli 1870) Florenz Sartorius[14] gefertigt worden ist, muß zunächst und leider nicht zuletzt wegen der mangelnden Kooperationsbereitschaft im Hause seiner gegenwärtigen Nachfolger unbeantwortet bleiben. Dafür konnte jedoch Genaueres über die drei verschiedenen Medaillen-Ausführungen und deren Preise herausgefunden werden. Koltze und Sartorius haben nämlich in der damaligen Tagespresse die Leserschaft eingehend darüber informiert.

Die im Verlage der Buchdruckerei von Louis Hofer erschienene „Göttinger Zeitung"[15], 24. Jahrgang, Nr. 7218 vom Sonnabend, dem 6. August 1887, veröffentlichte oben rechts auf Seite 8 diese Anzeige:

Im Verlage der untenstehenden Firmen erschien in kunstvoller Ausführung |7149

Jubiläums-Medaille

nach dem Entwurf von H. Schaper.

Ausgabe I, stark versilbertes Metall mit ff. Seiden-Schleife, pr. St. 50 Pf.,
 „ II, Bronce 1.50 Mk., mit Etui 1.75 Mk.
 „ III, ächt Silber 4.50 Mk., mit Etui 4.75 Mk.

Zu beziehen durch die Verkaufsstellen und die Haupt-Dépôts

Paul Koltze,   **F. Sartorius,**
Kunsthdlg.   Mechanikus.

---

12) Stadtarchiv Göttingen, Alte Hauptregistratur (AHR), Akte „Die Feier des 150jährigen Bestehens der Universität Göttingen. 1885-1887", Signatur I D 7 Fach 9 Nr. 2, Bd. 2 a. – Ergänzend dazu aus einem Protokoll (Nr. 14) „Göttingen 29 Juli 1887. Gemeinschaftliche Sitzung der von Universität und Stadt eingesetzten Jubiläumskommissionen.", abgelegt im Göttinger Universitäts-Archiv:
„Die Ertheilung der Erlaubnis, in der Festhalle Verkaufstische aufzustellen und die Anweisung von Plätzen für diese Tische soll dem Festhallenkomite überlassen bleiben. [. . .] Jeder Festtheilnehmer soll ein Abzeichen erhalten (etwa hellgrüne Schleife mit Sicherheitsnadel)." („Acta generalia betr. Vorbereitung zum Jubiläum 1887", Signatur I B2 43).

13) Seinerzeit im Gebäude Weender Straße 58 an der „Ecke des Jacobi-Kirchhofes" gelegen (nach heutiger Zählung: Nr. 60), danach im Maschmühlenweg; vgl. auch Anmerkung 14.

14) Zum „Mechanikus" Florenz Sartorius (1846-1925) s. „Adreß-Buch" 1887, a.a.O. S. 49, 75 und 104; ferner: O[tto] Behrendsen, „Die mechanischen Werkstätten der Stadt Göttingen, ihre Geschichte und ihre gegenwärtige Einrichtung", Melle in Hannover 1900, S. 31-34 und S. 99-109; zudem: Saathoff, a.a.O. S. 262; des weiteren: die beiden Jubiläumsschriften (hrsg. von den Sartorius-Werken, Göttingen 1920 bzw. 1970) „Zur Erinnerung an das 50jährige Bestehen der Sartorius-Werke Aktiengesellschaft Göttingen. 1870. 1920" und „1870 – sartorius – 1970. Eine Dokumentation . . . anläßlich des hundertjährigen Bestehens der Sartorius-Werke GmbH Göttingen, Präzisions- und Analysenwaagen". Mit Ratsbeschluß vom 2.10.1959 wurde im Göttinger Industriegebiet eine Straße nach Florenz Sartorius benannt.

15) Cf. Eckhard Sürig, „Göttinger Zeitungen. Ein pressegeschichtlicher und bibliographischer Führer mit Standortnachweis", Göttingen 1985, S. 17/18, 39 und S. 81 (Veröffentlichungen des Stadtarchivs Göttingen. 1).

Es ist zu vermuten, daß die Ausgaben II und III auch ungehenkelt, d.h. ohne Aufhängung (Öse) angeboten wurden. Die Ausgabe I scheint aus versilbertem Messing zu bestehen und wiegt variierend ca. 14,5 bis 15 Gramm.[16]

Die Vorderseite der Medaille ähnelt auf den ersten Blick stilistisch und ikonographisch stark dem Göttinger Universitätssiegel aus dem 18. Jahrhundert[17], wie es beispielsweise regelmäßig seit dem Winter-Semester 1938/39 auf jedem Vorlesungsverzeichnis der Georgia Augusta zu sehen ist.[18] Doch im Detail sind einige aufschlußreiche, gewiß nicht zufällige Veränderungen der von barockem Repräsentationsbewußtsein durchdrungenen Darstellung erkennbar. Abweichend vom Siegel thront König Georg II. jetzt nicht mehr unter dem zu seinem Haupte wappenverzierten Baldachin. Der Universitätsgründer, stator academiae,[19] steht nun; der Reichsapfel ist aus seiner Linken verschwunden, der inhaltlich ins Anachronistische umgestaltete britische Wappenschild[20] wurde nach unten und zur Seite gerückt und zudem seiner Krone sowie der französischsprachigen Devise des Hosenbandordens entkleidet. Der Charakter der Legende hat sich vom Lateinischen (Antiqua-Lapidarschrift) im Siegel zum Neugotischen des 19. Jahrhunderts gewandelt. Gleichermaßen ist die von Geißler in ihrem heraldischen Schmuck erläuterte Kehrseite der Medaille von historisierend-nationaler Geschichts- und Kunstauffassung bestimmt.[21]

Der Schöpfer dieser Denkmünze, der vielseitige Hannoversche Künstler Hermann Schaper (13.10. 1853 - 12.6.1911)[22] dürfte auch heute noch vielen Göttingern kein Unbekannter sein, stammen doch, wie schon die „Illustrirte Zeitung" vermerkt, die farbenprächtigen Wandbilder im Alten Rathaus der Stadt von seiner Hand.[23] „In den Jahren 1883 bis 1886 wird die Halle gründlich wiederhergestellt. Für die Ausstattung und Ausmalung des Raumes gewinnt man den Maler Hermann Schaper aus Hannover, der darüberhinaus die weiteren Arbeiten zur Erneuerung stark beeinflußt."[24] Schaper – er erhielt 1889 den Professorentitel[25] – schuf sich u.a. bei der Innendekoration des Aachener Münsters, des Hochschlosses der Marienburg in Westpreußen und mit Mosaikentwürfen für die Kaiser-Wilhelm-Gedächtniskirche in Berlin einen guten Namen. In der Göttinger Rathaushalle soll überdies ein Stück seiner eigenen Familiengeschichte künstlerisch dokumentiert sein: „Die junge Frau auf dem Wege zum Traualtar, das Bild [rechts] neben dem Eingang zum Standesamt, trägt das Antlitz der Gattin des Künstlers."[26] Laut Brinkmann hat Schaper hier sogar „sich selbst mit seiner jungen Frau dargestellt."[27]

16) Noch gut zwölf Jahre später wurde übrigens diese Denkmünze zum Preise von 50 Pfennig offeriert; vgl. Verkaufsliste „Münzen-Verkehr", (in: „Beiblatt zum Numismatischen Anzeiger.", Januar 1900 (31. Jahrgang, Nr. 1, Hannover, Januar 1900), S. 5 (Nr. 152). Im November 1985 kam ein entsprechendes Stück für DM 105,— zum Zuschlag (Münzenhandlung Heinrich Winter, Düsseldorf; Ergebnisliste zu: Auktion 50, 14.-16.11.1985, Katalog S. 88, Nr. 996; Schätzpreis DM 80,—).

17) Zeitgenössisch abgebildet als mittleres von fünf Siegeln (die anderen sind die ursprünglich vier Fakultäten der Georg-August-Universität) in der Kopfleiste des Kupferstiches: „GOETTINGAE ICHNOGRAPHIA intra muros cum nonnullis aedificiis publicis in usum Academiae exstructis, et iconice delineatis." Diese Tafel ist dem gedruckten Bericht (Göttingen [1738]) von Johann Matthias Gesner über die Inaugurationsfeierlichkeiten der Universität vorgebunden („De academia Georgia Augusta quae Gottingae est . . . condita et A.D. XVII Sept. MDCCXXXVII solenniter dedicata . . ."). Den Stempel des Göttinger Universitätssiegels schnitt möglicherweise der Kasseler Goldschmied und Münzmeister Louis Rollin (um 1674-1744). – Vgl. außerdem u.a. Karl Knoke, „Aus der Jugendzeit der Georgia Augusta", Göttingen 21921, Tafel nach S. 48, Abb. 11 (Bücher der Spinnstube) und August Tecklenburg, „Göttingen. Die Geschichte einer deutschen Stadt", Göttingen (1930), Tafel nach S. 104 (Abb. 56).

18) Das Universitätssiegel erscheint des weiteren auf dem Revers einer seit Dezember 1984 von der Kreissparkasse Göttingen vertriebenen Silber-Denkmünze (Durchmesser 33 mm; hergestellt von der GSP, Gold- und Silber-Prägegesellschaft mbH in München; = 4. Ausgabe „Göttingen. Universität" der Medaillensuite „Alt-Göttingen"). Der Avers zeigt den Wilhelmsplatz mit dem Aulagebäude der Universität, verfälschend frei nach einer Vorlage (Stammbuchkupfer) von Friedrich Besemann (1796-1854).

19) Cf. General-Statut der Georg-August-Universität vom 7.12.1736, § 7, abgedruckt bei Wilhelm Ebel (Hrsg.), „Die Privilegien und ältesten Statuten der Georg-August-Universität zu Göttingen", Göttingen (1961), S. 42/43.

20) Vgl. z.B. Waldemar R[ichard] Röhrbein, „Das Wappen des Hauses Braunschweig-Lüneburg. Seine Entwicklung und seine Form", in: Hannoversche Geschichtsblätter, Neue Folge Band 21, Heft 1/2, Hannover 1967, S. 67-92. – Schaper verrät überhaupt Unsicherheiten in heraldischen Fragen, so auf der rückwärtigen Seite der Festmedaille: das Sachsenroß hat statt eines korrekterweise gesenkten Schweifes einen erhobenen und der Preußenadler war, wie aus der Zeichnung bei Geißler (a.a.O. S. 135) ersichtlich, zuerst noch – mit Vorbedacht des Künstlers? – ungekrönt. Die fachüblichen Farbschraffuren hingegen werden von Schaper zutreffend angewandt.

21) In jenem Sinne auch die Rede, die der Göttinger Oberbürgermeister Georg Merkel (1829-1898) am Sonntag, dem 7. August 1887, abends in der großen Festhalle (s. unten Anmerkung 28) zur Begrüßung der Gäste hielt („Die Feier des 150jährigen Bestehens . . .", a.a.O. S. 12/13).

22) Wilhelm Rothert (Hrsg.), „Allgemeine hannoversche Biographie. Erster Band: Hannoversche Männer und Frauen seit 1866.", Hannover 1912, S. 364 und Thieme/Becker, a.a.O., 29. Band, Leipzig 1935, S. 580. Bei Jens-Uwe Brinkmann, „Altes Rathaus Göttingen" (hrsg. v. Stadt Göttingen und Fremdenverkehrsverein e.V.), Göttingen (1983), S. 10, ist Schaper mit dem dort angegebenen Geburtsjahr (1855) um zwei Jahre verjüngt.

23) Vgl. Horst Michling, „Die Wandbilder der Göttinger Rathaushalle". In: Göttinger Monatsblätter. Ständige Beilage im „Göttinger Tageblatt", Ausgaben 24-29, Februar-Juli 1976. Ferner: Brinkmann, a.a.O. S. 10-16 und S. 24.

24) Brinkmann, a.a.O. S. 24.

25) Cf. Friedrich von Boetticher, „Malerwerke des neunzehnten Jahrhunderts", 2. Band (2. Hälfte), Dresden 1901 (Neudruck Leipzig 1941; auch 1944), S. 533.

26) Ernst Brieke, „Georg Merkel und seine Zeit", Göttingen 1938, S. 30 (Brieke nennt bei Schaper durchweg den unrichtigen Vornamen Karl); vgl. ebenfalls Michling, a.a.O., Ausgabe 25 (März 1976), S. 3; abgebildet zudem bei Brinkmann, a.a.O. S. 13.

27) A.a.O. S. 11 (leider ohne Quellenangabe und wohl in bezug auf Schapers Person zu bezweifeln).

Die Jubiläums-Medaille von 1887
Vorderseite, vergrößert
(daneben im Maßstab 1:1;
Durchmesser 33 mm)

Die Jubiläums-Medaille von 1887
Rückseite, vergrößert
(daneben im Maßstab 1:1;
Durchmesser 33 mm)

Neben dieser „im Einvernehmen mit dem Fest-comité" ausgeprägten Denkmünze von 1887 gibt es zwei weitere, ebenfalls tragbare Medaillen auf denselben Anlaß. Die eine (Durchmesser 30 mm) erinnert auf der Textseite in sieben Zeilen an die „150jährige Jubelfeier der Georgia Augusta Goettingen" und zeigt auf ihrer Bildseite als hauptsächliches Motiv eine mehrschiffige, fahnenüberwehte Festhalle.[28] Auf der anderen, von dem Hamburger Medailleur Oscar Bergmann[29] gestalteten Denkmünze (Durchmesser 39 mm) ist vorderseitig das vollbärtige, ordengeschmückte Brustbild von Prinz Albrecht von Preußen, Regent des Herzogtums Braunschweig, in seiner damals neuen Würde als „Rector Magnificus der Georgia Augusta"[30] verewigt, rückseitig bildet innerhalb einer Widmungsumschrift kunstvoll verschlungenes Rankenwerk die Buchstaben G und A.

Das Thema beschließend sei angemerkt, daß außerdem noch eine vierte, sehr rare, der Forschung bisher entgangene Medaille von den betreffenden festlichen Tagen in Göttingen kündet. Dem 1888 erschienenen gedruckten Bericht[31] über „Die Feier des 150jährigen Bestehens der Georg-Augusts-Universität im August 1887." ist folgendes zu entnehmen[32]:

„Den neun Studierenden, welche Mitglieder des Festausschusses gewesen waren, liess Se. Königl. Hoheit [Albrecht, Prinz von Preußen, Prinz-Regent von Braunschweig] nach dem Feste goldene Denkmünzen zugehen, welche auf der einen Seite das Bild Seiner Königl. Hoheit, auf der anderen die Worte tragen: ‚Zur Erinnerung an den 7.-9. August 1887'."[33]

Bliebe zu hoffen, daß sich zumindest ein Exemplar für die Nachwelt erhalten hat.

Das Göttinger Universitätssiegel,
Kupferstich aus dem 18. Jahrhundert
(vgl. Anmerkung 17)

Das Göttinger Universitätssiegel
auf dem Vorlesungsverzeichnis
(verkleinert)

28) Genaueres über die Halle in „Die Feier des 150jährigen Bestehens . . .", a.a.O. S. 4-6 und bei Saathoff, a.a.O. S. 260/261.

29) Vgl. L[eonard Steyning] Forrer, „Biographical Dictionary of Medallists . . .", Band I, London 1904 (reprinted New York 1970), S. 74 und Band VII, London 1923 (reprinted New York 1970), S. 73. – Gleichfalls Bergmann zuzuordnen ist die größere der beiden Medaillen auf die 300-Jahrfeier des Göttinger Gymnasiums (28.4.1886). Cf. Henning Hennig [u.a.], „Max-Planck-Gymnasium. Festschrift zum Jubiläum des ältesten Göttinger Gymnasiums 1586-1986", Göttingen (1986), S. 75 (Abb.).

30) Korrekt wäre: Rector Magnificentissimus. Prinz Albrecht bekleidete diese Würde seit dem 6. April 1887; cf. „Chronik der Georg-Augusts-Universität zu Göttingen für das Rechnungsjahr 1889-90. Mit Rückblicken auf frühere Jahrzehnte 1837-1890.", Göttingen 1890, S. 7 sowie „Die Feier des 150jährigen Bestehens . . .", a.a.O. S. 3 und S. 27/28 (Anlage 1).

31) Das (nicht ganz vollständige) Manuskript dazu verwahrt das Göttinger Universitäts-Archiv unter Nr.1) im Faszikel „Acta betr. das Universitäts-Jubiläum 1887", Signatur I B2 47.

32) A.a.O. S. 43 (Anlage 10).

33) Namen und Heimatorte der neun Studenten ebenda auf S. 3/4. –
Sehr wahrscheinlich schuf diese Medaille der bekannte Hannoversche Münzgraveur Heinrich Friedrich Brehmer (1815–1889). Vgl. u.a. Joh[annes] Kretzschmar, „Die königliche Münze zu Hannover.", in: Zeitschrift des Historischen Vereins für Niedersachsen . . ., Jahrgang 1902, 1. Heft, Hannover 1902, S. 50, 62 (Nr. 12) und Tafel I. 12 sowie Ortwin Meier, „Heinrich Friedrich Brehmer der Meister der deutschen Porträtmedaille des 19. Jahrhunderts", Hildesheim und Leipzig 1927, S. 49 und Tafel 31.5 sowie 34.1.

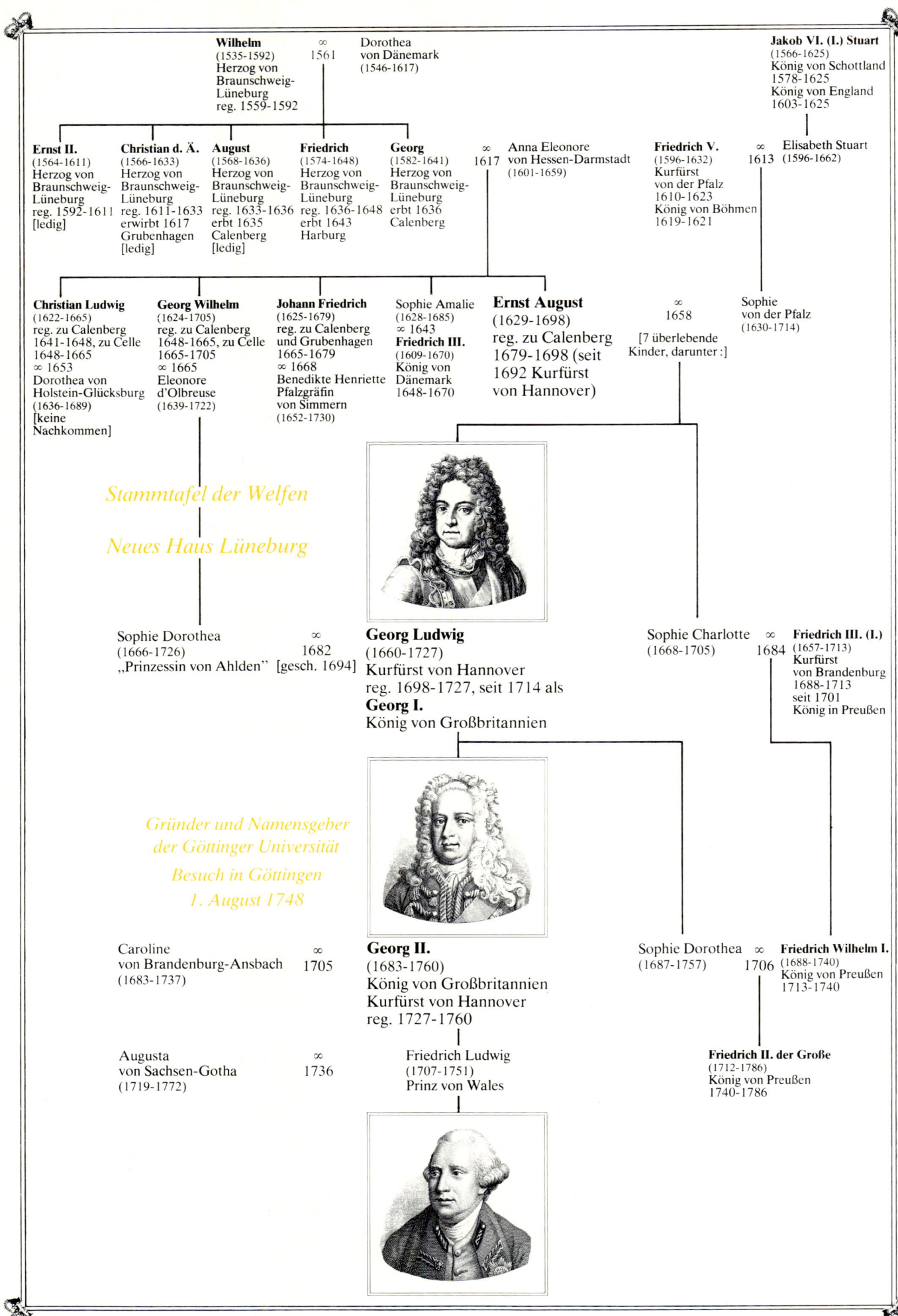

Wilhelm
(1535-1592)
Herzog von
Braunschweig-
Lüneburg
reg. 1559-1592

∞
1561

Dorothea
von Dänemark
(1546-1617)

Jakob VI. (I.) Stuart
(1566-1625)
König von Schottland
1578-1625
König von England
1603-1625

Ernst II.
(1564-1611)
Herzog von
Braunschweig-
Lüneburg
reg. 1592-1611
[ledig]

Christian d. Ä.
(1566-1633)
Herzog von
Braunschweig-
Lüneburg
reg. 1611-1633
erwirbt 1617
Grubenhagen
[ledig]

August
(1568-1636)
Herzog von
Braunschweig-
Lüneburg
reg. 1633-1636
erbt 1635
Calenberg
[ledig]

Friedrich
(1574-1648)
Herzog von
Braunschweig-
Lüneburg
reg. 1636-1648
erbt 1643
Harburg

Georg
(1582-1641)
Herzog von
Braunschweig-
Lüneburg
erbt 1636
Calenberg

∞
1617

Anna Eleonore
von Hessen-Darmstadt
(1601-1659)

Friedrich V.
(1596-1632)
Kurfürst
von der Pfalz
1610-1623
König von Böhmen
1619-1621

∞
1613

Elisabeth Stuart
(1596-1662)

Christian Ludwig
(1622-1665)
reg. zu Calenberg
1641-1648, zu Celle
1648-1665
∞ 1653
Dorothea von
Holstein-Glücksburg
(1636-1689)
[keine
Nachkommen]

Georg Wilhelm
(1624-1705)
reg. zu Calenberg
1648-1665, zu Celle
1665-1705
∞ 1665
Eleonore
d'Olbreuse
(1639-1722)

Johann Friedrich
(1625-1679)
reg. zu Calenberg
und Grubenhagen
1665-1679
∞ 1668
Benedikte Henriette
Pfalzgräfin
von Simmern
(1652-1730)

Sophie Amalie
(1628-1685)
∞ 1643
Friedrich III.
(1609-1670)
König von
Dänemark
1648-1670

Ernst August
(1629-1698)
reg. zu Calenberg
1679-1698 (seit
1692 Kurfürst
von Hannover)

∞
1658

[7 überlebende
Kinder, darunter :]

Sophie
von der Pfalz
(1630-1714)

Stammtafel der Welfen

Neues Haus Lüneburg

Sophie Dorothea
(1666-1726)
„Prinzessin von Ahlden" [gesch. 1694]

∞
1682

Georg Ludwig
(1660-1727)
Kurfürst von Hannover
reg. 1698-1727, seit 1714 als
Georg I.
König von Großbritannien

Sophie Charlotte
(1668-1705)

∞
1684

Friedrich III. (I.)
(1657-1713)
Kurfürst
von Brandenburg
1688-1713
seit 1701
König in Preußen

*Gründer und Namensgeber
der Göttinger Universität*

*Besuch in Göttingen
1. August 1748*

Caroline
von Brandenburg-Ansbach
(1683-1737)

∞
1705

Georg II.
(1683-1760)
König von Großbritannien
Kurfürst von Hannover
reg. 1727-1760

Sophie Dorothea
(1687-1757)

∞
1706

Friedrich Wilhelm I.
(1688-1740)
König von Preußen
1713-1740

Augusta
von Sachsen-Gotha
(1719-1772)

∞
1736

Friedrich Ludwig
(1707-1751)
Prinz von Wales

Friedrich II. der Große
(1712-1786)
König von Preußen
1740-1786

Charlotte   ∞   **Georg III.**
von Mecklenburg-Strelitz   1761   (1738-1820)
(1744-1818)   [9 Söhne   König von Großbritannien
             und   Kurfürst, ab 1814
       6 Töchter,   König von Hannover
       darunter :]   reg. 1760-1820

Georg IV.   **Wilhelm IV.**   Eduard August   **Ernst August**   Adolf Friedrich
(1762-1830)   (1765-1837)   (1767-1820)   (1771-1851)   (1774-1850)
Prinzregent 1811-1820   Herzog von Clarence   Herzog von Kent   Herzog von Cumberland   Herzog von Cambridge
König von Großbritannien   König von Grobritannien   ∞ 1818   König von Hannover   Generalgouverneur
König von Hannover   König von Hannover   Victoria   reg. 1837-1851   von Hannover ab 1816
reg. 1820-1830   reg. 1830-1837   von Sachsen-   ∞ 1815   Vizekönig 1831-1837
Regent in Braunschweig   ∞ 1818   Saalfeld-Coburg   Friederike   ∞ 1818
1815-1823   Adelheid   (1786-1861)   von Mecklenburg-Strelitz   Auguste
∞ 1795   von Sachsen-Meiningen   (1778-1841)   von Hessen-Kassel
Caroline   (1792-1849)   (1797-1889)
von Braunschweig-Wolfenbüttel
(1768-1821)   [keine überlebenden Kinder]   *Studenten in Göttingen, zusammen mit ihrem Bruder*
                                                 August Friedrich von 1786 – 1791
Besuch in Göttingen   *Denkmal auf dem Wilhelmsplatz*
30. Oktober 1821   *Besuch in Göttingen*
                                                         zur 100 Jahr-Feier
                                                         Verfassungsstreit

Albert, Prinz von   ∞   **Victoria I.**   **Georg V.**   ∞   Marie
Sachsen-Coburg-Gotha   1840   (1819-1901)   (1819-1878)   1843   von Sachsen-Altenburg
(1819-1861)   Königin von   König von Hannover   (1818-1907)
Prinzgemahl von   Großbritannien und   reg. 1851-1866
Großbritannien   Irland   entthront 1866
                  1837-1901

Alexandra   ∞   **Eduard VII.**   Ernst August   ∞   Thyra
von Dänemark   1863   (1841-1910)   (1845-1923)   1878   von Dänemark
(1844-1925)   König von   Herzog von Cumberland   (1853-1933)
           Großbritannien und Irland   und Braunschweig-Lüneburg
           Kaiser von Indien
           reg. 1901-1910

Marie von Teck   ∞   **Georg V.**   **Ernst August**   ∞   Victoria Louise
(1867-1953)   1893   (1865-1936)   (1887-1953)   1913   von Preußen
           König von   Herzog von Braunschweig   (1892-1980)
           Großbritannien und Irland   reg. 1913-1918,
           Kaiser von Indien   dankt ab
           reg. 1910-1936

Wallis Warfield   ∞   **Eduard VIII.**   **Georg VI.**   ∞   Elisabeth,   Ernst August
(1896-1986)   1937   (1894-1972)   (1895-1952)   1923   Lady Bowes-Lyon   Prinz von Hannover
           König von   König von   (geb. 1900)   (geb. 1914)
           Großbritannien und Irland   Großbritannien und Irland
           Kaiser von Indien   Kaiser von Indien
           reg. 1936,   bis 1948
           dankt ab   reg. 1936-1952

Philipp Mountbatten   ∞   **Elisabeth II.**
(geb. 1921)   1947   (geb. 1926)
Herzog von Edinburgh   Königin des Vereinigten
ab 1947   Königreichs von
           Großbritannien und
           Nordirland

Literaturverzeichnis

- Academische Gesetze für die Studiosos auf der Georg-Augustus-Universität zu Göttingen. Göttingen 1763 bzw. 1781

- Almanac de Göttingue pour l'année 1796 [u.a.]. Göttingen

- Annalen der Braunschweig-Lüneburgischen Churlande. Hannover 1787 - 1795

- Annalen der Chemie und Pharmacie. Halle ab 1799

- Commentarii Societatis Regiae Scientiarum Gottingensis. Tomus I. Göttingen 1752

- Gesetze für die Studirenden auf der Georg Augusts Universität zu Göttingen. Hannover 1835

- Göttingische Zeitungen von Gelehrten Sachen. [ab 1802: Göttingische gelehrte Anzeigen. Unter der Aufsicht der königl. Gesellschaft der Wissenschaften.] Göttingen ab 1739

- Göttingisches Taschenbuch zum Nutzen und Vergnügen für das Jahr 1812. Göttingen

- Hannoversche Geschichtsblätter. Hannover ab 1898

- Herzog August zu Braunschweig und Lüneburg, 1579 - 1666. Sammler, Fürst, Gelehrter. (Ausstellungskatalog der Herzog August Bibliothek in Wolfenbüttel Nr. 27.) Wolfenbüttel 1979

- Interessante Bemerkungen über Göttingen als Stadt und Universität betrachtet. Von einem Freunde der Wahrheit und des Guten. Glückstadt 1801

- Das Jubelfest der Göttinger Georgia Augusta. in: Daheim, Bd. 23, 1887, 163ff.

- Neuer Nekrolog der Deutschen. Achtzehnter Jahrgang, 1840. Weimar 1842

- So brach die Revolution zusammen: "Unterwerfungsakte der Stadt". in: Göttinger Monatsblätter, Nr. 83, Januar 1981, 2f.

- Der Studentenstreit oder die neuesten unruhigen Ereignisse auf der Universität zu Göttingen im July und August 1818. Witzenhausen 1818

- Der Vormann der Georgia Augusta. Christian Gottlob Heyne zum 250. Geburtstag. Sechs akademische Reden. (Göttinger Universitätsreden, Heft 67.) Göttingen 1980

Alexander, W.
Das Reitinstitut war schon ein Studium wert. in: Göttinger Monatsblätter, Nr. 74, April 1980, 6f.

Arndt, K.
Denkmäler in Göttingen: Dichter und Gelehrte. in: Göttinger Jahrbuch, Bd. 23, 107-143. Göttingen 1975

Beer, G.
200 Jahre chemisches Laboratorium an der Georg-August-Universität Göttingen 1783 - 1983. Göttingen 1983

[Bergmann, F.]
Der Denkstein in der Grundmauer des neuen Universitäts-Gebäudes zu Göttingen. Göttingen 1835

Blumenbach, J. Fr.
Beyträge zur Naturgeschichte. 1. Th. Göttingen 1790

Brüning, H.
Die Revolution der Bürger und Studenten in Göttingen im Jahre 1831. in: Göttinger Blätter 1915, 171ff.

Brüning, H., G. Quaet-Faslem und A. Nicol
Geschichte des Corps Bremensia auf der Universität Georgia Augusta zu Göttingen 1812 - 1912. Göttingen 1914

Buchloh, P. G. und W. T. Rix
American Colony of Göttingen. (Arbeiten aus der Niedersächsischen Staats- und Universitätsbibliothek Göttingen, Bd. 15.) Göttingen 1976

Buff, W.
Gerlach Adolph Freiherr von Münchhausen als Gründer der Universität Göttingen. Göttingen 1937

[Claproth, J. Chr.]
Der gegenwärtige Zustand der Göttingischen Universität, in Zweenen Briefen an einen vornehmen Herrn im Reiche. Göttingen 1748

Conradi, Ph. Fr.
Zur hundertjährigen Jubelfeier der Georgia Augusta zu Göttingen. Göttingen 1837

Crome, B.
Ein Familienbrief als Federzeichnung. Jacob Grimm als Göttinger Professor. in: Die Spinnstube, Sonntagsbeilage der "Göttinger Zeitung", Nr. 26, Juni 1924

Deneke, O.
- Göttinger Künstler. Teil 1 (Göttingische Nebenstunden, Heft 10.) Göttingen 1934
Teil 2 (Göttingische Nebenstunden, Heft 14.) Göttingen 1936

- Göttinger Studenten-Auszüge. in: 200 Jahre Universität Göttingen. Sonderbeilage des "Göttinger Tageblatt", 25. Juni 1937, 21f.

Deneke, O. und F. Scheidemann
Göttinger Stammbuch-Kupfer. (Göttingische Nebenstunden, Heft 16.) Göttingen 1938

Dittmer, H.
Authentische und vollständige Beschreibung aller Feyerlichkeiten, welche in dem Hannoverschen Lande bey der Anwesenheit Seiner Königl. Majestät Georgs des Vierten während dem Monate October 1821 veranstaltet worden sind. Hannover 1822

Dougherty, F. W. P.
Commercium epistolicum J. F. Blumenbachii. Aus einem Briefwechsel des klassischen Zeitalters der Naturgeschichte. Katalog zur Ausstellung im Foyer der Nds. Staats- und Universitätsbibliothek Göttingen, 1. Juni bis 21. Juni 1984. Göttingen 1984

Drogge, H.
150 Jahre elektromagnetische Telegraphie. in: Archiv für deutsche Postgeschichte, Heft 2, 1983, 73-99.

Ebel, W.
- Briefe über Göttingen. Aus den ersten 150 Jahren der Georgia Augusta. Göttingen 1975

- Die Privilegien und ältesten Statuten der Georg-August-Universität zu Göttingen. Göttingen 1961

Ebers, G.
Richard Lepsius. Ein Lebensbild. Leipzig 1885

Eberwien, W.
Erinnerungen aus dem Jahre 1848. in: Protokolle über die Sitzungen des Vereins für die Geschichte Göttingens 1900/01, 91ff.

Ebstein, E.
- Dorothea Schlözer im Urteil der Zeitgenossen. in: Die Spinnstube, Sonntagsbeilage der "Göttinger Zeitung", Nr. 8, 28. Februar 1926, 122f.

- Gottfried August Bürger und Johann Christian Dieterich. München 1910

- Gottfried August Bürger und Philippine Gatterer. Ein Briefwechsel aus Göttingens empfindsamer Zeit. Leipzig 1921

- Ein Silhouettenalbum aus der Göttinger Gesellschaft um 1785. in: Zeitschrift für Bücherfreunde, N.F., 13. Jg., 28ff. Leipzig 1921

- Therese Heyne-Forster-Huber. Ein Gedenkblatt zu ihrem 100. Todestag (15. Juni 1929). in: Die Spinnstube, Sonntagsbeilage der "Göttinger Zeitung", Nr. 13, 30. Juni 1929, 193ff.

Eltze, A. (Ed.)
Briefwechsel von John Lothrop Motley. 2. Auflage. Berlin 1889

Fahlbusch, O.
Ein Göttinger Student berichtet über den Studentenaufruhr von 1790. in: Göttinger Jahrbuch, Bd. 8, 61ff. Göttingen 1960

Forsch, H. (Pseudonym von H. A. Oppermann)
Studentenbilder oder Deutschlands Arminen und
Germanen in den Jahren 1830 bis 1833. Hamburg 1835

Frensdorff, F.
- Gerlach Adolf Freiherr von Münchhausen.
in: Allgemeine Deutsche Biographie, Bd. 22, 729-745.
Leipzig 1885

- Aus dem Göttingen des Jahres 1848.
in: Jahrbuch des Geschichtsvereins für Göttingen und
Umgebung, Bd. 3, 1-15. Göttingen 1910

Gatterer, Ph.
Gedichte. Göttingen 1778

Geißler, R.
- Die göttinger Jubeltage.
in: Illustrirte Zeitung, Nr. 2304 vom 27. August 1887,
207ff.

- Zur 150jährigen Geburtsfeier der Georgia Augusta in
Göttingen.
in: Illustrirte Zeitung, Nr. 2301 vom 6. August 1887,
130ff.

Gesner, J. M.
De Academia Georgia Augusta quae Gottingae est a
serenissimo potentissimoque principe ac domino Domino
Georgio II ... condita ... brevis narratio. Göttingen
(1737)

Goethe, J. W. v.
Annalen. Mit Einleitung und Anmerkungen von Oskar
Walzel. (Sämtliche Werke. Jubiläums-Ausgabe Bd. 30.)
Stuttgart und Berlin (1906)

Gresky, W.
- Das Begräbnis des Burschen (1829).
in: Göttinger Monatsblätter, Nr. 45, November 1977, 4f.

- Die Fahrt nach der alten Urkunde. Die Sammlung des
"Gatterer-Apparates" in Luzern.
in: Göttinger Monatsblätter, Nr. 84, Februar 1981, 10f.

- Die Fassade der Göttinger Universitäts-Reithalle.
in: Göttinger Jahrbuch, Bd. 9, 77ff. Göttingen 1961

- Aus der Geschichte unserer Gemeinde. Bern spendete
Geld für die Göttinger Reformierte Kirche.
in: Gruß der Reformierten Gemeinde, März 1969.

- Göttinger Leichenbegängnisse im 18. Jahrhundert.
in: Göttinger Monatsblätter, Nr. 3, Mai 1974, 8.

- Männer der Freiheitsbewegungen von 1831 und 1848 in
Südhannover.
in: Göttinger Jahrbuch, Bd. 22, 167-180. Göttingen 1974

- Der Reformierten Kirche zum 225. Geburtstag. Haller
erbittet in der Schweiz Spenden für Kirchenbau.
in: Göttinger Monatsblätter, Nr. 58, Dezember 1978, 2f.

Grimm, J.
Jacob Grimm über seine Entlassung. (Göttinger Universitätsreden, Heft 74.) Göttingen 1985

Gundelach, E.
Die Königlichen Commissarien, Prorectoren und Rektoren
der Georg-August-Universität 1734 bis 1957. Göttingen
1956

Gurlt, E.
Konrad Johann Martin Langenbeck.
in: Allgemeine Deutsche Biographie, Bd. 17, 664ff.
Leipzig 1883

Haefen, K. v.
Vom Schaffen der Chirurgen Göttingens in ihren
Arbeitsstätten.
in: Bruns' Beiträge zur klinischen Chirurgie, Heft 163.
Berlin 1936

Harder, H.-B. und E. Kaufmann
Die Brüder Grimm in ihrer amtlichen und politischen
Tätigkeit. (Ausstellungskatalog im Auftrag der Veran-
staltungsgesellschaft 200 Jahre Brüder Grimm, Bd. 3,
Teil 1.) Kassel 1985

Hartmann, K. J. (Ed.)
Vier Dokumente zur Geschichte der Universitäts-
Bibliothek Göttingen (Chr. G. Heyne 1768. 1810. Jacob
Grimm 1829. 1833.). (Hainbergschriften, 4. Heft.)
Göttingen 1937

Hassell, W. v.
Geschichte des Königreichs Hannover. Erster Teil. Von
1813 bis 1848. Bremen 1898

Havemann, W.
Die Kirchenreformation der Stadt Göttingen. Göttingen
1842

Heeren, A. H. L.
Christian Gottlob Heyne. Biographisch dargestellt.
in: Heeren, A. H. L., Biographische und Litterarische
Denkschriften, 1-430. (Historische Werke, 6. Th.)
Göttingen 1823

[Heeren, A. H. L.]
Beschreibung der Feyerlichkeiten welche bey der
Allerhöchsten Anwesenheit Seiner Majestät Georg des
Vierten Königes von Großbritannien und Hannover ... am
30. und 31. October 1821 von der Georg-August Universität und Stadt Göttingen begangen worden. Göttingen
1822

Heilmann, [A.]
Die Begründung der evangelisch-reformierten Gemeinde
in Göttingen.
in: Protokolle über die Sitzungen des Vereins für die
Geschichte Göttingens, 3. Band, 2. Heft, 1-38. Göttingen
1904

Heine, H.
- Briefe an seinen Freund Moses Moser. Leipzig 1862

- Reisebilder. Erster Theil. Zweyte Aufl. Hamburg 1830

Heine, M.
Erinnerungen an Heinrich Heine und seine Familie.
Berlin 1868

Hennig, D. und B. Lauer (Ed.)
Die Brüder Grimm. Dokumente ihres Lebens und Wirkens.
(Ausstellungskatalog im Auftrag der Veranstaltungsgesellschaft 200 Jahre Brüder Grimm, Bd. 1.) Kassel
1985

Heumann, G. D.
Wahre Abbildung der Königl. Groß-Britan. und Chur-
fürstl. Braunschw. Lüneb. Stadt Göttingen. Ihre Grund-
Lage, Äußerl. und Innerlicher Prospecte und der zur
Georg Augustus Universitaet gehörigen Gebäude, ge-
zeichnet und in Kupffer herauß gegeben durch Georg
Daniel Heumann. Königl. Großbrit. Hoff und Universi-
taets Kupfferstecher in Goettingen.
Mappe mit 12 Kupferstichen, Querfolio. Göttingen 1747

[Heyne, Chr. G.]
Die Jubelfeyer der Georg Augustus Universität zu
Göttingen an ihrem funfzigsten Stiftungsfeste, dem
17 Septemb. 1787. Göttingen 1787

[Hochheimer, C. Fr. A.]
Göttingen. Nach seiner eigentlichen Beschaffenheit zum
Nutzen derer, die daselbst studiren wollen, dargestellt
von einem Unpartheyischen. Lausanne 1791

Hofmann, A. W. v.
Zur Erinnerung an Friedrich Wöhler.
in: Berichte der Deutschen Chemischen Gesellschaft zu
Berlin, Bd. 15, 1882, 3127-3392. Reprint Göttingen 1982
(Hrsg. zum 100. Todestag Wöhlers von G. Schwedt.)

Hollmann, S. Chr.
Die Georgs-Augustus-Universität zu Göttingen, in der
Wiege, in Ihrer blühenden Jugend, und reifferem Alter.
Mit unparteiischer Feder entworfen von einem Ihrer
Ersten, und nun allein noch übrigem, Academischem
Lehrer. (Aus dem Nachlaß hrsg. von J. Beckmann unter
dem Titel "Fragment einer Geschichte der Georg-
Augustus-Universität zu Göttingen".) Göttingen 1787

Imhof, A. L. v.
Des Neu-eröffneten Historischen Bilder-Saals Zehender
Theil. ... Von dem Jahr 1734 bis auf das Jahr 1743 ...
Nürnberg 1744

Joost, U. (Ed.)
Der Briefwechsel zwischen Johann Christian Dieterich
und Ludwig Christian Lichtenberg. (Abhandlungen der
Akademie der Wissenschaften in Göttingen, Philolo-
gisch-Historische Klasse; Folge 3, Nr. 146.) Göttingen
1984

Joost, U. und A. Schöne (Ed.)
Georg Christoph Lichtenberg. Briefwechsel.
Band 1: 1765 - 1779, München 1983
Band 2: 1780 - 1784, München 1985

Kamp, N.
- Die Georgia Augusta und der Staat. (Göttinger Universitätsreden, Heft 66.) Göttingen 1980
- Die Georgia Augusta 1979 - 1983. Rückblick und Ausblick auf eine zu sichernde Zukunft. (Göttinger Universitätsreden, Heft 71.) Göttingen 1984

Karmarsch, K. und Fr. Heeren
Technisches Wörterbuch oder Handbuch der Gewerbskunde. Prag 1843

Koszinowski, I. und V. Leuschner
Ludwig Emil Grimm 1790 - 1863. Maler, Zeichner, Radierer. (Ausstellungskatalog im Auftrag der Veranstaltungsgesellschaft 200 Jahre Brüder Grimm, Bd. 2.) Kassel 1985

Krätz, O.
Von Friedrich Wöhlers aufsehenerregenden Entdeckungen im Herbst 1827 und im Frühjahr 1828. Zur Geschichte der Darstellung des Elementes Aluminium ...
in: Die BASF, September 1973.

Kretzschmar, J.
Entwürfe zu hannoverschen Medaillen.
in: Numismatischer Anzeiger, 33. Jg., Nr. 6 - 8, 41-60. Hannover 1902

Kück, H.
Die Göttinger Sieben. Ihre Protestation und ihre Entlassung im Jahre 1837. (Historische Studien, Heft 258.) Berlin 1934 (Reprint Aachen 1986)

Küssner, M.
- Carl Friedrich Gauss und seine Welt der Bücher. Göttingen 1979
- Dorothea Schlözer. Ein Göttinger Gedenken. Göttingen 1976
- Frühe Darstellungen der Göttinger Sternwarte. (Mit einem Beitrag von H. Michling) Göttingen 1982
- 200 Jahre alte Silhouetten von Göttinger jungen Damen.
in: Göttinger Monatsblätter, Nr. 28, Juni 1976, 1ff.

Laverrenz, C.
Die Medaillen und Gedächtniszeichen der deutschen Hochschulen. Teil II. Berlin 1887

Leitzmann, A. (Ed.)
Briefwechsel der Brüder Jacob und Wilhelm Grimm mit Karl Lachmann. Jena 1927

Leitzmann, A. und C. Schüddekopf (Ed.)
Lichtenbergs Briefe. Dritter Band 1790 - 1799, Nachträge. Leipzig 1904

Link, Chr.
Noch einmal: Der Hannoversche Verfassungskonflikt und die "Göttinger Sieben".
in: Juristische Schulung, Bd. 19, 1979, 191ff.

[List, G. Chr. H.]
Beyträge zur Statistik von Göttingen. Berlin 1785

Lommatzsch, H.
Zur Prägungsgeschichte von Göttinger Universitätsmedaillen im 18. Jahrhundert.
in: Göttinger Jahrbuch, Bd. 19, 103ff. Göttingen 1971

Lücke, Fr.
Dr. Gottlieb Jacob Planck. Ein biographischer Versuch. Göttingen 1835

[Mackensen, W. Fr. H.]
Letztes Wort über Göttingen und seine Lehrer. Leipzig 1791

Marx, K. F. H.
Goettingen in medicinischer, physischer und historischer Hinsicht. Göttingen 1824

Meiners, C.
Kurze Geschichte und Beschreibung der Stadt Göttingen. (Kleinere Länder- und Reisebeschreibungen, Bd. 3.) Berlin 1801

Mejer, O.
Kulturgeschichtliche Bilder aus Göttingen. Linden-Hannover 1889

[Mosheim, J. L. v.]
Beschreibung der grossen und denckwürdigen Feyer die bey Der Allerhöchsten Anwesenheit Des Allerdurchlauchtigsten, Großmächtigsten Fürsten und Herren, Herren George des Andern, ... begangen ward. Göttingen 1749

Müller, J. C.
Versuch einer kurzen mahlerischen und characteristischen Beschreibung, der berühmten Universität Göttingen und derselben benachbarten Oerter. Göttingen 1790

Nissen, W.
- Otto von Bismarcks Göttinger Studentenjahre 1832 - 1833. Göttingen 1982
- Göttinger Gedenktafeln. Ein biographischer Wegweiser. Göttingen 1962

Oppermann, H. A.
- Zur Geschichte des Königreichs Hannover von 1832 bis 1860. Erster Band 1832 - 1848. Leipzig 1860
- Hundert Jahre 1770 - 1870. Zeit- und Lebensbilder aus drei Generationen. 9 Theile. Leipzig 1870 (Reprint Frankfurt a. M. 1982)

[Oppermann, H. A. und A. Bock]
Die Universität Göttingen. Aus den deutschen Jahrbüchern für Wissenschaft und Kunst abgedruckt. Zweite, verbesserte und vermehrte Auflage. Leipzig 1842

Osterwald, G., A. Hornemann und C. A. Lill
Das Königreich Hannover in malerischen Original-Ansichten seiner interessantesten Gegenden. ... Nach der Natur aufgenommen. In Stahl gestochen von J. Poppel u.a. Darmstadt 1847

Penther, J. Fr.
Ausführliche Anweisung zur Bürgerlichen Bau-Kunst ... (dritter und vierter Teil). Augsburg 1746

Peter, A.
Geschichte der Gründung und Entwicklung des botanischen Gartens zu Göttingen.
in: Festschrift zur Feier des hunderfünfzigjährigen Bestehens der Königlichen Gesellschaft der Wissenschaften zu Göttingen. Berlin 1901

Petri, M.
Lebensbilder, geschichtliche und kulturgeschichtliche. Aus den Erinnerungen und der Mappe eines Greises. Hannover 1868

Promies, W. (Ed.)
Georg Christoph Lichtenberg. Schriften und Briefe. 2. Band. München 1971

Pütter, J. St.
Versuch einer academischen Gelehrten-Geschichte von der Georg-Augustus-Universität zu Göttingen.
1. Teil Göttingen 1765
2. Teil Göttingen 1788
3. Teil Hannover 1820 (Fr. Saalfeld Ed.)
4. Teil Göttingen 1838 (G. H. Oesterley Ed.)

[Rettberg, Fr. W.]
Die Saecular-Feier der Georgia Augusta im September 1837. Göttingen 1838

Rintel, M.
Versuch einer skizzirten Beschreibung von Göttingen nach seiner gegenwärtigen Beschaffenheit. Göttingen 1794

Rössler, E. F. (Ed.)
Die Gründung der Universität Göttingen. Entwürfe, Berichte und Briefe der Zeitgenossen. Göttingen 1855

[Rössler, E. F.]
Göttingen, Umrisse einer Beschreibung und Geschichte der Stadt, der Universität, der Umgebung, der wissenschaftlichen und insbesondere naturwissenschaftlichen und medicinischen Institute. Andenken an die XXXI. Versammlung Deutscher Naturforscher und Ärzte, gehalten in Göttingen vom 18 - 24 September 1854. Göttingen 1854

Rosenthal, E.
     Johann Heinrich Voß und Göttingen. Zu Voßens 100sten
     Todestage am 29. März.
     in: Die Spinnstube, Sonntagsbeilage der "Göttinger
     Zeitung", Nr. 13, 4. April 1926, 199ff.

Rothmund
     Karl Gustav Himly.
     in: Allgemeine Deutsche Biographie, Bd. 12, 435. Leipzig
     1880

Saathoff, A.
     Geschichte der Stadt Göttingen. Zwei Bände. Göttingen
     1937 und 1940

Sartorius v. Waltershausen, W.
     Gauss zum Gedächtnis. Leipzig 1855

Schmidt, E. (Ed.)
     Caroline [Michaelis]. Briefe aus der Frühromantik.
     Nach Georg Waitz vermehrt herausgegeben. 2 Bde.
     Leipzig 1913 (Neuauflage Bern 1970)

Schöne, A.
     Aufklärung aus dem Geist der Experimentalphysik.
     Lichtenbergsche Konjunktive. 2., überarb. Aufl. München
     1983

Schöne, A. (Ed.)
     Gedichte aus dem Göttinger Hain. Göttingen 1972

Schumacher, G. F. (Ed.)
     Almanach zur hundertjährigen Jubelfeier der Georgia
     Augusta. Göttingen 1837

Schwedt, G.
     Zur Geschichte der Göttinger Universitätsbibliothek.
     Zeitgenössische Berichte aus drei Jahrhunderten.
     (Göttingen 1983)

Selle, G. v.
     - Die Georg-August-Universität zu Göttingen 1737 - 1937.
        Göttingen 1937

     - Universität Göttingen. Wesen und Geschichte. Göttingen
        1953

Smend, R.
     Die Göttinger Sieben. Rede zur Immatrikulationsfeier
     der Georgia Augusta zu Göttingen, am 24. Mai 1950.
     Göttingen 1951

Stechow, W. (Ed.)
     Deutsche Bildnisse aus zwei Jahrhunderten (1700 -
     1875) in Göttinger Privatbesitz. Göttingen 1925

[Tompson, J.]
     A short Account of His Maiesty's late Journey to
     Goettingen and of the State of the new University
     there in a Letter to my Lord **. 1748

Treitschke, H. v.
     Deutsche Geschichte im Neunzehnten Jahrhundert.
     Vierter Teil. Leipzig 1928

Unger, Fr. W.
     Göttingen und die Georgia Augusta. Göttingen 1861

Veldeck, H.
     Göttingen und seine Umgebungen. Göttingen 1824

Voit, M.
     Bildnisse Göttinger Professoren aus zwei Jahrhunderten
     (1737 - 1937). Göttingen 1937

[Wallis, L.]
     - Almanach der Georg-Augusts-Universität zu Göttingen
        auf das Jahr 1821. Lüneburg

     - Der Göttinger Student. Oder Bemerkungen, Rathschläge
        und Belehrungen über Göttingen und das Studenten-
        leben auf der Georgia Augusta. Göttingen 1813

Wedekind, E.
     Studentenleben in der Biedermeierzeit. Ein Tagebuch aus
     dem Jahre 1824. Hrsg. von H. H. Houben. Göttingen 1984

Willich, Fr. Chr. (Ed.)
     Churfürstliche Braunschweig-Lüneburgische Landes-
     Gesetze und Verordnungen Calenbergischen und Gruben-
     hagenschen Theils in einen Auszug nach alphabetischer
     Ordnung gebracht. Göttingen 1801

Willis, G. M.
     Ernst August, König von Hannover. Hannover 1961

Wöhler, Fr.
     Jugenderinnerungen eines Chemikers.
     in: Berichte der Deutschen Chemischen Gesellschaft zu
     Berlin, Bd. 8, 1875, 838-852. Reprint Göttingen 1982
     (Hrsg. zum 100. Todestag Wöhlers von G. Schwedt.)

Wolf, H.-W.
     Ein Göttinger Studentenduell im Jahre 1836. Mono-
     graphie eines Stammbuchblattes.
     in: Göttinger Jahrbuch, Bd. 22, 137-150. Göttingen 1974

Zimmermann, J. G.
     Das Leben des Herrn von Haller. Zürich 1755

Nachweise

Einband
vorne: "Das neue Universitäts Gebäude zu Göttingen 1837", Lithogr. (28,5 x 41,5) von Fr. Besemann, koloriert.

11   Illustration: Kpfrst., Heumann, Tafel N. V (22,8 x 33,5), Ausschnitt.
-    Text: Frensdorff, Münchhausen 729f; O. Deneke, "Die Anfänge der Georgia Augusta", in: "Alt-Göttingen", Beilage der "Göttinger Zeitung", Nr. 26, 13. Oktober 1934, 85ff.

12   Illustration: Kpfrst., Heumann, Tafel N. VI (22,8 x 33,5), Ausschnitt.
-    Text: Frensdorff, Münchhausen 730ff; Deneke, Anfänge 85f (vgl. Nachweis zu S. 11).

13   Illustration: Kpfrst., Heumann, Tafel N. IV (22,8 x 33,5), Ausschnitt.
-    Text: Frensdorff, Münchhausen 738f; Deneke, Anfänge 86 (vgl. Nachweis zu S. 11).

14   Illustration: Kpfrst. von Busch/Haid, Nds. Staats- und Universitätsbibliothek Göttingen, gr. 2° H.l.p. IV 68/10 Rara.
-    Text: Frensdorff, Münchhausen 736ff; Deneke, Anfänge 86 (vgl. Nachweis zu S. 11); Rössler, Gründung 235ff, 250.

15   Illustration: Kpfrst. von Heumann/Haid, Nds. Staats- und Universitätsbibliothek Göttingen, gr. 2° H.l.p. IV 68/10 Rara.
-    Text: Frensdorff, Münchhausen 737; Deneke, Anfänge 87 (vgl. Nachweis zu S. 11); Rössler, Gründung 237f.

16   Illustration: Kpfrst., Heumann, Tafel N. I (22,8 x 33,5).
-    Text: Frensdorff, Münchhausen 743.

17   Gerlach Adolph Freiherr v. Münchhausen, Gemälde in Lebensgröße von G. Boy, Nds. Staats- und Universitätsbibliothek Göttingen, derzeit an der Wand im Foyer. Die Bibliothek stellte freundlicherweise die Fotovorlage zur Verfügung. Dem Leiter der Fotostelle der Universität, Herrn U. Gleitsmann, und seinen Mitarbeiterinnen danke ich für ihre freundliche Unterstützung.

18   Illustration: Kpfrst., Bild-Archiv der Österreichischen Nationalbibliothek, Wien, Nr. 260.485-B.
-    Text: Kaiserliches Privileg, lat. Text aus Gesner, Anhang. Die dem deutschen Text entsprechenden Kürzungen nahm freundlicherweise Frau H. Kirchertz, Göttingen, vor.

19   Illustration: Gemälde eines unbek. österr. Meisters um 1720, Bild-Archiv der Österreichischen Nationalbibliothek, Wien, Nr. L.4.344.
-    Text: Ebel, Privilegien 12-26.

20   Kgl. Privileg vom 17. 6. 1736 mit anhängendem großem Siegel in Messingkapsel, Universitätsarchiv Göttingen. Fotografie, Anfang und Schluß des Privileg-Textes auf das Vorsatzblatt montiert. Die Aufnahme fertigte das Fotostudio B. Czerwonski, Göttingen, an.

21   Georg II., Gemälde von G. Boy, an der Stirnwand der Universitätsaula Göttingen. Während der Drucklegung wurde das Bild gerade restauriert. Das Atelier für Restaurierungen Schlöder-Kassner, Wunstorf, fertigte die Fotovorlage während der Restaurierungsarbeiten; hierdurch erklären sich die Retuschen im unteren Bildteil und ein nachempfundener Rahmen anstelle des Originalrahmens.

22   Gesner, Anhang 35f.

23   Illustration: Tuschezeichnung, Städt. Museum Göttingen.

24   Illustration oben: Stbbl. (9,1 x 13,4) von G. D. Heumann, Nds. Staatsarchiv Wolfenbüttel, VI Hs. 13 Nr. 57.
-    Illustration unten: Tuschezeichnung (8,8 x 15,6), Nds. Staats- und Universitätsbibliothek Göttingen, Cod.Ms. Hist.lit. 48zf.
-    Text: "Duel-Edict für die Universität Göttingen vom 18. Juli 1735, Art. I."

25   Illustration: "Duell auf Stoßdegen", Stbbl. (9,1 x 13,1) von G. D. Heumann, Nds. Staatsarchiv Wolfenbüttel, VI Hs. 13 Nr. 57; vgl. Deneke/Scheidemann, 3.

26   Gesner, Anhang 63f.

27   Illustration: Heumann, Tafel N. II, verkleinerter Ausschnitt der linken unteren Ecke; vgl. Deneke, Künstler I, 8f.

Heumann, Tafel N. II (22,8 x 33,5)

-    Unterschrift: B. Mentzer, Kantate zur Inaugurations-Predigt, Gesner, Anhang 27.
-    Die Erklärung der allegorischen Darstellungen fertigte freundlicherweise Herr K. Schmidt, Göttingen.

28   Illustration: Kpfrst. (47,2 x 39,4) von J. Fr. Penther, angebunden an Gesner.
-    Text: Penther III, 117; Arndt, 110.

29   Illustration oben: Kpfrst. (8,2 x 14,0), Ausschnitt aus "Goettingae Ichnographia".

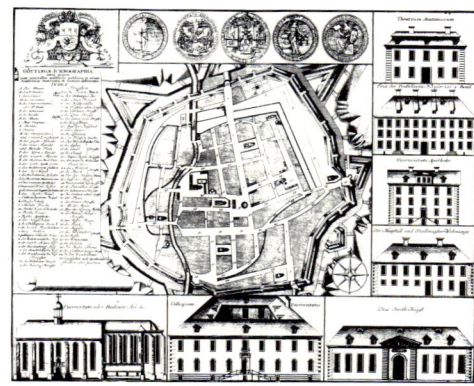

Goettingae Ichnographia (35,0 x 43,8)

-    Illustration unten: Tuschezeichnung, freundlicherweise zur Verfügung gestellt aus der Studiensammlung H.-W. Wolf.
-    Text: Rössler, Gründung 392ff.

30   Illustration: Holzschnitt (6,6 x 9,3), Imhof, 334, vergrößerter Ausschnitt.
-    Text: ebenda, 334f.

31   Rössler, Gründung 394ff.

32   Illustration: "Prospect der Pauliner Strasse zu Göttingen", Kpfrst. (41,0 x 28,0) von G. B. Probst, koloriert, verkleinerter Ausschnitt.
-    Text: Rössler, Gründung 398; Gesner, Anhang 27, Titelblatt des Anhangs.

33   Illustration: Universitäts-Siegel, Kpfrst. (ϕ 4,8), "Goettingae Ichnographia", Ausschnitt; vgl. Nachweise zu S. 29.
-    Text: Rössler, Gründung 398f.

34   Illustration: Siegel der theol. Fakultät, Kpfrst. (ϕ 4,5), "Goettingae Ichnographia", Ausschnitt; vgl. Nachweise zu S. 29.
-    Biographische Daten: Pütter I, 115; Pütter II, 25.

35   J. W. Feuerlein, Kpfrst. (32,0 x 20,0), Nds. Staats- und Universitätsbibliothek Göttingen, gr. 2° H.l.p. IV 68/10 Rara.

36   Illustration: Siegel der jur. Fakultät, Kpfrst. (ϕ 4,5), "Goettingae Ichnographia", Ausschnitt; vgl. Nachweise zu S. 29.
-    Biographische Daten: Pütter I, 126; Pütter II, 31f.

37 G. C. Gebauer, Kpfrst. (31,0 x 19,0) von Eberlein/Haid, Nds. Staats- und Universitätsbibliothek Göttingen, gr. 2° H.l.p. IV 68/10 Rara.

38 Illustration: Siegel der med. Fakultät, Kpfrst. (φ 4,5), "Goettingae Ichnographia", Ausschnitt; vgl. Nachweise zu S. 29.
- Biographische Daten: Pütter I, 155; Pütter II, 39.

39 G. G. Richter, Kpfrst. (32,0 x 19,8) von Heumann/Haid, Nds. Staats- und Universitätsbibliothek Göttingen, gr. 2° H.l.p. IV 68/10 Rara.

40 Illustration: Siegel der phil. Fakultät, Kpfrst. (φ 4,5), "Goettingae Ichnographia", Ausschnitt; vgl. Nachweise zu S. 29.
- Biographische Daten: Pütter I, 47; Pütter II, 34.

41 G. S. Treuer, Kpfrst. (14,0 x 10,4) von Haid, Nds. Staats- und Universitätsbibliothek Göttingen, gr. 2° H.l.p. IV 68/10 Rara.

42 Illustration: Kpfrst., Heumann, Tafel N. II, verkleinerter Ausschnitt der rechten unteren Ecke; vgl. Deneke, Künstler I, 8f; vgl. Nachweise zu S. 27.
- Text: Gesner, 55. Die Erklärung der allegorischen Darstellungen fertigte freundlicherweise Herr K. Schmidt, Göttingen.

43 Den Hinweis auf die Bedeutung der Kartusche verdanke ich Herrn H.-W. Wolf, Göttingen.

44 Illustration: Kartusche der auf S. 43 abgebildeten und beschriebenen Karte, vergrößert.
- Gedicht: Gesner 33f. Den Hinweis auf das Gedicht verdanke ich Frau M. Hueck, Wolfenbüttel.

45 Die Erläuterung der Kartusche verfertigte im wesentlichen Herr A. Knoth, Lenglern, auf der Grundlage einiger Vorarbeiten von Herrn M. Wimmers, Hann Münden, leicht überarbeitet von Frau M. Hueck, Wolfenbüttel. Die Interpretation des Gedichtes verdanke ich ebenfalls Frau M. Hueck, Wolfenbüttel.

46 Text: Imhof, 336.
- Medaillen: Gesner, Tafel im Anhang, Nr. 2 - 4.
Im Gegensatz zu Gesner sind die Medaillen hier alle in Originalgröße wiedergegeben; auf die Wiedergabe von Gesner Nr. 1 wurde verzichtet, weil diese Medaille nicht zur Inauguration ausgegeben wurde. Allerdings wurde zur Inauguration eine weitere Medaille geprägt, die bei Gesner fehlt.

Diese vierte Inaugurationsmedaille ist eine im Durchmesser auf die Hälfte (φ 2,4) reduzierte, nur leicht abgewandelte Wiederholung der großen Medaille zum 17. September 1737. Im zeitgenössischen Schrifttum bleibt diese kleine Medaille bemerkenswerterweise unbeachtet. Wohl aus diesem Grunde bezeichnen einige spätere Numismatiker das Stück als Silberabschlag vom Dukaten oder auch als Sechsteltaler.
Die mittlere Medaille (Minerva bzw. Pallas Athene) gibt es in zwei Vorderseiten-Varianten; die kleine Medaille wird bisweilen als Halbtaler angesprochen.
Die hier erwähnten fünf verschiedenen Medaillen aus der Frühzeit der Universität stammen sämtlich von der Hand des Stempelschneiders E. Hannibal (1678 - 1741) an der Münzstätte Clausthal.
Diese Hinweise zur Geschichte der Medaillen verdanke ich Herrn H.-W. Wolf, Göttingen; vgl. Kretzschmar, 41ff; Laverrenz, 129ff, Tafel XLVII-L; Lommatzsch, 103ff.

47 Illustration: Kpfrst. (13,2 x 15,8) von J. P. Kaltenhofer, Braunschw. Landesmuseum für Geschichte und Volkskunde, Braunschweig.
- Die Übersetzung der lateinischen Unterschrift fertigte freundlicherweise Frau H. Kirchertz, Göttingen; die Erklärung der allegorischen Darstellung verdanke ich Herrn K. Schmidt, Göttingen.

48 Mosheim, Titelblatt, 3ff, 221ff, Abbildungen verkleinert.

49 Illustration: Kpfrste. (28,5 x 21,6 bzw. 28,9 x 21,5) von J. G. Schmidt, Mosheim, Tafel I und II.
- Text: ebenda, 14ff, 33, 35f.

50 Illustration: Kpfrst. (31,2 x 21,5) von G. D. Heumann, Mosheim, Tafel V.
- Text: ebenda, 10.

51 Illustration: Kpfrst. von G. D. Heumann; vgl. Deneke, Künstler I, 10f.
- Text: Mosheim, 53f, 52f.

52 Titel: Pütter I, 250.
- Spruchband: "Commentarii Societatis Regiae Sciencarum Gottingensis", Titelblatt, vergrößerter Ausschnitt.
- A. v. Haller: Kpfrst., Heilmann, nach 38.
- Georg II.: Kpfrst. (14,5 x 8,4) von J. A. Fridrich.
- Text: Zimmermann, 289ff; Pütter I, 250f.

53 J. D. Michaelis: Kpfrst. (φ 6,0) von J. G. Schmidt, "Allgemeines Magazin für Prediger nach den Bedürfnissen unsrer Zeit. Herausgegeben von J. R. G. Beyer.", Titelblatt.
- Illustration: "Commentarii Societatis Regiae Sciencarum Gottingensis", Titelblatt, verkleinert.
- Text: Zimmermann, 280ff; Pütter I, 251f.

54 Med. Garten: Kpfrst. (8,4 x 13,4) von G. D. Heumann; vgl. Deneke/Scheidemann, 2f.
- Bildunterschrift: Pütter I, 235f.
- Text: Zimmermann, 281; "Göttingische Zeitungen von Gelehrten Sachen", 113. Stück vom 18. 11. 1751, 1133ff. Die Vorlage verdanke ich Herrn E. Münter, Göttingen.

55 Illustration: Kpfrst. (8,6 x 13,5) von G. D. Heumann; vgl. Deneke/Scheidemann, 2f.
- Text: "Göttingische Zeitungen von Gelehrten Sachen", 113. Stück vom 18. 11. 1751, 1129ff. Die Vorlage verdanke ich Herrn E. Münter, Göttingen.

56 Medaille: freundlicherweise zur Verfügung gestellt aus der Studiensammlung H.-W. Wolf, das Foto fertigte Herr St. Eckardt, Göttingen, an.
- Text: Pütter I, 258, 262ff; Pütter II, 294.

57 Signet: "Commentarii Societatis Regiae Sciencarum Gottingensis", Titelblatt, vergrößerter Ausschnitt.
- Text: Pütter II, 296ff; Pütter III, 527ff; Deneke, Künstler I, 26f.

58 Illustration: Kpfrst. (31,1 x 19,1) von Eberlein/Haid, Nds. Staats- und Universitätsbibliothek Göttingen, gr. 2° H.l.p. IV 68/10 Rara.
- Text: Pütter I, 63ff, 270ff; Pütter II, 309.

59 Illustration: Kpfrst. (10,6 x 15,0) von G. D. Heumann.
- Text dazu: Pütter I, 272.
- Siegel: Urkundenvordrucke der Deutschen Gesellschaft, Nds. Staats- und Universitätsbibliothek Göttingen, Cod.Ms.Deutsche Ges. 12.
- Die Erklärung der allegorischen Darstellung verdanke ich Herrn K. Schmidt, Göttingen.

60 Illustration: Penther, Tafel LXXXV.
- Text: ebenda, 99ff; Frensdorff, Münchhausen; vgl. auch Alexander, Reitinstitut, und Gresky, Fassade.

61 Illustration oben: Stbbl. (10,0 x 12,7), Stammbuch G. D. Schramm, Nds. Staats- und Universitätsbibliothek Göttingen, Cod.Ms.Hist. 47u, vergrößert.
- Illustration unten: Stbbl. (8,2 x 13,6), vergrößerter Ausschnitt; vgl. Deneke/Scheidemann, 55.
- Text: Pütter I, 308, 319.

62 Illustration: Kpfrst. (12,1 x 14,0), Dittmer, Anhang Tafel 14.
- Text: ebenda, 266f.

63 Illustration: Kpfrst. (18,5 x 18,9), koloriert, Dittmer, Anhang Tafel 15.
-   Text: ebenda, 272ff.

64 Illustration: Stbbl. (7,3 x 11,6) von G. D. Heumann, Stammbuch G. L. Cörber, Historisches Museum Hannover; vgl. Deneke/Scheidemann, 2.
-   Text: Pütter I, 210ff.

65 Illustration: Montage aus einem Kpfrst. von J. P. Kaltenhofer (Pütter I, 207) und dem Rahmen eines Kpfrst. von G. D. Heumann (vgl. Deneke/Scheidemann, 65).
-   Text: Heeren, 249ff.

66 Bücherregal: Kpfrst. (22,8 x 33,5), verkleinerter Ausschnitt aus Heumann, Tafel N. VII.
-   Studenten: Kpfrst., "Göttinger Taschen-Calender".
-   Text: Heeren, 251f; Pütter I, 219ff.

67 Bibliothekssaal: Kpfrst. (8,4 x 13,7) von J. P. Kaltenhofer; vgl. Deneke/Scheidemann, 3.
-   Studenten: Kpfrste., "Göttinger Taschen-Calender".
-   Text: Brief I. Kants an R. F. Weiss, Nds. Staats- und Universitätsbibliothek Göttingen, Cod.Ms.Philos. 182. Den Hinweis auf den Brief verdanke ich Herrn Bibliotheksdirektor H. Vogt, Göttingen; die Transkription fertigte freundlicherweise Herr W. Alexander, Göttingen.

68 Bibliothek: Kpfrst. (22,8 x 33,5), verkleinerter Ausschnitt aus Heumann, Tafel N. VII.
-   Portait: Kpfrst. (16,8 x 9,0), nach einem Gemälde von J. H. Tischbein.
-   Text: Pütter I, 247f.

69 Illustration: Stahlst.
-   Text: Nds. Staats- und Universitätsbibliothek Göttingen, Handschriftenabteilung. Dem ehemaligen Leiter der Handschriftenabteilung der Universitätsbibliothek, Herrn Dr. K. Hänel, seinem Nachfolger, Herrn Dr. H. Rolfing, und ihrem Mitarbeiter, Herrn E. Heyn, danke ich für ihre stets außerordentlich freundliche Unterstützung.
    Den Hinweis auf den Brief verdanke ich Herrn Bibliotheksdirektor H. Vogt, Göttingen; die Transkription fertigte freundlicherweise Herr W. Alexander, Göttingen.

70 Illustration: Stbbll. von E. Riepenhausen, Originalgröße.
-   Text: Goethe, 75, 82, 87. Den Hinweis auf das Zitat verdanke ich Herrn Bibliotheksdirektor H. Vogt, Göttingen.

71 Illustration: Kpfrst. (22,8 x 33,5), verkleinerter Ausschnitt aus Heumann, Tafel N. I.
-   Text: Heilmann. Die Idee zu diesem Abschnitt geht zurück auf die Kenntnis des Bittbriefs von A. v. Haller, die ich Herrn Dr. W. Gresky verdanke; vgl. Gresky, Geschichte, und Gresky, Kirche 2f.

72 Illustration: Kpfrst., Nds. Staats- und Universitätsbibliothek Göttingen, gr. 2° H.l.p. IV 68/10 Rara.
-   Text: Heilmann, 4ff; Pütter I, 89ff.

73 Kirchengarten: Zeichnung von Chr. Th. Quentin, Heilmann, nach 38.
-   Kirchenfassade: Zeichnung, Nds. Staats- und Universitätsbibliothek Göttingen, Cod.Ms.Hist. 288h.
-   Text: Heilmann, 11ff.

74 Konzept von A. v. Haller, 1748, Nds. Staats- und Universitätsbibliothek Göttingen, Cod.Ms.Hist. 288h; Heilmann, 5, 32.

75 Heilmann, 34f; die Transkription des Briefes fertigte freundlicherweise Herr W. Alexander, Göttingen.

76 Kpfrst. (31,5 x 19,5) von Eberlein/Haid, Nds. Staats- und Universitätsbibliothek Göttingen, gr. 2° H.l.p. IV 68/10 Rara.

77 Illustration: Kpfrst. von J. P. Kaltenhofer; nach einem Nachdruck der ref. Gemeinde Göttingen reproduziert mit freundlicher Genehmigung von Herrn Pastor Wehr, Göttingen; vgl. Deneke, Künstler I, 25.
-   Text: Heilmann.

78 Illustration: Bleistiftzeichnung, Feder in Braun auf hellbraunem Papier (20,8 x 25,4) von L. E. Grimm, Historisches Museum Hanau. Den Hinweis auf diese Skizze verdanke ich Frau Dr. Vera Leuschner, Zierenberg, die

in Zusammenarbeit mit dem Brüder Grimm-Museum, Kassel, das Werkverzeichnis L. E. Grimms besorgt.
-   Text: Zentralbibliothek Zürich, Familienarchiv Lavater, Nr. 534. Den Hinweis auf die Briefstellen über Lichtenberg verdanke ich Herrn U. Joost, Göttingen. August Ohage, Göttingen, stellte freundlicherweise seine Transkriptionen und Reproduktionen der Originale zur Verfügung.

79 Illustration: Bleistiftzeichnung, G. H. W. Blumenbach zugeschrieben; mit freundlicher Erlaubnis des Verfassers dem Umschlag von A. Schöne, Aufklärung, entnommen.
-   Text: Zentralbibliothek Zürich, Familienarchiv Lavater, Nr. 533.

80 Lichtenberg: Kpfrst., in Oval montiert.
-   Heyne: Kpfrst. von E. Riepenhausen, Heeren, Heyne, Vorsatzblatt, in Oval montiert.
-   Lichtenberg-Briefe: Joost/Schöne I, Nr. 393; Joost/Schöne II, Nr. 1018.
-   Verordnung: das Original stellte freundlicherweise Herr U. Joost, Göttingen, zur Verfügung.
-   Blumenbach-Aufzeichnungen: Universitäts-Archiv Göttingen, Kur. 3 K 17.
-   Brandes-Brief: Nds. Staats- und Universitätsbibliothek Göttingen, Cod.Ms. Heyne 129, Bl. 115.

81 Lichtenberg-Briefe: Joost/Schöne II, Nr. 1019, 1021, 1023.
-   Verordnung: das Original stellte freundlicherweise Herr U. Joost, Göttingen, zur Verfügung.
-   Brief an Georg III.: Universitäts-Archiv Göttingen, Kur. 3 K 17.
-   Brandes-Brief: Nds. Staats- und Universitätsbibliothek Göttingen, Cod.Ms. Heyne 129, Bl. 116.

82 Illustration: Foto einer Silberstufe, durch Rasterung verfremdet; das Foto stellte freundlicherweise Herr Prof. Dr. K.-H. Nitsch, Göttingen, zur Verfügung.
-   Text: Universitäts-Archiv Göttingen, Kur. 3 K 17; Nds. Staats- und Universitätsbibliothek Göttingen, Cod.Ms. Heyne 129, Bl. 118.

83 Joost/Schöne II, Nr. 1024, 1026; Nds. Staats- und Universitätsbibliothek Göttingen, Cod.Ms. Heyne 129, Bl. 120 - 123; Universitäts-Archiv Göttingen, Kur. 3 K 17.

84 Illustration: "Familie Schlözer 1784", Silhouette auf Glas, Original bei der Schlözer-Stiftung. Das für Küssner, Schlözer 86, angefertigte Klischee stellte freundlicherweise der Verlag Muster-Schmidt, Göttingen, zur Verfügung.
-   Text: Meiners, 256f, 273; Wedekind, 58f.

85 Illustration: Küssner, Silhouetten 1; Ebstein, Therese Heyne-Forster-Huber 193; vergrößert und in Oval gesetzt.
-   Text: Ebstein, Therese Heyne-Forster-Huber 193; Mejer, 44f.

86/87
    "Panorama von Göttingen, 2tes Blatt", Lithogr. (49,0 x 31,5) von Fr. Besemann, koloriert.

88 Illustration oben: Scherenschnitt, Ebstein, Silhouettenalbum 29, vergrößert und in Oval gesetzt.
-   Illustration unten: Kpfrst. (14,4 x 8,7) von J. Ph. Ganz, "Annalen der Braunschw.-Lüneburgischen Churlande", 1787, reproduziert nach Küssner, Schlözer 23.
-   Urkunde: nach dem Exemplar der Schlözer-Stiftung, Küssner, Schlözer 29, reproduziert mit freundlicher Genehmigung des Verlages Muster-Schmidt, Göttingen.
-   Text: Ebstein, Schlözer 122f; "Göttingen. Nach seiner ...", 53, 56.

89 Illustration: Gresky, Fahrt 11, Silhouette in Oval gesetzt und im Schulterbereich retuschiert.
-   Text: Ebstein, Bürger und Gatterer 227ff; Gatterer, 10ff.

90/91
    "Panorama von Göttingen, 1tes Blatt", Lithogr. (49,0 x 31,5) von Fr. Besemann, koloriert.

228

92 Illustration oben: "Le Baiser deviné", Kpfrst. (7,4 x 11,7) von E. Riepenhausen, "Göttingisches Taschenbuch 1812".
- Illustration unten: Kpfrste., vermutlich von E. Riepenhausen, "Göttinger Taschen-Calender 1798", Monatskupfer Nr. 6 (Ausschnitt) und 3.
- Text: Oppermann, 100 Jahre II, 28f.

93 Illustration oben: "La Poule", Kpfrst. (7,2 x 11,7) von E. Riepenhausen, "Göttingisches Taschenbuch 1812".
- Illustration unten: "Costume de Bal", Kpfrst. (11,4 x 7,5) von E. Riepenhausen, ebenda.
- Text: Meiners, 267, 265f.

94 Illustration: "Abendgesellschaft bei Prof. Planck in Göttingen, Göttingen 1824.", Federzeichnung (20,6 x 34,4) von L. E. Grimm, Brüder Grimm-Museum, Kassel, Gr. Slg. Hz.334.
- Text: Lücke, 109; Meiners, 253ff. Den Hinweis auf die Textstelle über Planck verdanke ich Herrn Prof. Dr. L. Perlitt, Göttingen.

95 Illustration: Umrißkupfer (15,6 x 21,7) von Chr. A. Besemann; vgl. Deneke, Künstler II, 103.
- Text: "Interessante Bemerkungen", 33, 37; Meiners, 268ff.

96 "Das gelehrte Göttingen", Lithogr. (36,5 x 31,5) von G. Honig.

97 Illustration: Radierung (26,6 x 22,5) von L. E. Grimm, Nds. Staats- und Universitätsbibliothek Göttingen, gr. 2° H.l.p. IV 68/10 Rara.
- Text: Pütter IV, 421.

98 Federzeichnung in Braun auf bräunlichem Papier (39,0 x 34,5) von L. E. Grimm, Brüder Grimm-Museum, Kassel, Gr.Slg. Hz.606. Den Hinweis auf die Zeichnung verdanke ich Herrn Prof. Dr. R. Smend, Göttingen.

99 Illustration: vergrößerter Ausschnitt aus der Radierung auf S. 97.
- Text oben: Dougherty, Nr. 161, 165, 166, mit freundlicher Genehmigung des Herausgebers.
- Text unten: Die Transkription fertigte freundlicherweise Herr W. Alexander, Göttingen.

100 Illustration: Kpfrst. (Φ 5,2), Nds. Staats- und Universitätsbibliothek Göttingen, gr. 2° H.l.p. IV 68/10 Rara.
- Text: Dougherty, Nr. 177, 114, 188, 200, 175, 171, 95, 99, 173, mit freundlicher Genehmigung des Herausgebers.

101 Illustration: Stbbl. (9,6 x 6,2).
- Text: Blumenbach, 1ff.

102 Illustration: "Das Geismar Thor zu Göttingen", Aquarell (23,5 x 34,6) von Chr. A. Besemann, Nds. Staats- und Universitätsbibliothek Göttingen; vgl. Deneke, Künstler II, 104.
- Text: Rössler, Göttingen 56f.

103 "Das Accouchement zu Göttingen, von innen", "Aussicht Par terre im Acouchement zu Göttingen", "Accouchement in Göttingen", Kpfrste. (jeweils 7,0 x 9,8) von Chr. A. Besemann, Nds. Staats- und Universitätsbibliothek Göttingen.

104 Mutter mit Kind: Kpfrst., "Göttinger Taschen-Calender", Ausschnitt.
- Portrait: Stbbl. (16,2 x 12,0) von E. Riepenhausen.
- Text: Pütter III, 458f, 308; Pütter IV, 279.

105 Stbbll. (7,8 x 13,2 bzw. 8,3 x 13,2) von Fr. Besemann; vgl. Deneke/Scheidemann, 61.

106 Illustration: "Aussicht von den Stufen der neuen Anatomie nach der Stadt", Lithogr. (26,5 x 39,0) von Fr. Besemann, koloriert, Ausschnitt; vgl. Deneke, Künstler II, 108.
- Text: Pütter II, 469ff.

107 Illustration: "Ansicht der neuen;X⌐ Anatomiezu Göttingen", Lithogr. (29,0 x 42,0) von Fr. Besemann, koloriert, Ausschnitt; vgl. Deneke, Künstler II, 108.
- Text: Rössler, Göttingen 50f.

108 Illustration: Radierung (26,0 x 21,9) von L. E. Grimm, Nds. Staats- und Universitätsbibliothek Göttingen, gr. 2° H.l.p. IV 68/10 Rara.
- Text: Gurlt, 664ff; "Universität Göttingen", 137f.

109 Illustration: Umrißkupfer (7,3 x 12,7) von Chr. A. Besemann; vgl. Deneke/Scheidemann, 37.
- Text: Zimmermann, 162ff, 272f.

110 Illustration: Bleistiftzeichnung von O. v. Greyerz, Familienarchiv v. Greyerz, Bern, freundlicherweise vermittelt von Herrn Dr. W. Gresky, Göttingen.
- Text: Rössler, Göttingen 50f.

111 Illustration: "Das neue akademische Hospital zu Göttingen",Lithogr. (25,0 x 38,0) von Fr. Besemann, Nds. Staats- und Universitätsbibliothek Göttingen, gr. 2° H.l.p. IV 68/10 Rara; vgl. Deneke, Künstler II, 109.
- Text: Unger, 145f.

112 Illustration: Radierung (24,0 x 17,8) von L. E. Grimm, Nds. Staats- und Universitätsbibliothek Göttingen, gr. 2° H.l.p. IV 68/10 Rara.
- Text: Pütter IV, 280; Pütter III, 315.

113 Illustration: Lithogr. (22,0 x 16,5) von Fr. Hanfstaengel, Nds. Staats- und Universitätsbibliothek Göttingen, gr. 2° H.l.p. IV 68/10 Rara.
- Text: Pütter III, 459ff, 467; Pütter IV, 280; Rothmund, 435.

114 Illustration: Kpfrst. (9,1 x 15,1) von Chr. A. Besemann, koloriert, Nds. Staats- und Universitätsbibliothek Göttingen.
- Text: Zimmermann, 165; Rössler, Göttingen 39. Für die Hinweise zur Geschichte des Botanischen Gartens danke ich Herrn W. Richter, Göttingen.

115 Botan. Garten: Kpfrst. (9,3 x 11,8) von Chr. A. Besemann, Nds. Staats- und Universitätsbibliothek Göttingen; vgl. Deneke, Künstler II, 102.
- Treibhaus: Kpfrst. (23,0 x 35,5) von Chr. A. Besemann, verkleinerter Ausschnitt, Städt. Museum Göttingen.

116 Illustration: Lithogr. (25,0 x 36,0) von Fr. E. Ritmüller, Ausschnitt.
- Text: Sartorius v. Waltershausen, 2; den vollständigen, erläuternden Text nebst Klärung der rätselhaften Unterschrift verdanke ich Herrn Dipl.-Ing. H. Michling, Bremke, ohne dessen tiefe Kenntnis von Gauß und dessen Umfeld diese Karikatur uns wohl unerschlossen geblieben wäre.

117 Illustration: Federzeichnung (21,7 x 20,0) von Fr. E. Ritmüller, Kunstgesch. Seminar und Kunstsammlung der Universität Göttingen. Ich danke Herrn Dr. G. Unverfehrt, Göttingen, durch dessen Vermittlung dieses Blatt hier erstmals veröffentlicht werden kann.

118 Sternwarte: Stbbl. (8,1 x 13,8) "bey Grape"; vgl. Deneke/Scheidemann, 18.
- Portrait: Kpfrst. (7,0 x 6,0) von Kaltenhofer/Westermayr, Nds. Staats- und Universitätsbibliothek Göttingen, gr. 2° H.l.p. IV 68/10 Rara.
- Text: Rössler, Göttingen 45f; Pütter I, 68ff.

119 Illustration: "Aussicht vom Walle zu Göttingen nach der Sternwarte", aquarellierte Federzeichnung (11,2 x 17,7), unsigniert, Fr. Besemann zugeschrieben, Städt. Museum Göttingen; vgl. Küssner, Gauß 19.
- Text: Rössler, Göttingen 46f; Pütter III, 488.

120 Portrait Weber: Lithogr.
- Portrait Gauß: Lithogr. von Fr. E. RiTmüller, freundlicherweise zur Verfügung gestellt von Frau E. Rentrop, Göttingen.
- Brief: Nds. Staats- und Universitätsbibliothek Göttingen, Cod.Ms. Gauß Physik 7; vgl. Drogge, 86. Herrn H. Drogge, Göttingen, danke ich für ausführliche Beratung; seine Veröffentlichung regte mich zur Gestaltung der Seiten 120/23 an.

121 Phys. Cabinet: Stbbl. (7,9 x 12,8) von E. Riepenhausen, verkleinerter Ausschnitt; vgl. Deneke/Scheidemann, 47.
- Ablesefernrohr, Sender: Drogge, 94, 97, mit freundlicher Genehmigung des Verfassers.
- Stadtplan: Kpfrst. (11,8 x 16,5) nach Chr. A. Besemann.
- Sternwarte: Stbbl. (7,6 x 13,0) von H. Grape; vgl. Deneke/Scheidemann, 23.

122 Illustration: Lithogr. (29,0 x 43,0) von Fr. Besemann, Ausschnitt, der Draht nachträglich eingezeichnet.
- Text: Korrespondenz Webers mit der Stadt Göttingen; die Vorlage stellte freundlicherweise Herrn U. Joost, Göttingen, zur Verfügung.

123 Text rechts: "Göttinger Zeitung", 13. Jg., Nr. 3887 vom 14.9.1876.

124 Illustration: Zeichnung von l'Allemand; das Original stellte freundlicherweise Herr Dr. H.-H. Ecke, Winsen, ein Nachfahre Wöhlers, zur Verfügung.
- Text: Hofmann, 3148f; bei der Zusammenstellung des Textes und der Auswahl der Abbildungen hat mich Herr Dr. G. Beer, Institut für Anorganische Chemie, Göttingen, in außerordentlich entgegenkommender Weise beraten.

125 Fotographie, Deutsches Museum, München, Bildnummer 43498, freundlicherweise zur Verfügung gestellt von den Alcan-Aluminiumwerken GmbH., Nürnberg.

126 Illustration: Xylogr. (6,0 x 10,0), Rössler, Göttingen 48.
- Text: ebenda, 48f.

127 Illustration: Krätz, 53; Wiedergabe der Fotographie mit freundlicher Genehmigung des Deutschen Museums, München.
- Text links: Karmarsch/Heeren.

128 Illustration: Medaille (⌀ 2,5), Krätz, 51; Wiedergabe der Fotographie mit freundlicher Genehmigung des Deutschen Museums, München.
- Text: "Annalen der Chemie und Pharmacie", Bd. 93, 1855, 365; Hofmann, 3262f.

129 Illustration: Das Marmormedaillon (⌀ 39,0) im Bronzerahmen (86,0 x 65,0) fertigte Prof. E. Lürssen. Die Medaille (⌀ 9,8 cm, Gew. 331,2 g) wurde vom "Comité für die Überreichung einer Ehrengabe an Friedrich Wöhler bei der Feier seines [80.] Geburtstages" herausgegeben; den Bronzeguß besorgte H. Spangenberg und die Vergoldung R. Thiele nach einem Entwurf von Prof. E. Lürssen nach dem Marmormedaillon. Die Vorlagen stellte das Museum der Göttinger Chemie im Fachbereich Chemie der Universität unter freundlicher Vermittlung von Herrn Dr. G. Beer, Göttingen, zur Verfügung.
- Text: Hofmann, 3262-3264.

130 Ansicht: vermutlich Städt. Museum Göttingen.
- Text: Faksimile nach Schöne, Gedichte; Wiedergabe mit freundlicher Genehmigung des Verlages Vandenhoeck & Ruprecht, Göttingen.

131 Portrait Voß: Kpfrst., vergrößert.
- Hainbund-Gründung: Xylogr.
- Text: Schöne, Gedichte; Rosenthal.

132 Schöne, Gedichte; mit freundlicher Genehmigung des Verlages Vandenhoeck & Ruprecht, Göttingen.

133 Motto: Schöne, Gedichte, Umschlagrückseite; mit freundlicher Genehmigung des Verlages Vandenhoeck & Ruprecht, Göttingen.
- Klopstock: Kpfrst. (8,4 x 8,1) von E. Riepenhausen.
- Dichterbund: Radierung, freundlicherweise zur Verfügung gestellt von Frau E. Rentrop, Göttingen.
- Text: Rosenthal, 200.

134 Illustration: Kpfrst. (9,7 x 5,9).
- Text: Osterwald 201f.

135 Silhouetten: Scherenschnitte, Ebstein, Bürger und Dieterich, Vorsatzblätter, in Oval gesetzt, Silhouette Bürgers gekontert und im Hals-/Brustbereich retuschiert.
- Illustration: Stbbl. (13,1 x 8.0) von E. Riepenhausen, gekontert.
- Text: Ebstein, Bürger 116ff.

136 Illustration: Scherenschnitte, Küssner, Gauß 50, gekontert und in Oval gesetzt.
- Brief: Lichtenberg an Chr. G. Heyne, Nds. Staats- und Universitätsbibliothek Göttingen, Cod.Ms. Licht. II,1; Transkription Leitzmann/Schüttekopf III, 115f.
- Tagebucheintrag: Nds. Staats- und Universitätsbibliothek Göttingen, Cod.Ms. Licht. IV,1,XIII; Transkription Promies, 89, dort orthographisch normalisiert.

137 Denkmal: Stbbl. (7,5 x 12,9).
- Text: Osterwald, 201f.
- Biographischer Text: Pütter II, 207f; Pütter III, 141.
- Allegorie: Stbbl. (7,0 x 6,8), vermutlich von E. Riepenhausen, Nds. Staats- und Universitätsbibliothek Göttingen.

138 Portrait: Radierung (20,9 x 16,8) von L. E. Grimm, mit freundlicher Genehmigung des Brüder Grimm-Museums, Kassel, Gr.Slg.Graph. 72/2.
- Entbindungsanstalt: "Das Entbindungs-Hospital", Stbbl. von H. Grape; vgl. Deneke/Scheidemann, 23.
- Text: M. Heine.

139 Accouchierhaus: Stbbl. (7,8 x 12,9) von E. Riepenhausen.
- Paare: Kpfrste., "Göttinger Taschen-Calender 1796".
- Partie am Wall: Lithogr. (29,5 x 43,0) von Fr. Besemann, Ausschnitt; vgl. Deneke, Künstler II, 109f.
- Gedicht: H. Heine, Reisebilder.

140 Text: "Die Spinnstube", Sonntagsbeilage der "Göttinger Zeitung", Nr. 47, 29. November 1925.

141 Illustration: Stbbl. (7,7 x 13,1), Ausschnitt.
- Text: "Die Spinnstube", Sonntagsbeilage der "Göttinger Zeitung", Nr. 47, 29. November 1925; H. Heine, Reisebilder.

142 Illustration: Lithogr. von Fr. Besemann, Städt. Museum Göttingen.
- Text: Pütter IV, 34.

143 Illustration: Radierung (27,8 x 22,6) von L. E. Grimm, Nds. Staats- und Universitätsbibliothek Göttingen, gr. 2° H.l.p. IV 68/10 Rara, verkleinerter Ausschnitt.
- Text: Staatsbibliothek Preußischer Kulturbesitz, Berlin, Nachlaß Grimm, Kasten A, Br. J. Grimm; Transkription Leitzmann, 558f.

144 Illustration: "Vorlesung in der Wohnung an der Allee in Göttingen. 28.5.1830.", Federzeichnung (22,3 x 27,7) von L. E. Grimm, Städt. Museum Göttingen.
- Text: Crome.

145 Text: Crome.
- Buchtitel: Nds. Staats- und Universitätsbibliothek Göttingen, verkleinert.

146/47 Lithogr. von Fr. Besemann, Städt. Museum Göttingen.

148 Illustration: Kpfrst. (9,8 x 15,4), Nds. Staats- und Universitätsbibliothek Göttingen, gr. 2° H.l.p. IV 68/10 Rara.
- Text: Deneke, Studenten-Auszüge.

149 Illustration: Kpfrste., vermutlich von Fr. Besemann; vgl. Deneke/Scheidemann, 39.
- Text: Deneke, Studenten-Auszüge.

150 Silhouette: Scherenschnitt, "Tagebuch von Fr. G. A. Schmidt", in: "Schmidt'sche Familiennachrichten", Vorsatzblatt, freundlicherweise zur Verfügung gestellt von Frau R. Schnelle.
- Text: ebenda; Saathoff II, 112; "Der Göttinger Student", 150, 163, 168; vgl. auch Fahlbusch.
- Illustration: Kpfrst. (8,8 x 5,0) von E. Riepenhausen, "Göttinger Taschen-Calender", Monatskupfer für Mai.

151 Illustration: "Demolirung des Schreiner Schilds von denen Göettinger Herren Studenten zu Göettingen den 25ten July 1790", Radierung (16,5 x 20,0) "Kbld. fecit", J. W. Kobold (1740-1803, in Kassel tätig), zugeschrieben.
- Text: "Tagebuch von Fr. G. A. Schmidt", vgl. Nachweise zu S. 150.

152 Illustration: Radierung (15,7 x 24,4) "bey Grape".
- Text: "Tagebuch von Fr. G. A. Schmidt", vgl. Nachweise zu S. 150.

153 Kerstlingerode: Stbbl. (7,8 x 11,8) von J. Ph. D. Reuß; vgl. Deneke/Scheidemann, 4.
- Hainholzwarte: Kpfrst. (12,3 x 18,0) von Zimmer/Reuß; vgl. Deneke, Künstler I, 61.
- Text: Deneke/Scheidemann, 34.

154 Illustration: Kpfrst. (11,7 x 28,4), Institut für Hochschulkunde, Würzburg. Herrn U. Becker danke ich für seine freundliche Vermittlung.
- Text: Oppermann, 100 Jahre II, 5ff.

155 Illustration: Kpfrst. (16,5 x 36,0) von Zimmer/Riepenhausen, Ausschnitt; vgl. Deneke, Künstler I, 61.
- Text: "Tagebuch von Fr. G. A. Schmidt", vgl. Nachweise zu S. 150.

156 Illustration: Kpfrste. von E. Riepenhausen, "Göttinger Taschen-Calender", mehrere Jahrgänge.
- Text: "Tagebuch von Fr. G. A. Schmidt", vgl. Nachweise zu S. 150.

157 Illustration oben: Kpfrst. (17,8 x 30,0) von Chr. A. Besemann; vgl. Deneke, Künstler II, 105.
- Illustration unten: Stbbl. (7,2 x 13,8), Nds. Staats-
und Universitätsbibliothek Göttingen, gr. 2° H.l.p. IV
68/10 Rara.
- Text: Saathoff II, 142.

158 Illustration oben: "Stadtansicht von Westen", vermutlich Städt. Museum Göttingen.
- Illustration unten: Kpfrst. (12,2 x 8,7) von E. Riepenhausen; vgl. Deneke/Scheidemann, 52.
Herrn Prof. Dr. L. Perlitt, Göttingen, verdanke ich die
Erläuterung der Bildunterschrift: Die griech. Unterschrift lautet in wörtlicher Übersetzung "Ruhm habe
ich nicht ohne viele Mühen erlangt". Dieses Zitat
stammt aus der "Andromeda" von Euripides, die nur in
Fragmenten überliefert ist. Schon in der Spätantike
hat Stobaios die ältere Literatur in einem "Florilegium" (= Blütenlese) gesammelt. Das Zitat steht in Stobaios, Florilegium 29, 20 (vgl. auch A. Nauck, Tragico-
rum Graecorum Fragmenta, Hildesheim 1964, Nr. 134).
Wir würden heute sagen "Ohne Fleiß kein Preis".
- Text: "Academische Gesetze 1763", 12.

159 Illustration: "Drei Studenten, vorn am Tisch stehend,
mit Weingläsern anstoßend", Stbbl. (5,6 x 9,0) von E.
Riepenhausen; vgl. Deneke/Scheidemann, 53.
- Text: "Interessante Bemerkungen", 130ff.

160 Illustration: Zeichnung (9,2 x 16,0), Druck und Verlag
von J. B. C. Förtsch, Würzburg. (Obwohl nicht Göttinger Provenienz, ist das Blatt hier wiedergegeben, weil
es eine Szene zeigt, die auch für Göttingen typisch
ist.)
- Text: List, 233ff; Hochheimer, 67.

161 Willich, 34ff.

162 Illustration: "Wüste Buden-Szene mit Dienstbesen",
Stbbl. (8,6 x 12,6) von E. Riepenhausen; vgl. Deneke/
Scheidemann, 52.
- Text: List, 239ff; Hochheimer, 157.

163 Illustration: "Das neue Universitäts Gebäude zu Göttingen 1837", Lithogr. von Fr. Besemann, laviert, Ausschnitt.
- Text: List, 243f, 125ff.

164 Illustration: Stbbl. (11,9 x 5,9) von Chr. A. Besemann,
koloriert; vgl. Deneke/Scheidemann, 38.
- Text: Hochheimer, 157ff; Willich, 12f.

165 Illustration: "Das neue Universitäts Gebäude zu Göt-
tingen 1837", Lithogr. von Fr. Besemann, Ausschnitt,
Städt. Museum Göttingen.
- Text: Wallis, Student 105ff.

166 Illustration: "Kneipe des Corps Brunsviga", Lithogr.,
Institut für Hochschulkunde, Würzburg. Herrn U.
Becker danke ich für seine freundliche Vermittlung.
- Text: Wallis, Student 105.

167 Illustration oben: "Studentischer Commersch", Stbbl.
(8,8 x 10,4) von E. Riepenhausen; vgl. Deneke/Scheide-
mann, 52.
- Illustration unten: "Landesvater", Stbbl. (7,2 x 12,9)
von E. Riepenhausen; vgl. Deneke/Scheidemann, 51.
- Text: "Academische Gesetze 1763", 20; Wallis, Student
163.

168 Illustration: Stbbl. (7,0 x 12,5) von E. Riepenhausen;
vgl. Deneke/Scheidemann, 52.
- Text: "Gesetze für die Studirenden", 19.

169 Illustration: "Punchkneipe mit Schmollis", Stbbl. (8,7
x 14,2) von E. Riepenhausen; vgl. Deneke/Scheidemann,
52.
- Text: "Interessante Bemerkungen", 9f; Wallis, Student,
Anhang 20.

170 Illustration: Stbbl. (8,2 x 14,2) von Chr. A. Besemann;
vgl. Deneke/Scheidemann, 37.
- Text: List, 20ff.

171 Illustration: Stbbl. (7,8 x 14,0) von E. Riepenhausen;
vgl. Deneke/Scheidemann, 47.
- Text: List, 25ff.

172 Illustration: "Student reitet sein Steckenpferd -
Jagd", Stbbl. (7,0 x 10,6) von E. Riepenhausen, gekontert; vgl. Deneke/Scheidemann, 55.

- Text: List, 179ff; "Gesetze für die Studirenden", 22.

173 Illustration: "Student reitet sein Steckenpferd -
Spiel", Stbbl. (6,8 x 7,0) von E. Riepenhausen; vgl. De-
neke/Scheidemann, 55.
- Text: List, 204, 37ff.

174 Illustration: Stbbl. (8,6 x 13,7) von Chr. A. Besemann,
überarbeitet von E. Riepenhausen; vgl. Wolf, Abb. 2.
- Text: List, 165ff.

175 Illustration: Stbbl. (5,5 x 14,1) von E. Riepenhausen;
vgl. Deneke/Scheidemann, 44.
- Text: List, 169ff.

176 Illustration: "Göttinger Mensur auf gerade Säbel",
Lithogr. (33,0 x 46,0) von C. Rohde, koloriert, Institut
für Hochschulkunde, Würzburg.
Herrn U. Becker danke ich für seine freundliche Vermittlung und die Erläuterung des Blattes: Die darge-
stellte Mensur zwischen den Corps Bremensia (links)
und Nassovia (bestehend 1826-1844/45, rechts), fand am
12.12. 1837 im Deutschen Haus, Göttingen, statt. Die
Zuschauer sind Angehörige Göttinger Corps, sowie hinten links der Gastwirt Kaiser. Bei dem Künstler C.
Rohde könnte es sich um einen Angehörigen des Corps
Brunsviga handeln; vgl. Brüning u.a., 208.
- Text: List, 170ff.

177 Bismarckhaus: "Einfluß der Leine in Göttingen", Stbbl.
(7,7 x 12,7) von Fr. Besemann, Ausschnitt; vgl. Deneke/
Scheidemann, 58.
- Text: Universitäts-Archiv Göttingen; die Transkription
verdanke ich Herrn W. Alexander, Göttingen.

178 Illustration: Lithogr. (29,0 x 43,0) von Fr. Besemann,
Ausschnitt.
- Text: Forsch, 79ff.

179 Illustration: Stbbl. (11,5 x 8,1) von E. Riepenhausen.
- Text: H. Heine, Reisebilder 98ff; Forsch, 79ff.

180 Illustration: Stbbl. (7,8 x 11,9) von E. Riepenhausen,
Ausschnitt.
- Text: Forsch, 79ff.

181 Illustration: 3 Stbbll. von J. C. Eberlein, Ausschnitte;
vgl. Deneke/Scheidemann, 10.
- Text: Osterwald, 197ff.

182 Illustration oben: Stbbl. (10,0 x 16,1), verkleinerter
Ausschnitt.
- Illustration unten: Kpfrst., "Göttinger Taschen-Calen-
der 1798", Titelblatt.
Text: das Faksimile vermittelte das Staatsarchiv des
Kantons Aargau, Aarau, aus dem Bestand des Stadtar-
chivs Aarau, Nachlaß Feer; für eingehende Beratung
danke ich Herrn Archivar H. Walti. Die Idee und den
Hinweis auf die Stellen verdanke ich dem Spezialisten
für Schweizer Fundstellen zur Göttinger Geschichte,
Herrn Dr. W. Gresky, Göttingen. Die Transkription fer-
tigte freundlicherweise Herr W. Alexander, Göttingen.

183 Illustration: Kpfrst. (14,9 x 30,0) von E. Riepenhausen,
verkleinert.
- Die "Tabelle" stellte Herr E. Knodt, Lenglern, freundlicherweise zur Verfügung.

184 Selle, Georg-August-Universität 261f; Hassell, 298f;
"Göttinger Monatsblätter", Nr. 83, Januar 1981.

185 Illustration: Bemalung eines Pfeifenkopfes, Brüning
u.a., 179, mit freundlicher Genehmigung des Corps Bremensia.
- Text: Selle, Georg-August-Universität 262; Hassell,
299; die Verordnung stellte freundlicherweise Herr E.
Reifert, Göttingen, zur Verfügung.

186 Illustration: Federzeichnung (18,3 x 16,3), Nds. Staats-
und Universitätsbibliothek Göttingen, gr. 2° H.l.p. IV
68/10 Rara.
- Text: Hassell, 299f; Petri, 250f, 246f; Brüning, 53.

187 Hassell, 300f; Brüning, 53; Selle, Georg-August-Universität 263; die Verordnungen stellte freundlicherweise Herr E. Reifert, Göttingen, zur Verfügung.

188 Selle, Georg-August-Universität 263ff; Forsch, 203f;
die Verordnungen stellte freundlicherweise Herr E.
Reifert, Göttingen, zur Verfügung.

189 Herzog Adolph Friedrich: Stbbl. (9,6 x 9,0) von E. Riepenhausen.
- Rauschenplath: Lithogr. von Fasoli/Ohlmann, Öffentliche Bibliothek der Universität Basel.
- Text: Forsch, 203f; Brüning, 54; Selle, Georg-August-Universität 265; die Verordnung stellte freundlicherweise Herr E. Reifert, Göttingen, zur Verfügung.

190 Titel: Rettberg, Titelblatt.
- Illustration: Kpfrst. (29,0 x 40,5) von E. Riepenhausen.
- Text: Schumacher, 1ff.

191 Schumacher, Vorsatzblatt, 4ff.

192 Rettberg, 7f; Brüning u.a., 199f.

193 Illustration: Lithogr. (23,5 x 28,5) von C. Rohde, koloriert.
- Text: Brüning u.a., 200.

194 Illustration oben: Kpfrst. (6,0 x 17,3).
- Illustration unten: Stbbl. (7,7 x 12,8) von Fr. Besemann.
- Text: Rettberg, 3.

195 Pütter IV, Tafel 2 (nach 76), 76f.

196 Illustration: Lithogr. (23,5 x 28,5) von C. Rohde, koloriert.
- Text: Rettberg, 4.

197 Illustration: Xylogr., freundlicherweise zur Verfügung gestellt von Herrn W. Alexander, Göttingen.
- Text: Rettberg, 11ff.

198 Hassell, 381; Oppermann, 100 Jahre VI, 235ff; Willis, 172; Treitschke, 643f; Oppermann, Geschichte 131f.

199/200 Oppermann/Bock, 160-174.

201 Illustration: Federzeichnung (25,5 x 17,5) von Fr. E. Ritmüller, Kunstgesch. Seminar und Kunstsammlung der Universität Göttingen. Ich danke Herrn Dr. G. Unverfehrt, Göttingen, durch dessen Vermittlung dieses Blatt hier erstmals veröffentlicht werden kann.

202 Lithogr. von Fr. E. Ritmüller, Nds. Staats- und Universitätsbibliothek Göttingen.

203 Smend, 3f; Hassell, 383ff.

204 Oppermann, 100 Jahre VI, 278ff; Kück, 90, 105f; Hassell, 391.

205 Hassell, 391; Oppermann, 100 Jahre VI, 282f; Kück, 45;
- "Protokolle über die Sitzungen des Vereins für die Geschichte Göttingens im neunten Vereinsjahr 1900 - 1901", 2. Bd., 4. Heft, Göttingen 1901, 52; O. Deneke, "Bergmanns Garten", in: "Die Spinnstube", Sonntagsbeilage der "Göttinger Zeitung", Nr. 33, 23. August 1925, 522ff.

206 Illustration: Lithogr. (7,5 x 12,5).
- Text: Hassell, 523f.

207 Illustration: Stbbl. (7,6 x 13,2) von H. Grape; vgl. Deneke/Scheidemann, 22.
- Text: Hassell, 524f.

208 Illustration: Aquatinta (23,2 x 27,5) von C. Lödel.
- Text: Hassell, 525; Brüning u.a., 291.

209 Illustration: Lithogr. (20,0 x 28,0) von Fr. Besemann; vgl. Deneke, Künstler II, 109; Institut für Hochschulkunde, Würzburg. Herrn U. Becker danke ich für seine freundliche Vermittlung.
- Text: Brüning u.a., 291f; Eberwien, 100ff.

210 Illustration: Aquatinta (26,2 x 32,0) von C. Lödel.
- Text: Frensdorff, Göttingen 6ff; Eberwien, 102.

211 Illustration: "Jubelfest", 163, 167.
- Text: Brüning u.a., 530; Geißler, 207; "Jubelfest", 166f.

212 Illustration: Xylogr. (35,0 x 49,5), Geißler, Jubeltage 208.
- Text: ebenda, 207; "Göttinger Freie Presse", Nr. 1490 vom 11. August 1887, 2; "Jubelfest", 167.

213 Illustration: Xylogr. (23,0 x 34,0) nach R. Geißler, Geißler, Geburtsfeier 132.
- Text: ebenda, 135; "Göttinger Freie Presse", Nr. 1490 vom 11. August 1887, 1.

220/221
- Illustrationen: Stbbll. von E. Riepenhausen, verkleinert.
- Text: "Herzog August", 24f, ergänzt und überarbeitet von Herrn W. Hinrichs, Göttingen.

233 Universitäts-Archiv Göttingen, Kur. 8c1.

Ohne breiteste Unterstützung, sowohl bei der Suche und Auswahl des Materials als auch bei der technischen Ausführung, wäre dieses Buch nicht möglich geworden. Stellvertretend für alle, die mir geholfen haben, kann ich nur einige nennen.

Frau M. Schmerbeck und Herr M. Pietzek entlasteten mich in bester und bewährter Weise von der Arbeit in meiner Firma. Nur so erhielt ich die Zeit für die Arbeit an diesem Buch.

Frau U. Koltermann, Herr W. Hinrichs und Herr M. Kolossa unterstützten mich beim Zusammentragen und Zusammenstellen des Materials – ohne Rücksicht auf Urlaub, Wochenenden oder fortgeschrittene Nachtstunden.

Herr H.-W. Bick und seine Mitarbeiter fertigten mit viel Geduld und Können die Druckvorlagen; die Fa. Fr. Haensch und ihre Mitarbeiter waren jederzeit bereit, neue Satzwünsche zu erfüllen.

Besonders bedanken möchte ich mich bei meiner Frau, die mir nicht nur stets mit ihrem Rat zur Seite gestanden hat, sondern auch während turbulenter Wochen der ruhende Pol der Familie war.

Und nicht zuletzt gilt mein ganz herzlicher Dank meiner Schwiegermutter, Frau H. Rasch, für ihre großzügige Hilfe.

H.-H. Himme

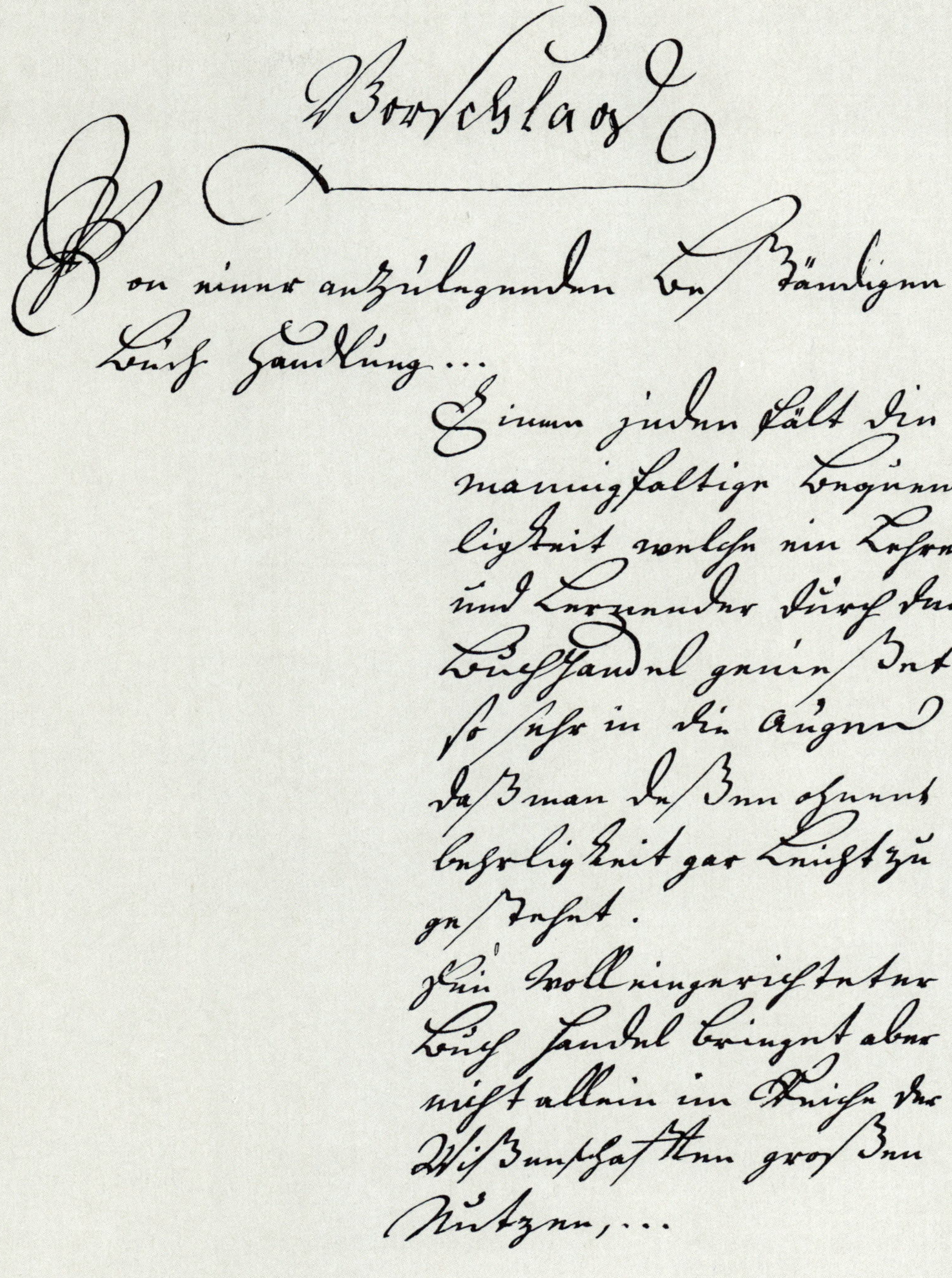

[Handschriftlicher Text:]

Vorschlag

Von einer anzulegenden beständigen Buch Handlung ...

Einem jeden fält die mannigfaltige Bequemlichkeit welche ein Lehrer und Lernender durch den Buchhandel genießt so sehr in die Augen daß man deßen ohnentbehrligkeit gar leicht zugestehet.

Ein wolleingerichteter Buch Handel bringet aber nicht allein im Reiche der Wißenschafften großen Nutzen, ...

Vorschlag von einer anzulegenden beständigen Buchhandlung . . .
Elias Luzac, Buchhändler . . . [später in Göttingen], an den Geheimen Rat in Hannover, 1751/52

Es wäre eine überflüssige Arbeit, wenn man den Nutzen untersuchen und ausführen wolte, den eine wolleinge-richtete Buch-Handlung im Reiche der Wissenschaften zu Wege bringet. Einem jeden fält die mannigfaltige Bequemligkeit welche ein Lehrer und Lernender durch den Buchhandel genießet, so sehr in die Augen, daß man dessen ohnentbehrligkeit gar leicht zugestehet. Ein wolleingerichteter Buchhandel bringet aber nicht allein im Reiche der Wissenschaften großen Nutzen, sondern das gantze gemeine Wesen nimt daran Theil; denn durch eine eintzige recht gute Buch-Handlung werden viele Familien im Lande ernähret, die ohne dieselbe darben müssen; wenn nun, wie schwerlich jemand daran zweifeln wird, die Glückseeligkeit und der Reichthum eines Landes um desto größer ist, je mehr Familien sich darin ernähren, so wird der Beytrag der einem Lande durch eine wolleingerichtete Buch-Handlung zuwächset, in die Augen fallen, wenn man erweget, wie viele Papiermacher, Buchdrucker, Setzer, Schrifftgießer, Buchbinder, Correctores, Kupfferstecher, Kupfferdrucker, Pergament-macher p.p. dadurch unterhalten werden. Alle diese Künstler und Handwerker theilen ihren Verdienst mit vielen andern Handwerkern, die theils zu ihrem Unterhalt und Kleidung, theils zu denen, Behueff ihrer Arbeit nöhtigen instrumenten das ihrige beytragen.

Bereits zwei Jahre vor Gründung der Universität
im Jahre 1735 erhielt A. Vandenhoeck die Erlaubnis,
in Göttingen neben Verlag und Druckerei auch eine
AKADEMISCHE BUCHHANDLUNG
zu betreiben. Diese wurde 1879 von G. Calvör
erworben und ist seitdem unter dem Namen

Akademische Buchhandlung Calvör

im Dienste der Wissenschaft und zur Erbauung der
Leser in der Weender Straße tätig.

Deuerlichsche Buchhandlung & Leihbibliothek in **GÖTTINGEN**

Weender Straße No 59.

Lager der
GANGBARSTEN BÜCHER
roh und eingebunden.

Wissenschaftliche und
Belletristische Werke.

Schul & Andachts-Bücher.

Haus- und Landwirth-
schaftliche Werke.

Kinderschriften.

Landkarten & Atlasse.

Zeitschriften und Journale.

MUSIKALIEN.

Neuigkeiten aus allen Fächern
der Literatur.

Deutsche, französische und
englische Leihbibliothek.

Französischer Lese-Zirkel.

Subscription auf alle Werke.

**ALLE AUFTRÄGE WER=
DEN PROMPT & BILLIG
BESORGT!**

Göttingen d 15ter October 1845.

P. P.

Hiermit erlaube ich mir, Ihnen die ergebenste Anzeige zu machen, daß ich das, laut Circulair vom 24 Juni 1843 mit meiner Mutter auf gemeinschaftliche Rechnung bislang fortgeführte Geschäft, seit Anfang dieses Jahres, für meine eigne Rechnung übernommen habe und unter der Firma

DEUERLICHSCHE BUCHHANDLUNG

auch fernerhin fortführen werde.

Es leidet das Geschäft hierdurch nicht die mindeste Aenderung, vielmehr soll es mein Bestreben sein durch eine schnelle und pünctliche Besorgung aller Aufträge, meine geehrten Geschäftsfreunde zufrieden zu stellen.

Eine rasche Verbindung mit Leipzig, setzt mich in den Stand, die neuesten Erscheinungen, aus allen Fächern der Literatur, so wie auch Zeitschriften und Journale, in kürzester Zeit, liefern zu können.

Ferner übernehme ich Subscription auf alle, so wohl von mir, als auch von andern Buchhandlungen, angekündigte Werke und Zeitschriften, und zwar unter Zusicherung der üblichen Vortheile.

Mein Lager von Wissenschaftlichen und Belletristischen, Haus- und Landwirthschaftlichen Werken, Erbauungsschriften, Schul- und Kinderbüchern, in eben so geschmackvollen als dauerhaften Einbänden, als dann Musikalien, Landkarten, Atlassen u. s. w. halte ich ganz besonders empfohlen, und werde ich stets bemüht sein, dasselbe zu vergrößern.

Bücher u. s. w. welche etwa nicht vorräthig sein sollten, kann ich innerhalb 8 Tagen von Leipzig herbeischaffen und erbiete ich mich, alle auswärtige Bestellungen, per Post franco abzusenden.

Die neu erscheinenden Werke, werde ich auch fernerhin zur Ansicht verschicken, ebenso Kataloge, Anzeigen und Subscriptions-Ankündigungen.

Auf meine Leih-Bibliothek, die jetzt eine Auswahl der besten schöenwissenschaftlichen Werke, in deutscher, französischer und englischer Sprache, von nahe an 15000 Bände (ohne die Doubletten) darbietet, werde ich stets alle meine Sorgfalt verwenden.

Ein jährlich erscheinender Katalog, ist dazu bestimmt, die geehrten Theilnehmer, von den neuesten Anschaffungen in Kenntniß zu setzen und bin ich gern bereit, Wünsche Einzelner, nach Kräften zu berücksichtigen.

Um auch den außerhalb Göttingens wohnenden resp. Theilnehmern, die neuen Werke frühzeitig zukommen lassen zu können, werde ich von den gelesensten Schriften doppelte Exemplare anschaffen.

Kataloge, denen die Lese-Bedingungen vorgedruckt sind, versende ich jederzeit auf Verlangen.

Der unabhängig von meiner Leih-Bibliothek bestehende französische Lese-Zirkel, hat seinen angeordneten Fortgang.

Nur die neuesten Schriften der französischen Literatur und zwar aus dem Fache der Belletristik und Geschichte, Biographien und Memoiren, Statistik und Reisebeschreibungen, werden nach sorgfältiger Prüfung aufgenommen.

Die Verwechselung geschieht alle 14 Tage und gelangen alsdann den geehrten Theilnehmern, 2 bis 3 Theile in die Hände, wofür nur 5 Rgßl pro Semester berechnet werden.

Es empfiehlt sich mit ausgezeichneter Hochachtung

Ganz ergebenst

Gustav Deuerlich

235

J. Chr. Dieterich

Johann Christian Dieterich ist am 25. Mai 1722 in Stendal in der Altmark geboren als Sohn eines Goldschmieds. ... Dieterich ging — der genaue Zeitpunkt ist nicht bekannt — nach Berlin, um dort die „Handlung" zu erlernen, und betrieb dann ... Seidenhandel. In der einschlägigen Literatur ist er nicht erwähnt, und es ist zweifelhaft, ob er sich selbständig gemacht hat. Etwas Kapital dürfte er aber erworben haben, denn 1749 tritt er in Gotha — wie es scheint als Geschäftsführer, vielleicht als Teilhaber — in die Buchhandlung von Johann Paul Mevius ein und heiratet zwei Jahre später dessen sechzehnjährige Tochter Christiane Elisabeth Dorothea. ...

Auch die Gothaer Handlung aber vermochte seinen Tatendrang noch nicht zu befriedigen. Schon bald nach des Schwiegervaters Tod (1762) begann er Verhandlungen mit dem Kuratorium der Göttinger Universität in Hannover über die Einrichtung einer zweiten Universitätsbuchhandlung als ergänzendes und konkurrierendes Unternehmen neben dem dort seit 1735 bestehenden Verlag von Abraham Vandenhoeck (nach 1750 Verlag der Witwe Vandenhoeck). Man darf vermuten, daß der Göttinger Jurist Johann Stephan Pütter, der 1762/63 die herzoglichen Prinzen in Gotha über Staatsrecht unterrichtete und in dieser Zeit Dieterich kennengelernt haben wird, als spiritus rector im Hintergrund wirkte. Die erste Erwähnung in den Akten rührt von Pütters Freund Achenwall her, der dem Kurator Münchhausen den „Buchführer Dieterich" als einen „activen und entreprenanten, dabei billigen Mann" vorschlägt. Nach einigen Widerständen der Witwe Vandenhoeck und einigem Tauziehen zwischen Dieterich und dem Kuratorium, wobei er sich als ausgesprochen zäher Geschäftsmann erwies, sicherte man ihm eine Starthilfe von 950 Talern zu, weitere 5000 Taler als Darlehen und eine Anzahl von Privilegien. 1768 zieht er nach Göttingen und baut dort Handlung und Verlag auf, gleich danach auch die Druckerei (1770), die bald mit 7 Pressen arbeiten sollte.

Das Haus an der Ecke Gotmarstraße/Prinzenstraße, das er zunächst mietet, kann er schon einige Jahre später käuflich erwerben; 1776 vergrößert er die Druckerei, 1784 wird das ohnehin schon ansehnliche Areal noch durch den Ankauf von Büttners Haus (heute Prinzenstraße Nr. 2) arrondiert. ...

1774 verkauft er die Gothaer Handlung an seinen Teilhaber Ettinger, womit die Verbindungen dorthin noch nicht abreißen. Einmal jährlich fährt er nach Leipzig zur Messe, sonst ist er unermüdlich im Göttinger Kontor tätig. Das meiste, was wir von seinem Charakter wissen, steht in den Briefen G. C. Lichtenbergs und G. A. Bürgers an und über ihn: Insgesamt eher die Farben als die Konturen eines Porträts. Am besten hat ihn noch immer Lichtenberg mit vielen kleinen Einzelbeobachtungen in Sudelbüchern und Briefen dargestellt, und mit der folgenden, am 22. 4. 1787 an den Freund Wolff in Hannover gerichteten Charakteristik:

Sie werden in ihm einen etwas flatterhaften 3 oder 64iger antreffen, der noch immer dem Frauenzimmer gefällt, aber dabey einen redlichen Kerl, der noch alle die Thätigkeit eines 21gers besitzt, voller Feuer, und bey dem man nicht vergessen muß daß er, wo ich nicht irre, bis in sein etliche 30tes Jahr Seiden Händler war, der gar keine Erziehung genossen, und doch jezt in den besten Gesellschafften, selbst an die Tafel der Prinzen gezogen wird, wenn die andern Buchhändler hier mit den Buchbindern in einer Classe stehen. Mit einem Wort ich bedaure es offt, daß Dieterich nicht früher in die rechten Hände gefallen ist. Es hätte etwas aus ihm werden können. ...

Ein fleißiger, selten kränklicher Mann war er, als Buchhändler nicht immer ganz pünktlich, als Verleger unternehmungslustig, ja sogar risikofreudig, als Arbeitgeber patriarchalisch und gegen sein Lebensende etwas mürrisch, aber mit sozialem Gewissen. Programmatisch für ihn und seinen Verlag zeigt das altmodische (und deshalb wohl später aufgegebene) Gothaer Verlagssignet die Sinnbilder wissenschaftlichen Fleißes: Minerva, die auf einen Bienenstock weist und sich auf die Inschrift stützt: Viribus coniunctis. ...

dieterich'sche buchhandlung
3400 Göttingen Theaterstraße 25

Text aus: U. Joost, Der Briefwechsel zwischen Johann Christian Dieterich und Ludwig Christian Lichtenberg, Göttingen 1984, 7ff.

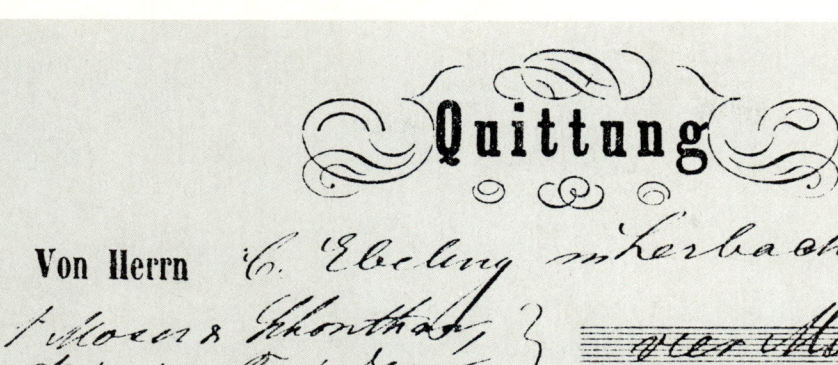

Quittung

Von Herrn *C. Ebeling in Herbach*

[Moses Klonthal] vier Mark
Krieg im Frieden

empfangen zu haben bescheinigt

Osterode a/Harz, den 11/10 · 1882   **Aug. Sorge.**
                                        W. Schrader

Abonnements auf Gartenlaube, Bazar, Victoria, Modenwelt, Omnibus, Neues Blatt, Buch für Alle, Salon, Illustrirte Zeitung, Ueber Land und Meer, Daheim, Buch der Welt, Fliegende Blätter, Kladderadatsch, Wespen, Illustrirte Welt u. s. w., sowie alle sonst erscheinenden Journale des In- und Auslandes werden angenommen und stets pünktlich effectuirt. —

Gleichzeitig empfehle ich meinen Journal-Lesezirkel angelegentlichst.

Die Eulenspiegel-Buchhandlung ist eine jüngere unter Göttingens Buchhandlungen.
Ihre Stammfirma, die A. Sorgesche Buchhandlung in Osterode, besteht jedoch schon seit mehr als 150 Jahren. Genau so alt sind auch die Beziehungen zwischen ihr und der Stadt und der Universität Göttingen.

Die Buchhandlung wurde im nahen Osterode am Harz im Jahre 1831 von August Sorge übernommen. Im Königreich Hannover existierten damals nur relativ wenige Buchhandlungen. Wohl bedingt durch den wirtschaftlichen Aufschwung der Stadt in der ersten Industrialisierungsphase konnte sich in diesem Ort eine Buchhandlung als kultureller Mittelpunkt etablieren. Literarische Lesezirkel und eine rege verlegerische Tätigkeit zeugen von den Aktivitäten des Firmengründers.

Es ist deshalb nicht erstaunlich, daß auch zur nahen Universitätsstadt Göttingen Verbindungen bestanden haben. Allein schon deshalb, weil Osterode Zwischenstation auf der beliebten Reisestrecke von Göttingen in den Oberharz war.

Im Jahre 1831 kam es auf Grund der restriktiven Innenpolitik des Hannoverschen Königs in Osterode und Göttingen zu kleineren bürgerlich-liberalen Unruhen. Die Zensurbehörden kontrollierten in deren Folge u. a. die A. Sorgesche Buchhandlung auf unerlaubte liberale Literatur, fanden aber anstatt politischer Schriften nur Casanovas "Memoiren", konfizierten diese natürlich und ermahnten Sorge bei Verlust der Konzession, diese und ähnliche Bücher, die auf dem Index standen, fortan nicht weiter zu führen und insbesondere solche auch nicht an Göttinger Studenten zu liefern.

Der jetzige Inhaber der Firma, Reiner Grabe, dessen Familie das Geschäft Anfang dieses Jahrhunderts übernahm, studierte selbst in Göttingen, bevor er 1979 die Eulenspiegel Kunstbuchhandlung am Ritterplan als Zweigniederlassung gründete.

1987 erfolgte der Umzug in das geschichtsträchtige "Lichtenberghaus", das heute als "Künstlerhaus" ein Zentrum der Göttinger Kunstszene geworden ist. Neben der Kunstbuchhandlung im Erdgeschoß befinden sich dort noch das Büro des Kunstvereins und im Obergeschoß die Ausstellungsräume der Künstlerhaus-Galerie.

Somit ergibt sich eine hervorragende Symbiose zwischen den künstlerischen Aktivitäten innerhalb des Künstlerhauses und dem Kunstbuch – Buchkunst-Programm der Eulenspiegel-Buchhandlung.

Lichtenberg hätte seine helle Freude und würde auch heute raten:
"Wer zwei Paar Hosen hat, mache eins zu Geld und schaffe sich dieses Buch an".

C. Spielmeyer – Hölty-Stube

Eine Firmenchronik

Am 22. März 1860 gründete der Kunsthändler Carl Spielmeyer in der Weender Straße gegenüber der Jacobikirche ein Ladengeschäft, das er bald darauf in das gegenüberliegende Eckhaus (heute Firma Dräger & Heerhorst) verlegte.

Die Firma Carl Spielmeyer ist die älteste Göttinger Musikalienhandlung, zu deren weiteren Arbeitsgebieten Repliken von Kunstwerken, u.a. Nachbildungen des „Hildesheimer Silberfundes", sowie Lederwaren gehören. Mit den 70er Jahren gewinnt der Buchhandel größere Bedeutung für die Firma. Ein kleiner Verlag ergänzt das Programm.

Franz Wunder wird 1892 C. Spielmeyers Nachfolger. Die von ihm angeschaffte amerikanische Schreibpultkasse tut noch heute im Laden Dienst.

Im Jahre 1902 übernimmt der Buchhändler Adolf Knauer die Firma, wenig später kommt E. Otto Gensel als Kompagnon hinzu. Das Unternehmen ist nun eine Buch- und Musikalienhandlung ohne Nebenzweige.

E. Otto Gensel führt die Firma durch die schwierige Zeit des 1. Weltkrieges und verschafft ihr 1927 einen festen Sitz in der Weender Str. 53. Mit dem Umzug tritt der Buchhändler E. Hachmeister als Prokurist in die Firma ein. Unter seiner Leitung werden erstmals verbilligte Bücher aus Restposten in das Angebot aufgenommen. E. Hachmeister veranstaltet im Stadtpark und in Sälen vielbeachtete Dichterlesungen, deren Spektrum von Hermann Stehr bis Stefan Zweig reicht. Die Werke „Unkepunz" (1930) und „Boleke Roleffs" (1931) des Geismarer Rektors Moritz Jahn erscheinen erstmalig im Verlag C. Spielmeyer Nachf.

Den 2. Weltkrieg übersteht die Buchhandlung ohne Verluste an Inventar und Büchern.

Frau Ursula Dieterich, geb. Hachmeister, eröffnet 1946 unter ihrem Namen die Firma neu. Unter ihrer Leitung erhält sie den neuen Namen „Hölty-Stube" und zwei weitere Arbeitsbereiche: den Versand von antiquarischen Büchern und Restposten sowie eine eigene Abteilung des Bertelsmann-Leserings.

Der Buchhändler K.-J. Niemeyer löst die Familie Hachmeister innerhalb einiger Jahre zunächst im Sortiment, dann im Antiquariat als Inhaber ab (1961). Das Antiquariat erhält einen zusätzlichen Geschäftsraum in der Mühlenstraße. Eine neueingerichtete Landkartenabteilung ergänzt das Angebot der Firma.

1973 bezieht die Hölty-Stube ein freiwerdendes Geschäft im schönen alten „Schröder'schen Haus", das die Firma jedoch im November 1979 nach einem Schwelbrand wieder verläßt.

Seit 1980 befindet sich die Hölty-Stube in der Johannisstraße 28 inmitten des im Laufe der Jahre immer weiter sanierten Johannisviertels.

Ludwig Heinrich Christoph Hölty
1748 – 1776

Teilansicht unserer Geschäftsräume, damals noch in den beiden schönen Fachwerkhäusern in der Barfüßerstraße 7/8. Aufgenommen am 2. Juni 1930.

Der Buchhändler Robert Peppmüller gründete am 12. 10. 1872 seine eigene Buchhandlung.

Im Vergleich mit den alteingesessenen Buchhandlungen der Stadt Göttingen zählt die Firma mit ihren 115 Jahren fast noch zu den jungen Unternehmen. In den 115 Jahren ihres Bestehens hat sie jedoch ein wechselvolles Schicksal erlebt. Mehrfach wechselte der Standort und der Inhaber. Zeitweilig war der Buchhandlung ein Verlag angegliedert, der aber wieder verkauft wurde.

Die Buchhandlung sieht ihre Aufgabe darin, die Arbeit der Universität durch Beschaffung von Literatur aus dem In- und Ausland für Lehrkörper und Studenten zu unterstützen. Dieser Tradition blieb sie in den wechselvollen Jahren ihres Bestehens stets treu. Um diese Aufgabe den gegenwärtigen Verhältnissen anzupassen, wurde vor 12 Jahren auf dem Universitätscampus eine Filiale eingerichtet, während sich das Hauptgeschäft seit 1907 in der Barfüßerstraße befindet.

Viele namhafte Wissenschaftler waren und sind ihre Kunden. Die Buchhandlung ist auch weiterhin bestrebt, nützliche Arbeit für die Universität zu leisten.

Der Bilderhändler.

Nur klein ist das Geschäft in der Weender Straße. Hinter dem Schaufenster nahe der Jacobikirche verbirgt sich ein Antiquariat mit ganz speziellem Sortiment; angeboten werden "alte Stiche".

Das Angebot umfaßt in bescheidenem Rahmen dekorative Graphik – Jagdmotive, Reitkunst, Mode, Blumen, Tiere – breiter ist die Auswahl bei den Ortsansichten. Besonders bemüht sich das Antiquariat, Stiche von Göttingen und seiner Umgebung anbieten zu können.

Verbindungen zu befreundeten Kollegen und zum Graphik-Handel ermöglichen gelegentlich auch die Beschaffung von gesuchten Blättern, die dem Kunden nicht ab Lager geliefert werden können.

Die eigene Werkstatt fertigt Rahmungen: gern natürlich auch solche von Blättern, die nicht dort gekauft wurden.

Schließlich kauft der Inhaber dieses Geschäftes, der im übrigen der Verfasser dieses Buches ist, gern auch Stiche aller Art an.